기업의 지속가능성을 위한

기업가정신 그리고 비젼 창업

Entrepreneurship & Vision Start-up

방원석·정대율

박영사

죽은 물고기만 강물의 흐름을 따라간다.

머리말

    4차 산업혁명의 환경은 우리의 미래를 바꾸어 놓을 것이다. 미래사회의 큰 변화는 삶의 모습, 일자리, 산업, 경제영역에서 큰 변화가 올 것이다. 많은 일자리가 새로 생기고 기존의 존재했던 여러 일자리들은 자동화, 산업구조 개편 등으로 사라질 것이다. 특히 현재 인공지능(AI: Artificial Intelligence)이 하나의 큰 이슈로 떠오르고 있는데, 인공지능을 비롯한 빅데이터, ICT기술 발달로 초지능화, 초연결사회가 이루어질 것이다. 따라서, 이러한 새로운 4차 산업혁명의 시대에 직면해 있는 여러 가지의 도전과 어려움을 해결하기 위해서는 기존에 갖고 있던 생각이나 문제해결방법과는 전혀 다른 파괴적 혁신(disruptive innovation)과 같은 새로운 방법으로 접근해야 한다. 그렇지 않을 경우 국가나 조직, 개인은 낙오자가 될 것이다.

    현재 세계는 빠른 속도로 4차 산업혁명의 큰 변화를 느끼고 있으며 한국은 4차 산업혁명의 큰 조류 속에서 다양한 기술적, 환경적 도전과 어려움에 직면해 있다. 국가나 기업은 이 큰 변화와 도전 속에서 낙오하지 않고 새로운 도약과 변화하는 패러다임에 적응하기 위해서는 피터 드러커가 강조한 것처럼 기업가정신(entrepreneurship)의 구현을 통해 국가의 발전이나 기업의 성과를 달성함으로써 지속가능한 경영(sustainable management)이 이루어질 수 있다.

    이러한 맥락에서 기업가정신은 전 세계적으로 다시 주목받고 있는 주제이다. 이에 따라 그 중요성을 다시 한번 되새겨보고, 본 저서에서는 기업가정신과 창업에 관한 선행 연구를 바탕으로 미래 한국의 기업가정신의 방향성을 제시함과 더불어, 미래를 이끌어갈 젊은 세대뿐만 아니라 앞으로 창업을 희망하는 분들에게 기업이나 조직의 지속가능성을 이끄는 기업가정신과 진취적인 창업정신을 고취시키고자 이 책을 집필하게 되었다. 이 책의 주요 핵심 내용으로 기업가정신에 대한 전반적인 이론을 수록하고 기업가정신 관련 대표 사례를 소개함으로써 독자들이 기업가정신을 보다 더 쉽게 이해할 수 있도록 하였다.

이 책의 구성은 다음과 같다.

제1부는 기업가정신에 대한 전반적인 개요로서 4차 산업혁명의 시대환경을 이해하고 기업가정신 역사 및 동향, 기업가정신의 개념, 이론, 구성요소, 기업가정신 유형, 기업가의 역량과 책임, 한국의 기업가정신 그리고 기업성장과 기업가정신에 대해 살펴본다. 그리고 제2부는 기업가정신을 바탕으로 한 창업 관련 내용으로 창업의 이해와 과정, ESG와 창업, 사업타당성 분석 및 계획서, 비즈니스 모델, 창업기업전략, 마케팅, 사업기회의 탐색, 자금조달 전략과 운영으로 구성하여 설명하였다. 각 주제에 대한 장별로 기업가정신 관련 대표 사례를 들어 실무적 차원에서 이해를 도모하고자 한다.

끝으로, 책의 집필과정에서 변함없는 지지와 격려를 보내주신 부모님, 그리고 가족들에게 이 자리를 빌려 깊은 감사의 마음을 드립니다. 더불어, 출판과정에서 도움을 아끼지 않은 박영사 출판관계자 여러분에게 감사의 마음을 전합니다.

2023년 8월
저자 방원석, 정대율

차례

PART 1

시대환경과 기업가정신

PART 2

기업가정신과 창업 실무

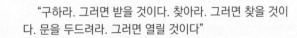

"구하라. 그러면 받을 것이다. 찾아라. 그러면 찾을 것이다. 문을 두드려라. 그러면 열릴 것이다"

-마태복음 7장 7절 -

"Ask and it will be given to you; seek and you will find; knock and the door will be opened to you."

* 새로운 생각, 사업, 세상을 구하고 찾고, 두드리는 기업가적 정신이 있으면--

시대환경과 기업가정신
(Entrepreneurship)

4차 산업혁명 시대 환경

Era Environment of
the 4th Industrial Revolution

CHAPTER 01 4차 산업혁명 시대 환경
Era Environment of the 4th Industrial Revolution

제1절 인류사회 변화와 4차 산업혁명 시대 환경

제2절 4차 산업혁명 주요 특징

제3절 디지털 혁명과 인공지능

Case-Study

Slock it의 창업(Start-up)

 4차 산업혁명 시대의 새로운 기술인 블록체인기술과 IoT를 활용한 Slock.it은 공유 경제 인프라를 구축하는 스타트업이다. 독일 출신 크리스토프 젠츠치와 스테판 투알이 공동창업하였다. Slock.it은 "어떤 것이든 공유하고, 빌려주고, 판매하세요"라는 공유 경제 컨셉의 슬로건을 내건 스타트업이다.

이들의 서비스는 개인과 개인이 중개자 없이 재화를 공유, 대여, 판매할 수 있도록 돕는다. 잉여자산 소유자는 사용빈도가 낮은 물건을 빌려주고 이윤을 얻고, 대여자는 구매 비용보다 적은 금액으로 재화를 사용할 수 있다. 이 모든 것은 이더리움 블록체인에 자동화 결제 시스템이 더해진 '스마트 계약(Smart Contract)'을 통해 가능하다.

*출처: Slock.It | iotplaybook.com, verticalplatform.kr.

가치제안(Solution)

낯선 타인과의 자산 공유가 가능하려면, 서로 약속한 가치를 얻을 수 있다는 신뢰가 중요하다. 이러한 문제인식을 통해 독일의 스타트업인 Slock.it은 "낯선 타인을 어떻게 신뢰할 수 있을까?"에 대한 문제를 *이더리움(Ethereum)을 기반으로 작동하는 스마트 계약(Smart Contract)을 통해 해결하였다. 스마트 계약은 블록체인을 기반으로 금융거래, 부동산 계약, 공증 등 다양한 형태의 계약을 체결하고 이행할 수 있도록 한다.

주력상품(Product): 수익창출

Slock.it은 모든 개체의 위치를 찾고, 임대하고, 제어할 수 있는 프로그램인 Universal Sharing Network(USN) App을 개발하여 이용자에게 제공하고 있다. 앱의 이용 방법은 간단하다. 어플을 실행(Open the app)하고, 이용하기를 원하는 개체를 찾아(Find object), 이용 조건에 동의한다면 비용을 지불(Pay for it)한다. 비용을 이체한 후에는 스마트폰으로 대여할 재화에 대한 접근 권한이 주어지므로 바로 사용(Use it)할 수 있다.

경쟁력 및 미래 방향

다양한 기업과 전략적 제휴를 통한 시너지 효과가 가능하다. 실제로 삼성전자의 스마트 IoT 플랫폼을 이용하고 있다. Slock.it의 서비스가 기존에 존재하던 공유 경제 플랫폼의 신뢰성을 더해주고, 국경에 상관없이 간편하게 비용을 지불하도록 돕고, 대형 중개인이 없는 개인과 개인 간의 자유로운 공유 경제'라는 새로운 서막을 열어줄 열쇠가 될 것으로 기대한다.

1 인류사회 변화와 시대의 흐름

1) 인류사회의 변화

우리 인류는 원시사회, 농업사회, 근대산업사회를 거치면서 오늘날 지식정보화 사회로 발전해 왔다. 지금까지 살아오면서 한 번도 경험해보지 못한 새로운 디지털 혁명의 시대를 맞이하였다. 원시사회는 수렵과 사냥을 중심으로 하였으며, 소유의 개념이 없었다. 그러나 인류가 한곳에 정착하면서 농경사회가 형성되었으며, 농경사회에서는 토지가 가장 중요한 생산의 수단이었으므로 끊임없이 땅을 확보하기 위한 전쟁이 계속되었다.

17세기 제이스 왓슨이 증기기관을 개발하면서 새로운 근대산업사회가 형성되었다. 산업혁명(Industrial Revolution)은 18세기 중반부터 19세기 초반까지, 약 1760년에서 1820년 사이에 영국에서 시작된 기술의 혁신과 새로운 제조 공정으로의 전환과 함께 이로 인해 일어난 사회·경제 등의 큰 변화를 일컫는다. 산업혁명은 후에 전 세계로 확산되어 인류사회를 크게 바꾸어 놓게 된다. 산업혁명 이후 일어나 중요한 변화가 바로 정보통신 또는 디지털 혁명이다. 디지털 혁명으로 인한 정보화 사회는 현대사회의 특징을 나타내는 중요한 개념 중 하나이다.

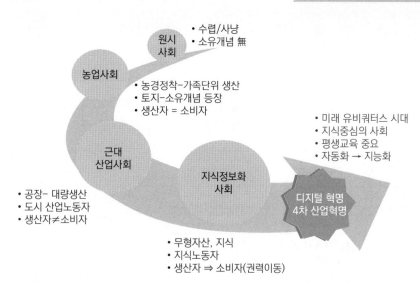

자료: 정대율(2022).

농업사회에서 가장 중요한 기반구조는 농토, 가축, 그리고 농기구였다. 산업사회에서는 기계엔진과 에너지 및 연료가 핵심적인 기반구조였다. 지식정보화사회에서의 핵심적인 기반구조는 컴퓨터와 인터넷과 같은 통신망이다. 컴퓨터와 통신망이 디지털 경제의 핵심 인프라라고 한다면 정보와 지식은 디지털 경제의 핵심 컨텐츠라고 할 수 있다. 이러한 컴퓨터와 통신망과 같은 기반구조에 의거하여 현재 세계 각국은 산업 경제에서 디지털 경제로 빠르게 전환하고 있다.

농업사회는 토지를 기반으로 가족 단위의 농산물 생산과 자급자족의 사회였다. 그리고 근대 산업사회는 공장의 노동자를 이용한 대량생산과 소비를 위한 조직화된 사회이다. 반면, 현대 지식정보사회는 개인의 개성이 존중되는 보다 더 다원화된 사회로서 무형의 지식과 정보가 중요한 자본이며, 지식노동자들이 상호 네트워크를 통해 이루어진 새로운 개념의 협동 사회이다.

구분	농업사회	근대 산업사회	지식정보사회
자본	토지	공장, 돈(자본)	무형자산, 지식자산
노동력	가족 단위	도시 산업노동자	지식노동자
조직	소규모, 가부장적	종적 위계조직 관료제, 역할중심	횡적 네트워크 상호협동, 프로세스중심
제품특성	오곡풍성 (五穀豊盛)	중후장대 (重厚長大)	단소경박 (短小輕薄)
시장	자가용도	대량생산과 소비	소비의 다양화, 다품종소량생산
관계	생산자 = 소비자	생산과 소비의 분리	소비자로의 권력이동

자료: 정대율(2022).

2 4차 산업혁명 시대의 흐름

최근 시대의 특징은 변동성(volatility), 불확실성(uncertainty), 복잡성(complexity), 모호성(ambiguity)이 심화되는 뷰카(VUCA)시대라고 일컫는다. 지금의 시대를 4차 산업혁명의 시대로 보고 있으며, 우리는 현재 이러한 환경속에 놓여있다. 그런데 뷰카범주의 질문들을 기존 패러다임으로 보면 정답이 없고, 그로 인한 문제들에는 해법도 없다. 조직이 해법을 찾지 못하게 하는 뷰카요인들을 규명하여, 경쟁사들의 모방불능, 처리불능, 접근불능의 해법들을 갖는 지속가능한 차별적 경쟁우위 역량요인으로 전환시키는 방식은 패러다임의 혁신을 달성하는 것이다.

이러한 4차 산업혁명의 환경은 우리의 미래를 바꾸어 놓을 것이다. 미래사회의 큰 변화는 일자리, 산업, 경제영역에서 큰 변화가 올 것이다. 많은 일자리가 새로 생기고 기존의 존재했던 많은 일자리들은 자동화, 산업구조 개편 등으로 사라질 것이다. 또한, 인공지능(AI: artificial intelligence), 빅데이터, ICT기술발달로 초지능화, 초 연결사회가 이루어 질 것이다.

따라서, 이러한 새로운 산업혁명의 시대에는 기존에 갖고있던 생각이나 문제해결방법과는 전혀 다른 방법으로 접근해야 한다. 즉 슘페터가 이야기한 파괴적 혁신(disruptive innovation)을 통한 패러다임의 변화가 요구된다. 그렇지 않을 경우 새로운 4차 산업혁명 시대에 낙오자로 남게 될 것이다.

국가나 기업은 새로운 패러다임에 적응하기 위해서는 피터 드러커가 강조한 것처럼 혁신의 원동력이라 할 수 있는 기업가정신(entrepreneurship)의 구현을 통해 국가의 발전이나 기업의 성과를 달성함으로써 지속가능한 경영(sustainable management)이 이루어질 수 있다.

한편, 인류는 지금까지 여러 차례의 혁명을 거치며 발전하여왔다. 제1차 산업혁명은 철도 건설과 증기기관의 발명을 시작으로 하여 기계로부터의 생산을 이끌어낸 혁명이었다. 제2차 산업혁명은 19세기 말에서 20세기 초까지 전기와 생산 조립 라인의 출현으로 대량생산을 가능케 하는 결과를 가져다주었다. 제3차 산업혁명은 산업사회에서 정보화 사회로의 전환으로 80년대 말부터 급속히 진행되기 시작하여 컴퓨터의 기술과 인터넷의 발전으로 경제와 산업구조뿐만 아니라 언론, 행정, 통신 등 우리 사회에 커다란 변화를 가져다주었기에 이것을 '컴퓨터 혁명' 혹은 '디지털혁명(digital innovation)'이라고 한다.

이제 인류는 이 세 가지 산업혁명의 산물들을 바탕으로 새롭게 시작되는 제4차 산업혁명은 21세기의 시작과 동시에 출현했으며, 인공지능과 기계학습, 로봇, 초연결성 등이 제4차 산업혁명의 특징이다. 인류는 디지털 혁명 이후 불과 몇십 년 만에 인공지능, 로봇, 최첨단 정보기술이 주도하는 4차 산업혁명 시대에 들어서게 된 것이다. 사실 3차 산업혁명 시대와 4차 산업혁명 시대를 경험해 본 사람들은 이 사회가 얼마나 빠르게 혁신적으로 변화하는 것을 실감할 것이다.

산업혁명에 따른 시대의 흐름을 보면, 1차 산업혁명 증기기관 발명에 따른 기계화, 2차 산업혁명 전기 및 내연기관 활용에 따른 대량생산, 3차 산업혁명 컴퓨터, 인터넷 활용에 따른 디지털화, 그리고 4차 산업혁명 IoT, AL 등의 신기술에 따른 융합을 특징으로 한다. 1차 산업혁명부터 현재의 시대인 4차 산업혁명의 시기까지의 단계별 흐름과 특징을 보면 다음과 같다.

Industry 1.0	Industry 2.0	Industry 3.0	Industry 4.0	Industry 5.0
• Mechanization through steam power • First mechenical loom, Spinning, 1994	• Electrification through electrical energy • First assembly line, Cincinnatis laughter house, 1870	• Computerization & automation through computer & electronics • First programmable logic controller, Modicon, 1969	• Interization through steam power • First mechenical loom, Spinning, 1994	• Mass customization & cyber phisical cognitive system
End of 18th	Beginning of the 20th	Early 1970s / Beginning of the 21th	Today	Future

자료: Wang & Wu, 2020.

시대	특징
제1차 산업혁명 (1760-1840)	– 동력: 수력과 석탄/석유를 활용한 증기기관 – 기계식 생산설비
제2차 산업혁명 (19세기 말-20세기 초)	– 주요에너지: 전기에너지 – 자동화 – 노동분업, 전기 – 대량생산

시대	특징
제3차 산업혁명 (1970초-21세기 전)	– 주요에너지: 전기 및 대체에너지 개발 – 디지털 – 1969년 인터넷의 전신인 알파넷이 개발되며 디지털 및 정보통신기술 시대 서막 – 전자기기, IT – 자동화 생산
제4차 산업혁명 (21세기-현재)	– 주요에너지: 전기 및 대체에너지 활용 – 융복합 – 사이버물리시스템(Cyber-physical system)[1] – 인공지능(AI: artificial intelligence)과 로봇, 빅데이터

제2절 4차 산업혁명 주요 특징

1 4차 산업혁명

제4차 산업혁명이 세계적으로 중요한 화두로 떠오르게 된 것은 최근의 일이다. 클라우스 슈밥이 2016년 다보스포럼에서 ICT 기술을 기반으로 하는 인공지능, 빅데이터, 사물인터넷 등의 기술을 융합하여 '초(超) 연결성(Hyper Connectivity)' '초(超) 지능성(Hyper intelligence)'을 지향하는 새로운 산업 패러다임 환경을 알리는 혁신의 용어로 언급하면서부터이다.

---

1 CPS는 실제 세계와 여기서 진행되는 다양하고 복잡한 업무, 공정과 정보를, 사물인터넷(IoT, Internet of Things) 등 네트워크를 통해 데이터에 접근, 처리, 관리하는 개방형 서비스 기반으로 사이버 세계의 디지털 모델에 긴밀하게 연결, 활용하는 컴퓨터 기반 구성 요소와 시스템을 말한다.

제4차 산업혁명을 "디지털 혁명인 3차 산업혁명에 기반을 두고 있으며 디지털, 물리학적, 생물학적인 기존 영역의 경계가 사라지면서 융합되는 기술적인 혁명이다."라고 정의하고 있다. 4차 산업혁명 시대는 제1-3차 산업혁명과는 달리 제4차 산업혁명은 선형적 속도가 아닌 기하급수적인 속도로 전개 중이며, 이는 우리가 살고 있는 세계가 다면적이고 서로 깊게 연계되어 있으며, 신기술이 그보다 더 새롭고 뛰어난 역량을 갖춘 기술을 만들어냄으로써 생긴 결과이다.

제4차 산업혁명은 인류가 지난 과거에 거쳐 왔던 어느 산업혁명과도 비교할 수 없을 정도로 빠르게 진전된다는 점이 가장 큰 특징이다. 그 한 예로, 2016년 3월 매스컴에서 대대적으로 이세돌 9단과 인공지능 알파고의 바둑 대결에 대해 홍보하였으며 이는 세간에 큰 관심을 넘어 인류문명이 다시 한번 큰 혁명을 통과하는 신호탄이라고 할 수 있다.

클라우스 슈밥(Klaus Schwab)은[2] "제4차 산업혁명의 큰 특징은 과거에 인류가 경험했던 어느 산업혁명에 비해 더욱 광범위한 분야에 걸쳐 눈부시게 빠른 속도로 진전될 것이다."라고 전망했다. 이는 지금까지 인류가 경험하지 못했던 속도로 급변하는 과학기술과 문명을 맞은 우리 사회와 기업은 그 대응을 어떻게 해야 하는 지에 대한 과제를 던지고 있는 것이다.

② 4차 산업혁명 주요특징

4차 산업혁명 시대의 특징은 융합이다. 기존의 서로 다른 영역의 학문과 기술과 산업이 만나 서로 융합하여 기존의 산업사회를 넘어 새로운 패러다임과 가치를 만들어낸다는 점이다. 서로 다른 것들의 융합을 통한 혁신으로 새로운 가치를 창출하는 것이다. 4차 산업혁명 시대에는 전혀 다른 산업과 산업 간의 융

---

2 클라우스 슈밥, 『제4차 산업혁명』 송경진 역. (서울: 새로운 현재), 클라우스 슈밥(Klaus Schwab)은 1938년 독일의 라벤스부르크에서 태어났으며, 프라이부르크대학교에서 경제학 박사, 스위스 연방공과대학교에서 공학박사를, 하버드대학교 케네디 공공 정책 대학원에서 행정학 석사를 받았다. 1971년 클라우스 슈밥이 창립한세계경제포럼은 스위스 제네바에 본부를 둔 공공 및 민간 협력을 위한 국제기관이다. 세계경제포럼은 스위스 다보스에서 모이기 때문에 다보스포럼이라고도 한다.

합과 제조업과 서비스업이 접목하고 하드웨어와 소프트웨어의 벽이 사라짐으로 기존의 단단한 사회 구조의 틀을 깨고 기존에 구현해내지 못했던 새로운 가치를 실현하고 있다.

시가 총액 70조 원을 자랑하는 택시 기업인 우버(Uber)는 단 한 대의 택시도 가지고 있지 않으며, 페이스북(Facebook)은 현재 전 세계 기업 순위 9위를 차지하는 글로벌 미디어 기업이지만 자체 미디어 콘텐츠를 생산하지 않는다. 세계 호텔업계 1위인 에어비앤비(Airbnb)는 회사가 소유한 호텔이나 부동산이 하나도 없다. 이들 기업의 특징은 기존의 소유와 생산을 기본으로 하는 산업 구조에서 벗어나 전혀 다른 패러다임을 만들어냈다.

이러한 기업의 비즈니스 모델을 새롭게 만들어내는 기업이 새롭게 주목되고 있다. 블록체인기술을 활용한 4차 산업혁명 시대의 또 다른 주요특징은 초연결성, 초지능성이다. 인공지능(AI: artificial intelligence)과 로봇, 빅데이터 등이 요소들이 발달하고 디지털기술로 촉발되는 초연결 기반의 지능화 혁명이 이루어질 것으로 보고 있다.

인공지능은 컴퓨터와 소프트웨어로 인간처럼 학습하며 사고하도록 지능을 구현하기 위한 기술이다. 인공지능 기술에 딥러닝과 빅데이터 기술이 접목되면 대용량의 데이터를 효과적으로 수집하고 분석하면서 관리할 수 있을 뿐 아니라 스스로 과거에 수집된 빅데이터 분석을 통해 최적화되고 정확한 예측 모델을 만들어 미래에 대한 구체적인 가치를 창출해 냄으로 산업 생태계 전반을 바꾸어 놓게 될 것이다. 3D 프린팅, 로봇, 인공지능 등을 바탕으로 한 사이버-물리공간(CPS) 혁명으로 예측되고 있으나, 아직까지는 여러 논쟁이 있다. 4차 산업혁명이 완전히 새로운 미래를 창조할 수 있는 글로벌 혁신인지, 정보통신 혁명의 연장선상인지에 대해서는 논쟁이 있으나, 현재 산업의 지형도와 경제사회 패러다임의 변화를 촉진하고 있는 것은 주지의 사실이다.

4차 산업혁명 관련 과학-기술 산업 간 연계도를 보면 아래 그림과 같다. 그림에서 보듯 기과학을 바탕으로 AI, Big Data, Cloud, IoT 등의 활용을 통해 사이버물리시스템(Cyber-Physical System), 로봇, AR/VR, 블록체인 등의 기술이 발달할 것이다. 이를 기반으로 스마트 공장, 무인항공기, 자율자동차, 지능형 로봇,

스마트 시트 등의 산업발달을 촉진되어 새로운 산업혁명이 이루어질 것이다.

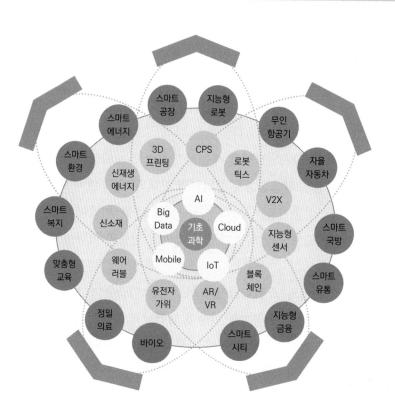

4차 산업혁명 관련 과학-기술-산업 연계도

자료: 4차산업혁명 대응 계획-KOREA 4.0(관계부처 합동, 4차 산업혁명 위원회, 2019. 7)

이러한 다양한 4차 산업혁명 관련 과학-기술 중 향후 3년 동안 가장 중요한 기술로 활용성이 높은 것은 빅데이터, AI머신러닝, 사물인터넷 등의 순으로 나타났다.

PART 1

향후 3년 동안 가장 중요한 기술로 활용성

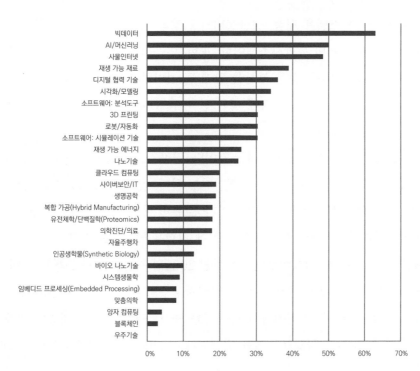

자료: IRI(Innovation Research Interchange, 2018년),
미국 R&D 동향 예측 미국 IRI 연례 설문조사 결과

　　4차 산업혁명 시대의 기술을 활용을 통한 4차 산업혁명 시대의 몇 가지 변화되고 있는 사례를 보면, 사이버물리시스템(Cyber-physical system)은 실제 세계와 여기서 진행되는 다양하고 복잡한 업무, 공정과 정보를, 사물인터넷(IoT, Internet of Things) 등 네트워크를 통해 데이터에 접근, 처리, 관리하는 개방형 서비스 기반으로 사이버 세계의 디지털 모델에 긴밀하게 연결, 활용하는 컴퓨터 기반 구성요소와 시스템을 말한다. 기업의 모든 제조공장이 사이버물리시스템을 기반으로 한 스마트팩토리가 이루어질 것이다.

　　실제 세계의 제품, 공정, 설비, 공장 등에 대한 가상화(Virtualization)를 통해 사이버 세계의 디지털 모델을 구축한 후, 사전 시뮬레이션을 통한 최적의 생산 계획,

공정 설계를 수행하며, 이를 실제 생산에 적용하고, 설비 고장 등 실제 현장의 변화를 각종 센서 등으로 인지하여 사이버 세계에 실시간으로 동기화시킨다. 생산 사이버 물리시스템은 제품, 생산설비와 공장의 디지털 모델에 기반한 사이버 세계와 실제 세계의 통합시스템이다. 또한, 인공지능 로봇이 법률 관련 자문이나 기업의 감사업무의 많은 부분을 맡게 될 것이며, 의료 부문에서도 로봇이 약사의 업무를 하고, 3D 프린팅에 의한 간 이식 수술이 이루어질 가능성이 높다고 전문가들은 예측했다.

교통수단의 큰 변화가 또한 도래할 것이다. 인공지능을 통한 자율주행 자동차가 미국에서 2024년부터 실제로 운행한다고 한다. 첫 단계로 인공지능 트럭이 미국의 전 고속도로를 주행하게 될 것이다. 그뿐만 아니라 드론 택시는 2022년부터 아랍에미리트 두바이에서 일부 구간에 시험운행이 되고 있다.

대한민국도 정부도 계획대로면 3년 뒤인 2025년 자율주행 버스와 드론 택시 상용화가 시작된다. 2년 뒤인 2025년 완전자율주행 버스를, 2027년부터는 대부분 도로에서 자율주행이 가능한 승용차를 출시한다는 목표를 세웠다. 또한, 드론 택시 등 도심 항공교통도 3년 뒤 첫선을 보인다. 우선 2023년에 도심과 공항을 오가는 첫 노선을 정한 뒤, 2030년에는 주요 권역별로 서비스를 확대할 계획이다. 구체적 계획을 보면, 2025년부터 드론 택시를 상용화해 단계적으로 2035년에는 '자율비행 드론 택시'를 도입할 계획이다. 서비스 및 기술 안정화 단계를 고려해 2025년~2029년간은 기장이 직접 운행하는 드론 택시를, 2030년~2034년간은 원격조종 드론 택시를 단계적으로 도입된다.

그뿐만 아니라 드론과 로봇을 활용한 무인 배송 청사진도 제시됐다. 정부는 배송 로봇이 사람과 함께 보도를 통행할 수 있게 하고 드론이 도서·산간지역 배송에 활용될 수 있게 법을 개정할 계획이다.

자율비행 드론 택시 시험 비행

자료: 국토부(2022), 국토교통부의 UAM 실증행사

한편, 인공지능분야는 요즈음 매우 뜨거운 이슈로 대두되고 있다. GTI(Google Trends Index)는 Google 검색 엔진에서 입력한 단어 또는 구문 패턴을 추적하는 데, GTI를 예측 모델에 통합하려는 시도는 현재까지 성공적이었다. 세계 국가 별 인공지능 2005~2021년 첨단 기술 선진국의 AI GTI 점유율 보면 오스트리 아(11.3%), 미국(9.8%), 영국(9.2%), 캐나다(9.1%), 일본(8.4%) 등의 순을 보이고 있다. 우 리나라는 2.7%로 15위를 기록하고 있다. 아직 선발 선진국에 비해 뒤쳐져 있다 (Guliyev, 2023). 더욱 더 많은 연구개발 및 투자가 요구된다.

인공지능은 거의 모든 산업분야에 활용될 것이며, 군사 무기 분야에서도 활 용될 것이다. 즉, 스스로 아군과 적군을 구별해 전쟁하는 전투로 로봇의 활용을 위해 주요 군사 강대국들은 일제히 인공지능을 탑재한 전투 로봇 개발에 막대한 예산을 쏟아 붓고 있다. 전쟁의 상황에서 누군가를 죽이기 위해 만들어진 인공 지능 전투 로봇이 절대다수 인간의 생명과 관련된 결정을 인간과 독립된 인공지 능이 해야 하므로 그에 따른 잠재적 위험성도 내포되어 있다.

또한, 삶의 질 향상이라는 사회적 변화에 대응하고 인간과 기계가 협업할 수 있는 가치를 실현할 수 있는 전략으로서 스마트 제조는 기업의 생존에 필요한 시대적 요구로 자리 잡고 있다. 과거 생산방식과 제조 기술이 고객에게만 초점을 맞춘 측면이 있다면 앞으로는 기업의 지속성을 위하여 제조자 맞춤형 제조 시스템으로서 스마트 제조를 고려할 필요가 있다. 스마트 제조에서 인공지능이라는 단어를 떼어놓고 이야기하기 힘들 정도로 인공지능의 역할은 스마트 제조에서 대단히 큰 비중을 차지하고 있다. 현재 인공지능에서 가장 주목받고 있는 기술은 대부분 데이터 분석과 활용을 기반으로 하고 있다.

이와 같은 변화의 큰 물결에 적응하기 위한 도전과 개척정신이 바로 기업가정신이다. 그러므로 기존의 제품, 공정, 시장을 새롭게 창조하여 만들어가는 원동력은 파괴적혁신(disruptive innovation)을 일으키는 힘 바로 기업가정신(entrepreneurship)이다.

제3절 디지털 혁명과 인공지능

1 4차 산업혁명 시대의 디지털 혁명

4차 산업혁명이라는 용어는 본래 2010년 발표된 독일의 「High-tech Strategy 2020」의 10대 프로젝트 중 하나인 「Industry 4.0」에서 제조업과 정보통신이 융합되는 단계를 의미했다. 「Industry 4.0」은 독일의 강점인 제조업에 ICT 기술을 융합하여 생산성과 효율성을 극대화하는 스마트 팩토리(Smart Factory) 중심의 산업혁신과 이를 통한 새로운 성장동력을 만들기 위한 국가전략이었다. 4차 산업혁명의 특징요소 중 초연결화 초지능화, 융복화합, 인공지능, 디지털 등의 요소를 카워드로 생각할 수 있다. 이에 따라 최근 디지털 시대와 인공지능이 주요 화두로 떠오른다.

디지털 혁명에서의 주요한 기술적 영향 요인 중의 하나가 디지털 네트워크 전송(Digital Network Transmission)이다. 디지털 경제의 성공적인 트랜잭션을 수행하기 위해서는 방대한 용량의 데이터가 인터넷과 같은 네트워크를 통하여 전달되어야 한다. 브로드밴드 케이블과 같은 매우 빠른 전송기술의 활용으로 인해 대기업, 중소기업, 그리고 심지어 가정에까지 데이터 전송에 있어 경제적인 혜택을 받을 수 있게 되었다. 또한 2000년대 접어들어서 네트워크 액세스 디바이스 기술이 괄목하게 진보를 했다. 그 이전에는 네트워크 액세스 디바이스가 주로 컴퓨터와 터미널에 국한되었지만, 현재는 스마트폰을 중심으로 한 모바일 디바이스가 매우 광범위하게 이용되고 있다.

한편, 인공지능(Artificial Intelligence, 이하 AI)은 다양한 산업 분야에 광범위한 적용이 가능한 범용목적기술(General Purpose Technology)로 4차 산업혁명의 핵심 기술로 여겨진다. 또한, 인공지능을 반도체, 바이오, 첨단 네트워크, 양자 컴퓨팅 등 첨단산업의 발전을 견인하는 핵심 범용기술(General Purpose Technology)로 평가된다.[3]

이에 따라, 전 세계적으로 AI 기술 주도권 확보를 위한 경쟁 심화가 이루어지고 있는데, 미국, 중국, 일본, 영국 등의 주요국은 AI 기술 진흥을 위한 선제적 대응으로 AI 국가전략을 발표하고 AI 기술 주도권 경쟁 확대를 벌이고 있다. 우리나라 AI 기술력은 주요국(미국, 유럽, 중국, 일본)과 비교했을 때 학습 기술, 추론 기술 등 여러 세부 분야에 걸쳐 전반적으로 낮은 수준으로 평가된다. 최선도국인 미국 대비 우리나라의 AI 기술력 수준은 80.9%, 기술격차는 1.8년 정도로 보고 있다. 중국의 경우 중국판 뉴딜인 '양신일중(兩新一重)' 계획에 따라, 인공지능, 5G 통신, 산업인터넷등 7대 신(新)인프라에 2025년까지 10조 위안(약 1,714조 원)을 투자할 계획하고 있다.

4차 산업혁명시대 미래 AI 기술 주도권 확보를 위해서는 기술적 파급력이 큰 분야에서의 경쟁력 제고가 핵심으로 AI투자 및 기술파급 효과를 위해서 국가 전략적차원에서 정책적 집중이 이루어질 필요가 있다(최민철, 조재원, 2022).[4]

---

3 산업경제이슈(2021), 미국의 인공지능 전략 방향과 시사점, 4차 산업혁명 시대를 주도하는 KIET 산업정책 리포트, 110호.

4 최민철, 조재원(2022). 국내 AI 기술 경쟁력 분석과 정책적 시사점 AI 특허를 중심으로, 다원; 서울.

2 인공지능(AI)기술 발달과 지능혁명

1) 지능의 정의

지능은 인간의 지적 능력을 말한다. 하워드 가드너(Howard Gardner)는 지능을 "하나 이상의 문화나 공동체의 상황에서 가치가 있는 문제를 해결하거나 산출을 형성하는 능력(the ability to solve problems, orto fashion products, that are valued in one or more cultural or communitysettings)"이라고 하였다. 즉, 인간의 지능은 한 가지가 아니라 여러 가지라는 '다중지능이론(Multiple Intelligence Theory)'으로 설명할 수 있다. 다중지능은 서로 독립적인 기능을 유지하며 상황에 따라 상호작용한다.

또한 사람마다 강점 지능과 약점 지능이 각기 다르기 때문에 어떻게 효과적으로 계발하고 활용하느냐에 따라 결과는 달라진다. 인간의 지능은 언어적 지능, 논리·수학 지능, 신체·운동적 지능, 음악적 지능, 대인관계 지능, 자기이해 지능, 공간적 지능, 자연탐구 지능 등 8가지 지능으로 분류된다(Gardner, 1983).

가드너의 다중지능이론

자료: 정보통신기획평가원(IITP), 인공지능 기술청사진 2030(2020.12)

2) 인공지능(Artificial Intelligence)

(1) 인공지능 개념

인간의 지능은 언어지능, 논리수학지능, 공간지능 등과 같은 다중지능을 가지고 있다. 그리고 자신의 감정을 정확히 표현하고 인식하고 생성하거나 이용하여 사고를 촉진시키는 감성지능(emotional intelligence)을 가지고 있다. 인공지능은 인지, 학습 등 인간이 지닌 지적 능력(지능)의 일부 또는 전체를 인공적으로 구현한 지능으로 만들어진 지능이다. 2016년 알파고(AlphaGo)와 이세돌 9단의 대결은 21세기 인공지능이 어떤 존재인지를 상징적으로 보여줬다. 인공지능은 인지, 학습, 추론, 행동과 같은 인간지능 영역의 전 과정에 걸쳐 진화하고 있다.

스타워즈, 터미네이터, 아이로봇, 트랜스포머 이 영화의 공통점은 무엇인가? 바로 지능을 가진 로봇이 등장하고 사람의 능력을 모방하여 대체할 수 있다는 것이다. 즉 로봇이 인간과 대화를 하고 행동하는데 있어 생각(Thinking)하고 이해(Understanding)한다는 것이다. 이제 영화, 소설에서만 보던 인공지능 로봇이 우리 생활에 점점 가까이 다가오고 있다. 인공지능(AI: Artificial Intelligence)은 1956년 존 맥카시(John McCarthy, 1927~2011) 교수가 다트머스 회의(Dartmouth Conference)에서 인지적 과정을 연구하는 컴퓨터 과학의 한 분야를 설명하면서 시작되었다. 인공지능이란 "원칙적으로 학습의 모든 측면이나 지능의 어떤 속성이 정확히 묘사될 수 있어 기계가 이를 흉내낼 수 있다는 추정에 근거하여 추진된다"고 하였다. 과학기술정보통신부 4차 산업혁명위원회(2018)는 인공지능이란 "인지, 학습 등 인간의 지적능력(지능)의 일부 또는 전체를 컴퓨터를 이용해 구현하는 지능"이라고 하였다. 다시 말해, 인간이 생각하고 활동하는 것, 예를 들면 문제해결, 의사결정, 학습과 같은 활동을 자동화하고 인간의 지능적 행위를 합리적으로 행동하는 인간-기계시스템으로 이해될 수 있다. 인공지능은 인간 중심의 접근법이고 경험적 과학이며, 수학과 공학과 같이 이론적이고 합리적인 형식적 과학을 의미한다. 인공지능은 정의하는 방식에 따라 다양하게 해석되고 있다. 스튜어트 러셀(Stuart Russell)과 피터 노르비그(Peter Norvig)는 인공지능을 판단의 대상이 되는 요소와 판단의 기준에 따라 '인간적 사고', '인간적 행동', '합리적 사고', '합리적 행동'

이라는 4가지 범주로 구분하였다.

첫째, 인간적 사고는 인지과학(Cognitive Science)적 접근방식으로 인공지능은 완전한 의미에서 마음을 가진 기계라고 보는 것이다. 둘째, 인간적 행동은 튜링(Turing) 검사 접근방식으로 인공지능을 사람이 지능적으로 수행해야 하는 기능을 제작하기 위한 기술이다. 셋째, 합리적 사고는 사고의 법칙적 접근방식으로 인지, 추론, 행위를 가능하게 하는 것이다. 마지막으로 합리적 행동은 합리적 에이전트 접근방식으로 지능적 에이전트의 설계나 지능적 행동에 관련된 것이다.

	인공지능 정의 분류
인간적 사고(Thinking Humanly)	**합리적 사고(Thinking Rationally)**
• 컴퓨터가 의식을 가지고 생각할 수 있도록 만드는 새롭고 흥미로운 노력 • 의사결정, 문제해결, 학습 등과 같은 인간의 사고 및 활동과 관련 있는 행위의 자동화	• 컴퓨터 모델을 이용한 지능 연구 • 지각, 추론 및 행동을 가능하게 하는 컴퓨터 활용에 대한 연구
인간적 행동(Acting Humanly)	**합리적 행동(Awcting Rationally)**
• 인간의 지능이 필요한 기능을 수행할 수 있는 기계를 만드는 기술 • 사람들이 잘하는 일을 컴퓨터가 할 수 있게 만드는 연구	• 지능형 에이전트를 디자인하기 위한 컴퓨터 지능 • 인공지능은 인공물의 지적활동

자료: 황명화 외(2018), 스마트 국토·도시관리를 위한 인공지능기술 도입방안 연구, 국토연구원

(2) 인공지능 특징

인공지능은 인간의 지능을 완벽하게 이해하고 구현하는 것을 목적으로 하고 있다. 그리고 사람의 지능과 마찬가지로 '문제해결능력', '학습능력', '범용성'의 세 가지 특징을 가지고 있다.

첫째, 문제해결능력이다. 문제가 발생하면 문제를 단계별로 분석하고 수식 계산, 이미지 속 대상 판단, 규칙을 찾아 규칙기반 인공지능 적용이 가능한지 판

단하게 된다. 예를 들어 알파고는 바둑판을 이해하고 다음 수를 결정하는 것 등 문제를 해결하기 위한 지능적인 행동을 하면서 단계별로 문제를 해결하였다. 둘째, 학습능력이다. 과거에는 지능을 구현하기 위해 사람이 직접 모든 프로그램을 작성하였다. 만일 문제가 복잡할 경우 사람이 설계하는 것이 거의 불가능했다. 이를 해결하기 위해 입력과 출력의 데이터가 주어지면 규칙을 자동으로 파악하는 학습기반 인공지능이 만들어졌다. 셋째, 범용성이다. 특유의 범용성을 바탕으로 산업별로 사용하고자 하는 대상과 목적, 제공하고자 하는 서비스에 따라서 융합 적용이 가능하다. 또한 디지털화가 가속화되면서 그 적용 범위가 확대되고 있다. 예를 들어 음성인식 기술은 다양한 분야에 가상 소통 인공지능 인터페이스에 주로 사용되고 있다. 인공지능은 관점 정도에 따라 약한 인공지능과 강한 인공지능으로 구분할 수 있다. 즉 컴퓨터가 인간지능에 육박할 만한 지식과 자의식을 가지고 있는지에 대한 유무에 따라 약한 인공지능(Weak AI)과 강한 인공지능(Strong AI)으로 구분된다.

약한 인공지능은 인간지능의 특정 영역을 표현하는 것으로 특정 과업에 한정되어 문제를 해결할 수 있는 수준의 인공지능이다. 즉, 약한 인공지능을 만들기 위해서는 목적이 필요하고, 목적에 최적화된 알고리즘, 정당한 규칙(Rule) 등이 설정되면 된다. 예를 들면 IBM의 왓슨(Watson), 구글의 알파고, 카네기멜론대학 딥블루, 자율주행차, 무인항공기, 전문가시스템 등과 같이 특정 목적에 맞게 최적화된 인공지능이다. 또한, 강한 인공지능은 약한 인공지능과 대비되는 개념으로 지능을 보유하고 있으면서 지능적으로 행동하는 인간의 지성 전체를 구현하는 것이다. 인간과 같은 감각, 지각, 사고, 문제해결, 자아의식, 감정 등 모든 지능적 요소를 포함하고 지능적으로 행동하는 것을 말한다. 강한 인공지능을 만들기 위해서는 인공신경망 기술, 빅데이터, 딥러닝 등이 활용된다. 인공지능의 궁극적인 목적은 인간지능을 완벽하게 이해하고 행동할 수 있는 강한 인공지능을 구현하는 것이다. 현재까지 약한 인공지능은 많이 개발되어 활용되고 있으나 강한 인공지능은 아직 도달하지 못한 실정이다.

(3) 인공지능 진화

지난 수십 년 동안 인공지능(AI) 및 자동화의 진화와 광범위한 확산은 의료 진단 및 자동 조종 운송에서 첨단 제조에 이르기까지 다양한 산업에서 상당한 영감과 중요한 변화를 가져왔다. Francis Gurry는 "인공지능은 우리가 살고 일하는 방식을 변화시키면서 세상에 지대한 영향을 미칠 새로운 디지털 프론티어입니다."라고 한다(WIPO, 2019). 디지털화된 데이터의 기하급수적인 성장과 획기적인 계산 능력(무어의 법칙)은 인공 지능이 혁명적인 영향력을 생성할 수 있게 했다(Moore, 2006). 현대 정보 기술과 인공지능으로 구동되는 인지 기계의 출현은 사람들의 삶과 일을 강력하게 변화시켰다(Guliyev, 2023).

최근 인공지능은 빠른 속도로 진화하고 있다. 과거 이론, 특정 분야에만 적용되거나 제한된 기능만 수행하던 인공지능은 최근 가상세계나 현실세계는 물론 융합 세계로 적용범위가 확대되고 있다. 초기 인공지능의 기술은 기존 데이터가 사전 정의된 방식을 통해 실행되도록 구성되었다. 그리고 2006년 컴퓨터가 스스로 학습하도록 훈련시키는 기술인 딥러닝(Deep Learning)이 적용되면서 과거와 비교시 획기적인 변화가 이루어졌다.

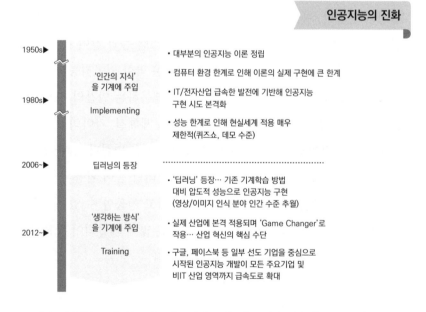

자료: 이승훈(2017), 최근 인공지능 개발 트렌드와 미래의 진화 방향, LG경제연구원

인공지능은 1950년부터 2000년 초기까지만 하더라도 인간이 만들어놓은 지식을 기계에 주입하여 학습시키는 방법, 즉 머신러닝(Machine Learning) 기술로 인공지능을 구현했다. 이 시기에 대부분의 인공지능 이론이 정립되었으나 컴퓨터, 네트워크 등과 같은 기술 및 성능의 한계로 인해 실제로 구현되는데 많은 어려움이 있었다. 또한, 인간의 언어 적용 및 표현의 한계, 데이터 관리 및 처리 능력의 한계로 인해 특정 분야에만 적용되었으며 다양한 분야로 환산되는데 제한적이었다. 2012년 딥러닝(Deep Learning)이 개발되고 2016년 3월 알파고가 등장하면서 급속도로 발전하였다. 딥러닝은 과거 증기기관, 전기와 마찬가지로 세상을 변화시킬 혁신 기술로 지목되기 시작했다. 딥러닝은 인간처럼 데이터, 정보 그리고 지식을 축적하고 경험을 기반으로 스스로 학습(Training)하여 새로운 일을 수행하는 방식을 의미한다. 즉 인공지능 개발방법이 인간 지식(Rules and Contingencies)을 주입하는 것에서 데이터 학습(Learning from Data)으로의 변화를 의미한다.

3) 인공지능(Artificial Intelligence) 기술

(1) 인공지능기술의 발전

인공지능에 대한 기술은 지속적으로 발전하고 있으며 강한 인공지능을 구현하기 위해서는 다양한 요소의 기술이 필요하다. 인공지능기술에 대한 발전은 인지, 학습, 추론, 행동과 같은 인간의 지능 영역 전 과정에 걸쳐 진화하고 있다. 시각, 청각 등과 같은 인지영역에서부터 스스로 학습하는 학습영역, 새로운 환경으로부터 추론, 그리고 문제를 발견하고 해결하는 행동영역까지 다양하게 연구되고 있다.

첫째, 인지영역에는 시각, 음성인식과 이해지능과 관련 기술이 활용된다. 시각지능은 기계가 물체를 지각하는 것이고 음성인식 및 이해지능은 컴퓨터와 대화하는 것을 가능하게 한다. 최근 AI 스피커, 챗봇 등에 활용되고 있다. 둘째, 학습지능은 새로운 환경에 적응하고 패턴들을 감지하고 추정하는 것이다. 즉 스스로 지식을 키워가는 인공지능 기술로 인간의 뇌를 단순화하여 구현한 신경회로망과 딥러닝(Deep Learning) 기술이다. 셋째, 추론은 어떤 가정이나 전제로부터 결론을 도출하는 것이다. 학습된 지능에 기반하여 인지된 결과를 도출하는 것으로 질문에 답하거나 새로운 결론을 유도하기 위해 학습된 정보를 사용한다. 마지막으로 행동은 인간처럼 생각하고 합리적으로 행동하는 것으로 지능, 추론능력에 기반하여 자율적으로 판단하고 행동하는 것이다. 인공지능 구현을 위한 주요 요소 기술은 인지, 학습, 추론 등과 같다.

자료: 이승훈(2017), 최근 인공지능 개발 트렌드와 미래의 진화 방향, LG경제연구원

(2) 인공지능기술의 발전 전망

인공지능기술은 1970년 메모리·처리속도 등의 문제, 1980년 전문가시스템의 고유지비용 등 두 번의 암흑기를 지나, 데이터 축적 컴퓨팅 파워, 딥러닝 진화 등으로 최근 엄청난 발전을 이루었다. 인공지능은 상황을 인지하고 이성적·논리적으로 판단하고 행동하며, 감성적이면서 창의적인 기능을 수행하고 있다. 과거 산업화에서는 기계가 인간의 육체노동을 대체했다면 인공지능은 인간의 지적노동을 대체할 것이다. 미래 인공지능은 단순한 기술적인 차원을 넘어

인문·사회·문화 등 모든 영역에 걸쳐 패러다임의 변화를 초래할 것이다. 컴퓨터의 대량의 데이터 학습을 통해 규칙을 발견하여 판단·추론하는 딥러닝의 등장은 인공지능기술 발전을 더욱 가속화할 것이다. 인공지능산업은 부가가치를 창출하는 신산업이자 타 산업과 융합을 통해 새로운 가치를 만들 것이다. 그리고 단순 반복적인 업무에서 벗어나 창의성이 필요한 업무를 중심으로 직무변화가 이루어질 것이다. 그리고 일상생활에서 보다 편리한 서비스가 제공되고 삶의 편의를 높여 삶의 방식을 변화시킬 것으로 예상된다.

향후 고도화된 뇌 연구를 바탕으로 비지도학습 인공지능, 분야별 상호 학습이 가능한 전이학습 인공지능 등 인간지능을 넘어 차세대 인공지능으로 제2의 인공지능 부흥기가 도래될 것이다. 언어분석, 음성대화처리, 자동통번역에 딥러닝 기술이 적용되면서 언어지능 활용이 더욱 확산될 것이다. 그리고 인간과 유사한 추론이 더욱 가속화되면서 관계 추론 영역에 대한 연구가 지속적으로 진행될 것이며, 인공지능과 로봇 기술의 융합을 통해 복합지능형 로봇에 대한 연구와 상용 서비스가 급속히 확산될 것이다. 또한, 인공지능이 더욱 사람과 자연스러운 방식으로 상호작용하는 능력이 향상될 것으로 예상된다. 이는 음성 인식, 자연어 대화, 감정 인식 등에서 더욱 발전하여 우리와 더 가깝게 소통할 수 있는 수준에 이를 수 있다. 산업분야인 제조업에서부터 금융, 유통·물류, 관광, 스마트시티, 농·수산업, 바이오·의료 등 산업 전반에 인공지능기술이 적용되면서 산업의 핵심요소로서 4차 산업혁명의 진화를 더욱 가속할 것이다. 하지만, 인공지능의 발전은 윤리적인 문제와 사회적 영향을 더욱 더 중요하게 만든다. 이러한 기술이 공정성, 개인정보 보호, 인간 중심적 가치 등과 어떻게 조화롭게 발전해 나갈지에 대한 연구와 논의가 계속될 것으로 예상된다.

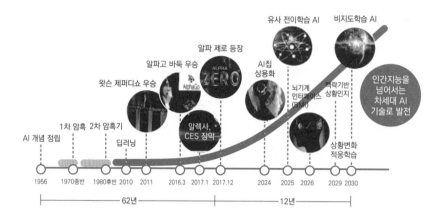

자료: 과학기술정보통신부, I-Korea4.0 실현을 위한 인공지능(AI) R&D 전략(2018.5.)

참고문헌

과학기술정보통신부, I-Korea4.0 실현을 위한 인공지능(AI) R&D 전략, 2018.5.

관계부처합동 4차 산업혁명 위원회(2019), 4차 산업혁명 대응 계획-KOREA 4.0.

국토부(2022), 국토교통부의 UAM 실증행사.

강성배, 박상철, 오창규, 정대율, 정석찬(2022), 인공지능으로 구현되는 세상, 도서출판청.

이승훈(2017), 최근 인공지능 개발 트렌드와 미래의 진화 방향, LG경제연구원정대율(2022).

산업경제이슈(2021), 미국의 인공지능 전략 방향과 시사점, 4차 산업혁명 시대를 주도하는 KIET 산업정책 리포트, 110호.

최민철, 조재원(2022). 국내 AI 기술 경쟁력 분석과 정책적 시사점 AI 특허를 중심으로, 다원; 서울.

하원규, 최남희(2015), 4차산업혁명: 초연결·초지능 사회로의 스마트한 진화 새로운 혁명이 온다. 서울: 콘태츠하다, 136.

황명화 외(2018), 스마트 국토·도시관리를 위한 인공지능기술 도입방안 연구, 국토연구원.

Guliyev, H. (2023). Artificial Intelligence and Unemployment in high-tech developed countries: New Insights from Dynamic Panel Data Model. Research in Globalization, 100140.

IRI(Innovation Research Interchange, 2018), 미국 R&D 동향 예측미국 IRI 연례 설문조사 결과.

Moore, N. (2006). How to do research: a practical guide to designing and managing research projects. Facet publishing.

Wipo. (2019). WIPO technology trends 2019: Artificial intelligence. Geneva: World Intellectual Property Organization.

기업가정신 역사 및 동향

History of Entrepreneurship and It's Trends

CHAPTER 02 기업가정신 역사 및 동향

History of Entrepreneurship and It's Trends

제1절 기업가정신 역사(Entrepreneurship History)

제2절 기업가정신(Entrepreneurship) 연구 동향

제3절 기업가정신 관련 주요연구 분야

Case-Study

드니 파팽(D. Popin, 1647~1712) & 제임스 와트(J. Watt, 1736~1819)

발명과 혁신의 기업가정신 분야에도 제도가 중요한 사례이다. 프랑스 물리학자 드니 파팽은 영국의 와트보다 70년 앞서 증기 에너지를 이용한 기계를 발명했다. 파팽은 17세기 말에 최초로 증기찜통을 발명했고, 18세기 초에 세계 최초의 증기선까지 제작해서 시험 운항을 시도했다. 그러나 파팽의 증기선은 일자리를 잃을까 우려한 뱃사공 길드에 의해 파괴되고 불에 타 잿더미가 되었다. 혁신적인 기술과 발명은 보상은커녕 권리조차 인정받지 못한 채 파팽의 기업가정신은 좌절로 끝났다.

와트의 운명은 정반대로 전개되었다. 1775년에 영국 의회는 갑론을박 논쟁 끝에 와트의 증기엔진에 특허권을 부여했고, 이에 와트는 볼턴(M. Boulton, 1728~1809)과 함께 설립한 동업회사(Boulton & Watt, 1775~c.1895)를 통해 증기엔진을 직접 생산, 판매하면서 영국과 영국 식민지 전역에서 독점적 이윤을 누릴 수 있었다.

제1절 **기업가정신 역사**
Entrepreneurship History

1 들어가기

학문 분야로서 기업가정신 연구의 역사는 30년도 채 되지 않았다(Cornelius et al. 2006). 기업가정신(entrepreneurship)이 주목을 받기 시작한 것은 1980년대 이후부터 미국, 일본 등지에서 급변하는 환경변화에 대응하기 위해 이들 국가의 공업화와 근대화의 원동력이었던 요소로 인식되고 시작부터이다(Gibb,1990).

한국은 IMF 외환위기 이후 벤처기업이 활성화되면서 기업가정신에 대한 연구에 관심이 증가하였다(이재훈 등, 2006). 이후 기업가정신에 대한 세계적인 관심도 커지고 있으며, 특히 1997년부터 영국의 런던경영대학과 미국의 벱슨대학의 주도로 많은 나라들이 참여하여 수행되고 있는 기업가정신 국제비교조사(Global Entrepreneurship Monitor: GEM)에서도 기업가정신의 현황을 분석하고 기업가정신을 촉진하기 위한 제반 방안들을 모색하고 있다. 특히 GEM에서는 2009년부터 GEM을 통해 얻어진 자료와 각국의 거시경제 지표를 종합적으로 함께 반영한 종합지표인 "GEI(Global Entrepreneurship Index)를 만들어 매년 국가별 기업가정신 지수를 발표하고 있다. 최근에 4차 산업환경의 시대를 맞이하면서 해외에서 뿐만이 아니라, 한국에서도 다시 주목을 받고 있으며, 우리나라에서의 창업 장려정책에 따라 더욱 관심을 받고 있다.

2 기업가정신 역사

기업가정신을 본격적인 학문 연구의 하나의 주제로 다루기 시작한 역사는 30여 년 정도밖에 되지 않았다(Cornelius et al., 2006). 사실상, 자본주의 경제발전에서의 파괴적 혁신의 실행자로서 기업가의 중요성을 최초로 언급한 슘페터의 연구

(Schumpeter, 1934) 이후, 많은 경제학에게 기업가정신은 시장 기능의 중요한 요소로 다루어지기 시작했다.

기업가정신에 대해 처음 체계적으로 접근한 학자는 경제학자인 슘페터이다. 그가 1934년 발표한 논문 경제발전이론(Theory of Economic Development)에서 기업가정신이란 새로운 방식으로 새로운 상품을 개발하는 것을 기술 혁신이라고 규정하고 기술 혁신을 통해 창조적 파괴(creative destruction)를 함으로써 이윤을 창출하는 제품이나 서비스가 만들어 지는데, 이것을 생산하는 노력으로 개념화하였다. 이윤이란 바로 창조적 파괴행위를 성공적으로 이끈 기업가의 정당한 노력의 대가다.

슘페터 이후 기업가 신을 언급한 학자는 경영학의 대가 피터 드러커(Peter Drucker) 박사다. 그는 1986년 발표한 그의 저서 혁신과 기업가정신(Innovation and Entrepreneurship)에서 기업가정신을 위험을 무릅쓰고 포착한 기회를 사업화하려는 모험과 도전의 정신이라고 설명하였다. 드러커는 이 같은 기업가정신과 혁신은 같은 것으로 생각했다. 내일의 성장을 위해 혁신이 필수 불가결하다며 경영관리에서도 혁신을 실천하는 것이 중요하다고 강조했다.

최근 4차 산업혁명 시대를 맞이하면서 경영, 경제, 사회 등 다양한 분야에서 기업가정신이 새롭게 주목받고 있으며 새로운 환경의 변화에 기업이나 조직의 혁신을 기반으로 한 기업가정신이 더더욱 요구되고 있다.

제2절 기업가정신(Entrepreneurship) 연구 동향

1 기업가정신 시대별 연구 흐름

학문적으로는 기업가정신은 혁신의 과정을 다루는 경제학의 토대(Schumpeter, 1934)와 산업조직론 관점의 경영전략(Porter, 1980)과 자원기반 관점을 중심으로 한 전략경영(Barney, 1991; Alvarez & Barney, 2005)을 토대로 학문분야이다. 전반적으로 기업가정신 연구는 1930년대 슘페터를 기점으로 경제학적 관점과 1960년대 개인의 특성과 동기 등에 관점을 둔 행동 과학적 관점의 연구에서 경영학자, 사회학자 중심으로 1990년대부터 기업가적 프로세스 및 사회적 환경을 고려한 기업가적 생태계에 초점을 둔 연구로 변화하고 있다.

기업가정신 연구 흐름의 변화

경제학적 관점
(economic context)

- 경제학자 중심
- 기업가정신이 시장 기능의 하나
- 기업가들의 행동이 시장에 어떠한 영향을 가져올 것인가?

행동과학적 관점
(behavioral science)

- 조직학자, 사회학자 중심
- 기업가의 개인적 특성에 초점
- 기업가는 어떠한 특성을 가진 사람인가?
- 기업가가 되려는 동기는 무엇인가?

기업가적 프로세스 관점
(entreprneurial process)

- 경영학자, 전략학자 중심
- 경영과학(경영학) 관점
- 단순한 기업가적 현상의 묘사가 아닌 창업준비-성장-소멸에 이르는 기업가의 총체적 과정

사회적 관점
(social context)

- 경영학자, 사회학자, 유럽학자 중심
- 기업가의 생태계 연구
- 기업가적 행동 양태의 표현이 아닌 기업가적 활동에 이르게 되는 맥락 (환경요소) 차원의 연구

자료: 이윤준 외(2014)

구제척으로 시대별 기업가정신의 흐름을 살펴보면 다음과 같다.

1960년대에 들어 기업가정신 연구는 기업가의 개인적 특성에 초점을 맞추어, 성공하는 기업가들의 인적 특성은 무엇이며, 창업 활동을 수행하는 사람과

그렇지 않은 사람들 간의 차이점은 무엇인가를 연구하려는 행동 과학과 심리학 기반의 접근법이 활발히 활용되었다(McClelland, 1961). 이러한 연구의 흐름은 기업가 개인의 특성과 재능에 초점을 맞추기 때문에, 기업 창업 이후의 성장과 생존에 있어서 기업의 다른 구성원들을 포함한 조직, 기업 운영에 관한 전략 및 프로세스 관점을 효과적으로 반영하지 못한다는 약점이 있다.

기업가정신과 기업에 관한 학문적 연구는 1980년대 들어서 행동학적 관점의 연구들이 많이 이루어 졌다. 그 이전의 전통적인 기업가정신 이론에서는 기업가의 역할 측면에서 기업가가 하는 일 자체에 대해서 위험감수자(risk-taker; Cantillon, 1755), 중간거래자(middleman; Hayek, 1937; Drucker, 1986), 조정자(coordinator; Leibenstein, 1968), 기술혁신자(innovator; Schumpeter, 1934), 의사결정자(decision-maker; Casson, 1982) 등으로 구분해 왔다.

1980년대에 접어들어서 기업가의 역할 측면보다는 통합적인 관점에서 신제품 개발이나 신시장 개척 등의 혁신적 활동(Burgelman, 1983)으로 보거나, 창의성과 유연성을 증가시키는 기업가의 행동(Stevenson & Gumpert, 1985)으로 보거나, 위험을 감수하며 진취적이고 혁신적 활동을 추구하는 기업가의 성향(Morris & Paul, 1987)으로도 봤다. Sexton & Bowman(1986)은 기업가정신이 다양한 정보를 수집하고 대내외 환경을 잘 통제하는 최적화된 의사결정을 통해 발휘되는 강력한 영향력의 중심으로 봤고, Covin & Slevin(1989)은 변화에 대응하기 위해 꾸준히 조직을 혁신해 가는 기업가적 행동이라고 했고, Stevenson et al.(1989)은 보유한 자원의 제약에도 불구하고 새로운 기회를 추구하는 과정에서 일어나는 역량적 과정이라고 했다.

1990년 들어서면서 중소기업과 별개로 독립적인 연구 분야로서의 기업가정신 연구가 시작되었다(김영환·양태용, 2013; Blackburn & Smallbone, 2008). 이렇게 독립적 학문 분야로서의 기업가정신 연구가 활발해지면서, 기업가정신 연구자들은 기업가정신을 프로세스(entrepreneurial process)와 환경(social context)의 두 가지 중요한 관점으로 바라보게 되었다.

일례로 Low & MacMillan(1988)은 기업가정신 연구에 있어 창업 초기의 기회 포착 단계에서부터 창업 단계, 성장 단계, 생존 및 소멸에 이르는 일련의 기업 성장 단계에 맞추어 기업가정신을 바라보는 프로세스적 관점의 연구들과 기업가 개인이나 창업 기업 내부의 역량을 벗어나 기업 창업과 함께 기업의 성장과 생존을 돕는 외부 환경적 요소(맥락)를 이해하려는 환경 차원의 연구가 동시에 필요함을 강조하였다.

이와 같이, 기업가정신 연구의 초점이 기업가적 프로세스(process)에서 사회적 환경으로 이동할 것이라는 Low & MacMillan(1988)과 Ucbasaran(2001)의 주장 이후에 사회적 기업가정신(방원석, 신재익 & 정대율, 2022), 그린 기업가정신, 사람중심 기업가정신, 지속가능 기업가정신 등과 같은 새로운 분야에 관한 연구도 진행되어 왔고, 국가별로도 연구 영역의 차이가 있는데 미국의 경우는 기업가 개인, 기업가적 프로세스, 자금조달 역량 등에 초점을 뒀고, 유럽의 경우는 기업가의 환경, 네트워크, 공공 정책 등에 관한 연구가 진행되어 왔다.

한편 실리콘밸리의 성공사례 등을 통한 기업가정신의 지역 및 국가 차원의 경제 기여에 대한 효과를 인식한 각국 정부의 기업가정신 증진과 창업 활동 증대를 위한 정책적 노력과 함께, 기업가정신 지표 개발 등을 통한 국가 차원의 기업가정신 연구가 보다 활발히 진행되고 있다(이윤준 외, 2014). 하지만 여전히 기업가정신 연구 결과물의 대부분은 경제학, 심리학, 경영학 등의 주요 학문 분야의 이론에 기초하고 있으며, 독자적인 이론 개발 성과가 부족하다. 또한, 기업가정신이라는 개념 특성상 경영과학 분야에서 그 정당성을 인정받고 학문적인 성과를 이룩하기에는 어려움이 많다.

2 기업가정신 연구범위의 변화

1) 기업가정신의 개념 변화

기업가정신은 본질적으로 혁신적이고 보다 생산적이며 지속 가능한 프로세스 및 운영을 개발하는 데 중점을 두어 지속 가능한 개발을 촉진하는 핵심적인 요소이다. 이러한 기업가정신은 지속적으로 진화 및 확대적 개념으로 발전하고 있다.

앞에서 간략히 서술한 바와 같이, 최근 기업가정신의 혁신성, 위험감수성, 진취성을 기반으로 그 개념이 변화하고 있다. 전통적인 기업가정신에서 사회적 기업가정신(social entrepreneurship), 그린 기업가정신(green entrepreneurship), 지속가능 기업가정신(sustainable entrepreneurship), 그리고 휴먼 기업가정신(human entrepreneurship) 등의 다양한 개념으로 진화되고 있다. 기업가정신에 대한 다양한 접근 중 휴먼기업가정신은 사람을 중시하는 지속가능한 사회경제적 발전을 위해 발생하는 지속가능한 실천적 접근으로 간주된다(Le, 2022; 방원석, Reddy & 신재익, 2022).

2) 기업가정신 연구의 대상 확대

한편, 기업가정신은 단순히 창업, 창업기업이나 소규모기업 같은 곳에 국한되는 것이 아닌 규모나 성격, 특성과 관계없이 모든 조직 차원에서 요구되는 것으로 보고 있다. 조직 차원의 기업가정신은 기업가 개인의 성향이나 특징에 초점을 두는 것이 아니라 조직 내부, 부서 또는 조직 전체의 특성을 포함하는 조직의 현상으로 인식되고 있다(위홍복, 2003).

일부 연구자들은 기업가정신의 의미를 한정적으로 해석해서 경영자가 리더십을 발휘할 수 있는 정도의 작고 단순한 조직구조를 가진 창업 시기의 기업들을 설명하기에 유용한 개념이라고 주장하기도 한다(서주환, 2016). 하지만 기업가정신은 규모와 형태가 다른 여러 조직에 유의미한 개념이다. 신생 기업뿐만 아니라 기존의 중소기업이나 대기업에서도 발휘될 수 있으며, 조직수준과 개인 수준 모두에서 이용될 수 있다(이용탁, 2010).

즉, 기업가정신은 기업의 모든 수준으로 확장될 수 있는 것이다. 예를 들어, 기업가정신에서 파생된 개념인 사내기업가 정신은 조직 내에서 주어진 기회를 최대한 활용하여 자신의 아이디어를 긍정적인 결과로 연결하는 것을 의미한다(Pinchot, 1985). 이것은 경영자나 조직의 리더, 높은 직급을 가진 사람만이 기업가정신의 소유자로서 자격이 있는 것이 아니라, 내부의 조직구성원이라면 누구든지 기업가정신을 발휘할 수 있다는 것이다.

결론적으로, 기업가정신의 초기 연구에서는 기업가 개인이 가지고 있는 특성에 초점을 두고 연구가 진행되었으나 최근의 연구에서는 주로 조직 차원에 초점을 두고 연구가 진행되고 있다. 그리고 연구의 수준도 초기에는 최고경영자와 창업을 준비하거나 창업을 한 지 얼마 되지 않은 소기업만을 대상으로 하였으나 최근에는 기업가정신을 개인 수준, 집단수준, 전체 조직수준, 국가 등에 모두 적용될 수 있는 개념으로 확장되고 있다(Drucker, 1985, Ronen, 1988, Lumpkin, Dess & Gregory, 1996).

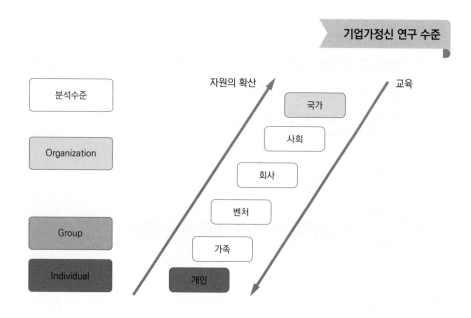

기업가정신 연구 수준

전반적인 기업가정신의 연구관점을 살펴보면, 초기 경제학자 중심의 경제학적 관점과 조직학자와 사회학자의 행동과학적 관점으로 논의되고 있는데, 경제학적 관점은 기업가정신을 하나의 시장 기능으로 보고, 기업가정신이 시장에 미치는 영향에 대한 인과관계를 중심으로 기업가적 프로세스가 발전되었다.

행동과학적 관점은 기업가의 특성과 창업 동기 등 기업가의 행동에 관한 연구로 기업가적 생태계 등 거시적인 관점에서 경영학자, 사회학자들을 중심으로 발전되고 있다. 기업가정신에 대해 개인, 조직, 지역, 국가 수준의 분석수준별 연구 또한 이루어지고 있다. 개인 수준의 기업가적 프로세스 연구는 기업가 개인의 특징, 인구 통계적 특징, 의사결정 과정 등으로 구성되어 있으며, 조직수준에 관한 연구는 기업가적 지향성으로 조직 차원에서 기업가적 활동에 대한 것을 의미한다.

　사회적 환경에 관한 연구는 지역, 국가 단위 연구로 구분되는데, 지역별로 지리적 요인, 산업, 기후, 환경 등의 차이로 인한 기업가적 활동의 차이, 대덕연구단지와 같은 기술창업 생태계의 구축 성공에 관한 사례 분석이 대표적인 연구이다. 보통 연구개발비용, 교육수준, 세금부담, 인구 유입 정도, 기후에 따른 요소 등의 요인들이 기업가정신의 결정요인으로 연구된다.

　국가 단위의 연구에서 법률, 세금, 교육시스템, 공공 인프라 등 사회문화적 요소의 영향을 분석하고, 거시적, 구조적, 종합적 관점에서 기업가정신의 결정요인에 관한 연구가 주로 이루어지고 있다.

제3절 기업가정신 관련 주요연구 분야

1 주요연구 분야

　2000년대 들어 특히 기업가정신 연구에 대한 다양한 학자들의 시도가 이루어지고 있으나, 기업가정신 연구의 짧은 역사와 독립적인 학문 분야로서의 정통성 및 이론의 부재로 기업가정신 연구 주제에 대한 통일된 분류 체계는 존재하지 않는 실정이다(Schildt et al., 2006). 하지만 기본적으로 Low & MacMillan의 프로세스와 환경 관점을 바탕으로, Ucbasaran et al.(2001)의 연구에서는 1) 기업가정신 이론, 2) 기업가의 유형, 3) 기업가적 프로세스, 4) 조직 유형, 5) 외부 환경, 6) 성과의 6가지 차원의 기업가정신 연구 분야를 제시하고 있다.

　국내 학자의 연구로서 김영환·양태용(2013)의 연구에서는 다양한 기업가정신 연구들의 경향을 조사한 선행연구들에서 활용한 연구 분야 구분 기준을 조사·분석하여, 16가지 관련 주제를 세분화하여 기업가정신 관련 개념 프레임워크를 제시하였다.

1) 기업가 및 기업가정신 일반

2) 기회

3) 자금조달 및 벤처캐피털

4) 기업가적 전략 및 성장 프로세스

5) 벤처기업 성과, 성공 및 실패

6) 경영 관련 이슈

7) 기업가 네트워크

8) 기업가의 창업 환경 및 경제발전

9) 기업가정신 관련 정책 및 정부 지원 프로그램

10) 다양한 기업가정신(여성 기업가정신, 가족 기업, 프랜차이즈 등)

11) 사내 기업가정신 및 사회적 기업가정신

12) 국제 기업가정신

13) 기업가 윤리

14) 기업가정신 교육

15) 기업가정신 연구

16) 기술경영 및 혁신

이 중 기업가적 전략과 경영 이슈, 기술경영 및 혁신 이슈들은 기업 내부 환경에 해당하며, 기업가와 기회, 기업 성과와 네트워크, 자금조달 등은 기업을 둘러싼 외부 환경에 해당한다. 창업 활동을 수행할 기업가들을 배출하는데 필요한 교육과 창업 환경 및 정책 인프라 등은 기업의 사업 환경을 우호적으로 만드는 사회적 환경이며, 이러한 기업가정신은 기존 기업 내, 대학, 정부 조직 및 공공 기관 등 다양한 조직 내에서 발현될 수 있다(그림 참조).

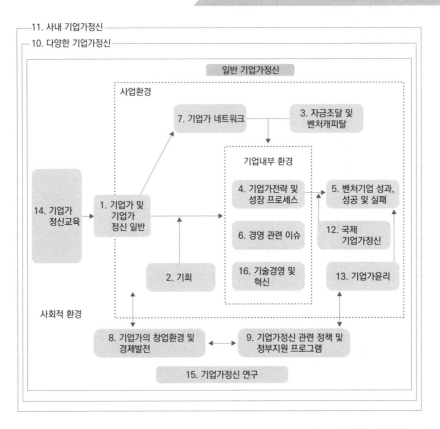

* 자료: 김영환 · 양태용(2013)

2 주요학술지 연구

　　주요 경영학 관련 국제학술지에 실린 기업가정신 관련 연구 논문을 Busenitz et al.(2003)의 연구에서와 같이 ① 개인 및 팀(Individuals and Teams), ② 기회(Opportunities), ③ 조직화(Mode of Organizing), ④ 환경(Environments) 차원과 이들의 중첩된 영역으로 구분하여 보면, 지난 1985~1999년에 비해 2000~2009년 사이의 기업가정신 연구가 기업가 개인보다는 기회의 포착과 기회를 활용하는 기업가, 기회를 사업모델로 발전시켜 창업으로 조직화하는 과정으로 관심이 옮겨져가고 있음을 알

PART 1

수 있다. 기업가정신 발현을 위한 환경적 요소에 대한 연구자들의 관심이 높아지고 있음을 발견할 수 있다.

한편 2000~2009년 주요 경영학 관련 국제학술지에 실린 기업가정신 관련 연구 논문들 중 인용횟수가 가장 많은 10개의 연구 논문을 살펴보면, 기업가정신 연구 경향(Shane & Venkataraman, 2000), 기회 인식(Shane, 2000), 글로벌 기업가정신(Autio et al., 2000; Zahra et al., 2000), 기업가의 사회적 자본(Yli-Renko et al., 2001), e-Business 하에서의 가치창출(Amit & Zott, 2001), 소규모 창업의 역동성(Teece, 2007), 기업 내 기술혁신(Ahuja & Lampert, 2001) 등 다양한 주제에 고른 분포를 보이는 것으로 나타났다.

김영환·양태용(2013)은 2000~2009년 사이에 6종의 주요 기업가정신 전문 국제학술지에 게재된 연구 논문을 주제별로 분류하였는데, 총 1,810편의 논문 중 기업가의 창업 환경 및 경제발전과 관련된 연구가 259편으로 가장 많았으며, 여성 기업가정신, 가족 기업, 프랜차이즈 등을 다룬 다양한 기업가정신에 관한 연구가 231편으로 그다음으로 많았다.

그다음으로는 기업가적 전략 및 성장 프로세스, 자금조달 및 벤처캐피털의 순서였다(연구 논문 수 기준). 한편 게재 논문의 세부 연구 주제를 살펴보면, 네트워크 및 사회적 자본에 관한 연구 비중이 가장 높은 것으로 나타났으며, 가족 기업, 기업가정신 함양 및 창업 활성화를 위한 공공 정책, 제도 및 규제에 관한 연구도 활발하였고, 기업가적 전략 및 계획, 기업가의 자금조달 등 창업기업의 경영 이슈에 관한 연구 주제도 중요하게 다루어졌다(김영환, 2014).

최근, 기업가정신이 기업이나 조직에 어느 정도 긍정적 영향을 미치는 가는 다양한 연구에서 실증적으로 왕성하게 연구되고 있다. 기업가정신의 효과성에 대한 다양한 연구에서 조직성과, 경쟁우위, 지속가능성 요인들과의 긍정적 영향 관계을 밝히고 있다(방원석, 박주영 & 조동환, 2021; 방원석, 신재익, & 정대율, 2022; Youssef, Boubaker, & Omri, 2018; Makhloufi et al., 2022). 기업가정신은 조직을 대상으로 한 실질적인 연구에서도 기업의 재무적성과뿐만 아니라 비재무적성과에 영향을 미치는 주요 요소로 제시되고 있다. 또한, 기업내 기업가정신에 대한 경영수업은 기업의 성장과 지속가능성에 유의미한 긍정적 영향을 미친다고 제시하고 있다. LG그룹의 구인회 창업주의 기업가정신은 2대 구자경회장의 기업가정신에 경영수업을 통해 기업가정신이 전수되고 3대 구본무, 현재 4대 구광모회장에게 진화되어 내려오고 있다. 이러한 기업가정신이 실질적인 기업의 성과와 지속가능성을 향상시키고 있는 좋은 사례라고 할 수 있다.

이와 같이, 기업가정신을 갖춘 기업가는 불확실한 환경 속에서도 위기를 기회로 변화시키며, 신속, 유연하게 대처하고 혁신 활동을 통해 고용 창출, 이해관계자의 공유가치 창출 등의 효과를 불러일으켜 지속적인 경영을 가능하게 하며 지역공동체, 국가 경제발전에 기여한다.

참고문헌

김영환, & 양태용. (2013). 기업가정신 전문 유명 국제학술지 논문 검토를 통한 기업가정신 연구 동향 분석. 중소기업연구, 35(3), 347-376.

김영환, & 양태용. (2013). 기업가정신 전문 유명 국제학술지 논문 검토를 통한 기업가정신 연구 동향 분석. 중소기업연구, 35(3), 347-376.

방원석, Reddy, & 신재익. (2022). 사회적 기업가정신이 마케팅혁신과 지속가능성에 미치는 영향-구조방정식과 인공신경망 분석방법 비교. 인터넷전자상거래연구, 22(3), 185-205.

방원석, 박주영, & 조동환. (2022). 기업가적 마케팅이 기업의 사회적성과와 경쟁우위에 미치는 영향-사회적 기업의 마케팅역량을 매개변수로. 유통물류연구, 9(2), 81-95.

방원석, 신재익, & 정대율. (2022). 공공기관에서의 사회적 기업가정신이 지속가능성에 미치는 영향: 보건의료기관을 중심으로. 한국창업학회지, 17(3), 313-334.

이용탁. (2010). 인적자원개발을 통한 직무능력향상이 조직성과에 미치는 영향: 부산지역 전략 산업을 대상으로. 역량개발학습연구, 5(3), 61-80.

이윤준, 김영환, 김석관, 배용호, 임송, & 고명주. (2014). 기업가정신의 국제 비교를 통한 창업 환경 진단 및 개선방안. 정책연구, 1-242.

정기성. (2015). 기업가 정신에 대한 철학적 접근. 인터넷비즈니스 연구, 16(1), 53-65.

Alvarez, S. A., & Barney, J. B. (2005). How do entrepreneurs organize firms under conditions of uncertainty?. Journal of management, 31(5), 776-793.

Barney, J. (1991). Firm resources and sustained competitive advantage. Journal of management, 17(1), 99-120.

Blackburn, R. A., & Smallbone, D. (2008). Researching small firms and entrepreneurship in the UK: Developments and distinctiveness. Entrepreneurship Theory and Practice, 32(2), 267-288.

Joshep. A. Schumpeter, Theory of Economic Development, (Oxford Uni. Press, 1934), pp. 20-25.

Low, M. B., & MacMillan, I. C. (1988). Entrepreneurship: Past research and future challenges. Journal of management, 14(2), 139–161.

Makhloufi, L., Laghouag, A. A., Meirun, T., & Belaid, F. (2022). Impact of green entrepreneurship orientation on environmental performance: The natural resource–based view and environmental policy perspective. Business Strategy and the Environment, 31(1), 425–444.

Peter Drucker, Innovation and Enterpreneurship: Practice and Principles, (Harper and Row, 1986).

Porter, M. E. (1980). Industry structure and competitive strategy: Keys to profitability. Financial analysts journal, 36(4), 30–41.

Ucbasaran, D., Westhead, P., & Wright, M. (2001). The focus of entrepreneurial research: contextual and process issues. Entrepreneurship theory and practice, 25(4), 57–80.

Youssef, A. B., Boubaker, S., & Omri, A. (2018). Entrepreneurship and sustainability: The need for innovative and institutional solutions. Technological Forecasting and Social Change, 129, 232–241.

기업가정신 개념, 구성요소

Entrepreneurship Concept, Components

CHAPTER 03 기업가정신 개념, 구성요소

Entrepreneurship Concept, Components

Case-Study

일론 머스크(Elon Musk) SpaceX & Boring company

Elon Musk는 혁신의 아이콘으로 불린다. 그가 세운 기업을 보면 전기 자동차 제조업체 Tesla를 비롯하여, 로켓 생산업체 SpaceX 및 Boring Company를 포함한 6개 회사를 공동 설립했다.

2002년에 설립된 SpaceX는 2022년 5월 자금 조달 후 1,270억 달러의 가치가 있으며, 3년 만에 그 가치가 4배가 되었다. 공상과학에 나오는 이야기 같은데 머스크는 화성에 2030년 10만 명을 이주한다는 계획을 갖고 사업을 실행에 옮기고 있다. 실질적으로 펠콘9과 스타쉽은 재사용 가능한 로켓을 사용하여 사람과 장비를 지구궤도 및 그 너머로 안전하게 수송한다. 재사용성은 SpaceX가 로켓의 가장 비싼 부품을 재 비행하여 우주 액세스 비용을 낮췄다. 이는 기업가정신이 없고는 불가능한 일로 여겨진다. 진취적으로 위험을 감수하면서 파괴적 혁신을 통해 불가능한 일이 가능하다고 생각된다. 이러한 일이 현실로 이루어지기를 기대해 본다.

일론 머스트 부의 가치 변화

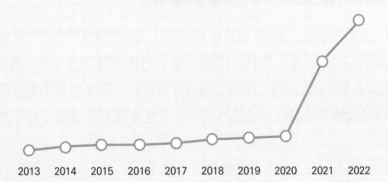

Wealth History
HOVER TO REVEAL NET WORTH BY YEAR

2013 2014 2015 2016 2017 2018 2019 2020 2021 2022

위의 그래프에서 머스크의 부의 가치 변화를 보면 머스크의 그룹은 탄생기를 거쳐 2020년을 기점으로 성장기에 들어섰다.

새롭게 떠오르는 기업으로 교통체증을 줄이는 것을 목표로 하는 Boring Company는 2022년 4월에 57억 달러의 평가액으로 6억 7,500만 달러의 펀딩을 받아 현재 사업이 추진되고 있다. Boring Company는 안전하고 굴착이 빠르며 저렴한 운송, 유틸리티 및 터널을 만들어(Loop: 전기사용 무탄소배출, 고속 지하 대중 교통시스템), 교통문제 해결 및 도시 혁신을 추구한다. 왜 하필 터널인가? 교통 문제를 해결하려면 도로가 3D로 이동해야 한다. 즉, 하늘을 나는 자동차나 터널이 필요하다. 하늘을 나는 자동차와 달리 터널은 비바람에 견디며 보이지 않으며 머리 위로 떨어지지 않는다. 터널은 귀중한 지표면의 사용을 최소화하고 기존 교통시스템과 충돌하지 않는다. 대규모 터널 네트워크는 모든 도시의 혼잡을 완화할 수 있다.

1 기업가정신(entrepreneurship)이란?

기업가정신이라는 단어의 기원은 18세기경 프랑스 경제학자 리샤르 캉 티용 (Richard De Cantillon)이 '앙트러프러너십'이라는 용어를 처음 사용하며 소개되었다. 지난 20년 동안 기업가정신에 관한 학계의 연구와 사회의 일원이라 할 수 있는 기업에서 실무적 관심이 크게 증가했지만, 여전히 몇 가지 질문이 남아 있다.

- 기업가(entrepreneur)는 누구이며 다른 사업가(business man)와 다른 이유는 무엇 인지?
- 기업가정신이란 무엇인지?
- 기업가정신이 조직의 지속가능성에 영향을 미치는 중요한 요소인가? 기업 창업이란?
- 사회적 기업가정신이란 무엇인지?
- 창업 과정은 어떻게 이루어져야 하는지? 등등 기업가정신에 대한 여러 가 지 의문이 제기되고 있다.

기업가의 창의적인 아이디어가 시장에 혁신을 가져올 수 있는 능력과 위험을 감수할 수 있는 능력이 사람들의 삶을 변화시키고(Ranmadani and Schneider, 2013), 사회 문제를 해결하고, 사람, 조직, 사회를 위한 가치를 창출한다고 한다.

기업가정신의 모델이라 할 수 있는 대표적인 기업가로 애플(apple)의 스티브잡 스를 뽑을 수 있을 것이다. 스티브 잡스가 스탠포드대학 졸업식 축사하면서 맨 마지막에 사용한 명언 "Stay Hungry, Stay Foolish"라는 정신은 바로 기업가 정신의 원천적 의미를 담고 있다고 볼 수 있다.

의미를 다시 되새겨보면, "Stay Hungry"라는 의미는 배고픔을 느꼈을 때 처럼 새로운 것을 추구하라는 것이다. 사자가 배고픔을 느낄 때 수단과 방법을 가리지 않고 먹이를 찾듯 그렇게 온 정신을 다해 몰입하라는 의미이다. 그리고 "Stay Foolish"는 자신의 부족함을 깨닫고 새로운 지식을 배움을 지속적으로 찾아 익히라는 의미일 것이다. 바로 이러한 정신이 기업가정신이라 할 수 있을 것이다.

Stay Hungry, Stay Foolish

통찰력과 남다른 사고방식,
그리고 애플의 성공을 뒷받침했던
스티브 잡스만의 끝없는
도전(남들이 하지 않는)과 열정, 노력

-Steve Jobs
(1955. 02 ~ 2011. 10)

기업가정신에 대한 연구자들의 정의를 살펴보면, 대표적인 학자가 Schumpeter이며, 그가 사용한 기업가정신의 개념은 사회를 변화시키는 사람의 창의적인 행동으로 기업가가 환경변화에 창의적으로 적응하기 위한 행동이라고 했다(박남규, 2015). 다양한 연구자들의 기업가정신에 대한 개념을 정리하면 아래와 같다.

연구자	주요 내용
Schumpeter (1934)	사회를 변화시키는 사람의 창의적인 행동으로 기업가가 환경변화에 창의적으로 적응하기 위한 행동
Druker (1985)	위험을 무릅쓰고 포착한 기회를 사업화하려는 모험과 도전의 정신
Stevenson & Jalio, (1990)	새로운 가치를 창출하기 위한 혁신적 위험 감수성, 그리고 진취적으로 자원을 재분배하거나 재결합 시키는 활동
Miller (1983)	새로운 가치창출을 위해 혁신성, 진취성, 위험감수성으로 자원을 재분배하거나 재결합하는 활동
Gartner & Baker(2010)	기업가 정신을 개인들이 기회를 추구하는 과정으로 보았고, 지속적인 혁신을 통해 기업수준을 끌어 올리는 과정으로 인식
이승현 (2014)	불확실한 시장상황에서도 현재를 명확히 진단하여 미래를 예측해 위험을 감수하고 기회를 포착함으로써 새로운 가치를 창출하는 의지와 행위임
강재학 (2015)	끊임없는 변화를 추구하고 고객의 니즈에 맞는 제품과 서비스를 개발하여 기회를 포착해 과감한 전략을 수립하기 위해 기본적으로 갖추어야 할 행동개념임
김택수 (2016)	제한된 자원을 가지고 위험을 감수하면서 혁신적인 방식을 동원해 새로운 가치를 창출하는 진취적인 기업가적 마인드임
정대율 (2019)	기업의 본질인 이윤 추구와 사회적 책임의 수행을 위해 기업가가 마땅히 갖추어야 할 자세나 정신, 불확실성을 수용하고, 혁신 활동을 수행하며, 기회를 포착하는 활동
방원석 (2023)	불확실한 환경 속에서 사람을 중심으로 위험을 감수하면서 진취적인 시장기회를 포착하고 파괴적 혁신을 통해 새로운 지속가능가치를 창출하는 의지와 행위

제2절 기업가정신 이론

경제학에서의 기업가정신 이론을 정리하면 크게 세 가지 유형으로 구분된다. 첫째는 알프레드 마셜(A. Marshall, 1842~1924), 프랭크 나이트(F. Knight, 1885~1972) 중심의 신고전학파 전통에 기초한 이론이다. 둘째는 조셉 슘페터(J. Schumpeter, 1883~1950), 윌리암 보몰(W. Baumol, 1922~2017)을 주축으로 하는 독일계 학파의 이론, 그리고 셋째는 루트비히 폰 미제스(Ludwig von Mises, 1881~1973), 이즈리얼 커즈너(I. Kirzner, 1930~) 등을 주축으로 하는 오스트리아학파 이론이다. 위 3가지 이론은 모두 깡티용 이론에서 출발하고 있으며 기업가(entrepreneur), 기업가정신(entrepreneurship)의 용어를 공유한다.

그러나 3가지 이론은 기업가정신의 본질과 기능에 대해서는 서로 다른 입장을 견지하는데 각 이론의 요지와 특징을 정리하면 다음과 같다.

1 나이트(Knight): 신고전학파 전통의 기업가정신

시장이 효율적이라고 보는 신고전학파 이론으로는 기업과 기업 이윤이 존재하는 이유를 설명하기 어렵다는 비판을 받아왔다. 이에 나이트(Knight, 1921)는 신고전학파 모형 내에서 이윤이 발생하는 이유를 설명하기 위해 위험(risk)과 불확실성(uncertainty)을 구분하고, 불확실성을 감수하면서 책임지고 판단하는 사람을 기업가로 인식한다. 그의 이러한 인식은 깡띠용(Cantillon)이 정의한 위험부담자로서의 기업가정의를 기업가정신으로 발전시켰다.

여기서 위험은 사건 발생의 확률을 알 수 있는 경우를 말하며 확률분포를 알기 때문에 대수의 법칙이 적용 가능하면 보험 가입을 통해 위험을 경감 또는 회피할 수 있다. 반면에 불확실성은 사건 발생의 확률을 사전에 알 수 없으며 정상적으로는 보험이 성립하지 않는다. 달리 말하면 위험은 측정이 가능한 불확실성, 그리고 불확실성은 측정이 불가능한 위험이다.

이러한 구분을 토대로 나이트는 회사 경영과 기업가정신을 서로 다른 기능으로 인식한다. 나이트 이전에 마셜은 기업 내에서 생산을 조직하는 사람을 감독자라 하고, 감독자 또는 경영자를 기업가와 비슷한 의미로 봤다. 그러나 나이트 이론에서는 경영자 또는 감독자라 해서 앙트러프러너 의미의 기업가는 아니다. 불확실성에 연루된 위험을 감수하는 판단·결정(judgemental decision-making)을 하고 그 결과에 책임을 지는 경영자 또는 감독자만이 기업가로 인정된다. 그리고 이윤은 불확실성을 감수하는 기업가적 판단·결정에 대한 보상으로 설명된다.

2 슘페터(Schumpeter): 독일계 전통의 기업가정신

슘페터(Schumpeter, 1934) 이론은 혁신의 기업가정신을 강조한다. 즉 새로운 제품의 발명, 생산이나 제품 생산에 새로운 방법을 도입하는 기업가정신은 기존의 균형을 깨트리고 경제를 새로운 균형으로 이끄는, '창조적 파괴(creative destruction)'의 원동력이다. 그는 혁신의 구체적 사례로 ① 신제품 개발, ② 새로운 생산방식의 도입, ③ 신시장 개척, ④ 새로운 원료·부품의 공급, ⑤ 새로운 조직의 형성, ⑥ 노동생산성 향상을 들었다. 슘페터 이론을 나이트 이론과 비교하면 후자는 고전학파의 전통 안에서 기업의 이윤이 존재하는 이유를 설명하는 데 비해 전자는 기업가정신을 경제성장의 원천으로 강조하는 차이가 있다. 그리고 나이트의 기업가는 경제를 균형으로 이끄는 역할을 하지만 슘페터의 기업가는 창조적 파괴의 용어가 의미하듯이 경제를 불균형으로 이끌고 균형을 상향 이동시키는 역할을 한다는 점에서 차이가 있다.

3 커즈너(Kirzner): 신오스트리아학파의 기업가정신

오스트리아학파 이론에서 기업가는 슘페터와 달리 변화를 주도하는 혁신자일 필요는 없다. 오스트리아학파의 기업가는 새로운 기회를 기민하게 포착(alertness to opportunity)하는 사람이다. 예를 들어 커즈너는 기업가를 시장의 무지(無

PART 1

知)에서 발생하는 불협화음의 모든 요소를 상호 조정하는 사람으로 보는 한편, 기업가정신의 요체로 기민성과 발견을 강조한다.

따라서 커즈너(Kirzner, 1973)의 기업가정신은 새로운 기회를 창조하는 것이 아니라 이미 존재하고 있으나 다른 사람들이 미처 알지 못하는 기회를 기민하게 발견하여 기민하게 행동하는 능력이다. 예를 들어 차익거래자는 혁신을 강조하는 슘페터 이론에서는 기업가로 볼 수 없지만 시장의 무지(無知)로 인해 발생한 불균형을 조정하기 때문에 커즈너 이론에서는 정확히 기업가 개념에 부합한다. 슘페터와 마찬가지로 커즈너는 이윤의 기회를 기업가정신의 동기로 보지만 커즈너의 기업가는 스스로 변화를 야기하는 존재가 아니라 변화가 발생할 것을 인식하여 그에 반응하는 존재이다. 달리 설명하면 슘페터의 혁신자는 미지의 기회에 대해 기민하게 의사결정을 하고 변화를 주도하는 반면에 커즈너의 기업가는 일상으로부터의 이탈이 아니라 다른 사람이 아직 알지 못하는 새로운 기회를 인지하는 사람이다.

사회적 기능면에서는 슘페터의 기업가정신은 기존의 균형을 깨고 새로운 균형의 성장을 주도하는 요인이고, 커즈너의 기업가정신은 개발되지 않는 기회의 활용을 촉진함으로써 시장을 균형화하는 요인이다. 기회의 발견은 자산, 자본을 소유하지 않아도 할 수 있기 때문에 커즈너 이론에서는 누구나 기업가가 될 수 있다. 그러나 무소유의 기업가는 위험을 부담할 수 없다는 점에서 커즈너의 기업가는 오스트리아학파 내에서도 또 다른 논점이 되고 있다.

4 기업가정신의 본질

앞에 서술한 3가지 기업가정신 이론을 요약하여 정리하면 아래의 표와 같다. 즉 나이트 이론에서는 기업가정신의 본질을 불확실성 감수를 통한 판단과 결정으로 보고 있으며, 슘페터는 혁신과 창조적 파괴로 제시하고 있다. 끝으로 커즈너는 미지의 새로운 기회를 찾고, 발견하는 것을 강조하고 있다.

구분	기업가정신의 본질
나이트 이론	불확실성, 위험감수의 판단 · 결정
슘페터 이론	혁신 창조적 파괴
커즈너 이론	미지의 기회, 기민한 발견

제3절 기업가정신 구성요소

1 기업가정신(entrepreneurship) 요소

기업가정신은 Schumpeter(1934)가 정의한 바와 같이 창조적 파괴(creative destruction)와 혁신(innovation)의 개념을 담고 있으며, 창조적 파괴와 혁신을 기반으로 한 기업가정신은 기업의 경쟁우위를 확보하고 가치 창출 활동을 가능하게 하는 중요 요소이다(송경렬, 2022). 또한, 지속가능한 혁신의 리더십(Timmons, 1994; 이민화, 2016)으로 이해된다.

많은 기업가정신의 연구는 기업가의 성향과 수준을 측정하는 차원의 타당성 연구와 실증적 분석으로 발전하고 있다. 이런 논의에 초기 단계에서 영향을 미친 연구는 기업가적인 자세(Covin & Slevin, 1991), 전략적인 자세(Covin & Slevin, 1988), 기업가적인 지향성(Lumpkin & Dess, 2001)이다. 특히, 국가 간 경계를 초월하고, 기업 내에서 가치를 창출하기 위하여 혁신적이고, 진취적이며 위험을 감수하는 행동의 조합(McDougall & Oviatt, 2000)으로 정리하여 기업가정신의 세 가지 요소를 잘 설명하고 있으며(Covin & Lumpkin, 2011), 그 측정 도구의 타당성 또한 높은 것으로 간주되고 있다(Kreiser, Marino, & Weaver, 2002).

최근 기업가정신의 혁신성, 위험감수성, 진취성을 기반으로 사회적 기업가정신(social entrepreneurship), 그린 기업가정신(green entrepreneurship), 지속가능 기업가정신(sustainable entrepreneurship), 그리고 사람중심 기업가정신(human entrepreneurship) 등의 다양한 개념으로 확장되고 있다. 기업가정신에 대한 다양한 접근 중 사람중심 기업가정신은 사람을 중시하는 지속가능한 사회경제적 발전을 위해 발생하는 지속가능한 실천적 접근으로 간주된다(Le, 2022).

이러한 기업가정신의 주요개념은 진취성, 혁신성, 위험감수성(Miller, 1983; 방원석 & 조동환, 2021; 방원석, Reddy & 신재익, 2022)을 바탕으로 사회적 지향성(Drucker, 1985; 방원석, 신재익 & 정대율, 2022), 휴먼 인적자원관리를 포함한 사회적·환경적 측면 고려(Le, 2022; 방원석 & 조동환, 2021), 가치창출(홍길표, 2022) 등의 개념을 내포하고 있다.

선행연구를 바탕으로 기업가정신을 재정의하면, 기업가정신이란 불확실성 환경속에서 잠재시장을 진취적으로 개척하여 위험을 감수 새로운 기회를 탐색, 시장을 개척하고 혁신적인 방법을 통해 사람을 중심에 둔 이해관계자들의 새로운 가치를 창출하는 활동으로 개념화 할 수 있다.

2 기업가정신 요소에 대한 설명

1) 혁신성(innovativeness)

기업가정신 요소 중 혁신성은 핵심(core) 요소로서, 혁신의 중요성을 강조하고 있다. 혁신성은 창조적 과정을 양성하고 새로운 아이디어를 지원하는 성향(Walter et. al, 2006)이며, Schumpeter(1934)가 처음으로 개념을 소개한 이후 기업가에게 있어서 으뜸가는 자질이라고 인식되고 있다.

혁신성이란 창조적 과정을 양성하고 새로운 아이디어를 발현하는 성향이다 (Walter, Auer & Ritter, 2006). 혁신성은 기업가에게 있어서 으뜸가는 자질이라고 인식되며. 시장에 적합한 아이디어를 비즈니스의 기회로 전환시키는 과정으로 창조적 아이디어와 적극적인 자세로 신제품이나 프로세스를 개발하고(Covin & Slevin, 1989), 기업의 차별적 경쟁우위를 위해 변화와 혁신을 추구하려는 정도를 말한다(Kim et al., 2018).

혁신성과 위험성 간의 관계를 보여주는 혁신의 유형은 아래의 그림과 같이 비지속적인 혁신(discontinuous innovation), 역동적으로 지속적인 혁신(dynamically continuous innovation), 지속적인 혁신(continuous innovation), 모방(imitation) 등 4개 유형으로 분류할 수 있다.

그림에서 보듯, 지속적인(continuous) 혁신과 역동적으로 지속적인(dynamically continuous) 혁신 사이가 가장 위험이 낮은 것을 알 수 있다. 반면 모방(imitation)이나 비지속적인(discontinuous) 혁신은 위험이 크다. 즉 지속적인 혁신 혹은 역동적으로 지속적인 혁신을 추구하는 것이 위험을 줄이는 가장 바람직한 혁신 유형이라 할 수 있다. 피터 드러커가 제시한 것처럼 혁신은 파괴적인 혁신을 통함으로써 위험도 감소시키고 성과를 창출하여 새로운 도약이 가능하다.

한편, 창업가는 시장에 잠재되어 있는 이윤을 찾아내기 위해 끊임없이 새로운 상품과 서비스를 개발해야 하는데, 혁신은 그러한 활동의 근원적인 작용을 한다. 신제품의 발명이나 개발, 새로운 생산 방법의 도입, 신기술의 발명, 새로운 시장의 개척, 새로운 원료나 부품을 찾아내고 사용하고 공급하는 것, 조직을 새롭게 형성해 생산성을 올리는 것이 모두 혁신의 방법이다.

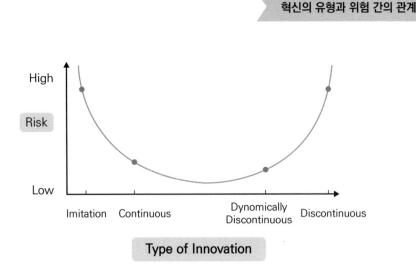

혁신의 유형과 위험 간의 관계

2) 진취성(pro-activeness)

미래지향적이고 목표지향적인 행동을 하는 성향의 낙관적인 사고(Becherer & Maurer, 1999). 기존의 틀에 얽매이지 않는 새로운 방안을 제시하기 위해 포괄적으로 정보를 탐색하고 능동적으로 문제를 해결해나가는 성향(Lumpkin & Dess, 1996). 신사업 기회를 추구하고 새로운 시장에 참여하기 위해 적극적으로 행동하려는 성향(Walter, Auer & Ritter, 2006)을 의미한다.

진취성에는 시장 변화에 대한 대응하고(Evans & Wurster, 2000), 관련 기술의 개발 및 적용, 전문성 확보 등과 같은 조직 역량 강화의 의미도 포함하고 있다(Lieberman & Montgomery, 1988). 진취성은 시장 내 경쟁자에 대한 적극적인 경쟁 의지와 우월한 성과를 산출하려는 의지를 보이거나 시장 내 지위를 바꾸기 위해 경쟁사에 대해 직접적이고 강도 높은 수준으로 도전하는 자세를 포함한다(Lumpkin & Dess, 1996).

3) 위험감수성(risk-taking)

위험한 요소를 수반하는 상황에 직면했을 때 그 위험을 감수하거나 회피하려는 사람들의 성향을 의미하는 것으로 기업가정신의 중요한 요소(Gurol & Atsan, 2006)이다. 여기서 위험은 도박하는 사람들이 추구하는 무모한 위험이 아니라 현재 시점에서 활용 가능한 모든 수단을 통해 예측된 계산된 위험(Calculated Risk)을 의미하는 것으로 위험감수 자체가 아닌 위험의 존재에도 불구하고 기회를 포착하려는 태도라고 보고 있다(Covin & Slevin, 1989).

즉, 위험감수성(risk-taking)은 새로운 시장 영역의 진출이나 제도의 도입으로 성공의 확신이 없을지라도 과감하게 행동해서 기꺼이 새로운 사업기회를 포착하는 능력을 의미한다(Dess & Lumpkin, 2005). 또한, 위험감수성은 새로운 방안이나 아이디어를 실현하는 과정에서 발생 가능한 위험이나 불확실성을 인지하였음에도 불구하고 과감하게 실행하려는 성향으로, 실현하고자 하는 사회적 목적 혹은 가치에 대한 동기가 강하게 작동할 때 발휘된다고 할 수 있다(Kuratko & Hodgetts, 2004). 이와 같이, 위험감수성의 하위 구성요인은 일반적으로 위험에 대한 인지와 위험에 대한 대응전략으로 특징지어진다. 또한, 기업가정신의 위험감수성은 불확실한 결과가 예상되지만 위험을 감수하고 과감하게 도전하려는 의지를 의미한다(Wikund & Shepherd, 2003). 이에 위험감수성이 높은 벤처기업은 경쟁자 보다 빠르게 시장에 진입함으로써 시장경쟁 우위를 누릴 수 있으며, 이는 높은 수익으로 이어질 수 있다(Wikund & Shepherd, 2003; Zahra & Garvis, 2000). 따라서 기업가정신의 위험감수성 차원은 기업 성장에 긍정적 역할을 한다.

따라서, 여러 특성들 중에서 위험감수성이 창업의지에 대해 가장 크게 영향을 주는 요인으로 위험감수성이 한 단위 증가할 때 창업의지는 2배 이상 증가한다(Ertuna & Gurel, 2011). 특히, 여러 요소 중 위험감수성은 창업을 생각하는 기업가에게 더욱 필요한 요소로 받아들여 지고 있다.

일례로, 창업과정에 있어 운영 방식, 조직의 지배구조(의사결정 방식), 자원동원 방식, 사업의 확장 등과 같이 기존조직과 다른 새로운 방식의 도입은 긍정적인 측면만큼 부정적인 측면도 존재할 수 있다. 위험감수성은 더 낮거나 더 높은 예측가능한 수익률(rates of return)을 가진 낮은 위험의 프로젝트보다는 높은 위험의 프로젝트를 선호하는 경향으로 용기 있게 그리고 적극적으로 기회를 추구하고자 하는 의욕을 지칭한다.

4) 사회적 지향성(social orientation)

사회적 및 환경적 문제를 해결하기 위한 주요 동력으로서 기업가정신의 등장과 함께 사적인 경제적 가치 창출뿐만 아니라 사회적, 환경적 가치 창출의 중심 동인으로서 기업의 역할에 대한 합의가 높아지고 있다(Bacq and Aguilera, 2022). 이와 같은 맥락으로 최근 ESG(environmental, social, goverance)라는 개념이 유럽을 시작으로 미국, 아시아, 대한미국에 이슈화 되고 있다. 기업의 역할이 단순히 경제적 가치를 넘어 사회의 일원으로서 사회적 가치를 창출할 수 있도록 필요한 다양한 책임과 의무를 실천할 필요가 있다는 것이다. 즉, 그동안 경제적 가치 창출에 집중해 오던 기업의 역할이 사회적 가치, 사회적 수익 및 사회적 성과를 포함하여 기업가 활동의 비재무적 결과를 나타내도록 역할을 수행하기를 사회와 소비자는 바라고 있다. 이러한 측면에서, 기업가정신 요인 중 사회적 지향성에 대한 요인이 부각되고 있다. 즉 사회의 문제를 해결하고 사회적 가치를 창출하고자 하는 의지, 태도, 행동을 의미한다.

5) 사람 지향성(human orientation)

사람중심 기업가정신은 기업가적 사고방식이 경제적 창출의 비즈니스 초점에서 사람에 중심을 둔, 조직구성원, 주주, 고객 및 사회전반의 사회적 가치창출의 이해와 통합으로 전환되는 개념이다. 즉 이해관계자인 종업원, 주주, 협력사 및 고객과 사회 시민을 먼저 생각하여 새로운 가치를 창출하는 기업가정신이다. 사람지향성은 휴먼적 기업가정신을 바탕으로 나온 하나의 기업가정신 요인으로 사람지향성은 사람을 중심에 둔 경영철학이요 경영이념이다(방원석, 지준우, 정대율, 2023).

위에 언급된 5가지 요소 중 처음 3가지 요소 즉 혁신성, 진취성, 위험감수성은 기업가정신의 핵심요인이라고 할 수 있다. 이러한 요소가 최근에 들어 확장된 개념으로 발전하면서 사회적 지향성, 사람지향성 요소가 부각되고 기업가정신의 새로운 중요 요소로 제시되고 있다.

3 기업가정신 심리적 과정과 행동

기업가정신의 행동 이론 프로세스 모델은 단계 내 및 단계에 걸쳐 기업가정신의 재귀적이고 반복적인 특성을 보여준다. 기업가정신은 기업가의 행동 결과로 시간이 지남에 따라 펼쳐지는 역동적인 과정이다. 이 모델은 시간이 경과함에 따라 전개되는 창업 전(prelaunch phrase), 창업(launch phrase), 창업 후(postlaunch phrase)의 기업가적 프로세스를 고려한다. 각 단계 내에서 조치는 기회개발 프로세스를 진행하는데 중요하다. 즉, 행동은 목표 설정을 통해 정보 탐색; 행동 계획; 실행, 모니터링 및 피드백의 순환하는 것으로 이해된다.

또한, 기업가는 비즈니스 기회를 변경하거나 재정의하기 위해 단계 사이를 앞뒤로 이동하여 선회한다. 게다가, 이 모델은 행동과 그들의 인지적, 동기적, 감정적 사이의 상호 관계를 제시한다. 성과 결과는 예를 들어 비즈니스 기회 식별 및 개발, 자원 획득; 비즈니스 창출, 성장 및 생존이다. 기업가정신의 행동 이론 프로세스 모델은 아래와 같다.

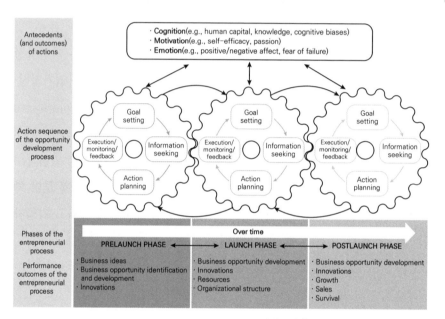

기업가정신의 행동 이론 프로세스 모델

*자료: Frese, & Gielnik(2023).

실질적으로 이러한 기업가적모델의 실증적 연구가 이루어지고 있다. 예를 들어, 메타 분석 결과는 새로운 제품이나 서비스를 적극적으로 탐색하고 활용하는 측면에서 전략적 행동(즉, 기업가적 지향)이 비즈니스 성과에 대한 비즈니스 환경의 영향을 중재한다는 것을 보여주었다(Rosenbusch, Rauch, & Bausch, 2013).

참고문헌

방원석, & 조동환. (2021). 사회적 기업가정신이 지속가능성에 미치는 영향-공공조직 구성원을 대상으로. 유통물류연구, 8(4), 37-50.

방원석, Reddy & 신재익. (2022). 사회적 기업가정신이 마케팅혁신과 지속가능성에 미치는 영향-구조방정식과 인공신경망 분석방법 비교. 인터넷전자상거래연구, 22(3), 185-205.

방원석, 정대율, & 지준우. (2023). LG 그룹 기업가정신과 지속가능성에 관한 연구. 경영사연구(경영사학), 38(1), 5-30.

안상희, & 이민화. (2016). 제4차 산업혁명이 일자리에 미치는 영향. 한국경영학회 융합학술대회, 2344-2363.

송경렬. (2022). 기업조직 최고경영자(CEO)의 기업가정신이 조직성과에 미치는 영향-지적 자본의 매개효과를 중심으로. 경영과 정보연구, 41(1), 19-37.

홍길표. (2022). 공공혁신과 공공기업가정신에 대한 소고. Journal of Entrepreneurship, 3(1), 73-105.

Bacq, S., & Aguilera, R. V. (2022). Stakeholder governance for responsible innovation: A theory of value creation, appropriation, and distribution. Journal of management studies, 59(1), 29-60.

Covin, J. G., & Lumpkin, G. T. (2011). Entrepreneurial orientation theory and research: Reflections on a needed construct. Entrepreneurship theory and practice, 35(5), 855-872.

Covin, J. G., & Slevin, D. P. (1988). The influence of organization structure on the utility of an entrepreneurial top management style. Journal of management studies, 25(3), 217-234.

Covin, J. G., & Slevin, D. P. (1991). A conceptual model of entrepreneurship as firm behavior. Entrepreneurship theory and practice, 16(1), 7-26.

Covin, J. G., & Slevin, D. P. (1989). Strategic management of small firms in hostile and benign environments. Strategic management journal, 10(1), 75–87.

Dess, G. G., & Lumpkin, G. T. (2005). The role of entrepreneurial orientation in stimulating effective corporate entrepreneurship. Academy of Management Perspectives, 19(1), 147–156.

Druker, P. (1985). Innovation and Entrepreneurship Alemania Editor.

Frese, M., & Gielnik, M. M. (2023). The psychology of entrepreneurship: action and process. Annual Review of Organizational Psychology and Organizational Behavior, 10, 137–164.

İlhan Ertuna, Z., & Gurel, E. (2011). The moderating role of higher education on entrepreneurship. Education+ training, 53(5), 387–402.

Kreiser, P. M., Marino, L. D., & Weaver, K. M. (2002). Assessing the psychometric properties of the entrepreneurial orientation scale: A multi-country analysis. Entrepreneurship theory and practice, 26(4), 71–93.

Kuratko, D. F., & Hodgetts, R. M. (2004). Entrepreneurship: Theory, Process. Practice, 6.

Lumpkin, G. T., & Dess, G. G. (2001). Linking two dimensions of entrepreneurial orientation to firm performance: The moderating role of environment and industry life cycle. Journal of business venturing, 16(5), 429–451.

McDougall, P. P., & Oviatt, B. M. (2000). International entrepreneurship: the intersection of two research paths. Academy of management Journal, 43(5), 902–906.

Miller, D. (1983). The correlates of entrepreneurship in three types of firms. Management science, 29(7), 770–791.

Ramadani, V., & Schneider, R. C. (Eds.). (2013). Entrepreneurship in the Balkans: Diversity, support and prospects. Springer Science & Business Media.

Rosenbusch, N., Rauch, A., & Bausch, A. (2013). The mediating role of entrepreneurial orientation in the task environment-performance relationship: A meta-analysis. Journal of management, 39(3), 633–659.

Walter, A., Auer, M., & Ritter, T. (2006). The impact of network capabilities and entrepreneurial orientation on university spin-off performance. Journal of business venturing, 21(4), 541-567.

Wiklund, J., & Shepherd, D. (2003). Knowledge-based resources, entrepreneurial orientation, and the performance of small and medium-sized businesses. Strategic management journal, 24(13), 1307-1314.

Zahra, S. A., & Garvis, D. M. (2000). International corporate entrepreneurship and firm performance: The moderating effect of international environmental hostility. Journal of business venturing, 15(5-6), 469-492.

기업가정신 유형

Type of Entrepreneurship

CHAPTER 04 기업가정신 유형
Type of Entrepreneurship

Case-Study

사회적 가치 창출기업: 유누스와 그라민 은행

그라민 은행(Grameen Bank)은 1983년에 무함마드 유누스에 의해 설립된, 가난한 이들을 위한 소액 대출 은행(Microcredit Bank)이자 사회적 기업이다. 치타공 대학교의 경제학 교수였던 무함마드 유누스 총재가 27달러로 시작하여 2023년 기준 직원 약 1만 8000명, 지점 2185개의 큰 은행으로 발전했다. 2006년, 설립자인 무함마드 유누스와 함께 노벨 평화상을 수상하기도 했다.

가난해야 돈을 빌려주는 은행

창업자 무함마드 유누스는 방글라데시의 조브라 마을의 사람들이 하루종일 일해서 번 돈의 대부분(22센트 중 20센트)을 고리대금업자에게 빌린 돈의 이자로 갚아야 하는 현실을 주목했다.

그 때문에 대부분의 시민은 빈곤에서 벗어나지 못하였다. 조브라 마을을 조사하면서 작은 대출이 그들에게 큰 도움이 될 수 있다고 생각했다. 그는 자신의 지갑에서 꺼낸 27달러로 마을의 42명에게 무담보로 빌려주었다. 이러한 작은 소액 대출이 그들이 생존하는 데 도움이 될 뿐만 아니라 힘을 주고 빈곤에서 벗어나고자 하는 의지를 심어준다는 것을 직접 경험했다. 또한, 이러한 상황을 지켜본 유누스는 방글라데시의 은행에 찾아가 "왜 가난한 사람들에게 돈을 빌려주지 않는가?"라고 묻자 은행 관계자는 담보가 없기 때문에 빌려줄 수 없다고 답하였다.

이를 들은 유누스는 1976년 직접 은행을 설립하여 1983년 공식 은행으로 인정받았다. 150달러 미만의 돈을 담보와 신원보증 없이, 하위 25%의 사람에게만 대출할 수 있도록 조건을 걸었다. 낮은 이자로 돈을 빌려준 뒤 조금씩 오랜 기간에 걸쳐 갚아나가도록 하는 소액 장기처리 신용대출 은행(Microcredit Bank)이었다.

그라민 은행만의 규약

그라민 은행은 돈을 갚지 않는다고 법적 책임을 묻지 않는다. 대출금은 100% 직원들의 예금이며, 회수율은 무려 99%. 대출자 780만 명 중 60%가 빈곤에서 벗어났다. 대출 회수율이 높은 것은 한 지점 안에서 한 사람이라도 신용이 나쁘면 다른 대출자 역시 대출 한도 등에서 불이익을 받는 시스템으로 서로가 서로의 신용을 담보해야 하기 때문이다.

그라민 은행은 단순히 금융대출에 국한하지 않고 회원이 생활을 개선할 수 있도록 도와준다. 16개 규약(16Decisions)을 통해 구체화하는데, 이 규약은 그라민에 가입하는 회원에게 요구하는 생활개선 서약으로 개인위생보호, 주거환경 개선, 저축의 생활화, 자녀 의무교육 등에 관한 내용을 담았다. 예를 들어 저축의 생활화는 대출 신청자에게 의무적으로 저축계좌에 가입할 것을 요구하여 장기적으로 빈곤을 탈피할 수 있도록 유도한다.

지속적인 사회가치 창출 노력

현재 이 은행은 방글라데시 전국에 1,175개의 지점을 두고 1,600억 다카(약 3조 3,600억 원)를 대출하는 대형은행이 됐다. 미국·영국 등 여러 선진국에서도 이 은행의 성공 사례(Microcredit)가 빈곤 퇴치의 대안으로 주목받고 있다.

그라민 은행은 또한 사회적 비즈니스 및 기업가정신 분야에 매진하고 있다. 2009년 그라민 크리에이티브 랩은 유누스 센터와 협력하여 글로벌 사회사업모임(Global Social Business Summit)을 만들었다. 이 회의는 세계를 괴롭히는 가장 시급한 문제에 대한 효과적인 솔루션을 개발하기 위해 토론, 행동 및 협력을 촉진하는 전 세계 사회사업의 주요 플랫폼이 되었다.

자료: 삶의 기회를 빌려주는 은행 그라민 은행 창립자 무함마드 유누스
http://modumagazine.co.kr/archives/10396

제1절 사회적 기업가정신(Social Entrepreneurship)

1 사회적 기업가정신 출현 배경

최근 Covid-19, 원숭이두창과 같은 신종바이러스에 대한 대처능력 부족에 따른 국민건강문제를 비롯하여 환경문제, 경제적 불평등 그리고 청년실업률 증가(그리스, 43.8%, 스페인 38.6%)는 세계적으로 가장 큰 사회적 문제이며 경제적 문제점을 증가시키고 있다. "세계불평등 보고서 2022"에는 전 세계 자산의 76%를 소득 상위 10%가 차치하고 있다(World Inequality Report 2022). 또한, 현대사회의 다양한 문제인 경제적 불평등, 온실가스 등에 의한 환경문제, 인간복지와 같은 사회의 다양한 문제로 인해 공공 기관뿐만이 아니라 존경받는 글로벌 기업을 중심으로 기업의 사회적 문제해결을 위한 사회적 추진력이 내재한 비즈니 수행이 더욱더 요구되고 있다.

이와 같은 사회, 경제적 불평등 문제, 국민건강문제 등과 같은 삶의 질이 크게 위협받는 상황에서 사회적 책임의 발전과 함께하는 기업이나 조직은 유엔이 제시한 지속 가능한 개발 목표를 달성하기 위해 운영과 지속 가능한 성장을 유

지할 수 있다. 즉, 사회적 가치창출을 위한 진취적이고 혁신적이며 위험을 감수하는 사회적 기업가정신(social entrepreneurship)은 삶의 질 향상을 위한 복지적 목표를 달성하고, 미래 세대를 고려한 지속 가능한 개발을 위해 필요하며(Freudenreich, 2020), 사회적 가치와 경제적 가치의 균형을 통한 사회적 목표를 해결할 수 있는 요소이다(Manjon, Merino & Cairns, 2022).

최근 들어 일반적인 기업가정신에도 ESG(Envrionment, Social responsibility, Goverance)가 담겨야 하며, 기업의 제품·서비스가 사회에 미치는 영향을 고민하는 게 이 시대에 필요한 기업가정신으로 보는 흐름도 출현하고 있다(매일경제, 2021). 그만큼 현시대 기업의 지속가능성은 중요한 화두가 되고 있다. 특히, 정부산하의 공공기관은 사회적 서비스를 제공하는 주체로서 사회적 기업가정신을 바탕으로 한 사회문제해결, 경제적 불평등에 따른 사회적 이윤분배, 지역사회공헌활동, 공익추구 등에 대한 사회적 가치지향성을 적극적으로 추구함으로써 지속가능한 경영이 가능하다. 이에, 일반기업뿐만이 아니라 정부산하의 공공조직도 지속가능성 향상을 위해 기업가정신을 지속가능경영 성과에 맞게 조정할 필요가 있으며(Ramos et al., 2021), 지속적인 경영을 위해 기업가정신을 바탕으로 한 사회적 기업가경영(Social entrepreneurship management)의 필요성이 강조된다(Ducker, 2014).

한편, 최근까지 사회적 기업가정신과 지속가능성에 관련된 많은 연구는 개념 및 특징, 영향요인, 측정 도구들을 탐색하는 데 초점을 맞춰 왔고, 이 두 요인 간의 실질적인 관계에 관한 연구가 이루어져 왔지만, 많이 부족하였다(공혜원, 2019; 오상환, 2018). 특히 COVID-19 팬데믹으로 경영환경이 급변하고 기업과 조직의 지속가능성이 위협받고 있으며 사회적 격차가 더욱 확대되고 있는 현 상황에서 사회적 기업가정신과 지속가능성에 관한 연구의 필요성은 더욱더 증대되었다.

2 사회적 기업가정신 개념 및 주요 내용

사회적 기업가정신은 이미 성숙한 분야이지만(Gupta et al., 2020) 사회적 기업가정신에 대한 보편적인 정의나 단일 서술은 없다(Mair & Marti, 2006). 사회적 기업가정신은 학제 간 지속가능성과 기업가정신 분야에서 비롯된 탁월한 개념으로, 유엔의 사회적 지속발전목표(Social Sustainable Development Goals) 구현에 대한 경제적, 사회적 및 환경적 도전의 해결을 위해 사회적 기업가정신의 개념이 도입되었으며(Littlewood & Holt, 2018), 지속가능한 개발의 도전을 제기하기 위한 하나의 해결책이다.

사회적 기업가정신의 개념에 대한 더 복잡한 접근방법은 사회적 목적을 달성하기 위한 시장을 중심으로 한 활동을 통해 상업적이고 수익성 있는 비즈니스 모델을 요구하며 일반적으로 사회성-경제성과의 균형을 관리하는 도전에 직면해 있다(Gupta et al., 2020). 더욱 광범위한 접근 방식은 경제적 가치와 관련된 사회적 목표에 영향을 미치는 긴장을 피하기 위해 사회적 기업가정신의 사회적 차원에 우선순위를 부여함으로써 영리성을 강조하는 상업적 관점을 뛰어넘는 것이다(Manjon, Merino, & Cairns, 2022).

사회적 기업가 정신에 대한 연구자들의 다양한 정의를 살펴보면, 사회적 기업가정신 개념의 이론적 바탕은 기업가정신에 두고 있으나, 공통으로 담겨 있는 핵심내용은 '사회적(Social)'과 '기업가정신(Entrepreneurship)'이다. 즉, 일반 기업가정신이 경제적 가치 창출에 초점이 맞추어져 있다면, 사회적 기업가정신은 더 나은 사회를 위한 변화와 사회적 가치창출에 더 많은 관심을 갖고 있다. 최근 많은 연구에서 사회적 기업가정신의 개념에 포함되거나 배제되어야 할 요인에 대해 열띤 토론과 연구가 이루어지고 있다(Canestrino et al., 2020). 많은 학자가 사회적 기업가정신의 구성요인으로 혁신성(Innovativeness), 진취성(Proactiveness), 위험감수성(Risk-taking)요인을 들고 있으며, 이외에도 사회적 미션 수행, 독립성, 창의성, 도덕성, 공감, 모호성에 대한 관용 등의 요인을 선정 다차원 요인으로 구성하여 제시하였다(김광현·동학림, 2019; Bornstein, 2007, Sullivan et al., 2002). George and Marino(2011)는 기업가정신을 새로운 맥락에 적용할 때에는 추상화의 수준을 낮추고 맥락을 이해하여 신중하게 접근함으로써 새로운 하위차원이 개발될 수 있다고 제안하였으며, 이런 측면을 반영한 최근의 연구에서 Canestrino et al.(2020)는 기업가정신과 사회적 지향성 간의 상호작용은 사회적 기업가정신 과정을 이해하는데 있어서 중요하다고 강조하였다.

이와 같이, 사회적 기업가정신에서 강조하는 사회적 범주에 해당하는 주요 특성으로는 사회적 가치 실현, 긍정적인 사회 변화 추구, 시장 실패로 인한 사회적 문제 해결, 조직의 미션 설정 및 활동과 관련된 사회적 가치지향성이다(Peredo & McLean, 2006; Shaw & Carter, 2007). 따라서, 사회적 기업가정신의 구성요인은 기업가정신의 기본 요소인 혁신성, 진취성, 위험감수성에 사회적 지향성(social orientation)을 포함하고 있다.

기업가정신을 기반으로 한 사회적 기업가정신과 재무적 또는 비재무적 조직성과 간에는 유의미한 긍정적 영향을 미치는 것으로 입증되었으며, 일례로 Méndez-Picazo et al.(2021)은 사회적 기업가정신, 일반적으로 기업가정신이 주로 새로운 시장 탐색, 신제품 개발 그리고 공정, 제품 등의 혁신 도입과 관련하여 기업가가 수행하는 활동으로 지속가능성과 직접적인 영향 관계를 보인다고 하였다. 즉, 사회적 가치창출을 위한 기회탐색과 가치 실현을 위한 혁신적 방안과 과감한 실천을 추구하는 사회적 기업가정신은 조직의 지속가능경영을 진작시킨다.

제2절 그린(Green) 기업가정신

1 그린 기업가정신 출현 배경

환경에 대한 인식이 높아짐에 따라 녹색 시장의 개념이 등장하고 있다. 중국에 이어 인도가 빠르게 발전하고 있기 때문에 환경 보호와 관련된 우려가 국가의 최우선 순위로 부상했다. 이런 흐름에서 기업은 친환경 제품을 만들어 환경 문제에 더 많은 관심을 갖고 환경을 위한 역할을 수행할 필요가 더욱 높아지고 있다.

이를 위해서는 새로운 시장 가능성을 식별하고 활용하는 획기적인 기업가가 필요한 것 같다. 그린마켓의 신개념 등장으로 기업이 혜택을 보기 위해서는 경제적 혜택만이 아닌 환경적, 사회적 목표를 강조해야 한다. 대부분 연구자 및 기업의 주요 관리자들은 녹색 기업가정신이 새로운 산업의 부상에서 큰 부분을 차지한다고 생각한다. 왜냐하면, 녹색 시장의 창출은 경제성장과 환경개선을 동시에 가져온다. 녹색 사업을 위한 시장을 통해 이익과 환경 보호를 모두 얻을 수 있습니다. 따라서 그린 기업가정신은 사회적 활동과 상업적 활동이 혼합을 통한 새로운 가치를 창출할 수 있다.

2 그린 시장(green market)

더 큰 환경 및 사회적 이익을 달성하기 위한 시장 지향의 적용은 "녹색 시장 지향"으로 알려져 있다. 녹색 시장 지향적인 회사는 빠르게 변화하는 상업 환경에 발맞추기 위해 노력한다. 생태학적으로 의식이 있는 시장 지향 비즈니스를 위한 첫 번째 단계는 녹색 혁신을 수용하는 것이다. 기업은 환경 파괴에 기여하는 폐기물을 줄이기 위해 녹색 혁신을 사용한다. 녹색 혁신은 환경을 보호하기 위한 규제 기준을 충족할 수 있는 환경친화적인 제품 및 방법의 개발에 중점을 두게 된다. 기업은 녹색 경영 혁신, 녹색 조직 혁신, 녹색 제품 혁신, 녹색 프로세스 혁신 등 다양한 방식으로 녹색 혁신을 창출할 수 있다.

3 그린 기업가정신 개념 및 주요 내용

친환경 기업가정신은 1990년대 후반부터 주목을 받아온 비교적 새로운 개념으로 최근 몇 년간 급속도로 주목을 받고 있다. 녹색 기업가정신은 환경 문제를 해결하기 위해 새로운 제품과 기술을 개발하는 과정입니다. 녹색 기업가정신은 환경 관리를 강조하는 기업가정신의 새로운 범주이다.

강력한 기업가정신과 지속가능성 및 기타 환경 운동에 대한 인식을 결합하고 있다. 녹색 성장을 장려하기 위해 사용되는 정책 방법은 다양하지만, 대부분

PART 1

은 환경친화적인 기술을 찾고 기후 변화와 같은 환경문제를 탐구하는 데 중점을 두고 있다. 최근 환경의 중요성이 매우 강조되면서, 더더욱 녹색 기업가정신의 확산이 증가하고 있다. 이에 따라서 환경을 고려한 사업 운영은 환경을 보전하기 위한 새로운 종류의 사업이라고 할 수 있다. 따라서 녹색 기업가정신은 순전히 상업적인 벤처에서 환경을 보존하고 유지하는 데 기여하는 공동체 노력으로 변모해 가고 있다.

제3절 지속가능 기업가정신 Sustainable Entrepreneurship

1 지속가능 기업가정신 출현 배경

기업가정신은 빈곤 감소(Rupasingha and Goetz, 2013) 및 인간 개발(Dhahri and Omri, 2018)과 긍정적인 관련이 있지만 불평등(Atems and Shand, 2018)과 환경 악화(ben Youssef et al., 2018; Dhahri and Omri, 2018)를 증폭시킨다(Omri, 2018; Gu et al., 2020). 기업가정신의 강점은 분명 많이 있으며, 국가, 기업이나 조직의 성과를 높여 지속가능한 경영을 가능하게 하는 요인으로 많은 연구에서 밝히고 있다.

그러나, 기업가정신도 국가적으로 빈곤을 감소시키고, 인간생활의 질을 높이는 효과를 가져왔으나, 한편으로 지속적인 경제발전을 추구하는 경향은 경제적 불평등, 환경의 악화 등을 초래하게 된다. 따라서 환경과 사회를 위한 기업가정신이 요구된다. 이러한 맥락에서 앞에서 서술한 사회적 기업가정신, 그린 기업가정신이 출현하여 많은 호응과 관심을 받고 있으며, 더 나아가 지속가능 기업가정신으로 확장되고 있다.

2 지속가능 기업가정신 개념 및 주요 내용

지속 가능한 개발을 위한 지속 가능한 기업가정신을 "자연 및 사회적 환경을 동시에 유지하고 경제적 및 비경제적 이득을 제공하는 미래의 상품 및 서비스에 대한 기회의 발견, 생성 및 활용"으로 정의하고 있다(Johnson & Schaltegger, 2020, pp. 1-2). 경제, 사회, 환경의 '삼중 바닥(Triple Bottom Line: TBL)' 목표를 채택함으로써 지속 가능한 기업가는 사회적, 환경적으로 위협하는 시장 실패를 사업의 기회로 전환하는 데 중요한 행위자가 될 수 있다(Ter'an-Y'epez et al., 2020).

사회적 기업가는 그들의 사회적 사명에 의해 정의될 수 있다(Mair and Marti, 2006). 그들의 경제적 목표는 일반적으로 그 사명을 지속하기 위한 수단으로 간주되므로 그들의 벤처는 종종 자선 활동으로 특징지어진다(Binder and Belz, 2015). 환경적 기업가(environmental entrepreneurs) 또는 친환경 기업가(ecopreneurs; Gast et al., 2017)는 경제적 목표와 환경적 목표를 모두 추구하고 환경 문제를 기회로 전환한 다음 이를 통해 이익을 얻는 것으로 정의된다(York and Venkataraman, 2010).

이에 대해, 지속 가능한 기업가(social entrepreneurs)는 경제적 가치를 창출하는 동시에 환경 및 사회적 목표를 모두 추구한다는 점에서 구별된다(Dean and McMullen, 2007). 이러한 삼중 목표(경제적, 사회적, 환경적)는 반드시 동시에 나타나는 것은 아니며 종종 순차적으로 통합된다(Belz and Binder, 2017). Johnson and Schaltegger(2020)는 지속 가능한 기업가가 3가지 측면에서 거시적 수준의 기관(예: 국가 정부 수준)에 영향을 미칠 수 있는 미시적 수준의 행위자라고 결론지었다.

〈방법〉
- 인증 표준 기관으로서, 새로운 지속 가능성 지향 기관 창출
- 지속가능성으로 제도적 변환, 예를 들면 기존 비즈니스와의 파트너십을 통해 기관을 지속 가능성으로 전환(Watson et al., 2018)
- 다양한 사회적 행위자를 위한 경제적, 사회적 및 환경적 가치 창출

또한, 그들은 미시적 행위자가 다음을 통해 지방 정부나 시장과 같은 중간 수준의 기관에 영향을 미칠 수 있는 세 가지 메커니즘을 제안하고 있다.

- 지속가능성 중심의 네트워크 형성
- 기업가적 벤처에 대한 긍정적인 결과와 함께 지역 사회에서 가치를 창출
- 지속 가능성 지향적인 시장 혁신 도입

제4절 사람중심 기업가정신 Human-oriented Entrepreneurship

1 사람중심 기업가정신 출현 배경

전통적 기업가정신 구성요소인 혁신성, 진취성, 위험감수성은 4차 산업혁명에 따른 환경변화에 대응하는데 있어서 한계를 갖고 있다. 즉 환경적 요소와, 사회가치요소 그리고 사람의 중요성이 인식되는 조직 외부 및 내부환경의 변화는 새로운 기업가정신 요소가 요구된다. 즉, 인재의 중요성과 인간에 대한 존중과 진정한 동기부여 필요하며 결과적으로 이러한 사람중심 기업가정신 요소들이 기업의 성과를 창출하고 지속적인 경영을 가능하게 만드는 핵심요인이라는 인식이 받아들여지고 있다.

이에 따라, 전통적 기업가정신 구성요소를 포함하여, 사람중심의 기업가정신 모델(The Humane-Oriented Entrepreneurship Model)이 대두되었다. 사람중심 기업가정신 전통적 기업가정신 구성요소를 포함하여 10가지 구성요소로 기업가정신의 사람 지향성(Humane Orientation) 5개 요소와 기업가 지향성(Entrepreneurial Orientation) 5개 요소의 균형을 통해 기업가정신을 측정하는 모델로 제시된다.

2 사람중심 기업가정신 개념 및 주요 내용

'사람중심 기업가정신(Humane-centered Entrepreneurship)' 100인 UN 선언식이 2016년에 세계중소기업 협의회(ICSB: International Council for Small Business) 월드 컨퍼런스에서 있었다. 그동안 기업가정신은 이익창출에 너무 치중한 결과 기업의 건강성을 해치고 종업원 및 사회의 기대를 저버리는 경우가 많았는데, 사람중심 기업가정신 선언은 오너/기계 중심의 기업을 종업원/사람 중심의 기업으로 만듦으로써 기업이 있어 사람이 행복해지는 사회를 지향하며, 이를 위한 10가지 원칙을 제시하였다(이정우, 2016).

사람중심 기업가정신이란 '기업가정신과 리더십, 인적자원 관리가 선순환되어 지속가능하게 통합하는 것(Kim et al., 2018)'으로 정의되고 있다. 이를 기반으로 사람중심 기업가정신 모델(Kim, 2015; Kim et al., 2016; Kim et al., 2018)을 통해 기업 내부의 인적자원 관리 리더십과 기업 외부에서 새로운 기회를 창출하는 활동으로 선순환적 통합이 이뤄진다. 사람중심 기업가정신 모델은 사람 지향성(HO) 5개 요소와 기업가 지향성(EO) 5개 요소를 포함한다(Kim et al., 2018).

사람 지향성(HO)은 기업문화의 영향을 많이 받으며, 기업의 사명과 비전, 핵심가치를 공유하고 직원의 공감을 통해 그들이 자율적으로 혁신적 활동에 참여하도록 하는 것이다. 또한, 사람중심 기업가에 의해 추진되는 사람 지향성(HO)은 직원을 육성하고 성장을 지원한다. 직원들과 마음을 터놓고 소통하는 공감(empathy), 직원이 스스로 일하며, 창의성을 높여가도록 지원하는 권한위임(empowerment), 직원을 위해 투자하고 전문가로 육성해 주는 역량개발(enablement), 외부적인 자극과 활력을 추구하되 대인관계에 있어 억압받지 않고, 윤리와 평등의 선을 지키는 공정성(equity), 기업 생태계의 건강성을 위해 사업 동반자로 공급자, 조직 구성원, 사회 등과 상생적 관계 관리를 통해 생태계가 건강하도록 관계를 정립하여 서로 협력하고, 신뢰감을 가지도록 생태계(ecosystem)에 친화적인 정신의 5가지 요소로 구성된다.

기업가 지향성(EO)은 경영전략의 영향을 많이 받는다. 기업가정신이 발휘되는 수준에 따라 기업의 혁신에 미치는 영향을 말한다. 기업가정신 연구자들은 혁신성, 진취성, 위험감수성을 기업가 지향성(EO)의 핵심요소로 인식하고 있다(방원석,

신재익 & 정대율, 2022;[5] Covin & Miles, 1999). EO란 새로운 제품을 개발하고, 서비스를 도입하면서 창의성, 실험, 그리고 새로운 과정을 개발할 때 참신성, 기술적 리더십, 연구개발(R&D)을 추진하려는 의지를 말한다(Lumpkin & Dess, 2001).

또한, EO는 기업의 혁신성장을 도모한다. '기업가는 미래 환경 상황에 대해 적절히 예측하고 개발하여, 새로운 기회를 포착하여 비전 제시를 통해 주도적으로 혁신을 추구하는 비전제시(envisioning), '기업가는 불확실한 환경에 열정적으로 도전하고 위험을 감수하면서도 적극적으로 기회를 창출하는 위험감수(enthusiasm), 신제품·신사업 개발을 위해 지속적으로 노력하고, 새로운 기회와 영역에 과감하게 도전하고 선제적으로 대응하는 진취성(exploring), 새로움을 위한 신기술 개발과 부가가치 제고를 위해 노력하여 높은 부가가치 창출에 도전하는 혁신성(experiment), 기업의 목표를 달성하기 위해 원가절감, 품질개선, 기술 및 운영혁신 등의 경영실천 과정에서 운영 관리상의 탁월성을 확보함으로써 기업성과를 창출하기 위해 실행력(execution) 등 5가지 요소로 구성되어 있다.

사람중심 기업가정신 요소	
사람 지향성(HO)	기업가 지향성(EO)
• 공감(empathy) • 권한위험(empowerment) • 역량개발(enablement) • 공평성(equity) • 생태계(ecosystem)	• 비전제시(envisioning) • 혁신성(innovativeness) • 진취성(pro-activeness) • 위험감수(risk-taking) • 실행력(enforcement)

자료: 이정우(2016). 2016 ICSB 월드 컨퍼런스

---

5   방원석, 신재익, & 정대율. (2022). 공공기관에서의 사회적 기업가정신이 지속가능성에 미치는 영향: 보건의료기관을 중심으로. 한국창업학회지, 17(3), 313-334.

요약하면, 위의 그림처럼 사람중심 기업가정신은, 사람 지향성요소인 공감(empathy), 권한위임(empowerment), 역량개발(enablement), 공정성(equity), 생태계(ecosystem) 등 5가지 요소와 기업가지향성 요소인 비전제시(envisioning), 위험감수(enthusiasm), 진취성(exploring), 혁신성(experiment), 실행력(execution) 등 5가지 요소 총 10가지 요소로 구성되어 있다.

그러므로 사람중심 기업가정신이 발휘되는 기업에서는 조직과 소통하며 자율적으로 조직에 공헌하는 사회자본(social capital)과 역량개발을 통해 육성된 인적자본(human capital)이 통합하여 사람자본(humane capital)이 된다(Kim, 2019). 일례로, 실리콘 밸리의 첨단 신생업체 그룹인 'SPEC'(the Stanford Project on Emerging Companies)를 분석한 결과에서도 종업원의 헌신을 끌어내는 사람중심 기업가정신의 장점이 강조되었다(Baron & Hannan, 2002).

SPEC 3차원 청사진 유형

청사진	차원		
	지지	선발	조정/통제
스타형	일	잠재력	전문성
기술형	일	기술력	동료/문화
헌신형	사람	적합성	동료/문화
관료형	일	기술력	형식
독재형	보상	기술력	지휘

자료: 문진호(2020), 사람중심 기업가정신의 혁신성과: 금융기업 사례를 중심으로.

위 표는 신생기업 창립자가 종업원에 제공하는 청사진을 기준으로 3개의 차원을 통해 나타나는 특성을 분류하여 유형 5가지를 만든 내용이다. 헌신형 기업의 청사진은 '종업원이 은퇴할 때 떠나는 회사'를 만들겠다는 방향성을 제시하여 위 5개 유형 중에서는 가장 사람중심 기업으로 볼 수 있고, 조직에 인재 유지요인과 구성원의 조직에 대한 애착 요인으로 사랑(love)을 통한 조직과 종업원의 정서적, 가족적 유대감과 조직문화와의 적합성(fit)을 중시한다는 것을 알 수 있다.

PART 1

참고문헌

삶의 기회를 빌려주는 은행 그라민 은행 창립자 무함마드 유누스.

신윤정(2021). 기업가정신에 대한 국외 심리학적 접근 연구 동향, 기업가정신연구, 2(2), 29-60.

이정우(2016). 2016 ICSB 월드 컨퍼런스.

이정우(2016). 2016 ICSB 월드 컨퍼런스 :UN 지속가능개발목표(SDGs)추진을 위한 기업가정신과 혁신의 역할. 과학기술정책, 7(26). 78-81.

문진호(2020), 사람중심 기업가정신의 혁신성과: 금융기업 사례를 중심으로, 카톨릭대학교 박사학위논문.

배종태(2022), 한국의 기업가정신 발전과정*- 이론과 실제 -, 기업가정신연구 제3권 제2호, 1-3.

방원석, 신재익, & 정대율. (2022). 공공기관에서의 사회적 기업가정신이 지속가능성에 미치는 영향: 보건의료기관을 중심으로. 한국창업학회지, 17(3), 313-334.

시사주간(http://www.sisaweekly.com).

황인학. (2021). 경제학 관점에서 기업가정신의 주요 이론과 논점. 기업가정신연구, 2, 1-25.

Belz, F. M., & Binder, J. K. (2017). Sustainable entrepreneurship: A convergent process model. Business Strategy and the Environment, 26(1), 1-17.

Covin, J. G., & Miles, M. P. (1999). Corporate entrepreneurship and the pursuit of competitive advantage. Entrepreneurship theory and practice, 23(3), 47-63.

Dean, T. J., & McMullen, J. S. (2007). Toward a theory of sustainable entrepreneurship: Reducing environmental degradation through entrepreneurial action. Journal of business venturing, 22(1), 50-76.

Gast, J., Gundolf, K., & Cesinger, B. (2017). Doing business in a green way: A systematic review of the ecological sustainability entrepreneurship literature and future research directions. Journal of cleaner production, 147, 44-56.

Gupta, M., & Dharwal, M. (2022). Green entrepreneurship and sustainable development: A conceptual framework. Materials Today: Proceedings, 49, 3603-3606.

Johnson, M. P., & Schaltegger, S. (2020). Entrepreneurship for sustainable development: A review and multilevel causal mechanism framework. Entrepreneurship Theory and Practice, 44(6), 1141-1173.

Lumpkin, G. T., & Dess, G. G. (2001). Linking two dimensions of entrepreneurial orientation to firm performance: The moderating role of environment and industry life cycle. Journal of business venturing, 16(5), 429-451.

Mair, J., & Marti, I. (2006). Social entrepreneurship research: A source of explanation, prediction, and delight. Journal of world business, 41(1), 36-44.

Sarasvathy, S. D., Dew, N., Velamuri, S. R., & Venkataraman, S. (2010). Three views of entrepreneurial opportunity(pp. 77-96). Springer New York.

Watson, R., Nielsen, K. R., Wilson, H. N., Macdonald, E. K., Mera, C., & Reisch, L. (2023). Policy for sustainable entrepreneurship: A crowdsourced framework. Journal of Cleaner Production, 383, 135234.

기업가의 역량과 책임

Entrepreneurial Competencies and Responsibilities

05 기업가의 역량과 책임

Entrepreneurial Competencies and Responsibilities

Case-Study

GE의 전 회장이었던 잭 월치가 후임 회장을 선임

글로벌 기업인 GE의 전 회장이었던 잭 월치가 후임 회장을 선임할 때의 이야기는 진정 필요한 인재와 리더의 덕목이 무엇인지를 시사해 준다. 잭 월치 회장이 후임 회장을 누구로 낙점하는 가는 당시 세계 유수의 기업과 경제, 금융계의 초미의 관심사였는데, 평소 예상되는 후계자 군으로 거의 주목받지 못했던 '제프리 이멜트'가 후계자로 선임되어 많은 사람을 놀라게 했다.

거의 무명에 가까운 그를 지명한 이유를 묻자, 잭 월치는 첫째는 제프리 이멜트가 변화를 추구하는 마인드를 가졌다는 것이고 둘째는 그가 호기심이 많다는 것이었다. 세계 최고의 다국적 기업의 총수를 선임한 기준치고는 너무 싱겁지 않은가? 그러나 호기심이 없으면 시장과 고객의 변화에 둔감할 수밖에 없을 것이고 이는 시장에서 자사 상품의 판매기회 상실로 이어질 것이니 기업의 생존에 심각한 위협을 받을 것이 자명하다는 것이다. 지속가능한 기업 성장과 생존을 담보할 수 있는 호기심과 변화와 혁신의 마인드를 갖춘 그에게 대권을 넘겨준 것은 정말 혜안의 기준이 아니었나 싶다.

PART 1

제1절 기업가(Entrepreneur)란?

1 기업가(起業家, entrepreneur) 의미

기업가정신의 주체는 기업가이다. 기업가정신을 이해하기 위해서는 기업가는 누구인가에 대해 먼저 살펴볼 필요가 있다.

기업가(Entrepreneur)는 '어떤 일이나 거래, 공장 혹은 건축물 등의 성공을 책임지다'라는 불어동사 'entreprendre'로부터 파생되어 '시도하다. 모험하다'를 의미한다. 16세기 초 이 용어는 군대 원정을 이끄는 책임자를 지칭하기 위한 것이었으나 17~18세기에는 주요한 임무를 맡은 사람 혹은 위험하거나 불확실한 일에 종사하는 모험적인 이들을 일컬은 것으로 확대되었다(강희찬, 2017).

그리고 장바티스크 세(Jean-Baptiste)는 기업가를 '실패할 위험을 감수하고 밀고 나아가는 사람'이라고 정의한 바 있다(하현정, 2007;Barringer, 1995). 강티용(Cantillon)은 18세기 초엽의 프랑스 경제학자로서, 그는 불확실한 상황에서 사업에 종사하는 사람을 기업가로 정의하고, 미래를 완벽하게 예견할 수 없는 현실적인 한계 때문에 기업가정신이 필요하고 발현된다고 봤다.

캉티용(R. Cantillion, c.1680~1734)은 최초로 창의력을 가진 능동적 인물로서 기업가라는 개념을 도입하였다. 그의 사후에 발간된 유고에서 캉티용은 기업가를 '이윤을 위해 스스로 위험을 감수하며 사업활동(business engagement)에 종사하는 자'로 정의한다.

이후 슘페터(Schumpeter)는 'The Theory of Economic Development(1937)'에서 기업가를 보다 현대적 의미에서 '새로운 결합을 시도하는 자' 혹은 '경제 변화의 원동력이 되는 기술 혁신을 주도하는 자'로 개념화하면서 창조적 파괴(creative disruption)를 주도하는 혁신가(innovator)라는 용어로 기업가를 묘사하였다. 혁신가는 시장경제에서 이윤을 극대화하는 쾌락주의적 존재가 아니라, 창조적 기능을 수행하고, 성공의 과실을 위해서가 아니라 성과 자체를 위해서 행동하며, 사적 왕국을 세우고자 하는 의지를 가진 개인이다(Schumpeter, 1934, p. 93). 기업가정신의 세

가지 이론에서 나이트는 기업가적 본질을 불확실성 감수하고 판단, 결정하는 사람으로, 슘페터는 혁신 창조적 파괴를 통한 변화 주도자로, 커즈너는 미지의 기회, 기민한 발견을 추구하는 사람으로 보고 있다.

기업가는 개인적 이득을 얻기 위한 사업기회를 찾는 개인(Bygrave & Hofer, 1991)이란 다소 협소한 개념으로 연구가 시작되었으나, 이후 기회를 활용하며(Kuratko, 2005) 도덕적·사회적·사업적 윤리를 바탕으로 위기를 감수하고(Morrison, 1996) 새로운 가치를 창조하는 사람(Shane & Vankataraman, 2000)과 같은 개념으로 정립되어 왔다.

여러 학자의 정의와 이론을 종합해서 다시 정의하면 기업가란 직업의 종류, 자산의 소유 여부, 조직체 소속 여부 등과 관계없이 진취적으로 새로운 기회의 기민한 발견(discovery), 불확실성에 따른 위험을 감수하고 판단·결정(judgment) 하며 혁신(innovation)을 통해 새로운 가치를 창출하는 사람은 누구나 기업가, 앙트러프러너이다.

2 누가 기업가인가?

1) 기업가에 대한 오해

기업가의 정체성(identity)에 대해 경제학계 내에서 일치된 견해는 없다. 학자마다 기업가의 다른 측면, 다른 기능을 강조하는 과정에서 서로 의견이 갈린다. 이처럼 개념 자체가 모호하고 때로는 혼란스럽기 때문에 헨렉슨(Henrekson, 2007)은 대중 매체나 정책 실무에서 기업가정신을 오·남용하는 경우가 적지 않다고 한다. 우리 주변에서 몇 가지 사례를 찾아보면 다음과 같다. 첫째, 일반적으로 가장 흔한 오해는 기업가(起業家, entrepreneur)를 사업가 또는 기업인(企業人, businessman)과 동일시하는 경향이다. 예를 들어 포털사이트에서 기업가정신을 검색하면, ○○백과사전은 "기업의 본질인 이윤 추구와 사회적 책임의 수행을 위해 기업가가 마땅히 갖추어야 할 자세나 정신"으로 정의하고 있다. 이는 기업가정신을 기업 경영에 전속적인 개념으로 오해한 것이다. 앞에서 설명한 오스트리아학파 이론은 물론이고, 나이트 이론에서도 직업이 사업가 또는 경영자라는 사실만으로 앙트러프러너로 인정되지 않는다. 마찬가지로 기업가정신(entrepreneurship)과 사업가정신(businessmanship)은 동의어가 아니며, 서로 구분해야 하는 개념이다.

또한, 일상생활에서, 미국과 유럽에서 기업가정신을 '삶의 기술 또는 생존 기술'로 개념화하는 것은 '우리 모두가 삶을 기업가적(entrepreneurial)으로 살아야 함'을 의미한다. 학교에서 학생들을 지도하는 선생님들이 한정된 자원과 불확실성 가운데 혁신적인 교육방법을 찾기 위해 도전하고 그것을 체계화하여 여러 선생님 또는 학교들과 공유하며 나눈다면 이 선생님은 바로 기업가적 교사(entrepreneurial teacher)가 되는 것이다. 작곡가인데 자신이 작곡한 곡을 제대로 이해하고 소화할 수 있는 가수를 섭외하여 노래를 만들어 앱스토어를 통해 보급한다면 이 역시 기업가적 음악인(entrepreneurial musician)이라고 할 수 있는 것이다. 가수 '싸이' 또한 '용산'은 기업가적 음악인의 좋은 예에 해당한다고 볼 수 있다.

2) 기업가와 경영자 비교

오늘날 기업가는 변혁을 일으키고 끊임없이 새로운 가치를 창조하지 않으면 안 되기 때문에 언제나 변화를 탐구하고, 변화에 대응하며, 도전하고 또한 변화를 기회로 이용할 수 있어야 한다. 따라서 기업가정신은 종합적인 경영의 실천이라 할 수 있다. 아래 그림은 기업가(entrepreneurship)와 경영자(businessman)가 갖추어야 할 자질을 비교한 그림이다. 창의성과 혁신성을 Y축으로 관리 기술과 경영 노하우와 네트워크를 X축으로 나누어 구분하고 있다.

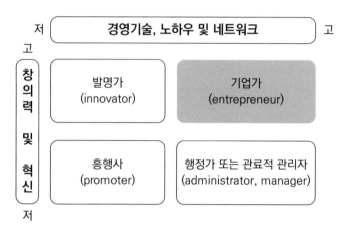

또한, 기업가와 경영자는 기업을 경영하는 측면에서는 같은 의미이지만 실질적으로 다양한 면에서 차이가 있다. 전략, 기회포착, 자원확보 측면에서 보면 아래와 같다.

구분	기업가	경영자
전 략	• 기회를 인식함 (외부시장 지향)	• 제하의 지원 (내부자원 지향)
기회 포착	• 실적이고 단기간	• 점진적이고 장기간
자원확보	• 많은 단계를 밟지만 각 단계가 구분되지 않는 경향을 보임	• 위임된 권한구조하에서 체계적인 의사결정으로 이루어짐
자원관리	• 네트워크를 통한 자원활용 기존 자원 최적 활용	• 한정된 기존 자원 활용

구분	기업가	경영자
경영구조	• 다양한 비공식 네트워크를 가진 평면조직	• 계층조직(관료적 조직)
가치창출	• 무에서 유를 창조	• 작은 유에서 큰 유를 창조
책임	• 최종 책임(무한 책임)	• 경영책임 (경영권에 대한 책임)

PART 1

3) 기업가: 기능적 측면에서의 역할(roles)

순수한 의미의 기업가는 직업(occupation)이 아니라 기능(function)의 문제이다. 누가 기업가인지는 그 사람의 직업이 아니라 기능과 행동으로 판단해야 한다. 이러한 측면에서 경영학의 대가 Drucker(1965)는 기업가정신을 경영자의 기능에서부터 정의로 하였다.

회사는 기업가정신을 구현하기에 가장 좋은 조직체이지만 그렇다고 기업가를 사업가 또는 경영자로 국한할 이유는 없다. 기업인은 주어진 지식 내에서 이윤 극대화 생산량과 가격을 결정하는 역할만 수행하기 때문에 기업가정신의 본질에 비추어볼 때 순수한 의미의 기업가일 수 없다.

참고로 18세기 초엽에 캉티용은 경우에 따라서는 강도와 거지도 기업가일 수 있다고 본다. 이 말은 누가 기업가인지 여부를 판단하려면 그 사람의 직업이 아니라 기능을 봐야 한다는 의미이다. 따라서 기업가의 역할을 회사의 소유·경영 활동에 국한해서 보는 것은 동일한 언어 표현에 의한 착시이자, 선입견의 오류일 것이다.

지금까지의 문헌에서 기업가는 최소한 13가지의 다른 의미, 다른 직업으로 묘사되어 왔다(Hébert & Link, 2006). 재화와 자원의 위치, 형태, 이용뿐만 아니라 제도에 영향을 미치는 판단·결정을 하는 사람을 기업가의 범위에 포함시키고 있다(Hérbert & Link, 1989). 13가지 리스트는 다음과 같다.

① 불확실성과 연관된 위험 감수자(The person who assumes the risk associated uncertainty)

② 금융 자본 공급자(the supplier of financial capital)

③ 혁신가(an innovator)

④ 의사결정자(a decision maker)

⑤ 산업지도자(an industrial leader)

⑥ 경영자 또는 감독자(a manager or a superintendent)

⑦ 경제자원을 조직화 또는 조정하는 자(an organizer and coordinator of economic resources)

⑧ 사업체 소유자(the owner of an enterprise)

⑨ 생산요소 고용인(an employer of factor of production)

⑩ 계약 도급업자(a contractor)

⑪ 차익거래자(an arbitrageur)

⑫ 자원의 배분자(an allocator of resources among alternative uses)

⑬ 창업가(The person realizes a start-up of a new business)

출처: Hébert & Link(2006), Thurick & Wennekers(1999)

여기서 기업가는 불확실성에 연루된 위험을 감수하는 사람부터 금융자본 공급자, 혁신가, 경영·감독자, 사업체 소유자, 도급계약자, 차익거래자 등을 포함한다. 만약에 기업가정신을 직업이 아니라 기능으로 판단하면 이 13가지 중에 진정한 기업가로 보기 어려운 항목이 있을 수 있다. 예를 들어 자본을 공급하는 사람(②) 또는 경영자(⑥)라는 직업만으로 그 사람을 기업가라고 봐야 하는가는 논란의 여지가 있다.

그리고 여기 13가지 역할은 상호 배제적인 것이 아니라 경합적 또는 보완적일 수 있다. 예를 들어 기업가를 불확실성이 연루된 위험을 감수하며 혁신을 주도하는 사람 또는 위험을 감수하는 판단을 하는 사람으로 본다면, 기업가는 ①+③ 또는 ①+④에서 두 가지 역할을 동시에 수행하는 것이다. 즉 기업가는 앞에 서술한 13가지 역할 중 하나만을 수행하는 것이 아니라 13가지 요소를 융복합적으로 역할을 담당하면서 새로운 가치를 창출하는 주체라고 고려된다.

PART 1

4) 현대적의미의 기업가

(1) 기업가정신에 합당한 사람

기업가정신의 세 가지 이론에서 나이트는 기업가적 본질을 불확실성 감수하고 판단, 결정하는 사람으로, 슘페터는 혁신 창조적 파괴를 통한 변화 주도자로, 커즈너는 미지의 기회, 기민한 발견을 추구하는 사람으로 보고 있다.

위에 서술한 3가지 이론적 주장을 근거로 기업가를 재정의한 바와 같이 기업가(起業家, entrepreneur)란 직업의 종류, 자산의 소유 여부, 조직체 소속 여부 등과 관계없이 새로운 기회의 기민한 발견(discovery), 불확실성에 따른 위험을 감수하고 판단·결정(judgement)하며 혁신(innovation)을 통해 새로운 가치를 창출하는 사람은 누구나 기업가이다.

결론적으로, 불확실한 상황에서 진취적으로 새로운 기회를 창출, 발견하고 새로운 혁신을 통해 가치를 창출하는 자로서, 앞에 서술한 13가지 기능요소 중 최소 2~3가지 이상의 기능과 역할을 담당하는 사람이 기업가라 할 수 있다. 노동경제학 일각에서는 고용 형태를 기준으로 기업가 여부를 판단하는 경우가 있는데 즉 개인사업자 또는 자영업자를 기업가로 보고 임금 노동자는 기업가로 보지 않는 경우이다. 하지만, 이러한 정의는 현대의 기업가에 대한 정의와는 맞지 않는데, 비록 조직이나 기업에서 임금을 받고 있지만, 새로운 기회를 발견하고 주도적으로 그 기회를 혁신적인 방법으로 추진하여 가치를 창출한다면 기업가라고 할 수 있다.

(2) 창업가라고 해서 모두 기업가는 아니다.

세계기구인 글로벌 기업가정신 조사(GEM, Global Entrepreneurship Monitor) 보고서에서는 신규창업, 신규기업을 중심으로 기업가정신을 측정하고 있다. GEM은 1999년부터 해마다 세계 여러 나라의 기업가정신을 측정하고 비교 평가한다. 그러나 GEM은 창업 및 신생 기업의 초기 활동에 국한해서 조사한 결과이기 때문에 기업가정신의 본질과는 거리가 있을 뿐 아니라 한 나라의 기업가정신을 대표하는 척도로는 근본적인 한계가 다소 있다. 엄밀하게는 사업가·경영자와 기업가를 구분하듯이 창업가와 기업가를 구분할 필요가 있다.

대부분의 창업 활동은 기업가정신의 동기와 관련이 있을 것이다. 그러나 그렇다고 해서 창업가 모두를 순수한 의미의 기업가로 볼 이유는 없다. 창업의 동기는 저마다 다르고 GEM 보고서에서도 생계형(necessity-driven)과 기회 추구형(opportunity-driven) 창업 활동을 구분해서 측정한다. 주변을 돌아보면 한 집 건너 치킨집, 맥주집이 보일 만큼 우리나라에서는 생계형 창업과 영세 자영업자 비중이 매우 높은 편이다. 이들 생계형 창업을 경제학적 의미의 기업가정신으로 봐야 하는가는 충분히 논란의 여지가 있을 것이다. 예를 들어 치킨집을 창업해서 기존의 치킨 요리과정과 다른 새로운 프로세스를 이용한 방법과 새로운 메뉴개발을 통한 가치를 창출한다면 기업가라고 볼 수 있다.

참고로 GEM 통계를 이용해 세계 각국의 생계형 창업 비중과 국민소득 수준을 비교해보면 황인학 연구(2015)에서 두 변수는 서로 반비례 관계가 있는 것으로 나타난다.

제2절 성공한 기업가정신의 공통적 특성

특성(characteristics)이란 어떤 개인이나 집단 혹은 유형을 구별하여 주는 성질이나 속성을 말한다. 기업가의 특성이란 기업가를 다른 사람과 구별하는 요인 혹은 단시일 내에 변하지 않는 그 기업가의 고유한 내적, 외적 성질이나 속성을 말한다.

성공한 기업가들의 기업가정신의 공통적 특성을 보면 아래와 같다.

1 그릿(Grit): 열정과 끈기

심리학자 Duckworth(2007, 2016)가 주장한 그릿(Grit)에 기반하고 있다. Duckworth (2016)는 성공한 사람들의 개인 특성으로 그릿의 중요성을 지적하였는데, 이는 특정한 목표를 달성하기 위한 개인의 열정과 끈기를 의미한다. 이 정신은 지속 (persistence)과 끈기라는 개념으로 아리스토텔레스(Aristotle)로부터 덕목(virtue)으로 인식되어 왔다.

기업가 정신이 단순히 기업 설립 단계에서만 중요하게 작용하는 것이 아니라 기업의 지속적인 성장을 위해 '장기적인 열정과 노력' 즉, 그릿(Grit)의 중요성을 함축하고 있다.

2 도전과 개척정신(Challenge and Pioneering Spirit)

기업가정신을 한마디로 요약하자면 불굴의 도전과 개척정신이다. 비록 불확실한 환경에서 위험성도 있지만, 미래의 비전을 보고 도전과 개척정신으로 사업을 진취적으로 수행하는 것이다. 미국에서의 청교도 정신을 기반으로 하는 프런티어정신(frontierism) 즉, 도전과 개척정신이다. 한국의 기업가 중 대표적인 도전과 개척정신의 아이콘이라 할 수 있는 기업가로 현대그룹 창업자 정주영 회장을 들수 있다. "이 봐 해봤어"라는 불굴의 도전정신의 일화를 남겼다. 또한, LG 창업주 구인회 회장은 도전과 개척정신을 바탕으로 우리나라의 첫 번째 플라스틱 제품과 라디오, TV, 냉장고 등 다양한 전자제품을 최초로 만들었다.

3 혁신(Innovation)

혁신(innovation) 정신이란 지금까지 없었던 새로운 분야를 개척하는 정신으로서, 기업이 시족가능한 경영을 위해서는 끊임없이 창의적인 아이디어를 창출하여 기술을 개발함으로써 신제품, 신시장을 개척해야 한다. 성공한 기업가는 기업가정신의 핵심 요소인 혁신적 사고로 제품혁신, 생산 공정혁신, 시장혁신, 생산요소 혁신, 조직혁신 등 다양한 혁신적 성향이 돋보인다. 대표적인 기업가로서 스티브 잡스, 빌 게이츠, 김범수, 이병철, 정주영, 구인회 등의 창업가를 들 수 있다.

4 통찰력(Insight)

기업가는 기업의 존속, 유지, 발전을 위해 환경에 대한 인지 및 미래 환경을 예측하고 통찰력을 통한 비전을 제시해야 한다. 기업가는 외부 환경의 변화에 대해 기회, 위협요인을 인지하고 새로운 사업기회를 포착하여 기업이 나아가야 할 사업의 비전을 제시해야 하는 통찰력이 요구된다.

최근 4차 산업혁명 시대에 있어서 미래에 관한 기술의 변화, 사회 구조의 변화 등을 인식하여 새로운 기술개발을 통한 신사업, 신제품을 선제적으로 나아가는 기업가의 통찰력을 보여주는 기업들이 향후 미래의 시장지배력을 가질 것이다. 1974년 미래 산업의 통찰력으로 삼성 이병철 회장의 반도체 산업 투자는 현재 삼성의 주 먹거리 산업이며 반도체 시장의 리더가 되었다.

5 인간존중 및 인재제일주의 정신

성공한 기업가들의 특징 중 하나로 인간존중 경영과 인재 제일주의를 중요시했다. 기업가는 인간을 존중하고 개인의 능력을 최대한 발휘하도록 여건을 조성하여 개인과 조직 발전의 원동력이 되도록 해야 한다.

인간존중 또는 인재제일주의 정신의 대표적인 롤 모델의 기업가정신으로 LG의 구인회 창업주 회장이라 할 수 있다. 일례로, LG 구인회 회장은 "기업은 사람이 하는 것이므로 사람을 키우는 것이 곧 기업을 키우는 일이다", "사람은 전부 같은 사람이지, 다른 사람이 있을 수 없다." 라고 인간존중의 중요성을 강조하였다.

PART 1

6 정직과 정도경영 정신

Cunningham & Lischeron(1991)은 특히 이 중에서도 정직, 의무, 책임감과 같은 개인적 가치 체계(personal value system)를 기업가적 주요한 특징으로 제시하였다. 성공한 기업가의 중요한 비결 중 하나가 바로 정직과 정도경영이다. 이러한 경영을 통해 직원, 고객, 이해관계자에게 신뢰를 쌓을 수 있으며 이러한 정신이 기업의 이미지를 높이며 평판을 좋게 하여 지속가능 경영을 가능하게 하는 밑바탕이 된다.

실례로, 동아쏘시오그룹의 창업주인 강중희 회장은 기업의 정도경영의 롤모델이라고 할 수 있는데 '정도(正道)'의 경영을 '정도(鼎道)경영'으로 역설적으로 표현하여 강조하고 직원들과 함께하고 있다. 즉, 동아쏘시오그룹의 '정도경영'은 보편적으로 쓰이는 글자, 바를 정(正)이 아닌 그룹 고유의 창업정신을 상징하는 글자, 솥 정(鼎)으로 재정의했다. 오래전 끼니를 해결하기도 어려워 돌아서면 배가 고팠던 보릿고개 시절, 동아쏘시오그룹의 창업주 고(故) 강중희 회장은 그의 집에 찾아온 손님들에게 가마솥으로 지은 밥을 대접하며 그들의 편의를 도왔다. 가마솥에서 나오는 온기와 정은 자연스레 동아쏘시오그룹의 뿌리가 됐고, 동아쏘시오그룹의 '정도경영'이 특별한 이유가 여기에 있다.

7 개인적 주도성(Personal Initiative)

기업가정신은 자기 스스로 창출하는 능력이고 변화하는 환경을 빨리 통찰하여 자기의 위험부담에 항상 새로운 요소결합을 주도적으로 실천하고 의사결정 하는 능력이 요구된다. 일례로, Elon Musk는 누구에게도 뒤지지 않는 높은 수준의 기업가적 열정으로 스페이스 X, 테슬라, 보링컴퍼니 등 새로운 사업 및 프로젝트에서 주도적 역할 등을 적극적으로 수행하는 기업가 중 한 사람이다.

1 기업가 역량과 자질

기업가적 역량은 조직의 중요한 자원으로 간주되며 조직 성장 및 지속가능성에 중요한 역할을 한다(Rehman et al., 2023). 이런 맥락에서, 창업자의 역량적 능력과 특성이 조직과 초기창업기업의 성과에 대해서 미치는 영향이 크므로, 창업자 역량이 초기 창업의 성공에 매우 중요한 요소로 역할을 하는 것으로 밝혀지고 있다(Chandler & Jansen, 1992). 이러한 기업가적 역량은 개인의 태도와 이에 따른 기업가적 행동에 영향을 주는 요인으로 창업 태도와 의도에 긍정적인 영향을 미치는 것으로 입증되었으며(양준환, 2018; Baum et al., 2001), 기업가적 역량은 창업 성공에 주요 요인으로 창업의도와 기업성과 측면에서 긍정적인 영향을 미친다고 하였다(박재환과 최민정, 2016; Man & Lau, 2000; Michelmore & Rowley, 2010; Wiklund & Shepherd, 2003).

다양한 연구자들의 기업가적 역량에 대한 정의를 살펴보면, McClelland(1985)는 역량에 대해서 직무 기준에 근거하여 효과적이고 우수한 경영성과와의 인과관계가 있는 개인 차원의 기초 특성으로 정의하였다.

Spencer & Spencer(1993)는 McClelland가 내린 역량에 대한 정의를 발전시켜, 특정한 상황 또는 직무에서 준거에 따르는 효과적이며 우수한 수행의 원인이 되는 개인 차원의 내적특성을 역량으로 보았다. 역량은 일반적으로 개인의 내적특성으로 다양한 직무나 상황에서 나타나며 비교적 장시간에 걸쳐 지속되는 사고방식으로 개념을 정의하였다. Chandler & Hanks(1994)는 연구에서 자원기반이론 관점으로 창업가 역량의 중요성을 제시했으며, 자원기반이론에서 논의되고 있는 기술기반 창업기업의 경영자원을 보면 기업 특유의 자원으로서 창업가적 능력이나 경영능력, 과거 창업경험과 개인적 네트워크 등 창업가의 개인적 능력과 사회적 배경 특성과 같은 요소에 주목한다. 즉 창업가의 역량이 창업 시에 기업 자원으로서 역할을 하는 것으로 판단하고 있으며, 창업가의 역량이 창업 시에 핵심 성공 요인으로서 중요함을 의미한다.

이와 같이 연구자들의 기업가적 역량에 대한 의미가 다소 차이가 있지만, 공통적 요소를 내포하고 있으며, 기업가적 측면에 중점을 두어 종합하여 정의하면, 기업가 역량이란 다양한 직무나 상황에서 나타나며 기업의 창업분만이 아니라 성장, 발전, 소멸하는 과정에 있어서 보여지는 개인차원의 내적특성으로 개념화 할 수 있다.

한편, 기업가적 자질이란 일반적인 비즈니스 매니저와 구분되는 기업가의 성격적인 특성을 의미하는데 심리학 분야에서 개인의 성격 특질 5가지인 성실성(conscientiousness), 정서적 민감성(neuroticism), 개방성(openness to experience), 외향성(extraversion), 친화성(agreeableness)요인 등 성격의 5요인(Costa & McCrrae, 1992: Big 5라 주로 칭함)을 기업가들을 대상으로 측정하여 그들에게 두드러지게 나타나는 일반적인 성격 특성을 규명하는 연구로 전개되어 왔다(신윤정, 2021 재인용; Kerr, Kerr & Xu, 2017).

기업가적 자질 특성으로 일반적으로 기업가적 기민성(entrepreneurial alertness), 기업가적 열정(entrepreneurial passion), 개인적 주도성(personal initiative), 비즈니스 계획성(business planning) 등이 제시되고 있다.

이러한 Big 5를 바탕으로, Elon Musk의 기업가적 자질을 살펴 보면 다음과 같다.

Elon Musk의 기업가적 자질

Elon Musk의 경우 기업가정신 특정적인 개인 내적 변인들로 앞의 5가지 성격요인 중 개방성 특성, 즉 창의적이고 독창적이며 도전적인 측면을 고려해볼 때 매우 강한 것으로 인식되며, 기업가적 기민성(entrepreneurial alertness), 기업가적 열정(entrepreneurial passion), 개인적 주도성(personal initiative), 비즈니스 계획성(business planning) 등이 뛰어나다.

이러한 자질인 현재의 지배적인 논리에 의문을 제기하고 새로운 비즈니스 기회를 포착하는 능력, 성공한 기업가에게 가장 두드러진 특징 중의 하나인 열정, Elon Musk는 누구에게도 뒤지지 않는 높은 수준의 기업가적 열정을 갖고 있었다. 또한, 새로운 사업 및 프로젝트에서 주도적 역할 등을 통해, 진취적으로 시장을 개척하고 위험성이 내포되어 있지만, 위험성을 감수하고 새로운 혁신적 방법을 통해 잠재고객의 욕구를 파악 비즈니스 기회를 발견하는 탁월성이 비즈니스 성공의 중요한 요인이라 할 수 있다.

한편, 배종태(2022)는 기업가의 필요한 역량과 자질을 통찰력, 결단력, 실행력 그리고 포용력 요소로 제시하고 있다. 기업가는 기회포착과 사업 수행에 있어서 통찰력(Insight)이 있어야 한다. 통찰력은 미래와 흐름을 보고 사람의 마음을 읽어내는 힘이다. 본질을 이해하고, 미래를 상상하고, 추세를 파악하고, 이를 위해 지금 무엇을 해야 하는지 생각해야 한다. 통찰력이 넓고 길게 보고 여러 가능성을 넓히는 힘이라면, 결단력은 여러 대란 중에서 선택하고 우선순위를 정하는 힘이다. 여기에는 분별력과 빠른 의사결정이 필요하다. 기업가는 불확실성과 위험 속에서도 새로운 사업기회에 대해 확신을 가질 때 결단을 할 수 있다. 빠른 의사결정 못지않게 중요한 것은 일이 제대로 되도록 실행에 옮기고 행동하는 것이다. 이 과정에서는 많은 문제에 부딪히고 그 문제를 해결하면서 머릿속에서 보고 포착한 기회를 현실로 만들어간다. 실행력은 기획가 및 관리자와 기업가를 구분 짓는 가장 중요한 차이다. 기업가에게는 창업과정, 기업가적 과정에서의 여러 형태의 성공도 중요하지만, 더욱 중요한 것은 지속가능성이고 성장이다.

아울러 경제적 가치를 넘어, 사회적 가치, 환경적 가치 등 다양한 가치를 지속적으로 창출하고, 또 최근 ESG(Environment, Social and Governance) 운동에서 강조하는 이해관계자들의 성공을 돕고, 그들의 행복을 극대화하는 기업의 미션을 달성하는 것도 매우 중요하다. 따라서 포용력과 사람들과의 공감(Empathy), 나눔 등도 매우 중요하다. 기업가들에게 필요한 자질을 포용력, 결단력, 실행력, 포용력으로 나누어 정리하면 아래와 같다.

이러한 역량과 자질은 기업가에게만 필요한 것이 아니라, 사회의 리더나 일반 사업가들에게도 필요하나, 특히 새로운 기회를 포착하고 이를 실행으로 옮겨 새로운 가치를 창출하는 기업가들에게는 반드시 필요하다.

PART 1

기업가에게 필요한 역량과 자질

구분	통찰력 (insight)	결단력 (decision)	실행력 (execution)	포용력 (inclusiveness)
정의	미래와 흐름을 보고 사람의 마음을 읽어내는 힘	우순순위를 정해 해야 할 영역과 일을 선택하는 힘	자원을 조달하여 계획에 따라 일을 실행하는 힘	이해관계자와 공감/소통하고 표용하는 힘
특성	미래의 본질을 보는 눈(eye)	빠르게 분별하고 결정하는 머리 (head)	체계적으로 추진하는 유연한 손발(hands)	열린 마음으로 배려하는 가슴(hear)
연계	Why	What	How	Who
지향	흐름을 읽음	빌리 결정	문제를 극복	더불어 함께 감
하위차원	추세파악능력 본질이해 능력	분별능력 의사결정 능력	추진력 적응력	공감/소통능력 다양성/포용력
기업가정신	기회포착	도전/혁신/용기	가치실현	나눔과 배려

자료: 배종태(2022), 한국의 기업가정신 발전과정 - 이론과 실제 -,
기업가정신연구 제3권 제2호, 1-3.

　　기업가의 역량과 자질은 기업의 성과를 창출하는 중요한 요소이다. 일례로, 기업가와 기업성과 간의 특유한 관계를 Mackey(2008)는 실증적으로 분석하여, 기업자원, 산업효과 등을 통제한 상태에서 최고경영자 역량의차이가 기업 간 성과 차이의 29.2%를 설명한다는 것을 확인하였다.

　　Quigleyand & Hambrick(2015)은 60여 년간의 기업데이터 분석을 통해 경영자의 영향력이 기업 간 성과 차이에 미치는 영향이 점차 커진다고 주장하였다. 이처럼 기업가는 다른 기업과의 경쟁에서 지속적인 우위를 유지하게 해 주는 역량을 형성하는 데 큰 영향을 끼치며 결과적으로 기업의 성과를 창출하는 원동력이라 할 수 있다.

2 기업가의 역할

새로운 경제의 성장동력 및 기업의 지속가능 경영을 위한 원동력을 기업가정신에서 찾고자 하는 노력이 이루어졌다. 따라서, 혁신의 기업가정신이 창조적 파괴 기능을 통해 경제발전을 견인한다고 강조하는 조셉 슘페터(J. Schumpeter) 이론이 대표적으로 주목을 받았으며, 혁신을 통한 새로운 시장개척, 신상품 개발, 새로운 공정적용을 통해 가치 창출 및 사회적책임을 주도하는 기업가의 역할에 대한 중요성이 인식되었다.

1) 사회경제 발전의 주역

슘페터는 다른 어떤 경제학자보다 경제발전에서 기업가의 역할을 명시적으로 언급한다. 그는 기업가를 경제발전의 주체로 보았다. 그에게 기업가는 경제진보를 낳는 신이자, 사회경제발전의 주역이고, 사회변화의 주체이다(Marz, 1991, p. 19). 그는 기업가를 사회를 바꾸는 창조활동으로서 이를 유발하는 창조적, 혁신적 정신의 유발자로 강조하고 있다. 이러한 새로운 혁신적 사고와 행동을 바탕으로 신결합(new combination)을 수행하여 경제발전을 도모하는 주역이다. 기업가는 생산을 수행하는데 쓰이는 재화나 화폐를 단수니 제공하는 자본가와 구분된다.

실제적으로 기업가정신(Entrepreneurship)이 충만한 기업가는 신생기업의 탄생과 중소기업의 성장을 통한 일자리 창출, 그리고 기술혁신(Innovation)을 발현 새로운 제품개발, 신시장 개척 등으로 불황기에서의 경기회복(Schumpeter, 1934), 경제성장 과정 등에 있어서 핵심적인 역할을 한다.

최근 4차 산업혁명기술을 기반으로 한 많은 기업들이 창업을 하고 있다. 이러한 스타트업(Start-up)은 개인의 고용 기회 창출에 더 매력적이다(Bosma & Kelley, 2018). 스타트업의 본질적인 혁신은 전형적인 일상적인 직무 역할보다 더 흥미로운 직무 역할의 기회를 제공한다. 그러므로, 스타트업은 국가경제 성장에 크게 기여한다(Priyanka et al., 2023).

스티브 잡스(Steve Jobs)와 같이 인간 생활을 획기적으로 변화시키는 신제품을 개발하여 새로운 시장을 개척 경제발전을 진작시키는 주체자인 것이다. 기업가는 경제 행위자로서 경제성장의 중요한 역할을 담당한다.

2) 기업성장을 이끄는 주체

기업가는 미래를 바라보는 통찰력으로 새로운 사업기회를 포착하고 이를 사업화하기 위한 아이디어를 제시 실행한다. 즉, 기업가는 혁신성, 진취성, 위험감수성을 바탕으로 한 기업가정신을 갖고 있는 기업가가 경제성장과 조직의 성과를 창출하도록 하는 중요한 요소라고 고려된다. 이와 같이 기업가는 기업가정신을 바탕으로 신기술 개발, 신제품, 신시장 개척 등을 통해 기업의 성장을 이끄는 주체이다.

3) 변화와 혁신의 선도자

현대의 모든 경영조직에서는 변화하는 환경에 대처해 나갈 수 있는 변화 수용자, 변화 선도자가 필요하다. 따라서 열정을 갖고 자기의 직무를 수행하는 가운데 축적되는 살아있는 지식을 갖춘 전문가가 더 소중하다. 그리고 변화를 감지하고 변화되는 환경이 요구하는 역량과 행태를 스스로 쌓고 변화시켜 나가는 주도적인 역할이 중요하다. 이렇게 게임 체이저(game-changer) 역할을 수행하는 사람이 바로 기업가이다.

기업가는 슘페터가 정의한 것처럼 혁신(innovation)의 선도자이다. 또한 경영학의 대가인 피터드러커(Peter Drucker, 1985)는 기업가를 변화를 탐색하고, 변화에 대응하고, 변화를 기회로 활용하는 사람으로 보고 있다. 즉, 기존의 생산방식, 기존제품, 기존시장을 벗어나 고객이나 사회가 필요로 하는 새로운 제품과 새로운 시장을 창출하는 변화와 혁신의 선도자이다.

일례로, 에어비앤비(Airbnb) 창업자 게비아(Joe Gebbia), 체스키(Brian Chesky)와 블레차르키(Nathan Blecharczyk)는 창업당시 샌프란스코에서 자신이 거주하는 렌트비용의 증가와 디자인 컨퍼런스가 열릴 때 모든 호텔이 예약이 마쳐 더 이상 방이 없어 투숙할 수가 없는 상황에서 숙박업에 대한 새로운 기회를 인식하고, 혁신적인 아이디어를 만들어 호텔관광산업에 새로운 변화의 장을 열었다.

4) 리더십 발휘

기업가는 조직구성원의 능력을 충분히 파악하고 그들이 능력을 발휘할 수 있게 해야 한다. 명철한 판단력과 예지력을 갖고 비전을 제시해주어야 하며 사업목표에 적합한 일을 열정적으로 추진해 나갈 수 있도록 동기를 유발하는 중요한역할을 수행해야한다. 이를 위해서는 조직구성원들의 잠재력을 최대한 이끌어내고 통합시키는 조직화 능력과 리더십 발휘가 필요하다.

특히, 창업자의 리더십 스타일은 규모가 크고 확립된 회사보다 기업가적 벤처에서 벤처 성과에 더 크고 직접적인 영향을 미칠 수 있다. 기업 벤처는 종종 팀규모가 더 작고 잘 정의된 목표, 구조 및 이를 안내할 수 있는 프로세스가 없기때문이다(Ensley, Pearce, et al., 2006). 결과적으로 기업가적 벤처의 리더는 "벤처에 대한 명확한 기업가적 비전을 제공하고 기업가적 기회를 식별하고 활용하도록 기업가적 팀원의 성과를 지시"해야 한다(Miao et al., 2019, p. 1119).

5) 사회적 책임

기업가는 단순히 이익극대화뿐만이 아니라 사회적 가치를 증진시키기 위한노력을 적극적으로 할 필요가 있다. 특히 기업을 둘러싸고 있는 직원, 주주, 협력업체, 지역사회 등의 이해관계자에 대한 책임과 가치 창출을 위해 노력해야한다.

제4절 기업의 사회적 책임
Corporate Social Responsibility

1 기업의 사회적 책임이란?

오늘날의 기업 이해관계자들은 예전과 달리 사회적 가치 제고에 보다 많은 니즈를 가지고 있다. 소비자들은 사회적 책임을 소홀히 한 회사의 저렴한 제품보다 가격이 다소 높더라도 사회적 책임을 적극적으로 수행하는 회사의 제품을 선호한다. 기업의 사회적 책임은 이제는 소비자의 욕구를 충족하기 위해서 해야만 하는 기업의 필수 행동이 되었다.

2 기업의 사회적 책임 구성요소

기업가는 단순히 이윤만을 추구하는 사람이 아니다. 캐롤(Carroll, 1991)은 기업의 사회적 책임 활동을 경제적 책임(economic responsibility), 법적책임(legal responsibility), 윤리적 책임(ethical responsibility), 자선적 책임(philanthropic responsibility)으로 구분하였다. 경제적 책임은 여러 책임 중에서 가장 중요하고 기업은 사회의 기본적 경제단위로서 수익을 극대화하는 것을 가리킨다. 윤리적 책임은 투명한 거래, 인권보호, 환경보호 등 보편적 사회규범 안에서 활동하는 것을 가르킨다. 자선적 책임은 자선사업, 기부, 지역공헌 등 사회발전과 복지 향상을 위한 활동을 가르킨다.

기업가는 기업를 사회의 한 구성요소로 보고 기업의 사회적책임을 비용의 관점이 아니라 사회적 가치를 창출함으로써 공유가치의 성과를 누릴 수 있도록 하는 선도적 위치에 있는 사람이다.

기업의 사회적 책임에 대한 내용을 간략히 그림으로 보면 아래와 같다.

자선적 책임
(philanthropic responsibility)

윤리적 책임
(ethical responsibility)

법적 책임
(legal responsibility)

경제적 책임
(economic responsibility)

자료: Carroll, A. B. (1991). The pyramid of corporate social responsibility:
Toward the moral management of organizational stakeholders.

한편, 기업가가 자유롭게 자신의 역량을 펼칠 수 있는 정부의 제도도 매우 중요하다. 정부는 기업가가 기업가정신을 발휘 사업을 진작 시킬 수 있도록 모든 제약과 규제를 풀고 수탈적 제도(extractive institutions)가 아닌 포용적 제도(inclusive institutions)로 혁신적 개선이 필요하다. 아세모글루와 로빈슨(Acemoglu & Robinson, 2012)은 좀 더 구체적이다. 이들은 역사적 연구에 기초하여 포용적 제도(inclusive institutions)로 진화한 나라는 발전했고, 수탈적 제도(extractive institutions)로 흐른 나라는 실패했다고 역설한다. 여기에서 포용적 제도는 배제와 차별 없이 가급적 많은 국민이 자신의 재능과 기술을 활용할 수 있게 보장하고 권장하고 기업가의 활동을 보장하는 제도이다. 예를 들면 포용적 제도는 ① 사유 재산권 보장, ② 공정한 법률 시스템, ③ 균등한 경쟁 기회, ④ 진입과 영업의 자유, ⑤ 직업 선택의 자유 등을 포함하는 개념이다(황인학, 2021).

3 기업의 사회적 책임 진화

　기업의 사회적 책임은 사회의 발전 및 성숙도에 따라 변화해왔다. 산업화 초기에는 기업의 사회적 책임에 대한 미인식되어 많은 기업의 비윤리적 행태가 발생하였으나, 사회의식의 변화와 경제발전에 따라 기업의 윤리의식의 태동으로 기업의 사회적 책임(corproate social responsibility)에 대한 중요성이 기업내외부에서 인식되어 기업이 사회적 책임활동이 많이 이루어졌다. 하지만 기업의 경제적 측면에서 볼 때, 사회적 책임활동은 비용적측면의 인식으로 기업의 부담으로 여겨졌으며, 경영성과를 향상시키는 직접적인 영향은 없었다. 이에 기업의 사회적 책임활동을 기업의 전략적 측면에서 바라보고 기업의 전략으로 내재화에 기업의 성과를 향상하려는 노력이 이루어졌다. 이것이 전략적 기업의 사회적 책임(strategy corporate social responsibility)이라는 용어로 진화하였으며, 적극적인 이러한 전략적 CSR활동은 경제적 가치와 사회적 가치를 향상시키는 공유가치창출(creative shared value)의 개념으로 발전하였다. 하지만 최근 환경의 중요성이 전 세계적으로 최우선적 과제로 부각되면서 기업의 주도적 환경보호활동을 위한 정책이 요구되었다. 이에, 최근 주목받고 있는 기업의 ESG(Environment, Social, Goverance)활동이 중요한 기업의 전략적 요소로 자리잡고 있다. 요약하면 기업의 사회적 책임활동인 CSR은 CSV, ESG로 개념의 진화되고 발전되어 오고 있다.

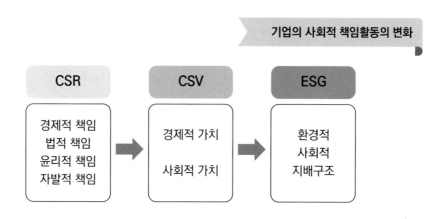

기업의 사회적 책임활동의 변화

참고문헌

문진호(2020), 사람중심 기업가정신의 혁신성과 : 금융기업 사례를 중심으로, 카톨릭대학교 박사학위논문.

방원석, 신재익, & 정대율. (2022). 공공기관에서의 사회적 기업가정신이 지속가능성에 미치는 영향: 보건의료기관을 중심으로. 한국창업학회지, 17(3), 313-334.

이정우(2016). 2016 ICSB 월드 컨퍼런스: UN 지속가능개발목표(SDGs)추진을 위한 기업가정신과 혁신의 역할. 과학기술정책, 7(26). 78-81.

Belz, F. M., & Binder, J. K. (2017). Sustainable entrepreneurship: A convergent process model. Business Strategy and the Environment, 26(1), 1-17.

Covin, J. G., & Miles, M. P. (1999). Corporate entrepreneurship and the pursuit of competitive advantage. Entrepreneurship theory and practice, 23(3), 47-63.

Dean, T. J., & McMullen, J. S. (2007). Toward a theory of sustainable entrepreneurship: Reducing environmental degradation through entrepreneurial action. Journal of business venturing, 22(1), 50-76.

Gast, J., Gundolf, K., & Cesinger, B. (2017). Doing business in a green way: A systematic review of the ecological sustainability entrepreneurship literature and future research directions. Journal of cleaner production, 147, 44-56.

Gupta, M., & Dharwal, M. (2022). Green entrepreneurship and sustainable development: A conceptual framework. Materials Today: Proceedings, 49, 3603-3606.

Johnson, M. P., & Schaltegger, S. (2020). Entrepreneurship for sustainable development: A review and multilevel causal mechanism framework. Entrepreneurship Theory and Practice, 44(6), 1141-1173.

Lumpkin, G. T., & Dess, G. G. (2001). Linking two dimensions of entrepreneurial orientation to firm performance: The moderating role of environment and industry life cycle. Journal of business venturing, 16(5), 429–451.

Mair, J., & Marti, I. (2006). Social entrepreneurship research: A source of explana tion, prediction, and delight. Journal of world business, 41(1), 36–44.

Rehman, S. U., Elrehail, H., Nair, K., Bhatti, A., & Taamneh, A. M. (2023). MCS package and entrepreneurial competency influence on business performance: the moderating role of business strategy. European Journal of Management and Business Economics, 32(1), 1–23.

Sarasvathy, S. D., Dew, N., Velamuri, S. R., & Venkataraman, S. (2010). Three views of entrepreneurial opportunity(pp. 77–96). Springer New York.

Wennekers, S., & Thurik, R. (1999). Linking entrepreneurship and economic growth. Small business economics, 13, 27–56.

한국의 기업가정신

K-Entrepreneurship

06 한국의 기업가정신

CHAPTER

K-Entrepreneurship

Case-Study

경성방직 김성수

경성방직의 뿌리는 1911년 윤치호와 윤치소(윤보선 전 대통령의 선친)의 지원을 받아 창립된 경성직뉴다. 경성직뉴를 인수한 김성수는 일본 미쓰이 그룹 계열의 중외산업이 1917년 11월 부산 동구 범일동에 조선방직, 그리고 동양방적을 설립하자 민족자본을 모아 방직공장을 설립하기로 결심했다.

경성방직은 3.1 만세운동이 벌어진 직후인 1919년 5월 창립총회를 열었고 그해 10월 5일 조선총독부로부터 공장 설립인가를 얻었다. 창립 자본금은 독립운동 자금을 모집하듯 전국의 유지들에게 주식을 팔아 마련한 100만 원이었다. 한국 기업 사상 최초이자 최대의 민족자본으로 이루어진 기업이다.

당시 조선사람에게는 은행융자를 제한하여 자금조달이 극도로 어렵던 시절에 농토를 팔아 자금을 마련하여 일본인들이 억압하는 공업에 투자한다는 것은 일본인과 본격적인 경쟁을 해보자는 용기 있게 위험을 감수하고 기업을 일으킨 대한민국의 기업가정신의 첫 모습을 보여준 것이다.

회사의 발기인으로 김경중, 김기중 호남의 대지주, 최준 경상도 12대 만석꾼 경주 최씨 후계자, 장춘재와 장두현 서울 추신신 기업가 이일우 영남 대지주 은행가 등이었다. 경성방직은 우리 자본, 우리 기술로 옷감을 만들자는 신념을 내건 회사였기 때문에 기술자도 한국인만을 채용했고, 사내에서 일본말 쓰지 않기 운동을 벌였다. 그리고 상표도 태극문양을 본뜬 태극 상표로 채택했다. 이후 김성수는 1921년 교토제국대학 경제과를 졸업한 동생 김연수가 귀국하자 김성수는 그에게 경방의 경영을 맡기고 자신은 문화교육사업에 전념했다.

만주사변이 한창이던 1930년대 초반 일본 정부는 전 세계적 공화의 여파로 인한 경제 불황을 극복하기 위해 중요산업 통제법을 발표하고 생산을 제한하는 조치를 취했다. 이렇게 되자 일본 재벌가들은 통제받지 않는 한국에 방직공장을 증설하기 시작했다. 1933년 동양방직인천공장, 1935년 가네보 방직광주공장, 1936년 경성공장이 새로 건설되는 국내 방직시설이 확충되면서 경쟁이 치열해졌다.

이에 1933년 경성방직은 방적시설에 투자하고 혁신적 기술을 개발하였다. 그 결과 원사에서 면시를 뽑고 그 면사로 면포를 직조하는 생산체제를 확보하게 된다. 이것은 자전거를 생산하다가 오토바이를 생산하는 혁신적인 증대한 진보였다.

일본의 만주와 중국침략의 해인 1937년 중일전쟁이 발발하면서 베이징, 상하이, 난징 등지의 방직공업이 일본의 손에 넘어가면서 경성방직도 중국 수요가 급격히 늘면서 생산시설 설립을 신청하였으나 허가되지 않아 김연수는 만주로 눈을 돌렸다. 1936년 3월 삼양사 사무소를 봉천(현재 선양)에 삼양사를 개설하였다. 삼양사는 농토를 확보하여 유랑하는 조선 농민들을 정착시켰다. 1939년에 선양(심양)근처의 소가툰에 남만방적주식회사를 설립했다. 당시 남만방적의 슬로건이 조선의 경성방직이 아니라 동양의 경성방직이 되자는 것으로 우리나라 제조업 기업 최초의 해외진출 사례이다. 김연수는 남만방적을 건설한 후 일본 기업들 못지 않은 근대적 경영시스템을 도입했고 공장 내에 학교설립, 직원사택제공, 의료보험 등 혁신적인 제도를 운영하였다.

경성방직은 식민지 시대에 기업가정신으로 탄생한 기업으로, 경성방직의 시작은 농업국가인 조선에서 민족자본으로 시작된 산업자본화로 인한 산업국가로의 첫 발자국을 이룩한 것이다.

자료: 김용삼(2015). 한강의 기적과 기업가정신, 프로이코노미스쿨: 서울.

제1절 한국의 기업가정신 뿌리와 발전과정
The Root of K-Entrepreneurship and Development Process

1 한국의 기업가정신 뿌리

잘 사는 나라, 성공한 나라의 역사를 보면 출중한 기업가(entrepreneur)의 일화가 차고 넘친다. 짧은 기간에 경제 도약에 성공한 우리나라만 해도 그렇다. 일제의 식민 지배에서 전쟁의 참화까지 겪은 한국은 1960년대까지 외국의 원조물자 없이 보릿고개조차 넘기 힘들었던 가난한 농업국이었다. 1961년도 1인당 국민소득은 91달러에 불과했다. 그 당시 필리핀 1인당 국민소득은 267달러로, 우리에 비하면 약 3배 잘 사는 선진국이었다. 그랬던 한국이 부존자원, 자본, 기술이 절대적으로 부족한 상태에서 산업화 경험도 없이 단기간에 고도성장한 것은 기적이었다. 한강의 기적은 무(無)에서 유(有)를 창조하듯이 불가능을 가능하게 했던 경제개발 창업 1세대의 기업가정신(entrepreneurship)을 빼놓고는 이해하기 어려울 것이다.

하지만, 이에 앞서 이러한 한국 대기업인 LG, GS, 삼성, 효성 등의 창업주의 기업가정신 뿌리 즉, 영향을 미친 사상적 배경은 무엇인지에 대한 탐색이 필요하다. 이에 현재 K-기업가정신의 사상적 배경을 한국의 선비 사상의 큰 맥을 이루고 있는 남명 조식의 사상에서 찾을 수 있다.

1) 남명 조식 사상

유학 기본적으로 인간을 다루는 학문이고, 현실적인 학문이다. 유학은 단순히 동양철학에만 국한된 학문이 아니고, 그 속에는 정치학, 경제학, 행정학, 사회학, 심리학 등이 다 들어있는 종합적인 인문학이다.

조선 시대 이러한 유학 사상의 양대산맥을 이룬 인물이 남명과 퇴계이다. 1501년 음력 6월 26일 경상도 지금의 합천군 삼가면 외톨이에서 남명 조식이 태어났다. 이때 경북 안동에서는 퇴계 이황이 태어났다. 퇴계보다 남명은 잘 알려지지 않은 듯하다. 하지만 남명의 사상은 현재 매우 주목받고 있으며 기업가정신의 뿌리를 찾는 학문에서 그 근간을 이루고 있다. 남명은 당시의 여느 선비들과는 달리, 공부의 범위를 유교 경전에만 한정하지 않고, 아주 폭넓게 공부하였다. 유교 경전과 거기에 따른 주석서는 물론, 諸子百家, 천문, 지리, 의약, 수학, 병법 등을 두루 공부하여 안목을 넓혀 나갔다. 장래 세상에 크게 쓰일 것에 대비하기 위해서였다. 남명은 젊은 시절부터 자신의 수양방법 두 가지를 마련했다. 하나는 깨끗한 그릇에 물을 가득 담아 꿇어앉아 두 손으로 받쳐 들고 기울어지거나 흔들리지 않은 채로 밤을 새우며 자신의 정신을 가다듬는 것이었고, 다른 하나는 옷 띠에 쇠방울(성성자; 惺惺子)을 차고 다니면서 그 소리를 듣고 정신을 깨우쳐 자신을 성찰하는 것이었다.

남명은 젊은 나이에 당시 조선의 세속적인 분위기에 휩쓸리지 않고 꿋꿋이 진정한 유학에 뜻을 두었으므로, 나중에 실천 위주의 학문을 우뚝이 세워 후세에 남길 수가 있었던 것이었다. 평상적인 유학 공부에서 출발하여 다방면으로 폭넓게 공부하다가, 다시 유학의 정수를 찾아 돌아왔던 것이다. 글귀의 해석이나 성리학 이론의 늪에 빠져 일생을 허비했던 허다한 고루한 선비들과는 달리, 남명의 학문은 유학의 진면목에 더욱 접근해 갔던 것이다.

남명은 당시 퇴계를 중심으로 한 학자들이 성리학 연구에 너무 치중하는 경향에 대해서 별로 찬성하지 않았고, 실천에 바탕을 둔 학문을 강조하였다.

　남명의 핵심사상은 경(敬)과 의(義)이다. 경(敬)은 '마음을 단속하는 힘'이다. 의(義)는 경(敬)으로 단속한 마음을 실천에 옮기는 힘이다. 경만 있고, 의가 따르지 않으면, 아무런 성취가 없어 애써 얻은 경이 공허하게 된다. 경과 의가 갖추어진 뒤에라야 마음이 맑아져서 모든 판단이 바르게 되고 참된 용기가 솟아나게 된다는 것이다(허권수, 2023). 그의 문헌전 육이효에는 "군자는 경으로써 안을 곧게 하고 의로써 밖을 방정하게 해야 한다"(김덕환, 2020)라고 하였다. 남명은 모든 학문의 요체는 '경(敬)'과 '의(義)'로 귀결되는 것으로 생각했다. 이를 통해서 자신을 수양하고, 나아가 제자들을 기르고, 세상을 구제하려고 노력했다(김덕현, 유동희 & 정대율, 2020).

　남명사상의 경과 의를 실천하고 있는 사례를 보면 간략히 살펴보면 아래와 같다. 남명이 목숨을 걸고 명종에게 상소한 을묘사직소라는 상소에는 다음과 같은 내용이 들어 있다. 첫째 조정의 형편은 거의 망할 지경에 접어들었는데 그 원인은 대소 관리들이 모두 파당만 짓고 자기 이익만 챙기려 하기 때문이다. 둘째 왕권이 이렇게 무력해 가지고서 어떻게 국가의 위기상황을 어떻게 극복하겠느냐? 셋째 국가적 위기상황을 극복하려고 한다면 왕 자신의 마음가짐을 새롭게 하는 것이 중요하지, 지엽적인 제도나 법령 등을 개정한다고 될 수 있는 것이 아니다. 넷째 임금 스스로 학문을 닦아 정치의 바른 길을 알아야지, 왕이 대비나 외척 간신들에게 끌려 다녀서는 안 된다. 다섯째 이상의 모든 정치적 폐단이 바로 잡힌 이후라면 자기도 나아가 정치에 나설 용의가 있다는 것이다. 조선 건국 이후 이때까지 임금의 실정을 이 정도로 정확하고 신랄하게 지적한 적이 없었기 때문이었다. 이러한 남명 조식의 정신은 목숨을 걸고 바른 것을 진취적으로 행하는 실천정신을 나타내고 있다.

　또한, 남명 조식의 사상이 제자들에게 전파된 사례를 보면 다음과 같다. 여타의 학자들과는 달리 남명이 제자들에게 병법을 가르친 것이 나중에 나라를 구제하는 데 크게 공헌을 했으니, 의병 활동을 한 제자들뿐만 아니라, 임금 곁에서 대신으로서 국난극복에 경륜을 발휘했던 鄭琢 같은 인물이 이를 확실히 증명해 주고 있다. 임진왜란 때 남명 제자 가운데서 의병을 일으켜 나라를 구제한 인물이 많았던 것은 바로 남명의 이런 배려에서 나왔던 것이다. 남명은 지리산 속에서 살면서도 국가의 백성들에 대해서 잠시도 잊은 적이 없었다. 그래서 당시 남해안에서 여러 차례 난을 일으킨 왜적을 물리칠 방안을 꼼꼼하게 생각해 봤고, 또 제자들에게도 이 문제를 해결할 대응책을 제출하도록 요구했다. 국방의식을 미리 고취시키고, 유사시에 대비할 수 있는 자세를 갖추도록 했다.

이와 같이 당대에 누구도 고려하지 못했던 것을 남명 조식은 미래를 보는 통찰력과 진취적인 혁신성으로 국난의 위기를 인지하고 준비하였다는 것이다.

2) 남명 조식과 K-기업가정신 연관성

지금까지 가장 많은 글로벌 기업인을 배출한 진주를 중심으로 한 서부 경남 출향 기업인들의 사상적 원류가 무엇인지를 찾고자 하는 연구가 많은 관심을 받고 있다. 지리산 자락의 진주시 승산마을은 1980년대 초반 당시 100대 기업 회장 중 30명이 배출된 '재계의 산실(産室)'이며(조선일보, 2023) 대한민국 기업가정신의 수도인 진주를 중심으로 서부경남지역에서 굴지의 글로벌 기업인들이 무수히 많이 배출되고 있다. 진주시 승산마을의 지수초등학교에서 국내 대표기업의 창업주들이(LG 구인회 회장, 삼성 이병철 회장, 효성 조홍제 회장, LS 구태회 회장, 승산그룹 허정구 회장, GS 허준구 회장 등) 배출된 것은 세계적으로도 유례를 찾기 어려운 유산이며 이들 대기업이 차지하는 자산은 600조 이상으로 창업가들의 요람이라고 할 수 있다(정대율, 2021).

1980년대 국내 100대 기업 중 30개 기업이 대한민국 경제의 근원지인 진주지역 출신으로 한국 경제의 큰 발판을 마련하였으며 사회적 책임활동도 적극적으로 실천하여 많은 이바지를 하였다(이충도, 2021). 이러한 대한민국 대표 창업자들이 지리산 자락의 진주시 승산마을 및 인근에서 배출된 배경에는 남명 조식선생의 실천중심의 경의사상(敬義思想)과 같은 정신적 지주가 있었으며, 이러한 사상이 서부 경남의 많은 유학자들을 통해 이어져 왔기 때문이다(경남일보, 2022; 정대율, 2021)

진주 및 인근지역 출신인 글로벌 창업자인 삼성 창업주 이병철, LG 창업주 구인회, 효성 창업주 조홍제 등 지수초등학교 출신 1세대 창업주들의 주요 기업가정신의 바탕에는 남명조식의 경의 사상이 있었기 때문이여 이를 바탕으로 한 국형 기업가정신을 뿌리를 찾고 정립하고자 하는 흐름이 주목을 받고 있다. 일례로, 남명 조식의 경의사상에 내포된 우국애민정신 및 실천주의, 그리고 1세대 창업주들의 애국정신과 인본주의 및 합리주의 요소들이 포함된 '남명 기업가정신'을 새롭게 제안하였다(김덕현, 유동희, & 정대율, 2020).

남명의 경의사상은 기업가정신요소의 뿌리를 내포하고 있을 뿐만이 아니라 기업 성장 과정에서 다음과 같은 역할을 한다. 먼저 각 시기에 따른 개인 수준은 경과 밀접한 관계가 있다. 이러한 시기별 구분을 서로 이어주는 발아 과정, 성장 과정, 성숙 혹은 전환 과정은 반드시 행동을 수반하기 때문에 의와 밀접한 관계가 있다. 그러나 경과 의는 함께 할 때 비로소 제 역할을 감당하기 때문에, 경으로 시작하여 의로 이어지는 형태로 이루어진다.

즉, 개인 수준에서는 경이 의보다는 상대적으로 강조되고, 그 개인이 발아, 성장, 성숙 혹은 전환이라는 활동을 수행할 때에는 의가 경보다는 상대적으로 강조됨을 알 수 있다. 경이라는 자기 수양이 결국 기업가정신에서 요구되는 통찰력 또는 직관력을 배양하고, 이를 토대로 문제 인식과 기회포착이 가능하며, 인본주의적 윤리의식을 함양시킨다고 할 수 있다. 의는 경을 바탕으로 한 실천 행동이 포착된 기회를 추구하는 활동(위험 감수, 사업 계획, 창업)과 자원 격차를 줄이기 위한 활동(자원확보 및 조달, 네트워크 및 인프라 구축), 그리고 경영 활동(기업 운영, 평가 및 보상, 사업 유지 및 대체)으로 나타난다고 할 수 있다(김덕현, 유동희, & 정대율. 2020).

3) 한국의 경제발전 뿌리 "기업가정신"

한국의 급속한 경제사회발전 과정에서는 수출 주도와 개방적 대외여건, 혁신/학습과 생산성 향상 등의 역할도 컸지만, 기업가정신이 매우 중요한 기여를 했다는 것은 널리 받아들여지고 있다. 한국의 기업가정신은 시대정신과 경제사회발전 단계를 따라 어떻게 형성되고 발전되었나? 시대별로 발현된 기업가정신의 특성이 달라졌는가? 한국의 기업가정신, 또는 한국형 기업가정신(K-Entrepreneurship)이 존재하는 것일까? 존재한다면 그 특징은 무엇인가?

이러한 질문들에 대해 생각해보고 한국의 기업가정신의 특징과 기업가정신이 발전해온 과정을 돌아보고, 시대정신에 따라 기업가정신의 특성과 현상이 어떻게 바뀌어 왔는지를 살펴볼 필요가 있다.

실질적으로, 한국의 1세대 기업가라고 할 수 있는 삼성, LG/GS, 효성 등 국내 대기업의 성장은 창업주의 기업가정신을 바탕으로 이루어졌다고 할 수 있다.

2 한국의 기업가정신 발전과정

1) 우리나라 기업가정신의 시대별 변화 추세

우리나라에서는 산업화 이전에도 일부 기업가들이 있었고 역사를 통해서도 세종대왕, 이순신 장군 등은 기업가로서의 마음가짐과 태도, 행동방식, 성과를 거두었다. 그렇지만 한국의 기업가정신이 영향력을 미치며 발휘되기 시작한 시점은 1960년대 산업화 초기라고 할 수 있다. 따라서 기업가정신이 본격화되지 못했던 1920년대-1950년대를 기업가정신 여명기 또는 0세대로 보고, 1960년대 이후부터 한국의 기업가정신 변화 과정을 살펴보고자 한다. 한국의 기업가정신의 발전과정은 산업화, 경제사회발전과정과 흐름을 같이 하고 있다. 우리나라 기업가정신의 부침을 대기업과 중소벤처기업으로 나누어 살펴보면 다음과 같다.

우리나라의 기업가정신 발전과정은 크게 ① 기업가정신 1세대(1960년대-1980년대), ② 기업가정신 2세대(1990년대-2000년대), ③ 기업가정신 3세대(2010년대 이후) 등 3단계로 나누어 볼 수 있다. 우리나라는 1960-1980년대에 대기업을 중심으로 기업가정신이 매우 활발하였다. 이 세대를 우리나라 기업가정신의 제1의 물결 또는 1세대라고 할 수 있겠다. 기업가정신 2세대는 1990년대(특히 중반) 이후 금융위기를 극복해가는 과정에서 나타났다. 1990년대 중반부터 2000년까지는 중소벤처기업의 창업과 성장을 통해 기업가정신이 크게 함양되었다가(제2의 물결). 벤처거품이 꺼진 2001년 이후에는 기업가정신이 많이 위축되었다. 2000년대 초반 이후 10여 년을 기업가정신의 암흑기로 보내기도 했다.

그렇지만 2010년대 이후에는 새롭게 다양한 형태의 기업가정신이 활발해지고 있으며, 이는 기업가정신의 제3의 물결(3세대)이라고 할 만하다. 1세대의 기업가정신이 대기업을 중심으로, 2세대의 기업가정신은 벤처기업을 중심으로 활성화 되었다면, 3세대 기업가정신에서는 대기업과 중소벤처기업, 대학 등 여러 주체에서 기업가정신이 활성화되고 있고, 기회포착/실현에서 개방성과 혁신성, 협력, 생태계, 글로벌화가 크게 진전되었다. 아울러 대학에 대해서는 교육 및 연구뿐 아니라 기술사업화, 창업 교육 및 촉진 등을 통해 사회를 위한 직접적인 가치 창출을 더 많이 해 주기를 바라는 사회적 요구와 기대가 증가하였다.

한국의 기업가정신의 발전과정은 산업화, 경제사회발전과정과 흐름을 같이 하고 있다. 우리나라 기업가정신의 부침을 대기업과 중소벤처기업으로 나누어 살펴보면 아래와 같다.

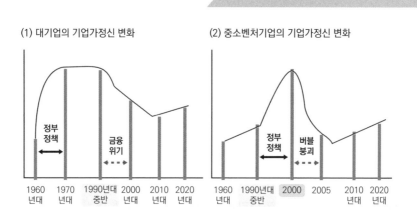

자료: 배종태. (2022). 한국의 기업가정신 발전과정·기업가정신 연구.

2) 한국의 시대별 기업가정신

우리나라 벤처기업의 성장과 발전에 정부의 역할도 컸지만, 벤처기업협회의 노력과 기여도 매우 컸다. 기술기반 벤처기업의 수가 증가하면서, 성공한 1세대 벤처기업인 메디슨, 비트컴퓨터, 휴맥스, 안랩, 한글과 컴퓨터 등의 주도로 1995년 12월 벤처기업협회가 창립되었다. 벤처기업협회(2015)는 국가 및 벤처기업협회의 관점에서 한국의 벤처발전 역사를 아래 그림 및 표와 같이 구분하여 제시하였다.

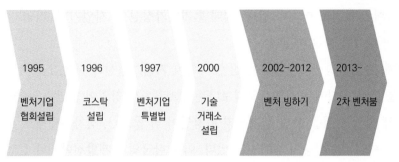

한국벤처 역사

1995	1996	1997	2000	2002-2012	2013~
벤처기업 협회설립	코스닥 설립	벤처기업 특별법	기술 거래소 설립	벤처 빙하기	2차 벤처붐

자료: 창조경제연구회(2014)

한국벤처 20년사(1995-2015)의 벤처발전과정 시대 구분

시기	연도	특성
1. 벤처여명기	1995년 이전	한국의 벤처 활성화 이전
2. 벤처기업협회 출범기	1995-1997년	벤처기업특별법 제정
3. 벤처 붐 확산기	1998-1999년	본격적인 벤처기업 창업/성장
4. 벤처기업 시련기	2000-2003년	반(反)벤처 분위기와 시련
5. 제2 벤처 붐 조성기	2004-2006년	벤처 붐조성, 모태펀드 출범
6. 금융위기 속 활로 찾기	2007-2012년	글로벌 금융위기 극복
7. 창조경제시대 벤처 르네상스	2013-2015년	벤처기업 3만개 시대

자료: 배종태. (2022). 한국의 기업가정신 발전과정. 기업가정신연구, 3(2), 1-19. [6]

경제사회발전과정과 발 맞추어 우리나라의 기업가정신 발전과정을 1세대 (1960년대-1980년대), 2세대(1990년대-2000년대), 3세대(2010년대 이후)로 나누어 살펴보았다. 기업가정신 여명기(0세대)의 대표적인 기업가로는 유일한이 있고, 1세대에서는

---

6   배종태. (2022). 한국의 기업가정신 발전과정. 기업가정신연구, 3(2), 1-19.

정주영, 이병철, 구인회, 2세대에서는 이민화, 황철주, 변대규, 3세대에서는 이승건, 김봉진, 김슬아 등이 있다. 각 세대별로 대표적인 기업가들을 분석하면서 사업기회의 특성도 아래와 같다. 세대별 기업가정신 및 사업기회, 기업가 특성의 변화 추세는 다음과 같다.

첫째, 기업가정신 1세대에는 빈곤 극복이 기업가정신과 사명감을 촉진하는 역할을 했고 이때에는 기회추구형보다는 생계유지형 창업이 많았다. 물론 지금도 전체 창업 현황을 보면 생계유지형 창업이 더 많으나, 점차 3세대로 오면서 기회추구형 창업 비중이 높아지고 있다. 이는 한국의 경제발전단계나 산업구조의 변화, 생태계의 변화와도 관련이 있다.

둘째, 기업가정신 1세대에는 모방학습을 통해 효율지향성과 생산성을 추구하였으나, 3세대로 오면서 점차 혁신추구형 창업이 늘어나고 있다.

셋째, 우리나라의 성공한 기업가들은 일생을 통해(Entrepreneur's Journey) 다음의 경력발전단계를 따라 창업을 준비하고, 실제 창업을 하고, 성장/성공하고, 성공 후에도 지속적으로 발전하면서 사회에 기여한다.

① [Study] 특정 분야를 공부/전공하고, 경험을 쌓고, 창업을 준비하는 단계
② [Start-up] 동기/목표를 가지고 기업을 창업하는 단계
③ [Success] 창업 후 기업을 성장시키고 성공에 이르는 단계
④ [Significance] 성공 이후 활동을 통해 사회에 영향력을 미치는 단계

기업가의 여정(Entrepreneur's Journey)은 기업가에게 기업가정신과 기업가 역량이 만들어지고, 발휘되고, 열매를 맺어가는 과정이다. 기업가는 그 과정에서 많은 성공과 실패를 경험하면서, 새로운 기회를 찾아 추구하고 성장하고, 시장과 사회의 문제들을 해결하여 가치를 창출한다.

그런데 성공적인 기업가들은 획일적인 과정을 따르는 것이 아니라 각기 다른 다양한 경로를 따라 성장하고 경력을 발전시킨다.

한국의 세대별 기업가정신 특성

구분	여명기 (1920-1950년대)	제1세대 (1960-1980년대)	제2세대 (1990-2000년대)	제3세대 (2010년대 이후)
미션/목표 (why to do)	빈곤 극복	사업보국	혁신성장	가치창출
기회특성 (what to do)	알려진 제품 (생산 보급)	알려진 제품 (국산화)	혁신제품/시장 (제품 혁신)	신제품/서비스 (시장 창출)
혁신/수단 (how to do)	모방/학습 (인프라 전무)	모방/학습 (인프라 구축)	혁신/모방 (조직간 협력)	창조/혁신 (새로운 인프라)
도전과 위험감수	개인적 위험감수 (힘겨운 도전)	조직의 위험감수 (비전/절박함)	조직의 위험감수 (조지간 협력)	조직/커뮤니티간 협력과 연계
대표적인 기업가	유일한	정주영, 이병철, 구인회	이민화, 황철주, 변대규	이승건, 김봉진, 김슬아
기업가의 기업관	기업은 사회발전을 위한 수단/조직	사업을 통한 국가발전	조직 창의성 중요 (경제적/사회적 가치 창출)	개인/조직 창의성과 생산성의 균형
추구가치	독립, 빈곤탈피	경제발전	지속성장	좋은 사회

출처: 배종태(2022). 한국의 기업가정신 발전과정. 기업가정신연구, 3(2), 1-19.

한국의 기업가정신 사례
K-Entrepreneurship Case-study

1 기업가 유한양행 유일한 박사

1) 유일한 박사의 기업가정신, 독립운동 영향받았다

유한양행 창업주 유일한

유일한 박사는 한국의 기업가정신의 여명기에 기업가정신의 아버지라고 할 수 있다. 유일한 박사는 국가, 교육, 기업, 가정의 순서로 우선순위를 정했다며 특히 나라 사랑을 위해서는 목숨을 바칠 것을 서약했다. 평범한 기업인으로서 생각할 수 없는 비장함도 느껴지는 대목이다. 유일한 박사의 기업가정신 최우선 순위가 국가였다는 뜻이다. 그러면서 "유일한 박사가 암울한 시기이자 격동의 시대를 살아온 것이 영향을 주었다"며 유일한 박사는 10~25세의 혈기왕성한 시기에 나라를 잃는 충격적인 상황을 경험했다. 3.1운동을 눈앞에서 보면서 독립된 국가의 모습을 꿈꿨다.

실제로 유일한 박사는 미국에서 청소년기를 보내던 시절부터 조국의 현실을 타개하기 위해 한인 소년병학교에 자원입대했다. 1919년 24살의 대학생 시절, 미국 필라델피아에서 개최된 역사적인 한인자유대회에서 한인 대표로 결의문을 작성하고 낭독한 주인공 역시 유일한 박사였다. 유일한 박사가 꿈꿨던 나라는 무역이 자유롭고 상공업이 발달한 언론출판이 자유로운 민주주의 국가였다. 필라델피아에서 선언한 내용이다. 유일한 박사의 국가관을 엿볼 수 있는 대목이다. 그러면서 이를 위해서는 민중교육과 건강이 중요하다고 생각했기 때문에 학교를 설립하고 제약산업에 관심을 끌게 된 것이다. 상공업 중심의 미래 국가관은 유한공고 설립에 영향을 미쳤다. 다가올 미래에 부강할 수 있는 나라는 농업

국가가 아니라 상공업국가라는 명확한 비전 덕분이다.

기업경영을 하면서 기독교 사상에 기반한 자본주의 정신으로 정실주의를 배제한 점도 유일한 박사의 기업가정신을 알 수 있는 대목이다. 유일한 박사는 정실주의를 배제하려고 노력했다. 아들이 경영에 참여했지만 결국 전문경영인에게 경영을 맡겼다. 국가, 교육 다음으로 가족을 우선시했던 가치관에 따른 결정이었다.

2) 유일한 박사는 사업가 아닌 '기업가'

기업가하고 사업가의 차이는 엄격하게 구분된다. 사업가는 위험을 감수하고 이익을 창출하기 위해 노력하지만 이미 만들어진 시장에서 본인의 이익을 창출하는 사람이다. 기업가는 새로운 조직에서 혁신을 통해 창업하고 인프라를 만드는 사람이다.

유일한 박사의 기업가정신은 할아버지의 DNA로부터 출발했다. 유일한 박사의 아버지 유기연 선생은 경상북도 예천에서 보따리를 챙겨 기독교 문화가 퍼진 평양으로 갔다. 그곳에서 세례를 받고 상투를 직접 자를 정도로 열린 사고를 지녔었다. 그러면서 자녀들을 아들, 딸 구분 없이 평등하게 교육하고 9살 시절 유일한 박사를 미국으로 유학을 보내기로 결정한 분도 유기연 선생이었다. 그분은 나중에 공부해서 '조선의 민중을 챙기라'며 아들을 철저하게 교육했다. 그런 DNA가 있었기 때문에 유일한 박사의 기업가정신이 가능했던 것이다.

유일한 박사는 기업가다. 기업가는 문제를 파악하고 그것에 대해 창의적이고 효과적인 해결책을 내는 사람인데 유일한 박사는 유한양행이라는 제약사를 만들어 보건 등 우리나라의 당면 문제를 해결하기 위해 노력했다. 실제로 유일한 박사는 일제 치하에서 "건강한 국민만이 주권을 되찾을 수 있다"라는 신념으로 제약산업을 일으켰다. 유일한 박사는 결핵약에 이어 1933년 의사 출신인 부인 호미리 여사의 도움으로 국산 자체 개발 의약품 1호 '안티푸라민(소염진통제)'을 개발했다. "가장 좋은 제품으로 국가와 동포에게 도움을 주자"는 믿음에 기초한 경영철학의 힘이었다.

유일한 박사의 기업가정신 뿌리는 기독교 사상에 기반한 '자본주의 정신'이었다. 유일한 박사의 기업가정신은 한마디로 기독교 사상 기반 자본주의 정신이다. 기도교 사상에 기반한 자본주의 정신에 기초해 사회적 가치를 창출했다. 즉 기독교 기반의 자본주의 정신은 기업은 이윤 추구를 위한 최선의 노력을 하고 창출된 이윤을 국가와 사회의 발전에 사용하고 나눔의 정신을 실천하는 것이었다. 기업가의 소유를 부정하거나 모든 기업가에게 재산을 사회에 환원하라는 게 아니라 기독교 정신기반 자본주의 정신을 뿌리에 두고 있으라는 의미이다. 기업은 사회의 것이다. 기업은 공적인 도구라는 생각과 정신이다. 이것이 유일한 박사의 기업가정신을 깨달아야 하는 이유이다. 유일한 기업가정신이 우리 대한민국 기업가정신에 제시하는 메시지는 매우 의미있고 중요하다. 그는 기업이 공정하고 정당한 방법을 통한 이윤의 추구를 목적으로 하는 것을 인정하면서 기업의 이윤추구는 국가와 사회가 공동으로 번영하고 발전하게 만드는 일에 최종 목적과 가치를 두고있어야 한다고 주장하고 있다. 유일한은 1958년 '유한(柳韓)의 정신(精神)'을 직접 다음과 같이 제정하였다(한상만, 2023).

"정성껏 좋은 상품을 만들어 국가와 동포에 봉사하고, 정직하고 성실하고 양심적인 인재를 양성 배출하며, 기업이익은
첫째, 기업을 키워 일자리를 만들고,
둘째, 정직하게 납세하며,
셋째, 그리고 남은 것은 기업을 키워준 사회에 환원한다."

이러한 정신아래 기업창업의 목적을 다음과 같이 밝혔다.
첫째, 국가와 동포에 봉사하는 것을 기업의 존재 이유이다.
둘째, 국가의 발전을 위해서 정직 성실하고 양심적인 인재를 양성 배출하는 것이 기업을 통해서 국가와 사회에 봉사하는 길이다.
셋째, 기업은 이윤을 창출하여 일자리를 만들고, 정직하게 납세하는 것을 기업의 목적. 기업이 남는 이윤은 사회의 번영과 발전을 위해 사회에 환원

하는 것이 기업의 책임이다.

이러한 기업가정신을 직접 실천하였다. 일례로, 1936년 회사 창립 10주년을 맞아 유한양행을 주식회사로 전환하면서 종업원들에게 주식을 액면가 10%정 도로 나누어 주었으며, 이는 종업원지주제의 효시가 되었다. 이는 당시 사회상 으로 볼 때 획기적이었던 것이다. 유일한은 경영의 투명성을 유지하면서 1962 년에 약업계로서는 최초로 주식 공개를 단행하였다. 이와 같은 기업경영은 "기 업은 개인의 것이 아니며 사회와 종업원의 것이다."라는 유일한 박사의 경영 철 학을 반영하는 것이었다. 또한, 1965년 개인 소유의 주식을 연세대학교와 보건 장학회에 기증하였으며, 개인 소유 주식을 기부하여 신탁기금(trust fund)을 만들 기도 하였다.

결과적으로 유일한 박사는 우리나라 기업가정신의 초석을 세웠다. 유일한 박 사의 기업가정신은 오직 이윤만을 추구하는 기업가가 아닌, 이윤추구를 자신의 '소명(召命)'으로 여기고, 이윤추구를 통해서 국가와 사회의 번영과 발전을 위해 헌 신하고자 하는 기업가정신의 표상이 되고 있다(한상만, 2023).

2 삼성 창업주 이병철 회장

1) 이병철 회장의 주요 업적

삼성 창업주 이병철 회장

호암 이병철(1910~1987)은 경상남도 의령군 에서 아버지 이찬우와 어머니 안동 권씨의 4 남매 중 막내로 태어났다. 비록 혼란스러운 시대였지만 집안형편은 유복한 편이었다. 이 병철은 1922년 지수보통학교에 입학하여 공부하다가 서울로 유학은 간 후, 1930년에 일본의 와세다대학에 입학하였지만, 건강악 화로 학업을 중단하였다. 그 후 사업에 뜻을 두고 부모로부터 물려받은 연수 300석 규모의 재산으로 사업을 시작했다. 1936년 정미사업을 시작으로 하여, 1938년 대구에서 '삼성상회'를 설립하였다. 해방 후 한국경제 회복을 위해 무역업에 투자하여 얻게 된 수익으로 '삼성물산공사(1948)'를 설립하였다. 이후 제조업에 투자하여 '제일제당공업주식회사(1953)', '제일모직주식회사(1954)'를 설립하였다. 특히 1969년 1월 '삼성전자공업주식회사'가 설립되고, 반도체 및 관련회사들을 흡수합병하여 1984년 '삼성전자주식회사'로 상호가 바뀌면서 오늘에 이르고 있다(박유영·이우영, 2002).

2) 삼성 이병철 회장의 기업가정신

이병철의 대표적인 기업가정신은 '합리주의', '인재제일주의', '사업보국'으로 정리할 수 있다(이건희 1998; 김영래, 2011). 합리(合理)란 이론이나 이치에 합당한 것으로 논리적 원리나 법칙에 잘 부합하는 것을 뜻한다. 평소 부친은 "매사에 성급하지 말아야한다", "무리하게 사물을 처리하려 하면 안 된다"는 사필귀정(事必歸正)을 처세훈으로 삼았다고 한다(이병철, 2014). 이를 바탕으로 "자연이나 모든 세상사와 마찬가지로 기업경영에도 이치가 있고 이치에 맞도록 해야 한다"는 합리주의를 기업경영의 원칙으로 삼았다. 기업 경영은 비약보다 진보를 원칙으로 하여 단계에 맞게 나아가야 함을 제시한 것이다(삼성경제연구소, 1988). 1960년대에 들어서 외부 전문가에 의한 그룹 각사의 경영진단을 정례적으로 실시하여, 기업의 목표를 구체화하고 이를 달성하기 위한 대응책을 마련하게 하였다(이병철, 2014; 이상호, 2018b). 기업 경영과 조직의 합리화를 추구하며 사업 확장에 있어서도 합리주의를 실천하였다.

이병철은 "일생의 80%를 인재를 모으고 기르고 육성시키는 데 시간을 보냈다"고 할 정도로 인재 발굴과 양성을 중시하는 경영철학을 가졌다. 이는 "비록 손해를 보는 일이 있더라도 신용을 잃어서는 안 된다"는 부친의 가르침이 경영철학의 바탕이 되었다(이병철, 2014). 따라서 신입사원을 채용할 때 반드시 참석하여 인품을 살펴보았으며, 마지막 면접에서 관상을 보는 사람에게 조언을 얻어 신입사원을 최종 선발하였다. 하지만 "의심이 가거든 사람을 고용 말라", "의심하면서 사람을 부리면 그 사람의 장점을 살릴 수 없다"는 신념으로 채용한 후에는 조직 구성원들을 믿고 대담하게 회사 일을 맡겼다. 그 일화로 삼성상회 설립 후 극히 일부의 중요한 문제를 제외하고 거의 모든 일을 친구인 이순근에게 맡긴 것을 들 수 있다(전용욱·한정화, 1994; 호암재단, 1997; 이상호, 2018b).

사업보국(事業報國)이란 기업을 통해 국가에 봉사하며 경제 부흥을 도모함으로 노동력을 양성하고 민족의 이익에 기여하는 것이다. 이병철의 호암자전(湖巖自傳)을 살펴보면 '거짓과 꾸밈은 개인에 있어서나 국가, 사회에 있어서나 대우환(大愚患)'이라는 것을 강조한 부친의 가르침을 이념의 뿌리로 삼았다. 혼란스러운 시절 국민을 빈곤에서 구하는 일이 무엇인지 고민하며 사업을 시작하여, 삼성상회를 설립하고 일본인이 경영하던 조선양조를 인수하여 제조업에 착수하는 등 계속해서 사업을 확장하고 개척해나갔다. 또한, 삼성문화재단을 설립하여 다양한 사회공헌활동을 펼쳤다. 그는 기업을 사회성이 있는 사회적 존재로 보며 기업의 궁극적인 목적인 이윤창출에만 집중하는 것이 아니라 문화, 복지, 고용 등을 통한 사회 전반의 발전에 기여하고자 하였다(박유영·이우영, 2002; 이병철, 2014).

삼성 이병철의 기업가정신은 지역적 정서, 가풍(家風)의 영향을 받아 형성되었으며, 이건희-이재용으로 이어지고 있다. 이건희는 1993년 이병철 회장의 인재제일·합리 추구·사업보국으로 상징되는 기업가정신을 창업이념으로 명명하고, 새로운 경영 이념으로 '인재와 기술을 바탕으로 최고의 제품과 서비스를 창출하여 인류사회에 공헌한다.'라고 천명했으며, 이러한 정신이 이재용으로 이어져 지금의 삼성 기업가정신으로 계승 발전되고 있다.

3 기업가 LG 구인회

1) LG 창업주 구인회 회장 주요 업적

LG 창업주 구인회 회장

LG그룹 창업주 연암 구인회 회장(1907~1969년)은 진주시 지수면 승산리에서 태어났으며, 지수초등학교를 졸업하였다. 구인회 회장은 홍문관 교리를 지낸 조부 만회당 구연호 밑에서 한학을 배웠으며, 13세가 되던 1920년에는 같은 동네 바로 옆집의 만석군 집안 김해 허씨(허을수)와 결혼하였다. 이로서 승산마을 구씨와 허씨는 동업을 통해 사업을 성공한 대표적인 기업이 될 수 있었다.

구인회 회장이 최초로 설립한 락희화학은 1969년 매출액 100억원을 달성하는 업적을 이루었다(이상호, 정대율, 2022). 사업 영역을 보면 대부분 우리나라 산업을 최초로 개척한 분야로 플라스틱, 유지, 비닐, 전자전기, 통신, 전선, 정유, 석유화학 등으로 뻗쳐 있으며 한국의 근대화에 기여하는 대표적 기업군으로 그 역할을 다하였다.

2) LG 창업주 구인회 기업가정신

구인회의 경영철학은 전통적인 유교주의 가풍에서의 가족주의 사상과 장남으로서 형제들을 돌보며 배운 우애를 바탕으로 한다. "한 번 믿으면 모든 일을 맡겨라", "기업을 하는 데에는 내부의 인화가 무엇보다 서야 한다", "고객과 꾸준한 관계만이 기업의 생명이다"와 같이 사람중심의 기업 경영 즉, '기업이 인간이고 인간이 기업'이라는 인화경영을 강조하는 신념은 그의 경영 이력 곳곳에 잘 나타나고 있다(최종태, 2000).

이와 같이, 구인회 회장은 기업가정신의 롤 모델(role model)로서 기업가정신의 휴먼지향적 요소라 할 수 있는 인간존중과 인화의 요소를 강조하였다. 오래전부터 인재의 중요성을 인식하고 인재육성에 남다른 관심을 갖고 육성하였으며 인화단결을 기업의 핵심 가치로 여겼다. 이는 지금까지 LG그룹의 "인간중심의 경영"이라는 경영이념으로 계승, 심화되어 오고 있다(방원석, 정대율, 2023). 또한, 환경의 여러 가지 어려운 상황에서 위험을 감수하며 진취적이며 혁신적인 기업가정신이라 할 수 있는 '도전과 개척정신'을 발휘하여 포목상점에서부터 시작하여 화학, 전기, 전자 등의 새로운 시장을 개척하였으며 혁신적으로 우리나라 최초의 제품만 생산하는 전통을 나았으며 항상 남이 하지 않는 사업을 위험을 무릅쓰고 도전(이건희외, 2000)하여 우리나라 최초의 화학, 전자산업의 개척과 성장에 기여하였다.

무엇보다 그는 사업보국을 통한 이윤의 사회 환원을 실천한 기업가이다. 일찍부터 '부(富)의 사회적 환원'은 기업가의 책무라고 강조하고, 기업가로서 교육 및 복지 시설 등을 설립하여 기업의 사회적 책임을 적극적으로 수행하여 사회공헌에 이바지하는 사회지향적 기업가정신을 실천하였다. 이러한 구인회 회장의 기업가정신은 구자경 회장으로 이어져 현재 LG의 지속가능경영(sustainable management)을 가능하게 하는 하나의 중추적 역할을 하였다(방원석, 정대율, 2023).

제3절 미래 한국형 기업가정신 Future K-Entrepreneurship

1 현재의 K-기업가정신 진단

글로벌 기업가정신연구(Global Entrepreneurship Monitor: GEM)는 1999년부터 매년 세계적 창업 활동에 대한 조사를 바탕으로 국가별 기업가정신 지수를 발표하고 있다. 우리나라는 글로벌 기업가정신 모니터 결과 조사대상 50개국 중 6위를 차지하였다.

OECD에서는 창업목적에 따라 생계형 창업과 기회형 창업을 구분하고 있다.

창업 이외에는 대안이 없는 경우를 생계형 창업이라 지칭하고, 고용기회를 자발적으로 포기하고 새로운 기회를 찾아 창업한 경우를 기회형 창업이라 지칭한다. 경제 수준이 낮은 국가에서는 고용 창출이 가능한 기업이 거의 없기 때문에 임금 근로자가 되기 어렵고 그 결과 생계형 창업이 다수 발생한다.

GEM 보고서에서도 이미 밝혔듯이, 생계형 자영업 활동(necessity-driven self-employment activity)은 저개발 국가에서 보다 일반적인 현상이다. 저개발 경제에서는 높은 생산성을 요구하는 일자리가 드물어서 많은 사람이 자기 노동에 의한 경제 활동을 영위해야만 한다. 그러나 경제가 점점 발전하면서 생산적인 산업 부문이 성장하고 그로부터 더욱 많은 고용기회가 창출되기 때문에 생계형 창업 활동은 점점 줄어들게 된다. 이와 동시에 부와 기반시설의 여건이 개선되면서 기회추구형 창업 활동(opportunity-driven entrepreneurial activity)이 증가하고, 이로부터 전반적인 창업 활동이 질적으로 변화하기 시작한다(반성식 외, 2010).

반면 혁신주도형 경제에서는 경제성장속도가 빠르고 시장이 크기 때문에 새로운 경제적 기회의 포착이 용이하고 금전적 성취를 위한 야망이 커지면서, 취업보다 창업을 선호하기 시작한다. 우리나라는 혁신주도형 경제로 분류되어 있으나 기회형 창업이 생계형 창업에 비해 상대적으로 낮다. 우리나라에서 발생하고 있는 창업 증가 현상이 고부가가치를 유발하는 기회포착형 창업이 아니라 생계형 창업이 대부분임을 알려주고 있다.

미래를 짊어질 청년들의 기업가정신이 약화되고 있는 점도 매우 큰 문제이다. 국세청이 발표한 2019년 국세통계 2차 조기 공개 자료에 따르면 최근 신규 사업자 중 50대 시니어 창업자가 34만 9,895명으로 전체의 25.5%를 차지하는 것으로 나타났다. 이는 관련 통계가 작성된 이후 가장 높은 수치이다. 반면 10대와 20대 청년창업자 비율은 10.2%를 차지하는 것으로 나타났다. 시니어 창업의 대부분이 생계형 창업임을 고려한다면, 청년창업이 줄어들고 있다는 것은 기회형 창업이 감소하고 있음을 의미한다.

즉, 우리나라 경제 구조가 고부가가치 경제 체계로 전환되는데 큰 장애물로 작용할 가능성이 증가하고 있다는 의미이다. 이렇듯 우리나라의 청년들의 기업가정신이 약화된 원인 중 하나는 우리나라 청년들이 공공기관, 대기업 등 안정된 직장을 선호하기 때문이며, 또한 가족 등 주변 지인들이 창업에 대해 부정적 인식을 가지고 창업을 만류하기 때문이다.

도전의식의 부재는 창업의 절반이 외국인들에 의해 이루어지는 실리콘 밸리에서 창업하는 우리나라 사람이 전무하다는 사실에서도 여실히 나타난다. 즉, 같은 창업조건에도 불구하고 우리나라 사람에 의한 창업을 목격하기 어렵다는 것은 마인드의 부족이라는 해석을 가능하게 한다. 우리나라의 기업가정신은 기회포착, 위험수용, 실천 의지의 측면에서 글로벌 평균에 못 미치고 있으며, 기업가정신이 풍부하다고 말하긴 어려운 상태이다.

2 미래에 요구되는 K-기업가정신

한국에서 필요한 기업가정신이 실리콘밸리의 기업가정신과 본질적 특성에서는 큰 차이가 없을 것이나, 기술/시장 발전단계, 산업환경, 문화 등에 따라 바람직한 기업가정신의 모습은 달라질 수 있다. 다가올 미래 한국에 필요한 기업가정신 패턴이라고 부른다면, 이를 정립하기 위한 각 주체들과 이해관계자들의 노력이 필요하다. 새로운 국가발전과 경쟁력 증대를 위한 한국형 기업가정신 모델의 제시가 필요한 시기이다.

무엇보다 한국은 '빠른 추종자'(Fast Follower)에서 '선도 혁신자'(First Mover, Creative Innovator)로 위상이 바뀌어야 할 시점이고, 과거에 유용했던 방식들이 더 이상 효과적이지 못하고 새로운 방식이 필요한 시기에 와 있다. 선도 혁신자로 변화할 시점에서, 기업가정신에서도 시대정신에 부응하여, 새로운 '사명'(Mission)을 정립하고, '사업'(Business)과 '사람'(People) 그리고 '사회'(Society)의 균형 발전을 추구하는 사람을 중심으로 한 지속가능한 기업가정신(sustainable entrepreneurship)이 필요하다.

3 미래의 K-기업가정신: 사람중심(human-centered) 지속가능한 기업가정신

한국의 경제 고도성장의 주체가 된 제1창업기의 기업가정신은 기업가 개인의 도전와 경제적 부에 초점을 두었다. 정주영, 이병철, 구인회 등은 기업가 개인의 도전, 그리고 경제적 부를 키워가는 전략적 기업가정신이 중심이었다. 그러나 4차 산업 혁명시대에 즈음한 제2창업기는 직원들과 함께 사회적 가치창출을 지향하는 사람기반의 기업가정신이 되어야 한다. 제2창업기의 한국적 기업가정신은 모방성장의 추격자가 아니라 선도경제를 위한 창의적인 선도자(first mover)를 지향해야 한다(김기찬, 2021).

기업가정신의 흐름이 경제적 가치 외에 사회적 가치, 환경적 가치를 중요하게 인식하고 이러한 삼중바닥(Triple Bottom Line: TBL)의 가치를 창출하기 위해 경제적 및 비경제적 이득을 제공하는 미래의 상품 및 서비스에 대한 기회의 발견, 생성 및 활용하기 위한 지속가능한 기업가정신이 주목을 받고 있다. 하지만, 이에 앞서 사람을 중심에 둔 기업철학과 경영이 요구된다.

앞에서 서술한 바와 같이 '사람중심 기업가정신(Humane-centered Entrepreneurship)' 100인 UN 선언식이 2016년에 세계중소기업 협의회(ICSB: International Council for Small Business) 월드 컨퍼런스에서 있었다. 그동안 기업가정신은 이익 창출에 너무 치중한 결과 기업의 건강성을 해치고 종업원과 사회의 기대를 저버리는 경우가 많았는데, 사람중심 기업가정신 선언은 소유주/기계 중심의 기업을 종업원/사람 중심의 기업으로 만듦으로써 기업이 있어 사람이 행복해지는 사회를 지향하며, 이를 위한 10가지 원칙을 제시하였다(이정우, 2016).[7] 사람지향성 요소인 공감(empathy), 권한위임(empowerment), 역량개발(enablement), 공정성(equity), 그리고 조직구성원, 사회 등과 상생적 관계 관리를 통해 생태계가 건강하도록 관계를 정립하여 서로 협력하고, 신뢰감을 가지도록 생태계(ecosystem) 등 5개 요소이다. 그리고 기업가 지향성(EO) 요소인 비전제시(envisioning), 열정/도전(enthusiasm), 위험감수(risk-taking),

---

7 이정우(2016). 2016 ICSB 월드 컨퍼런스: UN 지속가능개발목표(SDGs)추진을 위한 기업가정신과 혁신의 역할. 과학기술정책, 7(26). 78-81.

진취성(exploring), 혁신성(experiment), 기업의 목표를 달성하기 위해 원가절감, 품질 개선, 기술 및 운영 혁신 등의 경영실천 과정에서 운영 관리상의 탁월성을 확보함으로써 기업성과를 창출하기 위해 실행력(execution) 등 5가지 요소로 구성되어 있다. 이러한 사람중심 기업가정신요소로 총 10가지 요소를 제시하고 있다.

이와 같은 맥락에서, 최근에는 기업가정신이 사업개발 중심에만 치우치지 말고, 조직구성원과 이해관계자 등 사람성장을 위한 노력을 강화하여, 사업성장 사이클과 사람성장 사이클의 균형과 순환을 이루어야 기업이 자속적으로 발전할 수 있다는 연구결과도 많다(Kim, ElTarabishy, & Bae, 2018; Kim, Hornsby, Enriquez, Bae, and ElTarabishy, 2021).

사람중심 기업가정신의 요체는 기업가가 꿈을 가지고 이를 구성원과 공유하면, 전 구성원은 흥이 나서 일하고 이것이 가치와 고용창출, 건강한 사회로 연결된다는 것이다. 보다 구체적으로, 우선 기업가는 'Envisioning(기회포착·비전제시), Enthusiasm(열정·도전), Enlightenment(변화·개선), Experimentation(혁신), Excellence(탁월성)'이라는 5원칙을 통해 자신의 꿈을 구체화해야 하고, 5E 요인을 사업 중심적 순환(Enterprise cycle)으로 개념화할 수 있다.

더불어, 기업가 자신의 꿈을 'Empowerment(권한부여), Ethics(청지기 정신), Equality(공정·평등), Engagement(동기부여), Ecosystem(생태계 육성)'의 5원칙에 따라 구성원들과 함께 공유해야 한다는 5E 요인은 사람 중심적 순환(Humane cycle)으로 개념화될 수 있다(서여주, 2017).

대체적으로 국가들의 Humane cycle 점수는 Enterprise cycle 점수보다 낮았으나, 혁신주도형 국가들의 경우 둘 사이의 균형을 어느 정도 달성하고 있었다. 한국은 Enterprise cycle이 중간정도 수준(19개국 중 9위)이나 Humane cycle은 낮은 수준(19개국 중 16위)을 나타내, Humane cycle 측면의 증진을 위한 노력이 필요할 것으로 보인다. 이렇듯 사람중심 기업가정신에서는 사업중심과 사람중심 요소들 간의 균형이 잡힌 총체적 기업가정신(Total Entrepreneurship)을 추구한다(서여주, 2017).

사람중심 기업가정신은 창의적 조직을 구축하는데 기여할 수 있다. 조직의 여러 구성원들이 주인의식을 가지고 환경변화에 능동적으로 대응하면서 새로운 패턴과 발전 경로를 '발견'할 수 있으면 그 기업에서는 최고경영자에게만 의존하는 기업에 비해 동태적 안정을 향유할 확률이 높아진다. 그러므로 사람중심 기업가정신을 기존 인적자원관리(Human Resource Management: HRM)의 확장이 아닌 사람의 내면적 가치 창출에 중심을 둔 인적가치관리(Human Value Management: HVM) 측면에서 보는 것이 합당하다.

이렇듯 사람중심 기업가정신은 국가 및 기업의 지속가능한 기업가정신을 보여주는 새로운 이론적·실증적 개념이 될 수 있다. 아직 지속가능한 기업가정신에 대한 연구 및 지표개발이 지속적으로 이루어지고 있다.

한편, 지난 2019년 8월에 미국의 181개 대표기업의 CEO가 참여한 BRT(Business Round Table)에서는 기업의 목적에 대해 '이해관계자 자본주의' 경영 중심으로 변화를 선언하였다. 즉 기존의 주주 중심의 경영해서 벗어나 모든 이해관계자에 대한 헌신(Commitment to All Stakeholders)을 중심으로 기업 경영의 목적을 바꾸고자 한다고 하였다. 기업의 존재 이유가 경제적인 가치의 극대화에 있는 것이 아니라, 기업과 사회공동체와 국가의 미래성공(future success)을 위해 기업의 모든 이해관계자 (All Stakeholders, 고객, 직원, 협력사, 사회공동체, 주주)를 위한 가치 창출임을 선언이다. 또한, 고객들에게 가치를 전달하고 직원들에게 적극적인 투자를 하는 것에서 스치지 않고, 납품업체들과 공정하고 윤리적인 거래, 우리가 속한 지역사회의 공동 발전 등 이해관계자 자본주의를 선언한 것이다(한상만, 2023).

또한, 한국 기업들이 세계시장에서 후발주자로 참여하여 빠르게 글로벌 대기업으로 성장한 이른바 Fast Follower로 불리는 한국 기업만의 고유한 특성을 동적전환능력과 스피드경영으로 제시하고 있다(김기찬 2021). 하지만 이러한 Fast Follower 전략은 지금의 4차 산업혁명시대에 한계점을 갖고 있다. 더 이상 기술과 제품의 모방을 통해 글로벌기업에서 주도적 시장 지배력을 가질 수가 없으며 시장의 선점기업이 시장의 지배력과 이윤을 차지하는 구조로 변화하고 있다. 기술의 변화와 불확실성, 모호성, 복잡성의 시대에는 기업에게 있어서 동적전환능력과 스피드 경영이 요구되며 이러한 경영능력으로 기업은 기업 성장과 더불어 사회 발전을 위한 새로운 가치를 창출하는 사회적 문제를 해결하는 주도적 역할을 담당해야 한다.

이와 같은 종합적인 요소를 고려하여, 미래의 한국형 기업가정신 모델은 사람을 중심으로 한 철학과 사회와 글로벌 문제를 해결할 수 있는 사회적 가치 창출(방원석, 신재익, & 정대율, 2022)할 수 있는 사람중심의 지속가능 기업가정신(human-centered sustainable entrepreneruship)이 필요하다(방원석·정대율, 2023). 이 모델은 기업의 방향성을 사회, 환경, 경제가치의 창출를 목표로 사람을 중심에 둔 기업가정신 경영이념을 바탕으로 사람지향성요소 6가지(공감, 권한부여, 역량개발, 공평성, 생태계, 청지기정신)와 기업가지향성요소 6가지(비전제시, 혁신성, 진취성, 위험감수, 실행력, 그릿(Grit))의 요소를 제시한다. 더불어 네트워크, 동적전환능력, 스피드경영, 네트워크 역량의 필요성을 주목한다. 따라서 향후 한국이 나아가야 할 새로운 K-기업가정신은 사람중심 지속가능 기업가정신이며 이러한 모델은 아래와 같다.

미래 K-기업가정신: 사람중심 지속가능기업가정신

기업방향성

환경적 가치
environment value

사회적 가치
social value

경제적 가치
economic value

기업가정신철학

사람중심
human-centered

동적전환능력 +스피드 업

네트워크 역량

기업가정신요인

사람 지향성(HO)
· 공감(empathy)
· 권한부여(empowerment)
· 역량개발(enablement)
· 공평성(equity)
· 생태계(ecosystem)
· 청지기정신(ethics)

기업가 지향성(EO)
· 비전제시(envisioning)
· 혁신성(innovativeness)
· 진취성(pro-activeness)
· 위험감수(risk-taking)
· 실행력(enforcement)
· 그릿(Grit)

사람중심 지속가능기업가정신은 사람을 중심으로한 사람지향성가치를 핵심으로 사회적 문재해결을 창출할 수 있는 사회적 가치창출을 방향으로 진취성을 갖고 기회를 탐색, 인식, 포착하고 혁신적방법으로 위함을 감수하며 네트워크역량 및 동적전환능력을 갖고 스피드하게 목표를 주도적으로 추진하고자 하는 정신, 태도, 행동이라 할 수 있다.

이러한 한국이 나아가야 할 기업가정신인 사람중심 지속가능기업가정신은 사람을 중요시하는 홍익인간의 개념아래, 유교정신과 남명조식 사상을 뿌리로 두고 있으며 국내 글로벌 대기업이 사람을 중심으로 한 사회적, 환경적, 경제적가치를 기업의 방향성을 갖고 추구함으로써 실질적으로 빛을 발현한 기업가정신이다. 미래 한국이 나아가야할 사람중심 지속가능기업가정신(human-centered sustainable entrepreneurship) 확산을 통한 기업가적 문화 구축을 통한 새로운 도약의 길이 미래 한국이 나아가야 할 기업가정신이다.

참고문헌

김기찬. (2021). 제2창업기, 한국적 기업가정신의 지향성과 일하고 싶은 중소기업정책제안: 사람중심기업과 황철주기업가정신의 시사점을 중심으로. Korea Business Review, 25(4), 45-66.

김덕현, 유동희, & 정대율. (2020). 남명 조식의 경의사상과 지수초등학교 출신 1세대 창업주의 기업가정신에 관한 연구. 경영사연구, 35(2), 61-81.

김덕환. (2020). 남명사상과 기업가 정신. 경남학연구, (2), 18-45.

기업가 정신 세계로...진주 K-기업가정신센터 개소 1주년, https://www.chosun.com/national/2023/04/04/AUWTC4LUZFBOVGSFJRHVQHM7ZE/. 조선일보(2023). 검색일: 2023. 5. 4.

이민화 · 김명수(2000), 벤처산업발전사, 김영사, pp. 21-25.

이상호. (2018). 삼성 이병철 회장의 기업가 정신과 경제 윤리. 현대교육연구(구 중등교육연구), 30(2), 113-130.

서여주. (2017). 지속가능한 기업가정신 모델, 사람 중심의 기업가정신. Entrepreneurship Korea, 5, 27-27.

박유영, 이우영(2002). 한국 창업CEO의 기업가 정신에 관한 연구: 이병철, 정주영.

구인회, 신용호의 사례연구를 중심으로, 전문경영인연구, 5(1), 43-65.

반성식, 송경모, 차민석, 김상표, 조동환, & 박종해. (2010). 한국의 기업가정신 활동: 2009년 글로벌기업가정신연구(GEM) 일반성인조사(APS)를 중심으로. 한국창업학회지, 5(3), 67-119.

방원석, 신재익, & 정대율. (2022). 공공기관에서의 사회적 기업가정신이 지속가능성에 미치는 영향: 보건의료기관을 중심으로. 한국창업학회지, 17(3), 313-334.

방원석, 정대율(2023). A Study on LG Group Sustainability-Focusing on the Entrepreneurship of from the Founder to the 4th Generation Chairman Koo

Kwang-Mo -, K-기업가정신 국제포럼.

배종태. (2022). 한국의 기업가정신 발전과정, 기업가정신연구, 3(2), 1-19.

이병철(2014). 호암자전(湖巖自傳): 삼성 창업자 호암 이병철 자서전, ㈜나남.

이충도(2021). LG/GS의 지역사회 공헌 활동, 한국경영학회 포럼 발표자료.

이상호, & 정대율. (2022). LG 그룹 창업주 연암 구인회 회장의 기업가정신과 유교적 뿌리에 관한 연구. 경영사연구(경영사학), 37(1), 5-33.

정대율(2021). 진주, 대한민국 기업가정신 수도, 경상국립대학출판부: 진주.

한상만(2023). K-기업가정신의 미래 방향, K-기업가정신 국제포럼.

허권수(2023). 南冥 曺植先生의 敬義思想과 慶南의 儒家企業 -LG그룹과 GS그룹의 기업가정신을 중심으로-, K-기업가정신 연구워크샵. 1-21.

대한민국 기업가정신수도의 성지 지수면 승산마을(http://www.gnnews.co.kr/news/articleView.html?idxno=502899, 경남일보2022).

팜뉴스(http://www.pharmnews.com).

기업성장과 기업가정신

Business Growth and Entrepreneurship

CHAPTER 07 기업성장과 기업가정신

Business Growth and Entrepreneurship

Case-Study

소프트뱅크 손정의 회장 기업가정신

소프트뱅크는 손정의가 1981년 설립한 회사로 기업의 경영철학은 정보혁명을 통한 모든사람을 위한 행복이다. 통신 산업을 중심으로 인터넷, 모바일, 반도체 등 다채로운 IT 사업을 영위하고 있는 일본의 대형 IT 및 투자 기업으로 오늘날까지 과감한 투자와 혁신의 중심에 서 있다. 지난 2010년 6월 25일 손정의 회장은 향후 약 5000개 기업에 투자하여 2040년까지 시가총액 200조 엔을 달성하겠다는 신(新) 30년 비전을 발표했다.

손정의는 소프트뱅크의 창립과 성장에 결정적인 도움을 준 은인이자 조력자인 샤프 부사장을 역임한 사사키 박사를 만나게 되며 손정의의 사업가로서의 성장에 큰 영향을 미쳤다. 손정의 초기자본은 사사키 박사의 지원으로 이루어졌다.

소프트뱅크의 성장역사는 창업기(1981~1995), 성장기(1996~2005), 통합기(2006~2017), 확장기(2018~)로 나누어 볼 수 있다.

1) 창업기(1981~1995)

창립된 지 불과 7여 년이 지난 1988년 소프트뱅크는 약 25,000개의 소프트웨어 소매업체와 4,000여 개의 국내외 소프트웨어 제조업체들을 자사 네트워크에 포함 시키는 놀라운 성장을 기록했다. 손정의 회장은 정보혁명이라는 기업 설립 목표를 달성하기 위해 PC소프트웨어 판매업에서, 인터넷, 통신업, 모바일, 반도체 분야로 지속적으로 투자 범위를 확대했다.

2) 성장기(1996~2005)

성장기의 소프트뱅크는 인터넷 사업을 핵심사업으로 삼았다. PC 시장이 성숙기에 접어들면서 소프트뱅크는 떠오르는 인터넷 산업을 신성장동력으로 삼은 것이다. 1999년 당시 소프트뱅크는 100개 이상의 인터넷 기업들에 17억 달러를 투자했다. 소프트뱅크는 인터넷을 중심으로 다종 사업 간의 시너지 창출을 위해 새로운 사업을 지속적으로 추가하며 인프라, 하드웨어에서 콘텐츠, 전자상거래, 유통에 이르기까지 인터넷 관련 사업 전반에 거쳐 사업 포트폴리오를 다각화했다. 특히, 2000년 알리바바에 2천만 불을 투자하여 대규모 투자수익을 남겼다.

3) 통합기(2006~2015)

2006년부터 2014년까지는 기존 핵심사업이었던 통신업 분야에 대한 투자가 계속되었다. 2006년 보더폰 K.K.를 인수하여 모바일 사업으로 진출, 2007년에는 White Plan을 발표하여 모바일 통신서비스 사업투자를 했다. 또한, 2012년에는 Sprint Nextel Corp.와 전략적 인수를 합의하여 세계 제3위 이동통신사로서 입지를 굳힐 수 있었다.

스프린트는 오늘날까지 소프트뱅크의 핵심 수익창출원으로 남아있다. 그러나 2014년을 기점으로 소프트뱅크는 알데바란 로보틱스, 보스턴 다이내믹스에 투자를 시작으로, 4차 산업혁명이라는 파고를 넘어 기업의 지속 성장이 가능하도록 기존의 인터넷, 모바일 사업에서 IoT, AI, Smart Robotics, Cloud 사업으로 비즈니스 포커스를 전환, 확장기를 준비했다. 통합기 손정의는 소프트뱅크의 또 다른 전략은 하나의 플랫폼에 안주하지 않고 지속적으로 성장과 발전의 한계를 극복하며 새로운 사업 기회를 탐색, 포착하였다.

4) 확장기(2016~)

소프트뱅크가 2016년 영국의 반도체 기업 암 홀딩스(ARM Holdings)를 인수한 것은 본격적인 핵심 투자 분야 전환의 기점이었다. 암의 반도체 회로설계 기술은 비단 스마트폰이라는 단말기에만 국한되는 것이 아니라 IoT 시대의 IT 기업들의 데이터 전송매개체에도 필요한 것이므로, 소프트뱅크는 암을 통해 모바일 시대와 IoT 시대의 플랫폼을 모두 장악할 수 있게 되었다. 암 홀딩스 인수를 기점으로 소프트뱅크는 새로운 성장 동력을 확보하여 확장기에 진입하였고 소프트뱅크 2.0시대가 시작되었다. 소프트뱅크가 확장하기 위해 선택한 주력 분야는 크게 인공지능과 모빌리티 사업 분야이다.

손정의는 확장기를 맞이하면서도 기업가정신을 발휘하여 미래의 먹거리 사업에 대한 통찰력을 간파하여 새로운 비즈니스 분야인 AI, Iot 등의 기회를 포착 신시장으로 공격적 진출하고 있다.

출처: 야나기마치 이샤오 등(2019). 손정의의 기업가정신과 소프트뱅크의 성장전략.

제1절 기업성장 단계 이론

기업을 단계별로 나누어 보면 크게, 3단계 모델, 4단계 모델, 5단계 모델로 나누어진다. 3단계의 대표적 모델은 기업의 성장단계를 탄생(Birth), 성장(Youth), 성숙(Maturity) 단계로 나눌 수 있고, 탄생기는 위험요인은 무엇이며, 무엇을 희생해야 하는지가 주요 이슈이다. 성장기에는 기업을 어떻게 조직하며 어떻게 검토하고 평가해야 하는가에 초점을 맞추어야 하며, 성숙기에는 변화를 주어야 할지, 변화를 주어야 한다면 어떻게 변화해야 할지, 또한 공유 여부와 공유 방법 등에 대해 고려해야 한다(LippittandSchmidt, 1967).

PART 1

1 Lippit and Schmidt(1967)의 기업성장단계

Lippit and Schmidt(1967)는 기업의 성장단계에서 겪는 비정형적 문제들을 기준으로 탄생기(birth), 청년기(youth), 성숙기(maturity)의 3단계로 보고 각각의 도전과 위기에 대하여 올바른 대응을 할 때 기업은 생존과 안정을 보장받게 된다고 하였다.

2 Kazanjian(1988)의 기업성장단계

Kazanjian(1988)은 기업의 성장단계를 제품개발단계, 사업화단계, 성장단계, 안정화단계로 구분하고 각 단계별 성공 요인을 언급하고 있다. 제품개발단계는 필요한 자원의 획득 및 기술개발이 이루어져야 하며, 사업화단계는 생산 및 관련된 작업의 시작, 성장단계는 매출이나 시장 점유율의 성장과 조직의 이슈에 관해 고려되어야 한다. 마지막으로 안정화단계에서는 수익성과 내부 통제, 미래의 성장 기반이 고려되어야 한다고 주장했다.

Kazanjian & Drazin(1990)의 연구에서도 기업의 성장 단계에 대한 정의는 다음과 같다.

첫째, 개념 및 개발화 단계에서는 사업화 이전의 단계로 제품기술력, 기술적 문제해결 등에 집중하고 조직구조는 아직 완벽하게 갖춰지지 않은 상태이다. 신제품개발과 아이디어 발굴 자금 확보 등을 위한 기초단계를 준비하는 단계이다.

둘째, 상업화단계는 제품과 기술개발이 나오고, 시장에서의 수요가 증가하며 생산과 판매 능력을 갖추게 된다. 생산 및 마케팅, 기술적 문제 해결을 통해 시장 내의 기업의 위치를 확고하게 하고자 노력하는 단계이다.

셋째, 성장단계는 기술적 타당성과 성공적인 시장진입이 이루어지며 판매및 직원 수가 증가하며 높은 성장률을 기록한다. 높은 수익성이 나오며 충분한 규모로 제품 생산 및 판매를 분해할 수 있다. 내부의 구조와 의사소통은 공식화가 되며 전문적 조직을 통해 역할을 맡게 된다. 효율적인 생산관리, 시장점유율의 재고 등을 예측할 수 있으며 조직구성원 관리 등으로 영역을 확보한다.

넷째, 안정화 단계는 기업의 성장이 어느 정도 둔화되면서 기업의 새로운 기술력을 유구하게 된다. 특히나 새로운 제품개발에 초점을 맞추며 내부적으로 새로운 제품을 만들기 위해 지속적으로 자금 확보와 시장 진입을 위한 활동을 시작하며, 조직구조와 절차가 공식화되고, 이를 통해 폭넓은 사업 경험을 하게 되며 최고 경영층이 들어오게 된다. 기존 생산라인의 효율성을 유지하면서 새로운 제품을 개발하는 것이 주요한 문제가 된다.

3 Hoy(2006)의 기업성장단계

Hoy(2006)는 탄생기(birth), 성장기(growth), 성숙기(maturity), 쇠퇴기(decline), 소멸기(death)의 Life-cycle에서 기업이 소멸하는 엔트로피(entropy)에 그 핵심이 있다고 할 수 있으며, 이 엔트로피를 보존할 수 있어야 쇠퇴기에 접어드는 기업이 그 생명을 연장기(renewal)로 안내할 수 있으며, 이것은 전략 혁신을 통해서 가능하다고 주장했다.

4 이장우·장수덕(2001)의 기업성장단계

이장우와 장수덕(2001)은 벤처기업을 대상으로 기업의 성장단계를 창업단계, 상업단계, 성장단계, 성숙단계의 4단계로 구분하였고, 기업이 어느 성장단계에 머무르고 있느냐 하는 것은 기업별로 다를 수 있으며 창업자, 조직특성, 산업 환경, 전략, 자원능력이 성장단계에 따라 고성과를 유발하는 요인의 차이가 있다고 하였다.

기업 성장단계 연구는 크게 성숙기까지의 연구와 성숙기 이후의 소멸과정까지의 전체 과정을 연구한 연구로 구분할 수 있다. 이는 성장까지의 과정에서 겪는 경영상의 문제와 성숙기 이후 생존을 위한 경영상의 문제가 다르기 때문이다. 즉 성장과 생존은 서로 다른 문제로 보기 때문이다.

제2절 **기업성장 패턴에 따른 기업가정신 요소**

1 기업성장 패턴과 성과영향 요소

기업의 성장 단계에 대한 연구는 연구자마다 다소 차이가 있다. 본 내용에서는 기업성장 패턴에 따른 기업성과에 미치는 영향요인에 대한 대표적 연구를 중심으로 살펴보면 다음과 같다.

이장우·장수덕(2001)은 벤처기업을 대상으로 기업의 성장단계를 창업단계, 상업단계, 성장단계, 성숙단계의 4단계로 구분하였고, 기업이 어느 성장단계에 머무르고 있느냐 하는 것은 기업별로 다를 수 있으며 창업자, 조직특성, 산업 환경, 전략, 자원능력이 성장단계에 따라 고성과를 유발하는 요인의 차이가 있다고 하였다.

창업단계에서는 경쟁강도와 마케팅 차별화 요인이 중요하고, 상업단계에서는 환경에 대한 지식의 활용도를 높여야 하며 성숙단계에서는 기술향상, 조직의 분권화와 자금이 중요하다고 하였다. 또한 성장단계와 무관하게 기술혁신, 전략, 원가우위, 마케팅, 자금이 기업성장에 중요 요인으로 분석하였다.

이춘우와 서창수(2006)은 벤처기업 경영시스템 하위 요소들의 중요도가 조직 성장단계에 다른 패턴을 보인다고 하였다. 개발 및 사업화 단계에서 중요한 하위 경영시스템 요소들과 상대적으로 중요하지 않은 하위 경영시스템 요소들이 다르게 나타났지만, 성장단계와 성숙단계로 갈수록 하위 경영시스템 요소들의 중요성의 격차가 감소한다고 하였다. 개발 및 사업화 단계에서는 기술요인, 경영자요인, 자금과 인력요소가 중요한 패턴을 이루고 성장단계에서는 자금, 인력, 전략, 기술 요소가 중요한 패턴을 이루며 성숙단계에서는 판매, 전략과 환경 대응, 내부프로세스, 경영자 요소가 중요한 요소로 나타났다.

앞에 제시한 기업의 성장단계의 이론을 종합하여, 일반벤처기업의 성장단계를 개념화와 개발기, 상업화기, 성장기, 안정기의 4단계로 나누어 단계별 주요 과제를 보면 아래 그림과 같다.

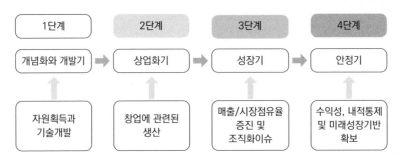

일반벤처기업의 성장단계와 단계별 주요 과제

1단계	2단계	3단계	4단계
개념화와 개발기	상업화기	성장기	안정기
자원획득과 기술개발	창업에 관련된 생산	매출/시장점유율 증진 및 조직화이슈	수익성, 내적통제 및 미래성장기반 확보

자료: Kazanjian, R. K. (1988).

2 기업성장 패턴과 기업가정신 요인

기업을 설립하는 창업 관점에서의 기업가정신은 새로운 사업을 설립하기 위한 기업가적 동기부여를 의미(Nanda & Sorensen, 2010) 하는 것으로, 창업가 개인 수준의 특성에 주로 초점을 맞춘다(김화영과 안연식, 2017; Okhomina, 2010).

이에 기존 연구들은 창업관점에서 벤처 기업들이 사업기회를 추구하고 열악한 자원을 극복(Shane & Venkatranman, 2000) 해야 함에 따라, 창업가의 성취욕구, 모험성, 개인적 가치관, 성취의지 등에 대한 중요성을 언급하고 있다(McClelland, 1961).

창업한 이후 기업 경영과 관련된 관점에서의 기업가정신은 기업을 설립한 이후 필요한 기업가 지향성으로 설명되며(Okhomina, 2010), 기업 수준에 초점을 맞춘다. 기업가정신과 기업가지향성의 개념은 차이가 있다. Okhomina(2010), 장대성과 임성배(2005) 등은 기업가 지향성의 개념을 명확하게 설명하기 위해 Entrepreneurship과 기업가 지향성의 개념상 차이점을 다음과 같이 제시한다. Entrepreneurship은 '어떤 사업에 진출할 것인가'(What business shall we enter?)에 관한 기업가적 의사결정의 내용을 설명하며, 기업가 지향성은 '어떻게 신생 벤처기업을 경영할 것인가'(How will we manage a new venture?)에 관한 질문을 설명하는 기업가적 과정을 표출하는 개념이다.

따라서 창업가가 기업을 설립하는 창업과정에서는 Entrepreneurship 이 필요하고, 기업을 설립한 이후에 기업이 성공하기 위해서는 기업 수준의 Entrepreneurship, 곧 기업가 지향성의 개념이 필요하다는 것이다(Lumpkin & Dess, 1996; 윤현중, 2015).

기업가정신과 기업가지향성을 구성하는 요인은 진취성, 위험감수성, 혁신성 등으로 일치하지만 기업가지향성은 기업가적 성향을 의미한다. 즉, 기업가 지향성의 특성을 자율적으로 행동하는 성향, 혁신적이고 위험을 감수하는 의향, 그리고 경쟁기업들에 대해 공격적이고 시장의 기회에 관련해 진취적인 성향으로 설명한다(Lumpkin & Dess, 1996, p.137). 이에, 기업수준의 기업가정신이란 창업가의 동기, 가치관, 태도 등과 같은 개인적 특성이 아니라 경영자들이 사용하는 방법, 절차, 의사결정과 관련된 기업차원의 과정이라 할 수 있다(Lumpkin & Dess, 1996; Okhomina, 2010). 조직수준에서의 기업가정신의 특성으로, 혁신성, 위험 감수성, 미래 지향성 등의 필요성을 강조하고 있다.

제3절 기업가정신의 발전단계

1 GEM 2017 보고서의 모형

개인 수준의 기업가정신은 기업가적 과정을 거치게 된다. GEM 2017 보고서의 모형을 활용한 기업가적 과정은 시기별로 잠재기, 창업기, 운영기의 3단계로 구분된다. 이때, 각 단계에서 표현된 기업가정신의 구성요소인 기회, 자원, 기업가의 경우 그 중요도에 따라 원의 크기를 구분하여 표현하였다. 잠재기에서 창업기로 발전할 때 발아 과정을 거치게 되고, 창업기에서 운영기로 발전할 때는 성장 과정을 거치게 된다. 운영기 단계에서는 성숙 과정 또는 전환 과정이 진행된다.

첫 번째 단계인 잠재기는 기업가는 문제를 인식하고, 기회를 포착하며, 포착된 기회를 추구하기 위해 계산된 위험을 감수한다. 이는 도전 정신과 창의성, 준비성에 의한 것이며, 발아 과정에서 사업 기획·계획·창업 준비 활동이 수행된다.

두 번째 단계인 창업기는 자원 확보와 인프라 구축이 핵심이며, 기업가는 인재양성, 자금 조달 등으로 대표되는 유·무형의 자원을 확보하고, 공급사슬망, 사회연결망과 같은 다양한 네트워크를 구축한다. 이에 필요한 역량으로 실행력이나 의사소통 능력, 진정성 등을 꼽을 수 있으며, 성장 과정에서 자원 확보·창업 초기 운영 활동이 수행된다.

세 번째 단계인 운영기는 창업한 기업을 운영하는 시기로, 기업가는 통찰력과 직관력에 의한 합리 추구를 해야 하고 리더십, 시너지, 경영 능력, 혁신성, 진취성을 갖추어야 하며 사업 운영에 대한 평가와 보상을 통해 합리적인 이익의 분배가 필요하다. 또한, 윤리의식으로 정리할 수 있는 인화경영과 정도경영도 포함되어야 한다. 성숙 혹은 전환 과정에서 사업의 유지 및 대체 혹은 폐지, 기업의 지속 혹은 폐업의 활동이 수행된다.

2 혁신(Innovation)을 중심으로

1) 나이트 혁신이론

나이트(Knight, 967)는 조직 안에서 발생하는 혁신을 제품 혁신(product innovation), 프로세스 혁신(process innovation), 인간 혁신(people innovation), 구조 혁신(structure innovation)의 네 가지 혁신으로 구분하였다. 프로세스 혁신은 기업 경영 관리에 있어서 전체적인 업무 프로세스의 혁신을 의미하고, 인간 혁신은 사고나 문화의 혁신을 의미하며, 구조혁신(structure innovation)은 기업의 구조 조정을 대표적으로 생각할 수 있겠다.

2) 에틸레, 브리지, 오키페 혁신이론

많이 인용되는 혁신이론으로, 에틸레, 브리지, 오키페(Ettile, Bridge, O'Keefe, 1984)는 조직의 급진적 혁신과 점진적 혁신 모델을 주장했다. 이 연구에서는 전략 구조의 인과관계가 급진적 혁신과 점진적 혁신으로 구별되는 혁신 프로세스 모델을 테스트하고, 급진적 혁신을 위해서는 독특한 전략과 구조가 필요하고 적극적인 기술 정책과 기술적 전문가들의 집중에 의해 촉진될 수 있다고 말한다. 급진적 혁신은 점진적 혁신에 비해 단기간에 새로운 제품이나 프로세스를 도입하여 기존의 시스템을 전환하고, 계획적·의도적으로 실행되는 혁신 개념이라고 말할 수 있다.

반면, 점진적 혁신은 성장 전략이 우세한 시장에서 크고 복잡한, 분권화 된 조직에 어울린다고 말하고 있다. 점진적 혁신은 학습 이론으로 설명될 수 있는데, 조직의 구성원들이 경험을 축적하고, 이러한 경험효과가 생산성을 향상 킴으로써 이에 관련된 지식이나 기술의 노하우가 점진적으로 향상되면서 나타나는 행동으로 설명할 수 있다.

이러한 여러 연구자의 혁신이론을 종합해 보면, 우선 기존의 제품·기술·서비스·구조·프로세스 등을 활용하여 개선해 나아감으로써 새로운 시장을 창출하기보다는 생산성과 효율성을 높이는 방법과 제품·기술·서비스·구조·프로세스 등의 기존 방법을 아예 새로운 방법으로 탐색하고 적용함으로써 새로운 시장을 창출하여 가치를 창조하고 수익성을 높이는 혁신으로 나눠볼 수 있다.

3) 아버나디와 클라크 혁신이론

아버나디와 클라크는 혁신에 발전단계가 존재한다고 주장하며 네 가지 유형의 매트릭스를 작성하여 설명하였다. 혁신의 발전단계는 2차원으로 파악될 수 있는데, 가로축은 생산·기술체계 (+) 방향의 경우 기존의 생산·기술체계를 파괴하여 새로운 생산·기술체계를 도입하는 정도를 의미하며, (-) 방향의 경우 기존의 생산·기술체계를 한층 강화하려는 정도를 의미한다. 세로축은 시장·고객과의 연결을 나타내며 (+) 방향의 경우 기존의 시장·고객과의 연결을 파괴하여 새로운 시장·고객과의 연결을 창조하여 가는 정도를 ㈜ 방향의 경우는 기존의 시장·고객과의 연결을 한층 강화하려는 정도를 의미한다. 그림에서 보듯 창조적 혁신이나 혁명적 혁신은 통상적 혁신으로 발전하고, 혁명적 혁신은 창조적 혁신으로, 통상적 혁신은 틈새시장 창조의 혁신으로 각각 발전하는 형태를 보인다.

(1) 틈새시장 창조의 혁신

기존의 기술·생산체계를 결합 또는 세련되게 함으로써 새로운 시장을 창조하는 혁신을 의미한다. 실례로, 기존의 소형 오토바이를 타기 쉽고 컬러풀하게 함으로써 주부의 쇼핑용으로까지 시장을 확대한 일본의 오토바이 제품이다. 왼손잡이를 위한 왼손 전용 가위, 다이어트를 위한 코카콜라 제로, 마시는 비타민 비타500 등이 하나의 사례이다. 또한, 판매조직의 강화 또는 기존의 유통채널 결합 등을 통해 새로운 시장을 창출하는 혁신도 의미한다. 자동차기업인 혼다가 오토바이의 판매에 종래의 대리점과 함께 전국에 있는 기존의 자전거 대림점을 이용한 경우가 하나의 사례이다.

(2) 통상적 혁신

창조적 혁신에 의해 출현한 새로운 제품 및 산업은 성숙 과정에서 제3 상한의 통상적 혁신으로 이행하여 간다. 기존의 기술·생산체계를 한층 세련되게 강화하며, 기존의 시장 및 고객과의 연결을 유지·강화하는 혁신으로 이행된다. 통상적 혁신의 본질은 새로운 발명·발견이 아니고, 이미 존재하는 것을 보다 저렴하게 보다 양질의 제품으로 생산 및 판매하는 것을 의미한다. 실례로, QC서클, 아웃소싱, 공동연구, 아이디어 공모 등을 통한 제품개선 및 공정혁신, 전략적 제휴 등을 통해 이루어진다.

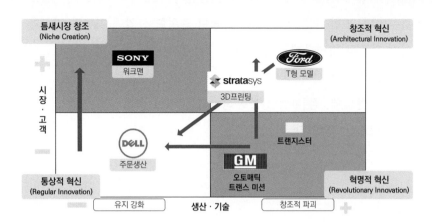

혁신의 네가지 유형

(3) 창조적 혁신

창조적 혁신은 전혀 새로운 기술이나 생산체계의 도입 또는 신결합에 의해 기존의 기술이나 체계를 파괴함과 동시에 전혀 새로운 시장 및 고객과의 연결을 창조하는 것을 의미한다. 즉 새로운 산업이나 체제를 창조하는 것과 같은 혁신을 의미한다.

일례로, 1908년 T형 자동차의 대량생산 및 대량소비시스템을 확립하여, 이전의 숙련공에 의한 주문형 생산방식을 컨베이어 벨트의 도입을 통한 대량생산방식으로 바꾸었다. 이로 인해, 자동차의 가격을 크게 낮춤과 동시에 자동차를 종업원들이 구매 가능하도록 임금을 대폭 인상하여 자동차 부문을 하나의 산업으로 성장시키는데 결정적인 역할을 한 혁신이다.

(4) 혁명적 혁신

기존의 기술·생산체계를 전면적으로 파괴하면서 기존의 시장 및 소비자와의 연결을 한층 강화하는 혁신을 의미한다. 혁명적 혁신은 기존의 산업을 크게 활성화시키는 혁신이다. 실례로, 1940년 GM에 의해 도입된 오토매틱트랜스미션이 미국의 자동차 시장의 수동변속기를 완전히 오토매틱트랜스미션으로 전환시킨 경우이다. 또한, 혁명적 혁신은 혁신이 출현한 산업에 커다란 영향을 미침과 동시에 창조적 혁신단계로 이행하여 새로운 산업의 창조까지 이르는 혁신을 의미한다. 일례로, 트랜지스터 개발이다. 처음에는 진공관의 대체물로만 인식되었지만 이후 반도체, 컴퓨터, 정보통신이라는 새로운 산업을 연달아 창조하여 가는 혁신으로 전개되었다.

참고문헌

김화영, & 안연식. (2017). Entrepreneurship, 기업가 지향성 및 기업가 활동에 대한 개념적 고찰: 현대중공업의 창업가 정주영을 중심으로. Korea Business Review, 21(3), 1-45.

윤현중(2015), "기업가적 지향성에 대한 이론적 동향 연구," 벤처창업연구, 10(5), 45-62.

이장우, & 장수덕. (2001). 벤처기업의 성장단계별 성공요인에 관한 탐색적 연구. 한국산업경영학회 발표논문집, 1-30.

장대성, & 임성배. (2005). EO(Entrepreneurial Orientation)와 창업성과 간의 관계에 관한 연구. 대한경영학회지, 18(3), 1121-1143.

Kazanjian, R. K., & Drazin, R. (1990). A stage-contingent model of design and growth for technology based new ventures. Journal of business venturing, 5(3), 137-150.

Shane, S., & Venkataraman, S. (2000). The promise of entrepreneurship as a field of research. Academy of management review, 25(1), 217-226.

Kazanjian, R. K. (1988). Relation of dominant problems to stages of growth in technology-based new ventures. Academy of management journal, 31(2), 257-279.

Kazanjian, R. K. (1988). Relation of dominant problems to stages of growth in technology-based new ventures.Academy of management journal, 31(2), 257-279.

Lumpkin, G. T., & Dess, G. G. (1996). Enriching the Entrepreneurial Orientation Construct-A Reply to "Entrepreneurial Orientation or Pioneer Advantage". Academy of Management Review, 605-607.

McClelland, D. C. (1961). Entrepreneurial behavior.

Nanda, R., & Sørensen, J. B. (2010). Workplace peers and entrepreneurship.

PART 1

Management science, 56(7), 1116-1126.

Okhomina, D. A. (2010). The relationship between personality traits and entrepreneurial behavior and the moderating role of a supportive environment. International Journal of Business and Economics Perspectives, 5(1), 139-155.

미네소타광업제조기업(Minnesota Mining & Manufacturing Company)은 '퍼스트펭귄상'을 제정하여 목숨을 걸고 바다에 처음으로 뛰어드는 퍼스트펭귄을 창업정신의 상징으로 삼고 있다.

창업의 이해와 과정

Understanding and process of Start-up

CHAPTER 08 창업의 이해와 과정
Understanding and process of Start-up

Case-Study

잰니클로젯(ZennyCloset)

세상을 아름답게라는 비전으로 제니클로젯은 2014년 창업하여 2023년 현재 브랜드가치와 시장의 주목을 받고 있다. 젠니클로젯은 자기만의 개성과 사회적인 가치를 함께 추구하는 에코 디자이너 브랜드다.

젠니클로젯 로고 및 철학

젠니클로젯은 로고(LOGO) 제작 과정에서도 기존의 사물에 새로운 가치를 입히는 업사이클링 정신을 구현했다. 젠니클로젯 로고(LOGO)는 의류부자재 버클(buckle)의 후크와 요크를 결합하여 사슴의 형상으로 탄생했다. 제품 속에 자연과 인간, 영혼이 가진 생명의 근원을 담고자 하는 젠니클로젯의 의지를 형상화하였다.

자료: http://topclass.chosun.com

164

사슴은 십장생의 하나로서 영생이나 재생을 상징한다. 젠니클로젯 로고(LOGO)는 현대인의 생활 속에 자연이 가진 새로운 탄생의 힘과 지속가능한 변화를 구현하고자 하는 젠니클로젯의 철학을 사슴의 상징성을 통해 표현하였다.

젠니클로젯 제품 및 가치

면이나 리넨 그리고 유칼립투스 추출물로 만든 원단인 텐셀 등 주로 천연 소재를 사용해서 가방이나 의류, 신발을 제작한다. 데님 가방은 대부분 기증받은 청바지로 만든다. 젠니클로젯은 지속가능한 소재를 선택한 것은 단순히 제품의 수명에 종속되었던 소재의 활용을, 제품의 라이프 사이클을 지속시킬 수 있는 새로운 소재로 개발하여 폐기물 배출량과 기후 변화에 미치는 영향을 최소화하기 위함이다. 그래서 소재는 지속가능한 재료로 제품을 제작한다.

환경적, 사회적가치 창출

젠니클로젯은 에코 디자이너 브랜드로 그 브랜드 철학은 환경친화적, 문화친화적, 인간친화적, 자아친화적 가치를 추구한다. 즉 진실로 사람다운 개성 그리고 환경을 고려하는 제품을 만들어 제품의 라이프 사이클을 지속시킬 수 있는 새로운 소재로 개발하여 환경적, 사회적 가치를 창출하고 있다.

제1절 창업(Start-up)의 개념

링크드인(Linkedin) 창업주 호프만(Reid Hoffman)은 스타트업을 이렇게 묘사한다. "절벽 밑으로 추락하면서 비행기를 조립하는 것과 같다."

철저한 준비 없이 시작한 스타트업은 실패할 확률이 높다는 사실을 비유한 것이다. 실제로 스타트업 지놈(Startup Genome)에 따르면 2019년 세계 스타트업 12

개 중 평균 1개만이 생존했다. 스타트업을 창업한 후 1년을 넘기지 못한 비율이 21.5%, 5년을 넘기지 못한 비중이 50%, 10년을 넘기지 못한 비중이 70%에 달한다. 특히 투자금을 받은 스타트업의 75%가량은 투자금을 돌려주지 못했고 투자자의 경우 30~40%가량이 초기 투자금을 회수하지 못했다. 스타트업 대부분이 '죽음의 계곡(Death Valley)'과 '다윈의 바다(Darwinian Sea)'를 건너지 못하고 소멸하는 것이다.

이런 불확실성에도 불구하고 스타트업이 열풍에 가까운 현상을 보이는 것은 그만큼 스타트업이 갖는 강점 때문일 것이다. 창의성과 모험성, 위험 부담과 성공에 따른 기대효과 등 스타트업의 양면적 성격은 모험적 창업가에게는 매력 포인트가 된다. 창의적 비즈니스 아이디어와 첨단 ICT 기술이 접목되어 부가가치를 창출하는 스타트업은 분명 고전적 비즈니스의 대안으로 인식될 수 있다. 현재 세계 비즈니스 추세가 정보기술 분야에 집중되어 있고, 향후 2035년에는 스타트업이 전 세계 국내 총생산(GDP)의 약 2%를 차지하며 국내 총생산의 성장을 주도할 것으로 예측된다(장용규 외, 2021).

창업(Start-up)의 열풍은 전 세계적으로 2000년대 중반부터 시작되어 최근까지 이어지고 있으며 그 흐름은 꾸준히 지속될 전망이다. 대표적인 IT글로벌 기업인 구글이나 페이스북을 비롯해 이동 수단에 혁신을 불러일으킨 Uber, 숙박업에 혁신을 가져온 Airbnb, 클라우드 서비스의 대중화를 불러일으킨 Dropbox, 중국의 애플이라고 불리는 샤오미 역시 창업(start-up) 열풍과 함께 등장해 단기간에 기업 가치를 수백억 달러 이상으로 키우며 세계적인 기업으로 성장했다. 앞으로도 4차 산업혁명기술을 바탕으로 한 창업은 지속적으로 가속화될 것으로 보인다.

1 창업(start-up)의 정의

창업(Start-up, Inauguration of an Enterprise)의 정의는 학자들에 따라 다소 차이는 있으나, 공통으로 '가치 없는 것 또는 아무것도 없는 상태에서 새로운 무엇을 가치 있게 이루어 내는 것'을 창업의 일반적 정의 및 개념으로 받아들이고 있다.

구체적으로 여러 학자의 창업에 대한 정의를 살펴보면, 스타트업이란 가치가 없는 것에서 인간적·창조적 행위에 의해 어떠한 가치를 생성하는 것하고, 창업 비전을 성공적으로 달성하기 위해서는 다른 사람들의 열정과 헌신이 필요함을 주장하였다. 또한, 스타트업이란 새로운 자원을 이용하여 새로운 제품 혹은 서비스를 개발 및 판매하고, 조직 형태의 회사를 탄생시킴으로써 기존의 방법을 파괴하는, 창조적 파괴의 힘으로 일찍이 정의한 바가 있다(홍은영 등, 2020; Drucker, 1985; Schumpter, 1934).

다양한 자원과 노동, 재료 및 자산 등을 결합하여,현재 단계와 비교하여 보다 가치 있는 것으로 조직, 변화시킴으로써 새로운 경영성과를 창출하고, 이러한 새로운 경영성과를 창출할 수 있는 능력, 다양한 자원을 투입하여 새로운 부가 가치를 창출하는 혁신적 행위로 정의하기도 하였다.

이외에도 불확실한 위험과 여러 가지 상황에서도 경영성과와 혁신적 수익 구조를 창출하는 혁신적·경제적 조직체를 탄생시킬 수 있는 행위로 정의하였다(Drucker, 1985; Vesper, 1989). 일반적으로 창업은 창업자의 기술적 지식과 아이디어 및 주요 핵심요소기술 등과 관련이 밀접한 기술적 기반을 바탕으로 성장 잠재력이 충분한 제품을 연구, 개발하여 사업화하는 것이다(이길원 & 박현숙, 2015; 법제처, 2020).

한편, 중소기업 창업 지원법에서는 창업(start-up)에 대해 개념적 내용을 정의하고 있다. 창업기업을 새로 설립하는 것으로 정의하고, 창업의 범위는 대통령령으로 정하고 있다. 또한, 재창업은 창업기업을 폐업하고 새로 창업기업을 설립하는 것으로 정의 및 범위 또한 대통령령으로 정하고 있다. 초기 창업자 정의는 창업 후, 3년을 경과하지 아니한 자로 정의한다(법률 제17003호). 따라서 앞서 살펴본 바와 같이 창업의 정의를 본질적이고 일반적인 측면에서 본다면, 창업자가 자체적 아이디어와 핵심 주요 기술, 다양한 자원을 기반으로 기술개발 제품을 개발, 상용화·사업화를 시작하기 위해 개인 또는 법인 기업을 설립 및 경영성과 목적을 달성하는 것으로 정의할 수 있다.

PART 2

연구자	주요 정의 및 개념	비고
Schumpeter (1934)	자원을 이용하여 새로운 신제품 개발과 판매 및 새로운 서비스 조직 형태의 회사로 탄생시키는 창조적 행위	
Drucker (1985)	다양한 자원을 투입하여 새로운 부가가치를 창출할 수 있는 혁신적 행위	
Ronnstadt	스타트업은 점진적인 부를 창조하는 동적인 과정이며, 이러한 부는 재산, 시간, 그리고 자신의 미래를 담보하고 위험을 감수하는 사람들에 의해 창조되는 것	
이석규	제품 또는 용역을 생산하거나 판매하는 사업을 시작하기 위해서 이제까지 존재하지 않았던 새로운 기업조직을 설립하는 행위	
중소기업 진흥법	• 창업은 창업기업을 새로 설립하는 것으로 정의하고, 창업의 범위는 대통령령으로 정함. 또한 재창업은 창업기업을 폐업하고 새로 창업기업을 설립하는 것으로 정의 및 범위 또한 대통령령으로 정함 • 초기 창업자 정의는 창업 후, 3년을 경과하지 아니한자로 정의	법률 제17003호

연구자	주요 개념
대한민국	기업을 창업하여 사업을 개시한 날로부터 7년이 지나지 않은 기업 (법인과 개인사업자)
미국	창업기업법(SBA: Small Business Act)에서 구체적 정의는 식품과 섬유 생산, 목축, 수산 양식 및 기타 농업 또는 관련 업종의 사업체와 독립적으로 운영되고 해당 업종에서 지배적 지위를 가지지 않는 사업체로 정의

영국	창업기업(SMSs: Small & Medium Enterprises) 판정 기준을 종업원 250인 미만의 기업으로 정의 반면 중견기업에 관한 정의를 2010년 11월 Growth Review 출범하여 매출액 2,500만-5억 파운드, 종사자 수 250인 미만으로 규정, 정의
독일	창업기업 명칭보다는 미텔슈탄트(Mittelstand) 보편적으로 사용되는 용어. 종업원 수는 499명 이하이고, 매출액 5,000만 유로 미만이다. 특히 교육 시장과 노동시장 간의 긴밀한 연계가 매우 활성화되어 창업기업 발전의 원동력이 되고 있다.
일본	일본의 창업 기업은 업종에 따라 다소 차이가 있다. 업종과 자본금 및 상시고용인으로 분류를 명확하게 구분, 제시하고 있는데 제조업의 경우 자본금 3억엔 이하이고, 상시 고용인원 수는 300명 이하로 정의한다.

PART 2

2 창업(start-up)의 요소

창업의 3대 요소는 일반적으로 창업자(사람), 창업자금(자본), 창업업종(아이템)으로 구분되며 4대 요소로는 창업사업장(장소) 요소가 포함된다. 간략히 창업의 요소에 대해 알아보면 다음과 같다.

1) 창업자(사람)

창업의 가장 핵심적인 요소는 인적요소를 대표하는 창업자이다. 창업자는 특정한 아이디어와 자본을 가지고 기업을 설립하는 사람을 의미한다. 창업자의 기업가정신, 기업가적 자질과 사업 수행은 사업의 성패를 결정하는 중요한 요인이 된다. 창업자는 기업의 설립은 물론 기업의 대표이며 경영의 주체로서 경영목표, 기업이미지, 기업성장 등에 중요한 영향을 미친다. 또한, 기업가 정신을 가지고 창업팀을 구성하여 사업을 시작할 수 있는 준비를 하는 것도 창업자이다. 창업기업의 성패는 기업가정신, 자질, 능력에 크게 좌우되는데, 창업자에게 요구되는 능력과 자질을 살펴보면 다음과 같다.

미래의 환경변화에 대한 통찰력과 판단력을 발휘하여 장기적인 목표를 세우고 장기적 관점에 입각한 경영행동으로 목표를 달성해야 한다.

첫째, 창업자는 항상 환경변화에 도전하여 새로운 기회를 적극적으로 모색하여야 하며 자신의 모든 것을 투자하고 희생시킬 수 있는 기업가정신을 갖추어야 한다.

둘째, 미래지향적인 통찰력과 판단력으로 기업이 나아가야 할 비전을 갖고 경영목표를 달성해야 한다.

셋째, 새로운 사업의 수행에 대한 혁신적 사고와 창의력이 있어야 하며 이를 계속해서 수행하는 추진력이 있어야 한다.

넷째, 일을 통하여 자기실현을 성취하겠다는 성취 욕구가 강하고, 타인에게 고용·종속되고 싶지 않은 독립심이 있어야 한다.

다섯째, 창업자는 자기 자신에게 요구되고 있는 능력과 자질을 충분히 인식하고 스스로 능력개발을 도모해야 한다.

여섯째, 새로운 시대에 맞는 새로운 경영 감각과 사회적으로 신뢰받을 만한 인격이 요구된다.

일곱째, 개인의 영리추구에 그치지 않고 경영 전반에 대한 윤리의식과 사회적 책임을 인식하여야 한다.

기업가적 창업자로서 역량을 구체적으로 측정하기 위해서는 기존에 측정하는 설문지를 활용할 수 있다. 티먼스 등(Timmons et al., 1997)은 기업가정신을 14개의 개인적인 특성과 관련된 문항 및 8개의 업무역량과 관련된 문항으로 제시하였다. 티먼스 등이 제시한 기업가정신 진단 문항은 아래와 같다.

기업가정신 진단문항

구분	문항	예	아니오
개인적 특성 (14문항)	오랜 시간 일을 추진할 수 있는 열정과 에너지를 가지고 있다.		
	자신이 세운 목표를 달성할 수 있는 자신감이 충만하다.		
	일시적이 아니라 장기적으로 특정 사업에 참여하고 있다.		
	금전을 평가의 척도로 사용한다.		
	문제 해결에 끈기를 가지고 임한다.		
	명확한 목표를 설정할 수 있는 능력과 결단력이 있다.		
	자신의 능력으로 성공 가능성을 높일 수 있는 모험심을 가지고 있다.		
	실패할 경우 실망하지 않고 문제점을 밝혀내고 배우려고 노력한다.		
	피드백을 활용하여 개선하여야 할 문제를 파악하고 시정조치를 한다.		
	독립심이 강하고 책임감을 갖고 있다.		
	주변 자원의 활용을 위해 사내외의 상황을 적절히 이용할 수 있다.		
	자신이 세운 목표와 경쟁을 한다.		
	운명을 외적요인으로 보지 않으며 개척할 수 있는 자신감을 가지고 있다.		
	불확실성을 불안하지 않게 극복할 수 있다.		
업무 역량 (8문항)	사업과 가정을 잘 조화 시킬 수 있다.		
	창업을 자기 인생의 모든 것으로 본다.		
	기업가로서의 창의성과 기술 혁신능력이 있다.		
	업종에 대한 전문적인 지식을 갖고 있다.		
	경영팀을 구성할 수 있는 능력이 있다.		

PART 2

171

기업가의 자유경제 체제에 대한 경제관이 확실하다.		
기업윤리관이 확실하다.		
종합력을 갖추고 있으며 타인으로부터 신뢰를 얻고 있다.		

또 다른 진단 문항으로 우리나라 고용노동부의 워크넷 창업자가진단 프로그램 진단키트가 있다. 이 온라인 창업진단검사 시스템은 만 18세 이상 성인으로 예비창업자를 대상으로 사업가적 적성 진단을 통해 창업적합도 판정검사와 향후 유망창업업종을 추천하는 전자설문 프로그램으로 구성되어 있다.

시스템의 구성은 12개의 하위 요인을 통해 창업역량을 측정하여, 창업시 성공확률과 예비창업자의 적성에 적합한 창업업종을 추천 및 평가가이드라인을 제시하고 있다.

창업진단 검사 측정요인 설명

구분	차원명	차원설명
역량 차원	사업지향성	자신이 참여할 혹은 참여하고자 하는 사업관련분야에 호기심과 관심을 가지고 다양한 경험과 전문지식을 습득하고자 노력하는 정도에 관한 것
	문제해결	직면한 문제에 대해 분석적 혹은 창의적 대안을 제안하는 것
	효율적 처리	최소의 시간, 비용, 노력을 통해 최대의 수행효과를 내는 것
	주도성	독립성이 강하며 일을 스스로 적극적, 능동적으로 수행하여 완료시키려는 경향에 관한 것
	자신감	자신의 주관대로 일을 처리하며 성공에 대해 강한 의지를 갖고 있으며 확신하고 있는 정도에 관한 것

PART 2

목표설정	과거 경험과 현재 상황을 바탕으로 미래를 위한 가장 중요한 일이 무엇인지를 선택하고 체계화하여 목표를 세우고 실천에 옮기는 것에 관한 것
설득력	제품, 서비스, 회사의 장점 및 회사의 목표에 대해 주장하여, 다른 사람을 설득하는 것에 관한 것
대인관계	타인과 관계를 중시하여, 다양한 인간관계를 유지할 수 있는 능력에 관한 것
자기개발노력	자신의 한계를 인식하고, 현재의 성공에 만족하지 않고 자신의 능력을 향상시키는 노력에 관한 것
책임감수	자신과 관련한 일들의 실패와 성공 모두가 자신의 통제와 영향력 하에 있다고 믿는 것에 관한 것
업무완결성	어려움이 있어도 포기하지 않고 업무를 완수하기 위해 밀고 나가는 것에 관한 것
성실성	부지런히 생활을 유지하고, 자신의 일을 꾸준히 하는 것에 관한 것

고용노동부 워크넷 창업진단검사 문항

구분	문항	예	아니오
1	나는 나의 장래에 대한 구체적인 목표가 있다.		
2	나는 다른 사람들이 내 의견에 동의하게 하는 재능이 있다.		
3	나는 시간 관리를 잘 한다는 말을 듣는 편이다.		
4	일을 할 때 다른 사람들은 일을 할 것인지 나에게 묻는다.		
5	남들이 나를 게으르다고 생각한다.		
6	나는 내가 창업했을 때 단골손님이 될 사람을 많이 알고 있다.		
7	토의 주제의 결론을 잘 이끌어 내는 편이다.		
8	나의 관심분야와 관련해서 새로운 것을 해보고 싶다.		

구분	문항	예	아니오
9	내 사업이 실패한다면 그것은 나의 책임이다.		
10	한번 시작한 일이면 끝까지 최선을 다해 마무리한다.		
11	다른 사람들이 잘 풀지 못하는 일을 내가 참여하면 쉽게 해결되는 경우가 많다.		
12	나는 매우 활동적이며, 주변인으로 머물기보다는 리더로 활동하는 것을 좋아한다.		
13	나는 장사가 잘 되는 가게의 비결을 알고 있다.		
14	나는 남보다 더 부지런하다.		
15	나는 일을 할 때 먼저 우선순위를 정한다.		
16	내가 못 할 것이라고 남들이 말해도 나는 그 일을 해낼 수 있다.		
17	나는 새로운 기술을 익히기 위해 노력하는 편이다.		
18	나는 유머 감각이 좋아서 남들을 잘 웃기곤 한다.		
19	나는 생활 일에서 가장 필요한 정보가 무엇인지 알고 있다.		
20	문제 발생 시 대처할 수 있는 다양한 방법을 가지고 있다.		
21	일단 결정된 일을 시작하면 끝을 봐야 직성이 풀린다.		
22	진행 중인 일에 뜻하지 않는 어려움이 있어도 중단하지 않는다.		
23	나는 강연회에 참석하면 주로 앞자리에 앉는 편이다.		
24	나는 나와 다른 의견을 가진 사람도 내 의견에 따라오게 할 수 있다.		
25	나는 문제 해결을 위해 융통성을 발휘한다.		
26	회의에서 사회나 서기를 맡는다면 사회 쪽이 맞을 것이다.		
27	설득 당하는 것보다 설득하는 편이다.		
28	처음 사람을 만나는 자리에서 사람들이 나에 대해 더 잘 알도록 애쓴다.		
29	한 가지 일을 끝까지 해내는 편이다.		

구분	문항	예	아니오
30	내가 관심 있어 하는 것들과 관련된 구체적인 정보를 가지고 있다.		
31	남 앞에서 스스럼없이 자기소개를 한다.		
32	나는 모임을 잘 리드한다.		
33	내가 창업하고 싶은 분야를 선도하는 서비스, 기술, 제품을 알고 있다.		
34	나는 말을 조리 있게 할 수 있다.		
35	나는 일할 때 성실한 것을 가장 중요시 생각한다.		
36	나는 창업을 하여 성공할 수 있다.		
37	나는 내 인생의 이루고자 하는 목표가 뚜렷하다.		
38	나는 요즘 자기 계발을 위해 하는 것이 있다.		
39	나는 주도적이다.		
40	나는 사업 아이템에 따라 장사가 잘 되는 곳을 알고 있다.		
41	새로운 것을 배우기 위해 돈을 아끼지 않는다.		
42	개인의 성공과 실패는 운보다는 개인의 노력 여하에 달려 있다		
43	나는 어려운 문제를 접해도 비교적 정확한 결정을 내린다.		
44	나는 일을 효율적으로 한다.		
45	내가 내린 결정들에 대해 거의 후회하지 않는다.		
46	일을 할 때 발생할 수 있는 문제에 대한 대비책을 같이 준비한다.		
47	항상 무언가를 더 배우고 싶다.		
48	나는 처음 만나는 사람 앞에서도 자신감이 있다.		
49	다양한 사람을 만나는 일이 좋다.		
50	나는 자신 있게 나를 표현할 수 있다.		

PART 2

구분	문항	예	아니오
51	나는 주어진 목표에 동참하도록 타인을 잘 설득할 수 있다.		
52	나는 한번 시작한 일은 결말을 본다.		
53	나는 일을 시작할 때 정보수집을 많이 한다.		
54	내 자신의 일에 대해 높은 기준을 세우고, 그것을 달성하려고 노력한다.		
55	나는 다른 사람을 설득하는 능력을 갖고 있다.		
56	현재의 나의 상황을 파악하고 앞으로의 계획을 세운다.		
57	나는 비교적 어려운 문제도 해결할 자신이 있다.		
58	나는 친구를 만나는 데 많은 시간을 할애한다.		
59	하나의 목표를 달성하면 더 높은 목표를 세운다.		
60	문제가 생기면, 그것을 해결할 나만의 해결방법이 있다.		
61	나는 내가 필요한 것을 얻기 위해 다른 사람을 잘 설득할 수 있다.		
62	다른 사람에게 일의 목표에 대해서 설명하고, 그 목표에 대해서 신념을 갖도록 설득하는 것은 어렵지 않다.		
63	나는 어릴 때부터 친해 왔던 친구가 많이 있다.		
64	내가 하고 있는 일에서 가장 효과적인 결과를 얻을 수 있는 방법을 알고 있다.		
65	어려운 문제도 조금만 노력하면 난 해결할 수 있다.		
66	나는 복잡한 내용을 쉽게 전달할 수 있다.		
67	실패와 성공은 내 자신에게 달려 있다.		
68	달성하기 힘든 목표라도 필요하다고 판단되면 밀고 나간다.		
69	나는 성취하고자 하는 일이 있을 때 구체적인 목표를 세워서 한다.		
70	나는 사업과 관련해 무엇을 배워야 할지 안다.		
71	나는 일을 할 때 요령을 부리지 않는다.		

구분	문항	예	아니오
72	나의 미래는 내가 결정하고 개척해 나가는 것이다.		
73	내 분야에서 최고가 되기 위해 노력한다.		
74	학창시절에 내 주변에는 함께 어울릴 친구가 많았다.		
75	무언가를 배우는 모임에 참여하는 것이 즐겁다.		
76	계획한 일은 꾸준히 지속해서 해낸 적이 많다.		
77	다른 사람들로부터 부지런하다는 소리를 들어본 적이 있다.		
78	멀리서 아는 사람을 보면, 다가가서 먼저 인사한다.		
79	사업과 관련해서 더 공부할 계획이 있다.		
80	나는 하루를 마치면 나 자신을 돌아볼 시간을 갖는다.		
81	나는 계획한 일을 행동으로 잘 실천한다.		
82	나는 분석력이 뛰어나다.		
83	나는 일을 할 때 집중력을 가지고 한다.		
84	나는 기분이 좋지 않더라도 항상 열심히 한다.		
85	나는 일이 완성되는 것을 보겠다고 고집한다.		
86	나에게 필요한 지식 정보들은 체계적으로 정리한다.		
87	나는 낭비나 비효율적인 요소를 제거하기 위해 노력한다.		
88	나는 같은 자금으로 더 나은 점포를 얻을 수 있다.		
89	나는 일을 신속하기 처리할 방법을 찾는 편이다.		
90	나는 일정한 계획을 세워놓고 그에 맞춰 생활한다.		
91	나는 문제 해결을 잘한다.		
92	유행에 맞는 사업 아이템을 가지고 있다.		
93	진행 중인 일에 뜻하지 않는 어려움이 있어도 중단하지 않는다.		
94	나는 사람을 만나는 것을 좋아한다.		

PART 2

구분	문항	예	아니오
95	나는 일을 잘한다는 소리를 듣는다.		
96	나는 회의 중 발표를 많이 한다.		
97	나는 창업을 하여 이루고자 하는 목표가 뚜렷하다.		
98	어려운 문제를 접하게 돼도 그에 대한 해결책이 잘 떠오른다.		
99	나는 리더로서의 포용능력과 경험 면에서 우수하다.		
100	내가 새로운 모임을 만들어 본 적이 있다.		
101	나는 이익이 될 만한 사람을 많이 사귄다.		
102	최선을 다해서 내가 맡은 일을 한다.		
103	나는 일 처리를 빨리 잘한다.		
104	나는 모든 일에 앞장서야 속이 후련하다.		

자료: https://www.work.go.kr

2) 창업(start-up) 아이템

창업 아이템은 창업을 통해 무엇을 할 것인가에 대한 사업내용으로서 구체적인 형태를 가진 제품일 수도 있고, 물리적인 형태가 없는 서비스일 수도 있다. 창업 아이템은 기업의 존재 이유와 목적을 대변하게 되므로 매우 중요한 요소이며, 결과적으로 소비자의 가치제안을 위한 핵심요소이다. 창업 아이템이 기존에 이미 존재하던 제품이나 용역을 생산하여 기존시장 및 새로운 시장에서 판매하는 경우 이러한 유형의 창업 아이디어는 이미 형성되어 있는 시장의 과거 자료부터 수요를 예측할 수 있기 때문에 다른 창업 아이디어 유형보다 일반적으로 덜 위험하다. 그러나 기존 기업들과 경쟁하여 이미 형성되어 있는 시장을 어떻게 공략할 것인지와 새로운 시장을 어떻게 개척하느냐가 성공의 관건이 된다.

따라서, 이제까지 존재하지 않던 제품이나 용역을 신규로 생산하여 새로운 시장에서 판매하는 경우이다. 이와 같이 신제품 창업 아이디어는 수요에 대해 확신할 수 있는 경험이 없기 때문에 그만큼 더 위험하게 된다. 반면에 신기술이나 창조적인 아이디어를 토대로 하기 때문에 성공한다면 보다 큰 보상을 얻을 수 있다는 장점이 있다. 기존의 생산업자로부터 독점적인 판매권을 획득하여 판매만을 전문으로 하는 경우이다. 이와 같은 판매업은 앞의 두 경우와 같은 제조업과 비교할 때, 위험면에서 상대적으로 안전하다는 장점을 갖고 있다. 그러나 안전한 만큼 그에 따른 이익은 적다.

창업 아이템을 통해 성공하기 위해서는 창업 아이템이 해당 업종에서 다음과 같은 특징을 가지고 있어야 한다.

① 선도적
② 제품이나 서비스가 탁월
③ 차별성
④ 적절한 수익성
⑤ 새로운 고객가치 창출

3) 자금

자본은 앞서 논의한 제품아이디어인 사업아이디어를 구체적으로 상품화하는데 필요한 자본, 기술, 기계와 설비, 재료나 부품, 건물 등을 말한다. 제품개념이 제품화되기 위해서는 적합한 기술과 자본요소들이 투입되어야 한다. 생산에 필요한 자재나 부품, 기계 및 생산설비, 그리고 공장 등은 결국 자본의 투자에 의해 취득가능하기 때문이다.

그리고 앞서 다룬 인적자원의 양과 질도 결국은 자본에 의해 좌우될 것이기 때문이다. 따라서 안정적인 창업자본의 조달과 이용, 그리고 이를 위한 정부나 관계기관의 지원제도 등도 성공적인 창업을 위해 인적자원만큼 중요한 것이다.같은 제품을 생산하는 모든 기업들의 기술수준이 동일할 수는 없다. 기술개발을 위해 얼마나 투자하고 노력했느냐의 여부에 따라 기업 간 기술 수준에 큰 격차가 나타날 것이다. 기술개발 노력은 투자이므로 결국 기술도 자본의 뒷받침으로 가능하게 된다.

자본은 자기자본과 타인자본으로 나눌 수 있는데, 창업의 초기 단계에는 타인으로부터 또는 정부 기관으로부터 자본을 조달받는 데 한계가 있으므로 타인자본보다 자기자본에 대한 의존도가 높다. 조달원으로서 타인자본을 이용할 때 가장 중요한 요소는 개인이나 회사의 신용도인데, 창업단계의 경우는 신용도의 축적분이 있을 수 없으므로 신용을 기초로 하여 자본을 영입하는 것에 어려움이 있다.

창업 자본금은 업종별 자본금 차이가 있다. 일반적으로 평균 자본금을 보면 도소매업의 경우 1,500여만 원, 제조업 2,000여만 원, 서비스업 1,400여만 원이 드는 것으로 보고 있다.

❸ 창업(start-up)의 주요 형태

창업의 정의 및 개념에 근거한 우리나라의 창업 형태를 살펴보면 크게 창업과 벤처창업, 일반창업으로 분류할 수 있다. 창업은 혁신적 새로운 기술과 새로운 아이디어를 바탕으로 새로운 시장을 창조 및 제품을 생산, 판매하여 경영성과 목적을 달성하는 창업의 한 형태를 말한다. 벤처창업은 우리나라 벤처기업육성에 관한 특별조치법에 근거하여 정의된 창업의 한 형태로, 기술적 기반에 의한 창업의 한 형태이다(박상문 & 이미순, 2019; 천동필, 2018; 최종인 & 백강, 2018). 그리고 일반창업은 생산된 제품 또는 서비스를 단순하게 유통하는 등의 일반적 사업 형태로 진입 장벽이 낮은 반면 부가가치가 높지 않아 빈번한 창업과 소멸이 잦은, 일반적으로 영세 사업 형태이다. 창업의 형태에 대해 정리하면 아래 아래와 같다(손희철 등, 2017; 한국창업보육협회, 2017).

우리나라 창업기업에 해당하는 '창업기업'은 창업자의 아이디어와 혁신적 핵심요소기술 등을 기반으로 설립되고, 대부분 작은 규모의 자본금과 소수 인력으로 구성, 운영되고 있는 일반적으로 창업에 초점이 맞추어져 있다. 즉 창업은 창업자의 혁신적 기술과 아이디어 및 기업가정신에 기반을 둔 '창업기업'을 의미하고 있다(주지훈 등, 2018).

형태	주요 개념	비고
창업 (start-up)	창업자의 혁신적 핵심요소기술과 관련 아이디어 및 지식을 기반으로 새로운 제품으로 새로운 시장을 개척, 창조하여 사업화하는 창업 형태	
벤처창업	예상되는 위험과 투자에 대한 적정한 추정을 통해 미래에 구체적으로 실현될 기술 프로젝트의 창업 형태	
일반창업	창업과 벤처창업과 같이 기술기반이 아닌 음식업, 일반서비스업, 도소매업, 일반 상품을 단순하게 유통하는 소상공인 창업 형태	기업가정신을 발휘한 창업과는 다소 차이가 있음

* 참조: 창업 관련 홈페이지

• 소상공인진흥원: www.sbdc.or.kr

• 신용보증기금: www.kodit.co.kr

• 중소기업연구원: www.kosbi.re.kr

• 중소기업진흥공단: www.sbc.or.kr

• 창업정보관리시스템: www.cangupnet.go.kr

• 중소기업청: www.smba.go.kr

제2절 창업(Start-up)의 모형(Model)

1 창업(start-up)의 모형

창업기업 설립에 있어 예비창업자들은 개인이 확보한 핵심요소기술, 기업가정신, 기술적 스킬, 역량, 교육 컨설팅 경험 등의 다양한 자원을 기반으로 창업을 시작한다. 이러한 다양한 요소들을 포함한 창업의 내용 및 모형을 간략히 살펴보면 아래와 같다.

창업 모형의 주요 내용을 살펴보면,

첫째, 창업자가 초기 창업에 필요한 역량 요소로 교육, 지식, 스킬, 창업가의 특성, 창업 동기 요인이 직접적이고, 그 밖의 요인으로 창업 네트워크, 친구, 친척과 지인에 의해 영향을 받는다.

둘째, 대학과 기업에 의해 대학 R&D, 창업자 R&D, 기업 R&D와 같이 크게 세 가지로 분류할 수 있다.

대학 R&D 창업은 대학 내의 Spin-off, 대학 인큐베이터를 거쳐 정부의 자금 지원을 받아 신생 창업기업으로 탄생한다. 창업자 R&D는 정부의 자금을 직접 지원받음으로써, 다른 창업 형태와 비교하여 짧은 시간에 창업기업으로 설립된다. 기업 R&D의 경우 사내에서 운영하는 사내기업가정신 제고, 기업 Spin-off, 민간 인큐베이터를 거치고 앞에서와 같이 정부의 자금 지원을 받아 창업기업이 된다.

이와 같이, 창업 모형의 특징을 보면,

첫째, 대학, 기업, 연구소, 창업기업은 상호 유기적으로 긴밀하게 네트워크(점선)로 구축되어 있다.

둘째, 신생 창업기업은 전략과 고성장 및 실패, 고도기술 제품의 상업화와 제품화, 고도기술 제품의 지속적 R&D, 글로벌 외부 환경 이슈에 의해 시장과 고객에게 접근한다.

셋째, 앞에서 제시한 항목들은 정부와 관련 지원기관 및 컨설턴트의 외부의 지원 영향에 의해 선순환 생태계를 형성하고 있다.

2 창업(start-up)의 이론모형

1) 창업(start-up)의 행동 이론모형

창업기업에 있어 가장 중요한 것이 창업자의 의지와 실행이다. 창업자의 창업

의도와 계획된 행동 이론모형을 수정, 보완하여 제시하면 아래와 같다(Ajzen, 1991).

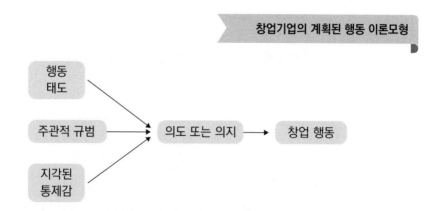

모형의 주요 내용을 살펴보면 첫째 창업자의 행동 태도와 주관적 규범 그리고 지적된 통제감이 상호 선형적으로 밀접하게 관련성이 높고 둘째, 창업자의 행동 태도와 지각된 통제감이 서로 직접적으로 영향을 미침을 알 수 있다. 셋째, 행동 태도와 주관적 규범, 통제감들은 창업자의 창업 의도 또는 설립 의지에 긍정적 영향을 미침을 보여주고 있다. 넷째, 창업자의 기업 설립 의지는 결국 창업 행동으로 이어져창업기업을 설립하는 데 토대를 제공한다. 또한, 지각된 통제감은 창업의 행동에 간접적인 영향을 끼침을 알 수 있다.

2) 창업(start-up)의 기업가적 사건 이론모형

창업기업 설립에 있어 창업자 개인이 처한 큰 변화를 고려해야 한다. 즉 실직과 경영 위기, 전문인력 부족, 자금지원 등의 경제적 곤란 등으로 창업자 개인의 기업가적 사건이 촉발된다는 것이다. 창업의 기업가적 사건 이론모형을 제시하면 아래와 같다(Sharpero & Sokol, 1982).

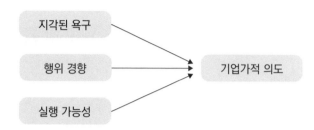

모형의 주요 내용은 창업기업을 위한 창업자 개인의 지각된 욕구와 기업 설립 행위, 실행 가능성이 결국 기업가적 의도에 선형적으로 정교하게 영향을 미친다는 것이다. 각 항목의 내용을 구체적으로 제시하면 첫째, 지각된 욕구는 개인의 기업가적욕구로 그의 가치관, 개인감정, 태도를 의미한다. 둘째, 행위 경향은 창업기업 설립을 위하여 실질적으로 행동으로 실행하는 개인의 성향 수준을 말한다. 셋째, 실행 가능성은 지각된 욕구와 행위 경향을 바탕으로 개인의 창업 가능성 유무를 의미한다. 이와 같이 창업자의 지각된 욕구와 행위 및 실현 가능성은 마침내 기업가적 창업 의도가 형성된다는 것으로 해석된다.

3) 창업(start-up)의 기업가적 잠재력 이론모형

창업기업 설립에 있어 창업자 성격과 역량 등의 잠재력이 창업 의도로 효과적으로 이어지는 체계적 기업가적 잠재력 이론모형을 제시하면 아래 그림과 같다(Krueger & Brazeal, 1994).

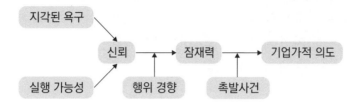

창업기업의 기업가적 잠재력 이론모형

지각된 욕구 → 신뢰 ← 행위 경향
실행 가능성 → 신뢰
신뢰 → 잠재력 ← 촉발사건
잠재력 → 기업가적 의도

 기업가적 잠재력 이론모형의 주요 내용을 제시하면 첫째, 창업자의 지각된 욕구와 창업 설립 가능성이 충분할 경우, 신뢰가 형성되고 둘째, 창업자의 신뢰가 행위 경향과 상호 결합될 때, 비로소 기업가적 잠재력이 발현되는 것이다. 넷째, 이러한 기업가적 잠재력이 창업자 개인의 의도와는 전혀 상관없이 발생하는 촉발 사건의 영향 및 결부가 되면 최종적으로 기업가적 창업 의도가 형성되는 것이다.

4) 지속가능한 비즈니스 모델(Sustainable Business Model, SBM)

 지속가능한 비즈니스 모델을 학자마다 제시하는 부분이 다소 차이가 있다. 일반적으로 8가지 지속가능 비즈니스 모델은 "재료 및 에너지 효율성 극대화", "폐기물에서 가치 창출", "재생 가능 에너지 및 자연 프로세스로 대체", "소유권보다 기능 제공", "책임자 역할 채택", "효율성 장려", "사회/환경을 위한 용도 변경" 및 "규모 확장 솔루션 개발"과 관련성을 보여준다(Mignon, & Bankel, , 2023).

 최근 Bocken et al.(2014), Lüdeke-Freund et al.(2018)은 지속가능한 비즈니스 모델의 11개 패턴 그룹의 분류 체계를 개발했다. 이 분류에는 가격 및 수익 패턴(예: 구독), 금융 패턴(예: 크라우드 펀딩), 에코 디자인 패턴(예: 제품 디자인), 폐쇄형 패턴(예: 산업 공생), 공급망 패턴(예: 녹색 공급망 관리), 제공 패턴(예: "하나 사면 하나 주기"), 액세스 제공 패턴(예: 시장 구축), 사회적 사명 패턴(예: 시장 지향적 사회적 사명), 서비스 및 성과 패턴(예: 결과 지향적 서비스), 협력 패턴(예: 협동 소유) 및 커뮤니티 플랫폼 패턴(예: 공유 비즈니스) 등이 포함된다.

또한, Henry et al(2020)은 대신 BM의 전략과 BM이 의존하는 혁신 유형을 기반으로 하는 순환 BM의 유형론에 초점을 맞췄다. 결과적으로 ① 설계 기반 (design based), ② 폐기물 기반(waste based), ③ 플랫폼 기반(platform based), ④ 서비스 기반(service based), ⑤ 자연 기반(nature based), ⑥ 기타 순환 비즈니스 모델의 6가지 비즈니스 모델 유형을 제시하고 있다.

제3절 창업(Start-up)의 절차(Process)

양적 성장 속에서도 2018년 기준 국내 창업기업의 5년 생존율은 28.5%로, 41.7%인 OECD 평균과 큰 격차를 나타낸다(통계청, 2019). 창업 후 생존하여 성장하기까지는 많은 어려움이 있다. 이와 같이, 창업을 성공적으로 이끌기 위해서는 창업를 위한 예비분석부터 사업분야 결정을 위한 아이디어 모색, 사업타당성 분석, 사업계획서작성 등의 절차를 철저히 준비할 필요성이 있다.

1 창업(start-up) 예비분석 단계

창업자의 자기분석과 창업 환경을 파악하는 단계다. 창업희망자는 먼저 자신의 자질 및 적성 등을 파악하여 창업이 바람직한가를 확인해야 한다. 나이가 자신이 가지고 있는 자원이 창업하기에 충분한지 또 창업 시기는 적당한지도 미리 검토해야 한다. 기본적으로 아래 사항에 대한 준비가 이루어져야 한다.

- 창업을 왜 하는가에 대한 방향 설정
- 창업을 하기에 적합한 여건이 조성되었는가(자금, 업종선택, 건강 등)
- 창업자 적성검사(창업자의 능력, 자질, 경험)
- 가정환경은 어떠한가(가족의 동의와 이해, 적극적인 지지 여부)
- 창업 결심, 창업 경영이론 학습(창업교육 이수)

2 사업목적의 정의

창업의 기본적 이유와 사업 운영방향에 대해 명확히 해두어야 한다. 사업의 목적은 이윤추구와 같은 경제적 목적뿐만 아니라 자아실현과 같은 개인의 사회적 삶의 목적도 포함되는 것이 바람직하다. 사업목적은 창업자의 창업이념으로 업종선택이나 기업 활동을 선택하는 데 영향을 미치게 된다. 지금까지 성공한 창업가의 경우 창업이념과 철학이 명확하다.

3 사업 분야의 결정, 아이디어의 모색

창업한 사업이 성공적으로 운영되는가의 여부는 사업 아이템이 얼마나 유망하고 창업자에게 적합한 업종을 선택하였는가에 따라 결정된다. 나아가 사업 아이디어가 얼마나 시장조건에 잘 들어맞는가 하는 점도 중요하다. 사업아이디어를 이끌어냄에 있어서는 어떤 제품, 서비스를 생산하고 판매할 것이며 그 시기를 언제로 할 것인가에 관한 고려가 중요하다. 이를 위해 먼저 시장조사 특히, 소비자 조사를 통하여 소비자 수요의 동향을 파악하고 이를 충족할 수 있는 제품이나 서비스를 발굴해야 한다. 성공적인 사업 아이템이 갖추어야 할 몇 가지 충족 기준을 살펴보면 다음과 같다.

첫째, 현재 만족되지 않은 욕구를 만족시키는 제품이나 서비스이어야 한다. 즉, 기존에 없던 것이거나 새롭게 차별화된 혁신적인 제품이나 서비스이어야 고객의 관심을 받고 구매가 이루어질 것이다.

둘째, 공급의 부족을 만족시키는 제품이나 서비스이어야 한다. 즉, 기존에 존재하는 제품이나 서비스이지만 수요가 많아 소비자들의 구매 욕구를 충족시켜줄 수 있는 제품이나 서비스이어야 한다.

셋째, 경쟁적 우위 요소가 있어 기존제품과 성공적으로 경쟁할 수 있어야 한다. 즉, 기존제품보다는 더 나은 차별적 우위 요소가 있어야 시장에서 살아남을 수 있다.

PART 2

4 사업성 분석

모든 사업은 시행하기 전에 어떤 형태로든지 사업을 통하여 발생될 손해와 이익에 관한 분석을 실시해야 한다. 따라서, 사업을 시작하기 전에 반드시 해야 할 일은 선택한 사업이 충분히 수익을 냄으로서 소기의 사업 목적을 충족시킬 수 있는지 사업성을 분석해야 한다.

사업성 분석은 시장성, 기술성 및 수익성 측면에서 이루어져야 하며, 고려하고 있는 사업과 공익과 관계되는 경우에는 사업성 분석에서 이상의 세 가지뿐만 아니라 공익성 분석을 추가하여 실시해야 한다.

보다 신뢰할 수 있는 사업성 분석을 위해서는 기존 사업사례를 참조하여 나아가 희망 사업분야의 총 투자 및 비용 규모, 예상입지 및 상권분석에 대한 정보를 확보해야 한다.

5 인적 물적 자원조달과 구성

사업성 분석에서 자신의 사업아이디어가 유망한 것으로 판단되면 이를 실행하기 위한 인적 및 물적 자원을 조달하여야 한다. 우선, 인적자원의 조달은 창업팀을 만드는 데서 시작된다. 창업팀은 사업 활동의 목표 및 범위를 결정하는 것과 같은 새로운 사업 시작에 필요한 사업 계획을 수립해야 한다. 다음으로 물적 자원의 조달이 필요한데 여기서 가장 중요한 것은 필요자금의 조달문제이다. 창업에 필요한 자금은 자기자본에 의하거나 타인자본에 의해 조달할 수 있다.

6 사업계획서의 작성과 조직구조의 설정

인적 및 물적 자원의 조달이 이루어지면 구체적으로 수행하게 될 사업 실행 계획을 수립해야 한다. 여기에는 제품 계획, 시장성과 판매계획, 생산 및 설비계획, 일정 계획 등이 구체적인 사업 활동의 내역별 포함되어야 한다. 나아가 기업의 주요 기능에 따라 업무, 책임, 권한 등을 체계적으로 구분하고 이를 담당할

인력을 선발, 배치하여야 한다.

　이상과 같이 사업계획서 작성과 조직구조의 설정을 마치면 사업에 대한 인, 허가 및 회사 설립을 위한 2단계 프로세스를 진행한다. 창업의 절차의 행정처리를 포함한 예를 들어 제시하면 아래 그림과 같다.

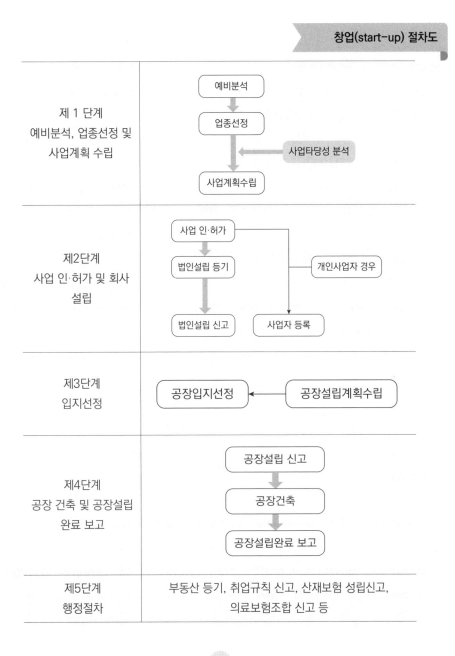

창업(start-up) 절차도

제 1 단계 예비분석, 업종선정 및 사업계획 수립	예비분석 → 업종선정 → [사업타당성 분석] → 사업계획수립
제2단계 사업 인·허가 및 회사 설립	사업 인·허가 → 법인설립 등기 → 법인설립 신고 / 개인사업자 경우 → 사업자 등록
제3단계 입지선정	공장입지선정 ← 공장설립계획수립
제4단계 공장 건축 및 공장설립 완료 보고	공장설립 신고 → 공장건축 → 공장설립완료 보고
제5단계 행정절차	부동산 등기, 취업규칙 신고, 산재보험 성립신고, 의료보험조합 신고 등

PART 2

참고문헌

법제처. (2020). 국가법령정보센터.

이길원, & 박현숙. (2015). 창업소기업 경영자의 기업가적 속성이 차별화 중심형 경쟁우위와 경영성과에 미치는 영향. 벤처창업연구, 10(1), 69-82.

장용규, 김경하, 배유진, 조준화, 최두영(2021). 동아프리카 스타트업 시장분석 및 한국기업의 진출방안, 세계지역전략연구 20-12.

홍은영, 양승호, & 성을현. (2020). 대전시 ICT 산업 일자리 창출 전략에 관한 연구-해외클러스터 일자리 창출 요인의 조직생태학적 접근. 경영과 정보연구, 39(3), 53-82.

Ajzen, I. (1991). The theory of planned behavior. Organizational behavior and human decision processes, 50(2), 179-211.

Bocken, N., Boons, F., & Baldassarre, B. (2019). Sustainable business model experimentation by understanding ecologies of business models. Journal of Cleaner Production, 208, 1498-1512.

Drucker, P. F. (1985). Entrepreneurial strategies. California Management Review, 27(2).

Harvard University Press.

Henry, M., Bauwens, T., Hekkert, M., & Kirchherr, J. (2020). A typology ofcircular start-ups: An analysis of 128 circular business models. Journal of Cleaner Production, 245, 118528.

Krueger Jr, N. F., & Brazeal, D. V. (1994). Entrepreneurial potential and potential entrepreneurs. Entrepreneurship theory and practice, 18(3), 91-104.

Lüdeke-Freund, F., Carroux, S., Joyce, A., Massa, L., & Breuer, H. (2018).The sustainable business model pattern taxonomy—45 patterns tosupport sustainability-oriented business model innovation. Sustainable Production and

Consumption,15, 145-162.

Mignon, I., & Bankel, A. (2023). Sustainable business models and innovation strategies to realize them: A review of 87 empirical cases. Business Strategy and the Environment, 32(4), 1357-1372.

Schumpeter, J., 1934. The Theory of Economic Development. Cambridge, MA:

Shapero, A., & Sokol, L. (1982). The social dimensions of entrepreneurship. University of Illinois at Urbana-Champaign's Academy for Entrepreneurial Leadership Historical Research Reference in Entrepreneurship.

https://www.work.go.kr

PART 2

ESG와 창업(Start-up)

CHAPTER 09 ESG와 창업(Start-up)

Case-Study

한국의 아마존: ㈜쿠팡

쿠팡은 2010년 하버드 대학을 졸업한 김범석 대표가 창업한 이커머스 기업이다. 쿠팡이 이커머스 시장의 선두에 서게 된 계기는 2014년 로켓배송 서비스를 시작하면서이다. 2015년 소프트뱅크에서 10억 달러(당시 1조 1천억 원), 2018년에는 20억 달러(당시 2조 2천500억 원)에 달하는 금액을 투자받았고, 이후 대규모 물류센터 구축과 새로운 배송 시스템들을 자체 개발하며 빠르게 성장하였다. 그 결과 2016년 Fobes '2016년 30대 글로벌 게임 체인저', MIT TechnologyReview '세계에서 가장 스마트한 50대 기업' 그리고 2020년 Fast Company '세계에서 가장 혁신적인 기업' 아태지역 2위에 선정되는 등 쿠팡의 이름을 세계적으로 알리며 국제사회로부터 인정받고 있다. 결정적으로 2021년 뉴욕증권거래소(NYCE) 상장은 한국의 이커머스 시장의 혁신적인 발전을 알리는 계기가 되었다.

전략방향

쿠팡의 김범석 창업자는 '고객을 와우하게(Wow the Customer)'하는 지상 최고의 고객 경험을 제공하는 것을 목표로 함을 강조하고 있다. 다양한 상품 선택권과 저렴한 가격 그리고 놀라운 서비스까지 아마존이 강조하는 SPC(selection, price, convenience)를 다 얻어내는 것이 쿠팡의 전략적 방향이다.

로켓배송과 환경: 물류 단계를 단축한 친환경 SCM

로켓배송에서 무엇보다도 세계적으로 인정을 받고 있는 것은 풀필먼트(Fulfillment) 프로세스인 '엔드 투 엔드(end-to-end)' 방식이다. 쿠팡은 전국 30여 개 지역에 2,322,576㎡ 규모의 물류 인프라 100여 개를 운영하고 있다. 풀필먼트 서비스의 등장은 전 세계 물류 패러다임을 바꾸고 있으며, 고객의 주문부터 제품관리, 포장, 최종 배송까지 물류의 처음부터 끝을 담당하여 제조와 유통, 물류가 하나가 되는 새로운 세상을 열었다. 로켓배송은 대부분 제품을 직접 매입해 관리·운영하는 차별화된 엔드 투 엔드 물류네트워크 구축으로 기존물류단계를 혁신적으로 단축하여 시간과 비용 절감뿐만 아니라 탄소배출 저감으로 친환경 풀필먼트와 효율적인 SCM(Supply Chain Management)을 구축하였다.

또한, 쿠팡의 물류창고와 판매검색시스템 그리고 머신러닝을 이용한 AI기술을 통해 물건 입고에서부터 분류, 탑재까지 최적의 동선을 찾아주는 IT 인프라를 구축시켜 보다 효율적인 관리시스템을 유지하고 있다.

자료: 서용구, & 김태미. (2022). 상품학 연구.

PART 2

1 ESG란?

시장에서 ESG의 도입과 본격화는 2006년 유엔 책임투자원칙(United Nations Principles of Responsible Investment, UN PRI)을 기점으로 하며, 이는 지속가능발전을 처음으로 명시한 1987년 브룬틀란 보고서를 실현하기 위해 기업과 협력하는 체계로서 제시된 것이다. 따라서 사회적 가치와 ESG는 별개의 논의가 아니며, ESG는 투자 자체를 사회적 가치실현의 방향으로 하도록 전환시키려는 것이라 할 수 있다. ESG는 기업 가치를 평가함에 있어 전통적인 재무적 요소와 함께 고려해야할 '비재무적 요소로서 환경(Environment), 사회(Social), 지배구조(Goverance)'를 뜻한다.

환경(Environment)은 자연 세계의 보전을 위한 요소로 기후 변화와 탄소 배출, 대기 및 수질 오염, 생물다양성, 삼림 벌채, 에너지 효율, 폐기물 관리 등이다. 사회(Social)는 사람과 관계에 대한 배려 요소로서, 고객 만족, 데이터 보호 및 개인정보 보호, 성별과 다양성, 직원 참여, 커뮤니티 관계, 인권, 노동 기준 등이다. 지배구조(Goverance)는 기업운영에 대한 기준으로, 이사회 구성, 감사위원회 구조, 뇌물 및 부패, 경영진 보상, 로비, 정치적 기부, 내부 고발자 계획 등의 요소로 구성되어 있다(Rau, & Yu, 2023).

ESG 평가의 핵심은 가중치가 적용된 산업별 주요 핵심 이슈에 대해 해당 기업이 리스크 및 기회 요인에 대해 얼마나 노출되어 있는지. 또한, 기업이나 조직이 얼마나 ESG를 관리하고 있는지를 평가하는 것이다. 즉 중대성(materiality) 평가에 초점이 맞춰져 있으며, 기업이 속한 산업 내 중대 이슈를 관리하는 것이 핵심이라 할 수 있다. 다양한 기관에서의 ESG에 대한 개념을 보면 아래와 같다.

다양한 기관의 ESG개념

UN PRI	EU Commission	CFA Institute	NASDAQI
위험관리와 지속가능한 장기수익 창출을 위해 투자의사 결정 시 반영되어야 할 요소	기업/조직의 경제적, 사회적, 환경적 책임을 바탕으로 지속가능한 발전을 추구하는 개념	기업가치에 재무적 관점에서 영향을 미칠 수 있는 비재무 리스크 및 비계량적인 요소	기업의 사업전략 실행 및 장기적으로 가치를 창출할 수 있는 역량에 영향을 줄수 있는 요소

자료: NICE평가정보(주).

위의 개념들에 대해 공통적인 개념을 중심으로 재정의하면, ESG는 기업의 비재무적 요소로서 기업의 경제적, 사회적, 환경적 책임을 바탕으로 기업의 가치를 창출하여 기업의 지속가능한 경영을 가능하게 하는 요소라고 할 수 있다.

2 ESG와 유사개념

ESG의 유사개념으로서 기업의 사회적 책임(Corporate Social Responsibility, CSR)은 기업의 책임이 기업활동에 관계된 이해관계자까지 있음을 인식하고 이에 부합하는 자발적인 기업활동을 촉구하는 것으로 기업의 경영철학까지를 포괄하는 개념이다. 하지만 국내·외에서 기업의 수익 추구 활동과 무관한 사회공헌활동(Corporate Social Contribution, CSC)으로 구현되는 경향을 보였다. 이러한 한계를 극복하고자 기업의 가치사슬에서 사회적 성과 창출이 가능한 부분을 찾아 사업화하는 것으로 '전략적 CSR'이 검토되어 왔으며, 이러한 전략적 CSR이 발전되어 경제적 가치와 사회적 가치를 동시에 창출함으로써 기업의 비용적 부담으로 갖고 있던 부분을 해소하고 새로운 사회적 가치를 창출함으로써 기업의 경제적 가치를 높이는 전략개념으로 부각되었다.

최근 이러한 흐름은 UN의 국제적 흐름인 지속가능발전목표(Sustainable Development Goals, SDGs)개념이 확산됨으로써 이러한 사회적 문제를 해결하는 기업의 역할의 중요성이 강조되었다. 이러한 맥락에서 지속가능발전목표를 이루기 위한 큰 도구가 ESG라고 할 수 있다.

CSR은 기업 활동에 영향을 주고받는 다양한 이해관계자들에 대한 기업의 사회적 책임을 강조하고 있으며, 이에 반해 CSV는 기업의 관점에서 기업의 경제적 가치와 사회적 가치를 창출하는데 초점을 맞추고 있다. 이러한 CSV개념 2015년에 유엔총회에서 채택된 SDGs(sustaiable development goals) 즉 지속가능 발전목표로 이어졌다. 이러한 개념들이 현재의 ESG 경영으로 변화하였다. ESG 경영은 투자자 관점에서 기업의 가치를 높이고 리스크를 관리하기 위한 환경, 사회, 지배 구조적 요인들을 관리, 측정하는 개념이다. 지금은 ESG 경영을 하지 않고는 비즈니스를 할 수 없다. CSR, CSV, ESG의 차이점을 간략히 살펴보면 아래 표와 같다.

CSR, CSV, ESG 비교

구분	CSR	CSV	ESG
구성	경제적, 법적, 윤리적, 자선적 책임	경제적 가치, 사회적 가치	환경, 사회, 지배구조
목적	기업경영의 반대급부로 사회적 책임 강조	기업의 사회적 가치와 동시에 경제적 가치를 창출함으로써 성과 향상	비재무적 지표의 관리를 통한 기업가치제고 및 지속가능성 향상
주요이해 관계자	다양한 이해관계자 (정부, 고객, 지역사회 등)	다양한 이해관계자 (협력기업, 지역사회, 고객 등)	투자 및 투자기관
접근 방법	기업의 경제적, 법적, 윤리적, 자선적 측면의 가치 실현	기업의 경제적 가치와 사회적 가치를 동시에 향상시킬 수 있는 전략적 접근	기업 경영전략에 ESG요소 결합
실행 효과	기업의 평판 향상, 고객 신뢰강화	기업이미지 향상, 기업성과 향상	기업의 재부적 안정성 증가, 투자유치 긍정적

> 제2절 **ESG와 창업(Start-up)**

1 창업(Start-up) 기업이 왜 ESG 경영을 해야만 하는가?

1) 소비자의 변화

오늘날의 기업 이해관계자들은 예전과 달리 사회적 가치 제고에 보다 많은 니즈를 가지고 있다. 소비자들은 사회적 책임을 소홀히 한 회사의 저렴한 제품보다 가격이 다소 높더라도 사회적 책임을 적극적으로 수행하는 회사의 제품을 선호한다. 즉 소비자의 윤리적 소비에 대한 인식이 높아짐에 따라 기업의 사회적 책임을 다하는 윤리적 기업의 제품을 구매하는 태도와 행동으로 변화하고 있다.

ESG 경영에 대한 2021년 대한상공회의소에서 실시한 국민 의식조사 결과를 보면 60%가 넘는 소비자들이 제품 구매 시 ESG 활동을 고려한다고 응답하였다. ESG 활동에 부정적인 기업의 제품을 의도적으로 구매하지 않는 경험이 있다고 응답한 비율도 70%에 육박하였다. 기업의 ESG 경영에 대한 국민의식조사 결과를 보면 아래 그림과 같다.

ESG 경영에 대한 국민의식 조사 결과

제품 구매 시 기업의 ESG활동 고려한다: 63.0%

ESG활동에 부정적인 기업의 제품을 의도적으로 구매하지 않은 경험이 있다. : 70.3%

ESG 우수 기업제품의 경우 추가 가격을 지불하고 구매할 의향이 있다. : 88.3%

자료: 대한상공회의소(2021.5)

이러한 결과가 주는 시사점은 바로 ESG 경영이 일반 기존의 기업뿐만이 아니라 스타트업이 고려해야 할 중요한 전략적 이슈라는 것이다.

2) 선택이 아닌 필수 전략

전 세계적으로 ESG 경영이 확산되고 있는 가운데, 국내에서도 대기업뿐만 아니라 벤처·창업기업도 ESG 경영에 관한 관심이 증가하고 있다. 현재 세계 각국의 관심을 받고 있는 것이 바로 앞으로 EU는 탄소 국경 조정메커니즘(Carbon Border Adjustment Mechanism: CBAM)에 대한 입법을 추진하고 있다. 즉 EU는 세계최초로 수입품에 환경부담금을 부과하는 CBAM 일명 탄소국경세를 도입하기로 했다. 앞으로 EU눈 앞으로 EU는 탄소 국경 조정메커니즘(Carbon Border Adjustment Mechanism: CBAM)에 대한 입법을 추진하고 있다. 즉 EU는 세계 최초로 수입품에 환경부담금을 부과하는 CBAM 일명 탄소국경세를 도입하기로 했고, 이것에 대한 입법을 추진하고 있다. 즉 EU는 세계 최초로 수입품에 환경부담금을 부과하는 CBAM 일명 탄소국경세를 도입하기로 했다.

앞으로 이와 같은 전 세계 흐름의 맥락에서, 현재 사업을 영위하고 있는 기업은 물론, 향후 스타트업을 준비하고 있는 창업자는 이러한 ESG의 흐름을 인식해야 한다. 하지만, 창업한 지 얼마 안 된 스타트업들에겐 어쩔 수 없이 다른 무엇보다 '생존'이 최우선 과제다. 그러다 보니 스타트업은 ESG를 추구할 재정적, 시간적 여유가 없을 것으로 생각하는 사람들이 많다. 스타트업은 사업이 일단 자리를 잡고 난 다음에야 비로소 ESG를 실행하는 게 상식이라는 것이다.

하지만 글로벌 컨설팅 기업인 맥킨지의 수석 ESG 자문관인 브루스 심슨(Bruce Simpson)과 연간 600곳이 넘는 스타트업의 초고속 성장을 지원하는 세계적 비영리재단인 매스챌린지(MassChallenge)의 카이트 브룸메(Cait Brumme) 최고경영자(CEO)는 생각이 다르다. 그들은 ESG가 스타트업의 생존에 반드시 필요한 전략이므로 스타트업은 살아남기 위해 ESG 전략을 추구해야 한다고 믿는다. 스타트업이 살아남으려면 기회와 위기를 모두 파악해야 하는데, 신중한 ESG 전략을 세워놓고 있으면 이게 훨씬 수월해진다는 주장이다.

앞으로는 ESG는 앞으로 선택의 문제가 아니라 기업을 포함한 어떠한 조직도 ESG 경영을 필수적으로 해야만 하는 생존을 위한 필수적 요소이다. 특히 스타트 기업의 경우 새로운 사업에 필요한 초기자본을 확보하기 위해서는 더 더욱 그렇다. ESG 경영은 투자자 관점의 경영이라고 할 수 있다. 즉 투자자가 창업기업의 향후 지속가능 경영성을 보고 투자하는 원칙이 형성되고 있다.

실례로, EU 공급망 실사지침에 제시된 실사 의무(due diligence)는 기업의 가치사슬 활동 전체 공급망 활동에서 잠재적·실질적으로 발생 될 수 있는 인권 및 환경과 관련한 부정적 영향을 파악 및 식별하고 이를 예방 및 제거하는 것에 주된 목적을 두고 있다. EU 공급망 실사지침은 실사 의무 적용기업의 실사지침 내용에 대해 다음과 같이 제안하고 있다. 첫째, 실사 의무 적용기업은 공급망 실사지침에 제시된 내용을 바탕으로 기업실사 정책을 수립하고 내재화해야 한다. 둘째, 실사 의무 적용기업은 공급망 내 발생하거나, 발생할 수 있는 부정적 영향을 식별 및 파악하고, 완화 및 제거하기 위한 지침을 마련해야 한다. 셋째, 실사 의무 적용기업의 공급망 내 관계자들이 가진 불만을 처리할 수 있는 고충 처리시스템을 제공해야 하며 넷째, 이러한 불만 사항에 대한 후속 조치를 수행할 수 있도록 관련 절차를 제도화해야 한다. 다섯 번째, EU는 실사 의무 적용기업을 주기적으로 모니터링해야 하며, 모니터링 결과를 매번 업데이트해야 한다. 마지막으로 실사 의무 적용기업은 4월 30일까지 전년도 회계기준에 맞춰 자사 홈페이지에 연례보고서를 공시해야 한다(장유진 등, 2022).

이와 같은 ESG 중요성의 흐름을 볼 때, 특히 환경, 사회 문제 해결에 관심을 갖고 참신한 아이디어를 통한 혁신기술을 바탕으로 한 ESG사업을 전개하는 스타트업은 지속가능경영을 통해 강소기업, 중견기업으로 성장할 가능성이 높다.

현재 국내기업의 ESG 활동에 대한 종합 등급 부여 환황자료를 보면 아래 그림과 같다.

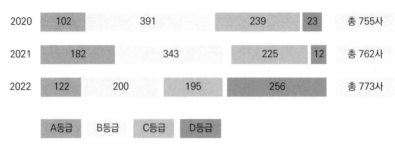

2020	102	391	239	23	총 755사
2021	182	343	225	12	총 762사
2022	122	200	195	256	총 773사

A등급　B등급　C등급　D등급

자료: ESG 포털 | ESG 통계 | 국내 ESG현황(krx.co.kr)

2 창업(Start-up) 기업의 ESG 경영

지금은 ESG 경영을 하지 않고는 비즈니스를 할 수 없다. ESG는 기업의 전략과 물리적 병합이 아니라 기업의 전략과 화학적 결합이 되어야 한다. 창업 시 ESG의 평가지표를 고려한 고객의 가치 창출을 고려해야 한다. 즉 수익성에 집중한 창업이 아니라 환경적 요소, 사회적요소, 지배구조를 고려한 창업을 해야 한다. 법적으로 제약도 있지만 고객과 사회가 그것을 원하기 때문이다. 따라서, 창업기업도 창업 초기부터 맞춤형 ESG 지표를 개발하고, ESG 교육 및 역량진단이 필요하며, ESG 전략 수립 및 관련 보고서(지속가능 보고서 등)를 매년 작성하여야 한다.

스타트업이 생존하기 위해선 우선 창업 목적부터 확인한 다음, 그것을 ESG 요소와 통합하는 것이 필요하다. 몇 가지 내용을 제시하면 아래와 같다.

1) 목적을 갖고 시작하라

'목적(purpose)'은 스타트업이 채워줄 충족되지 않은 욕구와 이를 위해 동원할 수 있는 특별한 힘을 확고히 해준다. 목적은 "스타트업이 사라진다면 세상은 무엇을 잃게 될까?" 내지 "경쟁사들이 스타트업을 쉽게 대체할 수 있을까?" 또는

"스타트업에 고객이 기업이 기꺼이 돈을 지불하고 살 특별한 무언가가 있고, 그것이 스타트업의 핵심 강점과 가치제안 속에 깊게 뿌리박혀 있을까?"란 질문에 답해준다.

목적은 브랜딩과 홍보 활동 이상을 의미한다. 직원들은 일하면서 자신의 개인적인 목적을 달성할 수 있다고 느낀다면 더 열정적으로 일할 가능성이 네배는 더 높다는 연구결과도 있다. 목적은 이해관계자들에게 영감을 주고, 회사가 집중적으로 노력할 수 있게 해준다. 목적은 이 세상에 존재하는 문제를 해결하려는 창업자의 초기 열정을 반영한다는 점에서 스타트업은 강력한 목적의식으로부터 이익을 얻곤 한다.

2) ESG와 목적을 통합하라

ESG와 목적은 엄연히 다르다. ESG '틀(framework)'은 목적과 전략을 달성하기 위해 기업을 경영하는 방법은 물론이고 특정한 위험에 노출되는 정도를 알 수 있게 해준다. 이런 면에서 ESG는 기업 의사결정의 기본이 될 '시행 틀'이 되어줄 수 있다.

'ESG가 빠진 목적(purpose without ESG)'은 측정할 수도 없고 전략적 성격을 띨 수도 없다. 그런 목적은 고정되어 있지 않고 흔들린다. 반면에 '목적이 빠진 ESG(ESG without purpose)'는 스타트업이 전략을 뒷받침해주는 중요한 주제에 충분히 초점을 맞추지 못하게 만든다.

그런 주제들은 그저 '길게 나열된 목록'에 불과하다. 따라서 ESG가 함께하는 목적(purpose with ESG)' 목적은 스타트업 창업자들이 단지 좋은 시민이 되는 차원을 떠나 스타트업이 '성공(Sucess)'하기 위해 선택해야 할 여러 가지 차원들을 찾아낼 수 있게 도와준다.

3) 중요한 위험을 찾아내라

스타트업 창업자는 피하고 관리해야 할 핵심 리스크를 찾아내는 작업부터 시작해야 한다. 조지 세라핌(George Serafeim) 하버드 경영대학원 교수는 2015년 발표한 기념비적 연구 결과에서 스타트업은 특정 부문 및 사업에 중요한 영향을 미칠 수 있는 위험에 최우선으로 집중해야 한다고 강조했다. 지속가능성 회계기준위원회(SASB) 등의 틀은 이처럼 중요한 ESG 리스크를 찾아내는 데 유용하다. 스타트업은 거기서 시작하더라도 이후 과욕을 부려서는 안 된다. 그랬다가 저지르는 실패는 기업을 구제불능으로 만들 수 있다.

예를 들어, '개인정보 보호정책(data privacy)'은 교육과 기술을 결합한 '에듀테크' 분야에서 고려해야 할 중요한 위험 요소다. 하지만 국제인권감시기구(Human Rights Watch)는 에듀테크 분야에 대한 최근 보고서를 통해 많은 스타트업이 교육 앱을 통해 미성년자들로부터 수집한 개인정보를 광고주에게 판매하고 있다는 사실을 폭로했다. 이후 정부와 맺은 계약을 중단하게 될 위험에 처한 스타트업 수가 수십 곳에 이른다. 이는 ESG에서 '거버넌스'를 뜻하는 G에 해당하는 가장 기본적인 개인정보 보호에 대한 소비자들의 기대를 배신한 행위에 해당한다.

3 ESG 경영 로드맵

1) 기업 경영전략과 ESG 방향성을 결합

스타트업 창업자는 기업가정신을 발휘하여 경영활동 전반에 ESG 방향성을 반영하기 위하여 지속가능성 이슈·사회적 가치·재무 경쟁력 등을 고려하여 연도별 ESG 전략과제를 설정. 매년 중대성 평가, 외부 ESG 관련 평가 및 전사 ESG 진단 내용을 종합하여 ESG 전략과제를 도출, 추진해야 한다.

2) 중장기 로드맵을 통한 ESG 전략체계 수립

중대성 이슈를 반영한 조직의 ESG 경영전략을 '23년 현황, '24년 계획, '30년 목표 순으로 가시적인 데이터와 함께 공개. 경영철학과 이해관계자들의 요구를 내포한 자체 ESG 전략 프레임워크를 통해 지속가능경영의 실질적인 실현을 모색한다.

3) ESG 경영을 위한 내부 전문조직 신설

ESG 내부 전담 조직(인원)을 구성하여 ESG 경영위원회의 구성 및 활동, 의안 등 상세 사항을 ESG 전담조직의 과제, 역할 등과 함께 구체적으로 기재하고 매 분기, 매년 ESG 경영에 대한 실적을 지속적으로 체크하며 성과를 향상 시킬 수 있도록 추진한다. 의사결정 조직 내에서도 이사회의 감독 업무와 경영진의 평 가·관리 업무 실적을 구분하여 기재하고, 실행 조직의 구성과 역할 등 전사적인 ESG 경영조직 체계를 공식화하고 실행한다.

예) ESG위원회, ESG 실무 협의회 등을 조직화

4) 지속가능 경영을 위한 전사적인 리스크 관리체계

경영진이 참여하는 전사 ESG 추진위원회를 통해 환경·사회·경제 리스크 전 반을 검토하며, 의사결정 사항을 각 부서에 전달하여 경영 활동에 반영한다. 예 를 들어 기후 변화 관련 리스크를 식별, 평가 및 관리하는 프로세스가 조직의 전 반적인 리스크 관리에 통합되는 방법으로 체계를 만들어 운영한다.

PART 2

제3절 ESG 경영사례 및 기업실사

1 ESG 경영사례

한국지재 구조원은 2021년 8월에 ESG 모범 규준 개정안을 발표했는데, 내 용 중에는 환경과 사회 영역에서 어떤 위험요인과 기회 요인이 있는지를 잘 보 여주고 있다. 예를 들어 기후 변화 관련해서는 글로벌 시장과 연계된 새로운 규 제 리스크를 고려하는 동시에, 기후 변화로 인한 규제와 물리적 요소의 변화 저 탄소 경제체제로의 전환, 신재생에너지 도입, 새로운 제품 및 서비스의 개발, 신 시장에 대한 접근성 향상 등을 통해 기업에 기회 요소로 작용할 수 있다.

기회 요인(Opportunity factor)을 활용한 ESG 경영사례를 보면 아래와 같다.

기회 요인을 활용한 ESG 경영사례

유형	내용	사례
새로운 사업 모델 발굴	지속가능한 제품 및 서비스를 개발해 새로운 수익창출 기회 발굴	• 친환경 사업모델 구축 • 사회문제 해결을 위한 제품 개발 등
신규고객 확보	사회, 환경에 미치는 긍정적인 사회적 가치를 고려하여 윤리적 소비를 추구하는 고객확보	• 원재료 조달, 제품 생산과정에 사회적 책임 이행(공정무역, 적정임금 지급 등), 친환경 포장, 동물복지 인증 제품 출시 등
규제비용 절감 및 지원금 확보	관련 법, 규제를 준수하여 규제비용 발생 가능성을 감소하게 하고 정부지원 등의 부수적 효과 기대 가능	• 탄소배출권 판매를 통한 매출 증대 장애인 의무고용 초과달성을 통한 정부지원금 확보 등
운영효율화	자원 효율화로 운영 비용절감	• 폐기물, 부산물 재자원화 • 지역사회 원재료 수급을 통한 유통비용 절감
우수인재 유치	지속 가능한 기업 문화를 통한 우수인재 유치 및 생산성 제고	• 임직원 복지, 역량개발 지원 등 근로조건 개선과 적정 임금 지급, 근로자 권리 보호 등을 통한 우수인재 유치

자료: 김재필(2021). ESG혁명이 온다. 미래전략과 7가지 트랜드편, 한스미디어: 서울.

2 ESG 기업실사

1) ESG 주요 평가지표

ESG 평가지표는 크게 환경, 사회, 지배구조의 3개 부문으로 평가하며 중항목으로 환경부문은 2개 요소 환경경영체계, 친환경 투자 및 개발, 환경성과 관리, 사회부문은 3개 요소 인적자원관리 및 개발, 제품 및 서비스 책임, 정보보호, 지배구조 부문은 2개 요소 윤리경영, 감사기구로 구성되어져 있다.

ESG 평가지표

부문	중항목	소항목
환경 (environment)	환경경영 체계	환경목표 및 계획, 환경경영 실행 및 조직 등
	친환경 투자 및 개발	친환경 투자 실적, 친환경 제품 및 서비스 등
	환경성과 관리	온실가스(에너지), 대기오염 물질 등
사회 (social)	인적자원관리 및 개발	인권 밑 노동관행, 조직문화 및 교육훈련 등
	제품 및 서비스 책임	품질 및 안전, 고객 권익보호 등
	정보 보호	정보보호 정책 및 관리 체계 등
지배구조 (goverance)	윤리 경영	윤리규정 수립, 윤리규정 준수 등
	감시 기구	내부감사, 외부감사 등

2) ESG 실사 사례

(1) 실사 목적

ESG 실사 목적은 ESG 평가 시 제출된 서류를 기반으로 외부 전문가의 증빙문서검증 및 세부 데이터 준비과정의 합리성, 신뢰성 확인을 통해 평가의 객관성 강화를 목적으로 진행한다.

(2) 실사 프로세스

실사 프로세스는 일반적으로 4단계로 이루어진다. 실사 기획을 세우고 평가업체로부터 평가자료를 받아 서면평가 후 현장실사를 통해 확인하고 평가결과를 피드백 및 개선사항을 제안해주는 프로세스로 이루어진다.

Step1 실사 기획	Step2 서면평가 (On-Desk)	Step3 현장실사 (On-site)	Step4 피드백 및 개선 제언

참고문헌

김재필(2021). ESG혁명이 온다. 미래전략과 7가지 트랜드편, 한스미디어: 서울.

대한상공회의소(2021.5). ESG경영에 대한 국민의식 조사.

서용구, 김태미(2022). 쿠팡의 ESG 경영: 로켓배송을 중심으로. 상품학연구, 40(1), 67-75.

장유진, 한가록, 이재은, & 김선구. (2022). EU 공급망 실사지침과 중소기업의 ESG 사례연구: ㈜빈센을.

Rau, P. R., & Yu, T. (2023). A survey on ESG: investors, institutions and firms. China Finance Review International.

ESG 포털 | ESG 통계 | 국내 ESG현황(krx.co.kr).

ESG경제(http://www.esgeconomy.com).

NICE평가정보(주)(2022). 다양한 조직의 ESG개념.

PART 2

사업타당성 분석 · 사업계획서

Business Feasibility Analysis Business Plan

CHAPTER

10 사업타당성 분석·사업계획서

Business Feasibility Analysis Business Plan

Case-Study

캐릭터닷 AI

캐릭터닷 AI의 창업자는 다니엘 디 프레이타스와 노암 사지어이다. 창업 16개월 만에 '유니콘' 으로 키운 구글러 2인이다. 이들은 구글에서 AI LaMDA 프로젝트를 담당했던 사람으로 구글이라는 대기업의 테두리에서 벗어나 "외로움을 느끼는 더 많은 사람에게 '재미'를 선사하기 위해" 2021년 캐릭터닷 AI를 공동 창업했다.

캐릭터닷 AI는 모두를 위한 온라인 '인공지능(AI) 놀이터'다. 클릭 한 번이면 실존, 가상, 고인을 넘나드는 다양한 인물을 따라 하는 'AI 챗봇'과 일대일 대화가 가능하다. 이용자가 구체적인 설명을 적어 나만의 '캐릭터 AI'를 새롭게 생성하는 것도 가능하다.

이용자는 셰익스피어에게 주말에 읽을 소설 목록을 받고, 일론 머스크에게 최근 투자할만한 주식 종목을 추천받을 수 있다.

소설 해리포터 속 헤르미온느에게 시험에서 좋은 성적을 받는 방법도 물어볼 수 있다. '심리상담가' AI와는 전문가에 버금가는 꽤나 진중한 상담도 받아볼 수 있다.

지난 9월 무료 베타버전으로 공개된 캐릭터닷 AI 웹사이트에는 매달 1억명 이상이 방문, 나만의 '커스터마이즈된 AI'를 만들어 대화를 나누고 있다. 아직 무료로 서비스를 제공하고 있어 별다른 수입원이 없음에도 직원 수가 20여 명에 불과한 이 회사는 창업 16개월 만에 유니콘으로 등극했다. 최근 실리콘밸리 벤처캐피털 회사인 앤드리슨 호로위츠 주도로 1억5000만 달러(약 1947억 원) 규모 투자를 유치, 10억 달러(약 1조 2985억 원)의 기업 가치를 인정받았기 때문이다.

지금까지 공개된 캐릭터닷 AI는 '시작'에 불과하며 대중성과 기술력, 투자금을 바탕으로 향후 지속가능한 수익창출 수단을 마련할 것이라고 강조했다. 현재 캐릭터닷 AI의 '유명인' 섹션에서 가장 인기 있는 AI 봇 중 하나는 K팝 걸그룹 트와이스의 멤버인 임나연을 따라 하는 챗봇이다. 600만 명 이상이 이 챗봇과 대화를 나눴다. "무엇이든 사람들이 원하는 것을 현실로 만들어주고 이를 바탕으로 수익을 창출할 예정이다"라고 했다.

출처: ChosunBiz.com, 창업 16개월 만에 '유니콘' 키운 구글러 2인⋯ 캐릭터닷 AI
"AI 기술로 일론 머스크 챗봇과 대화", 2023.4.9

PART 2

제1절 사업타당성 분석 Business Feasibility Analysis

1 사업타당성 분석의 필요성

사업타당성 분석이란 사업을 시행하기 전에 특정사업의 성공 가능성에 대한 정보를 파악하기 위해 사업추진능력, 기술성, 시장성과 판매전망, 수익성 및 경제성, 위험정도 그리고 자금의 조달 가능성 등을 분석하고 평가하는 과정을 말한다. 즉 사업에 대한 성공가능성을 분석, 평가, 확인하는 단계이다.

사업아이템이 결정되고 사업의 기회를 발견하였다면 다음으로 사업화하고자 하는 사업아이템이 시장에서 이윤을 창출할 수 있는지에 대한 분석을 해야 한다. 이 단계를 사업타당성 또는 사업성 분석이라고 한다.

사업타당성 분석은 기업 경영의 핵심적인 요소인 시장성, 판매전망, 마케팅 등 전반적인 요소를 체계적으로 점검하고 검토하여 실패 요인을 사전에 제거하거나 성공 가능성이 적은 사업의 진출을 사전에 미리 포기하고 핵심역량을 중심으로 사업을 계획함으로써 사업 성공의 가능성을 높일 수 있다. 사업타당성 분석 결과 '사업을 하면 이익을 창출할 수 있다'는 답이 나와야만 사업계획서를 작성할 수 있다.

사업타당성 분석의 필요성을 간략히 제시하면 다음과 같다.

첫째, 창업자 자신의 주관적인 사업 구상에서 벗어나 객관적이고 체계적인 사업성 검토를 통해 창업의 성공률을 높일 수 있다.

둘째, 창업자들이 자신들의 계획 사업에 대해 정확한 판단을 할 수 있는 토대가 되기 때문에 창업 기간을 단축할 수 있고, 효율적인 창업 업무를 수행할 수 있다.

셋째, 창업자 자신이 해당 업종에 대해 미처 깨닫지 못한 세부 사항인 시장성, 기술성, 수익성, 자금수지 계획 등을 사전에 인지하여 효율적 창업 경영을 도모할 수 있다.

넷째, 계획사업의 균형 있는 지식 습득과 보완해야 할 사항을 미리 확인하여 조치를 취할 수 있다. 그렇게 함으로써, 회사 경영의 요소를 정확하게 파악함으로써 창업자의 경영능력 향상 및 장애 요인에 대한 보완조치 마련을 가능하게 해준다.

2 사업타당성 분석 시 주요 검토내용

사업타당성 분석은 예비 사업타당성 분석과 본 사업타당성 분석으로 구분해서 실시된다. 예비 사업타당성 분석은 특정사업 아이템 선정 전에 다수의 예비 사업프로젝트를 비교 선별하여 최종적으로 하나의 아이템을 선정해가는 과정을 의미하며, 본 사업타당성 분석은 선정된 후보 사업 아이템의 시장성, 판매전망, 기술성, 수익성, 경제성 등의 분석을 통한 사업의 성공가능성을 확인하는 과정을 의미한다.

예비타당성 분석은 2단계 과정으로 수립된다. 제1단계에서는 사업아이템을 선정할 것인가 아니면 버릴 것인가 결정하는 단계이다. 제2단계에서 선별된 아이템에 대해 상대평가를 실시한다.

1) 제1단계 절대평가

아래의 사항에 해당되면 이 사업아이템은 사업 고려대상에서 제거한다.

첫째, 적당한 비용으로 제품을 생산할 수 없게 하는 요인, 즉 법률적 제한사항, 독점, 또는 다른 원인 등이 있는가?

둘째, 자본 오용액이 과다한가?

셋째, 정부의 규정에 위배되거나 좋지 않은 영향을 미치는 환경 저해요인이 있는가?

넷째, 새로운 기업, 특히 벤처기업의 참여를 배제하는 사실상의 독점이 있는가?

다섯째, 창업하고자 하는 사업이 국가의 정책, 목적 제한규정에 합당한가?

여섯째, 제품이 효과적인 마케팅 활동을 방해하는 요인이 있는가?

일곱째, 창업하고자 하는 사업이 기존 또는 추진하고 있는 산업과 공존할 수 없는가?

2) 제2단계 상대평가

본 사업타당성 분석 전 예비타당성 분석 시 상대평가항목으로 제2단계 내용으로 상품성, 지장성, 수익성, 안전성에 대해 세부 검토할 필요가 있다. 예비타당성분석시 검토내용을 살펴보면 아래와 같다.

예비타당성 분석 시 상대평가 항목

주요항목	평가요소	검토내용
상품성	적합성	• 창업자가 잘 아는 제품이거나 공정인가? • 상품이 비필수 품이거나 사치품은 아닌가? • 상품의 라이프사이클상 위치는?
	독점성	• 신규참여를 배제하는 사실상의 독점은 없는가? • 정부의 인, 허가 때문에 실제 신규투자가 제한되어 있지 않은가?
시장성	시장의 규모	• 전체시장의 규모 중 목표로 한 시장의 규모는? • 목표시장의 형태는? • 목표시장에 대한 경쟁사의 점유율, 지역적인 분포도, 소비계층은? • 국내 및 해외시장 규모는?
	경쟁 정도	• 경쟁자의 세력 및 지역별 분포는? • 경쟁제품과 비교 시 품질과 가격 관계의 강점은? • 판매유통이 용이성 및 물류비용의 경쟁력?
	시장의 미래	• 잠재고객의 수는 증가하고 있는지? • 새로운 기업의 진입 가능성은? • 소비자 성향이 안정저이고 필요성이 증가하는가?

주요항목	평가요소	검토내용
수익성	제품생산 비용의 효익성	• 적정비용으로 제품을 생산 할 수 없는 요인은? • 생산공정이 복잡하지 않고 효율성은 있는가?
	적정이윤 보장성	• 원자재조달이 용이하고 값은 안정적인가? • 필요한 노동력공급이 용이하며 저렴한가? • 제조원가, 관리비, 인건비 등 공제 후 적정이윤이 보장되는가?
안정성	자금투입 적정성	• 초기투자액은 어느 정도이며, 자금조달이 가능한 범위인가? • 이익이 실현되는 데 필요한 기간은 어느 정도이며, 그동안 자금력은 충분한가?
	위험성	• 초기 투자액은 어느 정도이며, 자금조달이 가능한 범위인가? • 이익이 실현되는 데 필요한 기간은 어느 정도이며 그동안 자금력은 충분한가?
	재고수준	• 원자재의 조달, 유통과정상 평균재고수준은 어느 정도이며, 재고상품의 회전기간은 어느 정도인가? • 수요의 계절성은 없는가?

PART 2

3 사업타당성 분석 절차

1) 사업타당성 분석의 기본절차

사업타당성 분석은 사업계획서를 작성하기 위한 선행검토 사항으로 후보사업 아이템 선별부터, 후보아이템 비교분석, 아이템 우선순위결정, 사업타당성 분석, 최적아이템 선정 및 사업계획서 작성 순으로 이루어진다.

사업타당성 분석에 대한 기본절차를 보면 아래 그림과 같다.

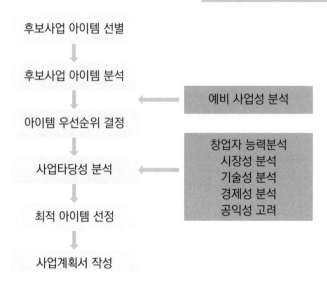

후보사업 아이템 선별

후보사업 아이템 분석 ← 예비 사업성 분석

아이템 우선순위 결정

사업타당성 분석 ← 창업자 능력분석 / 시장성 분석 / 기술성 분석 / 경제성 분석 / 공익성 고려

최적 아이템 선정

사업계획서 작성

2) 사업타당성 분석(아이템 선정 후)

(1) 1단계: 계획사업의 예비검토

사업타당성 첫 번째 단계로 계획사업에 대한 사업아이템의 사업타당성 분석에 대한 개요사항 즉 사업타당성 분석의 목적, 방법 및 범위를 설정하고 전반적인 내용에 대해 이해한다.

(2) 2단계: 사업수행능력검토

두 번째 단계는 선정된 사업아이템을 사업화할 수 있는 숭행능력과 적합성을 검토한다. 즉, 창업자가 기업 경영능력이 있는지, 해당 업종에 대해서 어느 정도의 경험과 능력을 갖고 있는 지를 분석한다. 경영능력 평가표에 의한 평가를 실시한다. 경영능력 평가표는 경영자가 기업경영을 함에 있어서 기본적으로 갖추고 있어야 할 적성 및 자질, 경험 및 지식, 업무 수행능력(경영능력)으로 나누어 각 평가 요소별로 가중치를 두어 평가한다.

경영능력 평가표

평가 요소	평 가 항 목	가중치 (A)	평가구간(B) 강(많음,10)↔약(적음,0)	평점 (A)*(B)/10
경험 및 지식 (30)	① 창업관련 분야에서의 경험	10	(20년) (15년) (10년) 등	
	② 학문과 지식 – 학력 – 업종 관련 전문적 지식	5 5	(대학원) (대졸) (고졸) (풍부) (보통) (부족)	
	③ 창업자 능력 – 창업자 보유 자격 – 사회적 지위	3 3	(자격정도) (양호) (보통) (불량)	
	④ 교재 인물과 폭과 깊이	4	(다양) (보통) (낮다)	
적성 및 자질 (30)	① 진취성		(높음) (보통) (낮음)	
	② 혁신성		(높음) (보통) (낮음)	
	③ 위험감수성		(높음) (보통) (낮음)	
	④ 주도성		(높음) (보통) (낮음)	
	⑤ 열정/끈기		(높음) (보통) (낮음)	
	⑥ 리더십		(높음) (보통) (낮음)	
	⑦ 사회적책임감		(높음) (보통) (낮음)	
업무 수행 능력 (40)	① 비전제시/목표설정 능력	10	(높음) (보통) (낮음)	
	② 경영관리 능력	10	(높음) (보통) (낮음)	
	③ 기술혁신 능력	5	(높음) (보통) (낮음)	
	④ 경영 및 환경적응 능력	5	(높음) (보통) (낮음)	
계		100		

PART 2

(3) 3단계: 시장성 분석

사업 성패의 갈림길이며 사업타당성 분석의 핵심요소라고 할 수 있다. 시장성 분석이란 창업 아이템에 대한 제품 경쟁력, 차별화, 특징 등을 분석하여, 목표시장에서 얼마만큼 매출을 올릴 수 있는가를 분석하는 것이다. 먼저, 시장성 분석을 위한 사전준비로서 분석의 목표와 계획수립, 자료의 수집, 분석이 이루어져야 한다.

이후 시장성 분석의 핵심요소 분석으로,

첫째, 전반적인 시장 동향의 분석: 시장규모, 시장특성 및 구조, 소비자분석 등

둘째, 제품성 및 제품의 경쟁적 지위 분석: 제품 강 약점, 제품라이프사이클, 경쟁기업 등 분석

셋째, 계획제품에 대한 수요예측: 시장점유율, 판매전망 등

넷째, 시장 및 제품환경 분석과 판매전략의 수립: 기술적환경요인, 마케팅전략 등

다섯째, 채산성분석 등이 있다.

(4) 4단계: 기술성분석

계획제품에 대한 기술적 측면에서의 사업 타당성 평가로서, 계획사업의 핵심기술에 대한 내용을 정확히 파악함은 물론 기술의 유용성, 기술의 위험요소 및 기술적 성공 가능성 정도를 평가하는 것을 핵심과제로 하고 있다. 기술적 근본문제로서 기술 사활 결정요소라고 할 수 있는 치명적 요소가 존재하는지를 검토한다.

주요 검토내용으로,

첫째, 제품 경쟁성 분석: 기술수명주기, 기획제품의 용도, 품질, 특성, 기획제품의 경쟁성 등

둘째, 입지 조건 분석: 주요 입지요인 분석, 관계법규상 제약요인분석 등

셋째, 생산 및 재고분석: 소요 원재료 조달의 용이성, 재고 분석 등

(5) 5단계: 수익성, 경제성분석이다.

사업타당성 분석의 최종단계이며 창업 후 경영전략을 수립하기 위한 사전 준비과정이다. 결론적으로 사업타당성 분석(feasibility study)은 사업 계획 수준의 상세한 자원 배분은 하지 않지만 해당 사업을 추진하기 위해 수립된 전략을 수행할 경우, 필요한 총비용과 총수익을 산정하여 해당 사업이 돈을 벌 수 있는가 또는 사회적 편익(Social Benefits)이 발생하는가를 판별하는 일이라 할 수 있다.

이를 위해, 계획사업의 손익분기점 분석 및 계획사업의 경제성 분석을 통해서 판단 가능하다. 수익성과 경제성 분석은 추정재무제표의 작성을 전제로 한다. 창업기업의 수익전망은 추정제조원가 명세서와 손익계산서에 의해 가능하며, 예측된 매출액 및 당기순이익 규모에 의해 손익분기점 분석이 가능하다. 수익전망은 일반적으로, 창업 후 1~5년간의 추정 손익계산서, 대차대조표, 자금수지 예상표를 바탕으로 수익전망 및 흑자실현 시점 등을 분석한다.

• 손익분기점 분석

기업 경영에 있어서 수익총액과 비용총액이 일치하게 되는, 이익도 손실도 없는 매출액 또는 조업도 손익분기점 분석은 기업 경영에 있어서 예산통제 및 이익계획수립 등에 활용되고, 손익분기달성률(매출액/손익분기점 매출액 x100)을 산출함으로써 손익분기점 매출액 대비 현재 매출액의 수준을 알 수 있다.

• 계획사업의 경제성 분석

회수기간법, 순현가법(NPV), 내부수익률법(IRR) 등을 이용하여 계획사업의 투자여부 판단과 수익성을 산정할 수 있다. 예를 들어 내부수익률법(IRR: Internal Rate of Return Method)을 살펴보면 아래와 같다. 예를 들어, 순현재가치법(NPV: Net Present Value Method)에 대해 간략히 알아보면 다음과 같다.

순현재가치법은 투자로 인한 미래의 현금 유입을 적절한 할인율로 할인한 금액에서 미래의 현금 유출을 할인한 금액을 차감하여 구한 NPV를 근거로 투자를 결정하는 방법으로 다음과 같이 계산한다. NPV는 '현금 유입의 현가 - 현금 유출의 현가'를 계산하여 0보다 크면 수익성이 있다고 판단한다.

장점은 화폐의 시간가치를 고려하고 있으며 오직 현금흐름 기대치와 자본 비용만이 고려될 뿐 회계적 수치와는 무관하다. 단점은 할인율의 추정이 어려우며 미래 추정에 따라 결과가 자의적일 수 있다. 의사결정 기준은 독립적인 투자안의 경우, NPV > 0, 상호배타적인 투자안의 경우 NPV > 0이면서 NPV가 가장 큰 투자안을 채택한다.

제2절 창업계획서 작성

1 사업계획서의 정의 및 기능

1) 사업계획서의 정의

사업계획서라고 하면 단순히 우리 회사를 소개하는 회사소개서와 유사하게 느껴지지만, 사업계획서는 회사소개서와는 그 목적이 다르다. 영업, 홍보 등의 목적으로 자사의 제품 및 서비스, 혹은 회사 현황을 소개하는 문서로, 독자는 일반 고객 혹은 고객사인 경우가 많다. 하지만 사업계획서는 진출하고자 하는 시장의 문제점, 우리가 해결하고자 하는 방법, 시장 상황, 개발 계획 등 회사의 전략적 의사결정 및 중요한 계획을 포함하는 문서로, 독자는 주요 투자자인 경우가 많다.

사업계획서란 Business Plan 또는 Business Proposal의 용어를 혼용해서 사용하고 있다. Business Plan은 Business Proposal보다 포괄적이고 구체적이어서 더 많이 활용되고 있다.

사업계획서란 일정한 목적을 달성하기 위해 지속적인 활동에 필요한 방법과 절차, 활동 범위 등을 글로 표현한 것이라고 정의할 수 있다. 여기에서 일정한 목적은 사업을 통한 이익 실현이 주된 목적이지만 때로는 투자 유치, 인·허가, 제품 홍보 등의 하위목적을 의미하기도 한다. 지속적인 활동은 기업의 주요자

원인 사람 자금, 유·무형의 자산을 운용하고 관리하는 제반 경영 활동을 의미하
며 효율적인 경영 활동을 위해서는 보유자원에 대한 전략적 운영이 필요하다.

2) 사업계획서의 기능

사업계획서의 주요 내용은 왜 개발을 생각하게 된 것인지를 고객의 문제와
경쟁자보다 경쟁력 있는 역량을 기반으로 문제를 해결할 솔루션을 제안하고 제
안한 솔루션을 어떤 방법으로 만들 것이지 팔 것인지를 고려하고 실행을 위한
소요자금과 자금조달과 팀 및 파트너를 통한 실행 역량을 설명하는 과정이 포
함되어야 한다.

사업계획서는 계획사업관 관련된 제반 사항들에 대해 객관적이고 체계적으
로 작성되어야 한다. 주요 내용은 아래와 같다.

사업계획서 제반 사항

사업계획서 제반 사항	
• 계획사업의 내용	• 생산시설, 입지조건, 생산계획
• 제품시장의 구조적 특성	• 계획 아이템에 대한 향후 수익전망
• 소비자의 성격, 소비성향, 구매태도	• 투자의 경제성
• 시장확보의 가능성과 마케팅 전략	• 차입금의 상환계획
• 제품에 대한 기술적 특성	• 조직 및 인력계획
• 계획사업에 대한 소요자금 규모 및 조달계획	

사업계획서는 사업 성공의 가능성을 높여주고 동시에 계획적인 사업 추진을
가능하게 하며 사업의 성취에 많은 영향력을 미친다.

특히, 사업자금을 조달하기 위해 금융기관, 정부기관, 투자자, 고객 등에 이
르기까지 설득자료로 활용되는 필수자료이며 사업 성공의 지침서 역할을 한다.

사업계획서는 다음과 같은 용도로 활용되어 진다.

① 추진하고자 하는 사업에 대한 설계도

② 정부정책자금 신청 및 금융대출

③ 벤처캐피털에 대한 투자제안

④ 엔젤투자가의 투자유치

⑤ 창업보육센터 입주

⑥ 기술과제 신청 및 기업홍보

2 사업계획서 작성원칙 및 주요구성

사업계획서의 작성에 있어서 반드시 준수해야 하는 몇 가지 작성 원칙, 기준이 있다. 이는 사업계획서를 작성하는 창업가가 수행하고자 계획하고 있는 사업을 완벽하게 이해하고 있다는 것을 나타내고, 그에 상응하는 사업에의 열정과 진지함으로 계획사업을 성공적으로 추진할 수 있다는 메시지를 담아야 한다.

1) 사업계획서 작성원칙

(1) 이해하기 쉽게 작성해야 한다.

사업계획서는 객관적 입장에서 누구나 보았을 때 이해하기 쉽게 작성되어야 한다. 전문용어보다 이해 가능한 용어를 선택한다. 비전문가도 이해할 수 있도록 전문용어나 기술용어보다는 보편적인 내용으로 쉽게 작성해야 한다.

(2) 객관적이고 현실성이 있어야 한다.

사업계획서는 객관성이 있어야 한다. 자료를 제시하고 작성할 때는 근거가 불충분한 자료 또는 비논리적인 추정은 피한다. 이러한 주관적이고 추정적인 자료가 많으면 신뢰성이 떨어진다.

(3) 일관성과 정확성을 유지한다.

앞뒤의 내용이 연결되고 주장과 표현의 전개가 일관성이 있어야 한다. 제시되는 숫자가 정확하지 않을 경우 신뢰성이 떨어진다. 특히 데이터 제시 시에는 공공 기관, 전문기관의 증빙자료를 근거로 정확한 시장수요조사와 최소한의 회계 재직을 바탕으로 매출액과 수익이 추정되어야 한다.

(4) 핵심내용을 강조하여 부각시켜야 한다.

너무 많은 내용을 담지 않는다. 사업아이템에 대한 주된 제품/서비스 중심으로 경쟁력과 차별점을 강조한다. 계획한 제품이 경쟁제품보다 소비자의 호응이 있으리라는 기대감을 갖고 제품의 특성을 중심으로 설명하되, 여러 가지 부수적 생산제품보다 전략계획 상품을 중심으로 1-2종, 최대 3종을 넘지 않는 범위에서 핵심제품을 중심으로 설명할 필요가 있다.

(5) 자금계획은 정확하고 실현 가능해야 한다.

창업 초기에 있어서 가장 필요한 요소는 창업 아이템이며 그 아이템을 제작, 생산, 판매할 수 있는 재무적 요소이다. 즉 정확한 소요자금을 산출한다. 조달금액과 조달처를 구체적으로 제시한다.

(6) 계획사업에 잠재되어 있는 문제점과 대응방안을 제시한다.

계획사업의 긍정적인 내용만 작성하여 제시하기보다는 잠재적인 위험요소, 문제점에 대해서도 언급하는 것이 바람직하다. 즉, 환경변화에 따른 위험요인(기술, 자금, 인력, 창업 지연 등)을 정직하게 기술한다. 향후 발생 가능한 위험요소를 심층 분석하고, 적절한 해결방안을 제시한다.

2) 사업계획서 주요 구성내용

(1) 회사의 비전(수립 목적)

예비창업자가 설립한 회사가 지향하는 시장 및 핵심적인 가치를 포함한 비전을 1줄로 작성해 제시한다. 제목은 구체적이고 설명적인 한 줄이어야 하며, 미사여구를 동원하지 말고 명사와 동사로만 깔끔하게 구성하는 것이 좋으며, 제목

225

내용을 좀 더 풀어서 작성한다고 보면 된다. 즉, 개발 동기에서 고려된 문제점에 대하여 해결방안과 목적을 작성한다.

(2) 풀고자 하는 문제

사업계획서에서 가장 중요한 부분으로, 시장에서 고객이 느끼고 있는 문제로서 창업회사가 해결하고자 하는 대상이 무엇인지를 설명한다. 고객이 겪는 불편이나 비효율을 제시하고 고객들이 이에 대해 어떻게 생각하는지 설명한다. 일례로, 흔히 '비타민'과 같이 '있으면 좋은 문제', '페인 킬러'로서 '없으면 안 되거나 불편한 것'을 제시하는데, 일반적으로 후자 쪽이 더 설득력이 있다고 사료된다.

(3) 솔루션

앞서 설명한 문제를 회사가 어떻게 해결해줄 수 있는지 해결책을 제시한다. 솔루션은 굳이 거창하거나 화려할 필요가 없으며, 실행 가능한 범위 내에서 우리 팀이 이 해결책을 가장 잘 수행할 수 있다는 점을 어필하는 것이 중요하다.

(4) 시장

목표하는 시장의 현황과 규모 등을 분석하여 제시한다. 이때 제시되는 자료는 구글링을 통해 쉽게 구할 수 있는 보도자료나 연구 자료보다, 회사 및 대표가 주시하는 시장이 무엇인지, 어떤 문제와 기회가 있는지에 대한 통찰을 드러낼 수 있는 자료가 요구된다.

(5) 경쟁사

경쟁사 분석을 통해 창업자의 창업회사가 가지고 있는 강점과 약점을 솔직하게 설명하고, 왜 이 강점에 집중했는지를 설명한다. 경쟁사와의 차별점을 부각하는 것이 매우 중요하다. 경쟁기업을 조사 분석한 내용을 기반으로 비교내용을 설명하고 이를 통한 차별성을 제시한 후 차별성의 원동력인 보유역량(기술적 역량)을 제시한다.

(6) 수익 모델

좁고 명확한 수익 모델을 잡아 실현 및 유지가 가능한 사업임을 증명해야 한다. "우리 회사는 구독모델, 공유모델, 광고 모두 다 할 수 있어!" 라고 말하는 것은 실현 가능성을 저해한다. 정확한 수익 창출을 위한 모형을 제시해야 한다.

(7) 사업전략 및 계획

어떻게 시장에 진입할 것인지, 마케팅은 어떻게 진행할 것인지, 시장 검증은 어떻게 수행할 것인지 등 전반적인 전략을 계획하여 제시한다. 계획은 분기별로 제시하는 것이 좋으며, 추가적으로 자산과 인력을 어떻게 확충해나갈 것인지 설명한다.

(8) 팀 소개

시장 검증 전 초기 스타트업이 투자자들을 설득할 수 있는 가장 강력한 무기는 팀이다. 팀 현황 및 보유역량으로 구별하여 작성하며 대표자의 역량이 중요하고 예상되는 팀원이나 업무파트너의 네트워크를 보유하고 있는지를 제시한다. 우리 팀이 이 솔루션을 가장 잘 수행해낼 수 있는 사람들임을 입증하면 좋다. 단순한 스펙 나열보다는 각 팀원들이 이 문제를 해결하기 위해 어떤 사명을 가지고 있고 어떤 스토리를 갖고 있는지 설명해주면 더 좋다.

사업계획서 구성내용 사례

외부기관제출용	자체검토용
기업체 현황	
1. 회사개요 2. 업체연혁 3. 창업동기 및 사업의 기대효과 4. 사업전개방안 및 향후 계획	1. 회사개요 2. 업체연혁 3. 창업동기 및 향후 계획

외부기관제출용	자체검토용
조직 및 인력현황	

외부기관제출용	자체검토용
1. 조직도 2. 조직 및 인력구성의 특징 3. 대표자 및 경영진 현황 4. 주주현황 5. 관계회사 내용 6. 종업원현황 및 고용계획 7. 교육 훈련현황 및 계획	1. 조직도 2. 대표자, 경영진 및 종업원 현황 3. 주주현황 4. 인력 구성상의 강ㆍ약점

기술현황 및 기술개발계획

외부기관제출용	자체검토용
1. 제품의 내용 2. 제품 아이템 선정과정 및 사업전망 3. 기술현황 4. 기술개발투자 현황 및 계획	1. 제품의 내용 2. 기술현황 3. 기술개발투자 및 기술개발계획

생산 및 시설계획

외부기관제출용	자체검토용
1. 생산 및 시설현황 　가. 최근 2년간 생산 및 판매실적 　나. 시설현황 　다. 조업현황 2. 생산공정 　가. 생산공정도 　나. 생산공정상의 여러 문제 및 개선대책 3. 원ㆍ부자재 사용 및 조달계획 　가. 제품 단위당 소요 원재료 　나. 원재료 조달상황 　다. 원재료 조달문제점 및 대책 　라. 원재료 조달계획 및 전망 4. 시설투자계획 　가. 시설투자계획 　나. 시설투자 효과	1. 시설현황 2. 생산공정도 3. 생산 및 판매실적(최근 2년간) 4. 원ㆍ부자재 조달상황 5. 시설투자계획

외부기관제출용	자체검토용
시장성 및 판매전망	
1. 관련 산업의 최근 상황 2. 동 업계 및 경쟁회사 현황 3. 판매현황 　가. 최근 2년간 판매실적 　나. 판매경로 및 방법 4. 시장 총규모 및 자사 제품 수요전망 5. 연도별 판매계획 및 마케팅 전략 　가. 연도별 판매계획 　나. 물류 시스템 및 마케팅 전략 　다. 마케팅 전략상 여러 문제 및 해결방안	1. 일반적 판매전망 2. 동 업계 및 경쟁회사 현황 3. 판매실적 및 판매계획
재무계획	
1. 재무현황 　가. 최근 결산기 주요 재무상태 및 영업 　　실적 　나. 금융기관 차입금 현황 2. 재무추정 　가. 자금조달 운용계획표(현금흐름 분석표) 　나. 추정 대차대조표 　다. 추정 손익계산서 3. 향후 수익전망 　가. 손익분기 분석 　나. 향후 5개년 수익전망 　다. 순현가법 및 내부수익률법에 의한 투 　　자수익률	1. 최근 결산기 주요 재무상태 및 영업 　실적 2. 금융기관 차입금 현황 3. 소요자금 및 조달계획
자금운용 조달계획	사업추진 일정계획
1. 소요자금 2. 조달계획 3. 연도별 증자 및 차입계획 4. 자금조달상 문제점 및 해결방안	

PART 2

외부기관제출용	자체검토용
사업추진 일정계획	사업추진 일정계획
특정 분야별 계획	

1. 공장입지 및 공장설립계획
  가. 공장입지 개황
  나. 현 공장소재지 약도 및 공장건물, 부
    대시설 배치도
  다. 설비현황 및 시설투자계획
  라. 공장자동화 현황 및 개선대책
  마. 환경 및 공해처리계획
    (배출예상 오염물질 및 처리방법)
    (공해 방지시설 설치명세 및 계획)
  바. 공장설치 인 · 허가 및 의제
    처리 인 · 허가 관련 기재사항
  사. 공장설치 일정 및 계획
2. 자금조달
  가. 자금조달의 필요성
  나. 소요자금총괄표
  다. 소요자금명세
  라. 자금조달형태, 용도, 규모
  마. 보증 및 담보계획
  바. 차입금 상환계획
3. 기술개발 사업계획
  가. 사업내용 및 연구목표
  나. 연구개발 인력구성
  다. 개발효과
  라. 개발공정도
  마. 개발사업 추진계획 및 소요자금
4. 시설근대화 및 공정개선계획
  가. 추진목적
  나. 분야별 추진계획
    (시설근대화 계획)
    (공정개선 계획)
    (신제품개발 계획)

3) 사업계획서 작성순서

사업계획서는 그 목적, 용도 및 제출기관에 따라 내용상 차이가 있다. 분량과 첨부서류에도 큰 차이가 있다. 사업계획서 작성 전에 미리 기본계획과 작성순서를 정하여 작성해야 한다. 그렇게 함으로써 시간과 노력을 절약할 수 있고, 내용도 충실해질 수 있다. 따라서, 사업계획서를 실제 작성하기 전에 준비사항과 사업계획서 작성의 기본순서를 숙지해 놓는 것이 필요하다.

(1) 사업계획서의 작성목적에 따른 기본방향 설정

기본목표와 방향이 정해지지 않으면 사업계획서의 초점을 잃게 된다. 따라서, 사업계획서의 작성목적에 따라 기본목표와 방향이 정해져야 한다.

사업계획서의 작성목적

사업계획서의 작성목적(예)

- 자금조달을 목적으로 작성하는 경우
- 공장설립 및 인·허가 등을 위해 작성하는 경우
- 사업타당성 여부 검증을 포함해서 창업자 자신의 창업계획을 구체화하기 위한 수단으로 작성하는 경우

(2) 제출기관에 따른 소정 양식 구비

자금조달을 위한 경우라도 그 내용에 다소 차이가 있다. 즉 은행, 관공서, 벤처캐피털, 정책자금 지원기관 등재 출처가 어디냐에 따라 다르다. 구체적으로 어떤 은행, 어느 기관, 어느 벤처캐피털에 지원요청을 할 것이냐에 따라서 사업계획서 작성목적 및 기재 내용이 다르다. 그러므로, 제출기관별로 소정 양식이 있는지를 미리 알아보아야 한다.

(3) 사업계획서 작성계획의 수립

대부분 사업계획서는 사업계획추진 일정상 일정 기한 내에 작성해야 할 필요성이 있는 경우가 많다. 자금조달을 위한 경우든, 공장입지를 위한 경우든 관련 기관에 제출하기 위해서는 빠른 기간 내에 작성하지 않으면 안 되기 때문이다. 따라서, 부분별로 작성 일정에 맞추어 각 분야별 전문성을 갖은 보조해 줄 사람을 확정할 필요가 있다.

부분별 작성자

부분별 작성자

- 시장성 및 판매전망: 영업부분 담당자
- 자금조달 운용계획 및 추정재무제표 작성 등 재무에 관한 사항: 경리담당자
- 제품 및 기술성분석에 관한 사항: 생산담당자
 * 경우에 따라서는 일정과 내용에 따라 외부전문기관에 의뢰하여 작성하는 경우도 있음

(4) 사업계획서 작성에 필요한 자료와 첨부서류 준비

불충분한 자료수집 때문에 재차 자료수집을 해야 하는 경우도 생기고, 경우에 따라서는 시간 낭비를 많이 할 수 있기 때문에, 흔히 사업계획서 작성 시 앞의 1~3단계를 거치지 않고 자료수집부터 하는 경우가 있다. 자료수집은 3단계가 끝난 후에 실시하는 것이 바람직하다.

(5) 사업계획서 결정

특정기관의 소정양식이 있는 경우는 그 양식에 의거하여 작성하면 별문제가 없다. 하지만, 특정양식이 없는 경우에는 작성해야 할 사업계획서의 형식(Form)을 미리 결정할 필요가 있다.

(6) 사업계획서 작성

실제 사업계획서 작성 시 제출기관에 따라 사업계획서 작성방법을 간단히 설명해 놓은 경우도 있지만 그것만으로는 부족하고 작성단계에서 많은 테크닉이 필요하다.

사업계획서 작성 실례

사업계획서 작성 실례
• 정해진 사업계획서 양식에 따라 순차적으로 작성하는 것보다는 추정재무 제표를 먼저 작성하는 것이 시간절약에 도움이 됨
• 추정재무제표는 연도별 인력계획, 생산능력 및 생산실적, 시설투자계획, 판매 및 재무계획 등 수치로 표현된 각종 계획과 일치되어야 하는데, 일단 추정재무제표를 먼저 작성해 놓을 경우는 그 이후의 수치와 정확히 일치하게 작성할 수 있기 때문임

PART 2

(7) 사업계획서 편집 및 제출

사업계획서는 내용도 중요하지만 그 내용을 포괄하고 있는 표지 등의 편집도 대단히 중요하다. 사업계획서 제출 시에는 그 내용을 충분히 숙지할 필요가 있다. 설령 외부전문기관에 의뢰하여 작성하였다 하더라도 그 내용에 대한 설명과 응답에 부족함이 없어야 한다.

1 사업계획서 작성 방향

기본의 사업계획서 본문 구조를 유지하면서 스토리텔링의 관점에서 왜 개발을 생각하게 된 것인지를 고객의 문제와 경쟁자보다 경쟁력 있는 역량을 기반으로 문제를 해결할 솔루션을 제안하고 제안한 솔루션을 어떤 방법으로 만들 것이지 팔 것인지를 고려하고 실행을 위한 소요자금과 자금조달과 팀 및 파트너를 통한 실행 역량을 설명하는 과정으로 진행해야 한다.

예비창업자들의 사업계획서의 평가 기준은 창업 아이템이 시장성이 있는지에 대한 내용과 시제품을 만들 역량을 보유하고 있는가가 가장 중요한 요인이다.

2 정부 사업계획서 작성목차

정부 사업계획서 작성목차는 일반현황과 창업 아이템 개요를 간략히 제시하고, 일반적으로 문제인식, 실현가능성, 성장전략, 팀구성 순으로 구성하여 작성한다. 작성목차에 따른 내용을 간략히 살펴보면 아래와 같다.

사업계획서의 작성목적

항목	세부사항
일반 현황	• 기본정보: 대표자, 아이템명 등 일반현황 및 제품(서비스) 개요 • 세부정보: 신청분야, 기술분야 신청자 세부정보 기재
창업 아이템 개요(요약)	• 창업 아이템 소개, 차별성, 개발경과, 국내외 목표시장, 창업 아이템 이미지 등을 요약하여 기재

예비창업자가 만들고자하는 제품·서비스에 대한 설명과 사용용도 등에 대한 내용을 작성하고 진입할 시장규모와 성장성, 경쟁강도 등에 대하여 작성한다. 경쟁사 대비 차별성을 도출하고 차별적 요소의 기반이 되는 보유역량을 작성해야 하며, 산출물 및 현재 창업자가 진행하는 개발단계를 작성한다.

사업계획서의 주요항목

항목	세부항목
1. 문제 인식 (Problem)	1-1. 창업 아이템의 개발동기 • 창업 아이템의 부재로 불편한 점, 국내·외 시장(사회·경제·기술)의 문제점을 혁신적으로 해결하기 위한 방안 및 내적동기 등을 기재
	1-2 창업 아이템의 목적(필요성) • 창업 아이템의 구현하고자 하는 목적, 국내·외 시장(사회·경제·기술)의 문제점을 혁신적으로 해결하기 위한 방안과 목적을 기재
2. 실현 가능성 (Solution)	2-1. 창업 아이템의 개발·사업화 전략 • 비즈니스 모델(BM), 제품(서비스) 구현정도, 제작 소요기간 및 제작방법(자체, 외주), 추진일정 등을 기재
	2-2. 창업 아이템의 시장분석 및 경쟁력 확보방안 • 기능·효용·성분·디자인·스타일 등의 측면에서 현재 시장에서의 대체재(경쟁사) 대비 우위요소, 차별화 전략, 보유역량 등을 기재
3. 성장 전략 (Scale-up)	3-1. 자금소요 및 조달계획 • 자금의 필요성, 금액의 적정성 여부를 판단할 수 있도록 사업비(사업화자금)의 사용계획 등을 기재
	3-2. 시장진입 및 성과창출 전략 • 목표시장 진출 방안(내수와 해외로 구분하는 것이 아니라 진입시장이라는 내용으로 수정함. 이는 예비창업자 입장에서 작성 시 어려움이 호소함)
4. 팀 구성 (Team)	4-1. 대표자 및 팀원의 보유역량 • 팀 현황 및 보유역량으로 구별하여 작성토록 함(대표자의 역량이 중요하고 예상되는 팀원이나 업무파트너의 네트워크를 보유하고 있는지를 파악함이 필요함에 따라 구분함)

3 증빙서류

　기타 참고자료'와 '가점관련 증빙서류'는 신청시 제출하여야 하며, '공통서류' 와 '창업사실 확인서류'는 서류평가 통과자에 한하여 주관기관 안내에 따라 제출한다.

가점관련 증빙서류 및 기타 참고자료: 신청 시 제출

구분	목록
기타 참고자료	• 본인의 아이템을 설명하기 위해 필요한 도면, 설계도 등
가점 관련 증빙 서류	• 2인 이상(대표자 포함)의 기술기반 예비창업팀(1점) 　– 가점 증빙서류 (1) 양식의 '예비창업패키지 팀창업 신청서'를 작성하여 제출
	• 신청한 창업 아이템과 관련된 특허권·실용신안권 보유자(1점) 　– 특허등록원부, 실용신안등록원부 　* 공고일(2020.1.31.) 이후 발급분에 한함
	• 최근 2년('18~현재) 정부 주관 전국규모 창업경진대회 수상자(1점) 　– '2020년 예비창업패키지 일반분야 예비창업자 모집공고 　　(2020.1.31.)' [참고 2] 정부주관 창업경진대회 목록(15p)에 　　해당하는 입상실적 증명원 또는 상장사본
	• 고용위기지역 거주자(1점) 　– 주민등록등본(초본) * 공고일(2020.1.31.) 이후 발급분으로 군산, 거제, 통영, 고성, 창원 진해구, 울산 동구, 영암, 목포 지역 거주자에 한하여 제출(주민등록(초본)상 주소지 기준) 　* 주민등록번호 뒷자리 '미포함'으로 발급

공통, 창업사실확인, 창업여부확인서: 서류통과 평가 시 제출	
구분	목록
공통 서류	• 대표자 신분증 사본(주민등록증·운전면허증·여권 중 1개) * 학생증 불가

창업사실
확인서류
	• 사실증명(사업자등록사실여부)
	  – 공고일 이후 발급서류
	  – 주소지 관할세무서 민원실에 방문하여, '사업증명(사업자등록사
	    실여부, 5년 이전증명 포함)'을 발급
	  – 과거 폐업경험이 있는 자는 '사실증명(총사업자등록내역)'을 추
	    가 제출

창업여부
확인서
	• 창업여부 확인서(서류평가 통과자 대상으로 양식 제공)
	  – 사업자 등록이력이 1회 이상 있는 경우
	  ① 폐업사실여부 확인을 위한 '사실증명(총사업자등록내역)' 추가
	    제출(공고일 이후 발급 서류)
	  ② '폐업사업자'와 '창업계획'한 사업자의 표준산업분류코드 동 일
	    여부를 확인하고, 동일할 시 평가결과에서 '선정대상에서 제외'
	    처리(불명확할 경우 주관기관 평가위원회에서 심의)

PART 2

* 본 사업계획서 작성 내용과 증빙자료 상의 상이한 부분이 발견되거나 누락 또는 허위 기재 등의 사실이 확인될 경우 선정 취소, 중기부 창업지원사업 참여 제한 및 사업화자금 환수 등의 불이익이 발생할 수 있다.

참고문헌

장유진, 한가록, 이재은, & 김선구. (2022). EU 공급망 실사지침과 중소기업의 ESG 사례연구:
　㈜빈센을 중심으로. 혁신기업연구, 7(3), 1-16.

김재필(2021). ESG 혁명이 온다. 미래전략과 7가지 트랜드편, 한스미디어: 서울.

ESG경제(http://www.esgeconomy.com).

비즈니스 모델

Business Model

11 비즈니스 모델
Business Model

Case-Study

틱톡의 창업

틱톡(영어: TikTok, 중국어: 抖 音, 더우인)은 장위밍(Zhang Yiming)이 2012년에 설립한 IT 기업바이트댄스(ByteDance)가 소유하고 있는 글로벌 숏폼 비디오 플랫폼이다.

틱톡을 2016년 9월 중국 시장에 '더우인'이라는 이름으로 출시하며 1년만에 이용자 1억 명을 돌파했다. 나아가 해외시장 진출을 위해 틱톡을 만들었으며, 2017년, 중국 본토 외 150개 국가 및 지역에서 75개의 언어로 iOS와 안드로이드용 틱톡을 출시했다. 또한, 미국 비디오 앱 '뮤지컬리(Musical.ly)'를 인수하며 지금의 틱톡 생태계를 완성했다. 현재 틱톡은 월평균 이용자 8억 명, 전 세계 누적 다운로드 수 20억 회를 기록했다. 대한민국에서는 2017년 11월부터 정식으로 서비스를 시작했다.

2019년 미디어는 틱톡을 2010년부터 2019년까지 10년간 7번째로 다운로드가 많은 모바일 앱으로 꼽았으며, 2018년과 2019년 애플 앱스토어에서도 페이스북, 유튜브, 인스타그램을 제치고 가장 다운로드가 많은 앱으로 꼽았다.

틱톡 기능 및 가치제안
3초에서 10분까지 동영상을 제작할 수 있다. 짧은 음악, 립싱크, 댄스, 코미디, 탤런트, 챌린지와 같은 영상을 제작 및 공유할 수 있는 동영상 공유 소셜 네트워크 서비스이다. 틱톡은 인공지능(AI)을 이용해 콘텐츠와의 상호작용을 통해 사용자의 관심과 선호도를 분석하고, 사용자별로 개인화된 콘텐츠 피드를 전시한다. 틱톡은 동영상의 '좋아요'와 댓글, 동영상 시청 시간 등을 기준으로 사용자의 선호도를 분석하는 알고리즘을 갖췄다. 추천 동영상 목록이 있는 유튜브, 넷플릭스 등 기존 소비자 알고리즘과 달리 틱톡은 사용자의 개별 선호도를 해석해 즐길 만한 콘텐츠를 제공한다.
이러한 기능을 통해 틱톡 사용자들이 직접 동영상을 주도적으로 생성하는 즐거움을 주고 그 콘텐츠를 공유함으로써 정보를 공유하고 있다. 또한, 비즈니스를 하는 사람에게 새롭게 부각되는 마케팅 광고로 떠오르고 있으며 그 효과는 사용자만큼이나 많은 사람에게 영향을 미칠 것으로 기대된다.

사회적 영향
틱톡에는 다양한 핫 이슈가 있다. 틱톡의 검색 화면에는 다양한 핫 이슈 태그와 챌린지가 나열되어 있으며, #챌린지, #중요한순간기록, #베개싸움, #콜라보 등 유명한 챌린지 해시태그가 여기에 포함된다. 틱톡은 다양한 해시태그(#) 챌린지를 통해 전 세계 사람들과의 소통의 장을 제공하며 사회적 영향을 미치고 있다.
일례로, 즐거움으로 사회적 이슈를 견인하는 챌린지 외에도, #한강쓰레기는 내 손으로 챌린지와 같이 친환경적 운동을 확산시키는 역할도 한다. 이 챌린지는 한강공원의 쓰레기 투기 문제에 대한 관심을 높이고 깨끗한 환경을 조성하는 것으로 목표로, 틱톡의 주 이용자인 젊은 세대까지도 쓰레기 문제를 재밌게 인식하고 환경보호에 관한 행동을 실천할 수 있도록 했다.

자료: https://ko.wikipedia.org/

PART 2

1990년대 후반 정보화의 물결로 인터넷 시대가 시작되면서 비즈니스 모델에 대한 세간의 관심이 높아지기 시작했다. 이후 관련 연구 문헌이 급증하고 최근에도 비즈니스 모델에 관한 관심과 중요성에 대한 인식은 나날이 증가하고 있다. 비즈니스 모델은 본질적으로는 기업을 둘러싼 고객을 비롯해 여러 이해관계자를 위해 가치를 창출하고 지속적으로 큰 성과를 내기 위한 방법을 담은 것으로 경영에 가장 핵심이 되는 체계적인 사고를 반영하고 있다.

비즈니스 모델의 다양한 정의에 대해 살펴보면 Teece(2010)와 Magretta(2002)는 비즈니스 모델을 기업이 고객을 위한 가치를 어떻게 창조해 전달하고 어떤 방법으로 수익을 창출하는가를 설명하는 '하나의 스토리'라고 정의하고 있다.

Winter & Szulanski(2001)는 자원기반관점으로 비즈니스 모델은 소비자와 공급자, 기업의 경쟁환경, 비즈니스에 대한 재무적 방식 그리고 확실한 주식보유량과 같은 자원들에 대한 일관성 있는 논리를 개발하는 것으로 개념화하고 있다.

Magretta (2002)는 기업이 어떻게 활동하는지를 설명해주는 스토리-좋은 BM이란 "고객은 누구인가?", "고객은 무엇에 가치를 부여하는가?", "기업은 어떻게 이익을 창출하는가?", "적절한 비용구조하에서 고객에게 가치를 제공할 수 있는 경제적 로직은 무엇인가?" 등에 대한 대답이라고 할 수 있다.

이처럼 비즈니스 모델은 하나의 정의를 바탕으로 설명할 수 없으며 비즈니스의 특성이나 사업이 속한 시장에 따라 변화된 비즈니스 모델을 적용할 수 있다. 즉, 비즈니스 모델을 만드는 것은 사업을 추진하는 새로운 이야기를 만들어가는 것이며 공급자와 소비자 간의 구조나 관계, 판매하려는 제품이나 서비스, 시장과 기술적 특성 등에 대한 내용을 다루는 것이다. 따라서, 비즈니스모델은 사업의 성공을 위해 목표 고객을 선정하고, 고객에 대한 가치제안을 제시하고 적합한 전략을 실행하여 수익을 창출하기 위한 총괄적인 계획이다.

제2절 비즈니스 모델 유형

1 티머스의 비즈니스 모델

Timmers(1998)의 연구는 비즈니스 모델의 유형을 가치사슬의 분해와 재결합이라는 측면에서 분류했다. 즉, 가치사슬을 구성하는 요소들을 확인해 이를 분해하고, 정보의 통합이라는 관점에서 재결합했으며, 상호작용의 패턴에 따라 비즈니스 모델을 분류하였다. 그는 비즈니스 모델의 구성요소를 ① 상품, 서비스, 정보의 흐름 구조와 이러한 비즈니스 모델에 참여하는 각각의 비즈니스 활동 주체들과 그들의 역할에 대한 설명 ② 비즈니스 활동 주체들이 누리게 될 잠재적 이익에 대한 설명 ③ 수익의 원천에 대한 설명으로 정의하였다. 이러한 정의를 바탕으로 비즈니스 모델을 11가지로 분류하고, 이를 혁신의 정도(degree of innovation)와 기능 통합(functional integration)을 기준으로 다음의 다음과 같다.

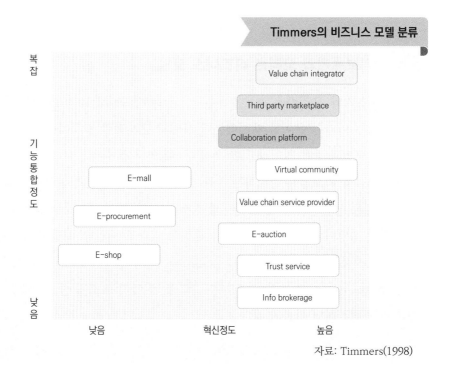

Timmers의 비즈니스 모델 분류

자료: Timmers(1998)

2 유틀라의 비즈니스 모델

유틀라(Jutla et al., 1999)의 연구에서는 상품 전달 과정을 데이터베이스 관리 방식에 따라 중개자형(cyber mediary) 모델, 제조업자형(manufacturer) 모델, 경매형(auction) 모델의 세 가지 유형으로 분류했다. 하지만 경매형 모델이 중개자형 모델과 완전히 다른 분류가 아니라 그에 속하는 특이한 형태이므로, 다른 카테고리와 중요도가 같지 않다는 한계를 보인다.

유틀라의 비즈니스 모델

구분	유형
중개자형	공급자와 소비자 사이에서 중개인 역할
제조업자형	기업 내부의 제조 과정을 통해 완제품에 새로운 가치추가
경매형	고객과 공급자 연결

자료: Jutla et al., (1999)

3 슬리보츠키와 모리슨 비즈니스 모델

슬리보츠키와 모리슨(Slywotzky & Morrison, 1997)의 연구에서는 비즈니스 디자인(business design)이라는 용어를 제시했는데 사업의 근본적인 방식이라는 측면에서 비즈니스 모델과 같은 의미라고 할 수 있다. 이 연구에 따르면 1980년대 이전에는 시장점유율 확보를 우선시하는 제품 중심적 경영이 기업의 수익과 직결되었지만, 현재는 산업기술의 진전, 글로벌 경쟁의 심화, 정보기술의 발달 등으로 고객 중심적 경영이 기업의 수익과 깊은 관련이 있다고 보았다. 그들은 새로운 비즈니스를 시작할 때 고객 선택(customer selection), 가치 창출(value capture), 차별/전략적 통제(differentiation/strategic control), 범위(scope) 등 네 가지 요소가 중요하다고 보았는데 이를 정리하면 다음과 같다.

슬리보츠키와 모리슨의 비즈니스 모델

구분	핵심요소와 논점
고객선택	• 어떤 고객을 대상으로 제품과 서비스를 제공할 것인가? – 어떤 고객에게 실제 가치를 제공할 수 있을 것인가? – 어떤 고객을 수익 창출의 대상으로 삼을 것인가? – 제품과 서비스를 제공하고 싶지 않은 고객은 누구인가?
가치창출	• 어떻게 수익을 창출 할 것인가? – 고객으로부터 어떻게 수익과 가치를 확보할 것인가? – 우리 기업의 수익 모델은 무엇인가? – 고객이 왜 우리의 제품과 서비스를 구매하는 것인가?
차별/전략적 통제	• 어떻게 사업을 방어할 것인가? – 경쟁사보다 차별적 경쟁우위 요소는 무엇인가? – 고객과 경쟁사에 대응할 전략적 통제 요소는 무엇인가?
범위	• 어느 범위까지 사업을 영위할 것인가? – 우리 기업이 고객에게 제공해 주기를 원하는 제품, 서비스 솔루션은 무엇인가? – 내부에서 수행하고자 하는 활동과 기능은 무엇인가? – 협력업체와의 관계 설정 범위는?

자료: Slywotzky, A. J., Morrison, D. J., & Andelman, B. (2007). The profit zone: How strategic business design will lead you to tomorrow's profits. Currency.

4 라우돈과 트래버의 비즈니스 모델

라우돈과 트래버(Laudon & Traver, 2001)는 비즈니스 모델을 시장에서 이익의 결과를 얻기 위해 설계된 계획된 활동의 한 부분이라고 정의하면서, 비즈니스 모델은 비즈니스 계획(business plan)의 중심에 있다고 하였다.

이들은 고쉬(Ghosh, 1998)의 연구를 바탕으로 비즈니스 모델의 구성요소는 가치 제안(value proposition), 수익 모델(revenue model), 시장 기회(marketopportunity), 경쟁환경(competitive environment), 경쟁 우위(competitive advantage), 시장 전략(market strategy), 조직개발(organizational development), 경영 팀(management team)의 총 여덟 가지로 가치제안과

수익 모델뿐만 아니라 그 외의 구성요소들도 비즈니스 모델 평가와 계획에 중요하고, 또한 이러한 구성요소들의 이해는 기업의 사업 성패에 커다란 작용을 한다고 주장하였다.

⑤ 오스터발더의 비즈니스 모델: 캔버스 모델

오스터발더(Osterwalder, 2011)는 Business Model Generation에서 비즈니스 모델 정의를 하나의 조직이 어떻게 가치를 창조하고 전파하며 포착해내는지를 합리적이고 체계적으로 묘사해낸 것이라고 정의하고 있다, 그 구성요소를 고객 세그먼트, 가치제안, 채널, 고객관계, 수익원, 핵심자원, 핵심활동, 핵심 파트너십, 비용구조의 9가지 요소로 구성되어 있다고 설명한다.

또한, 비즈니스 캔버스라는 개념을 도입해 전체적인 비즈니스 모델을 한눈에 도식화 할 수 있는 개념을 제안하였다. 본 모델은 470명의 컨설턴트가 실제 적용한 실용성과 범용성이 높은 개념으로 주목받고 있다. 비즈니스 모델 캔버스는 9가지 구성요소는 크게 인트라, 가치제안, 고객, 재무로 나누어 볼 수 있으며 자세한 내용은 아래와 같다.

비즈니스 캔버스 모델: 사례

Key parters	Key activities	Value propositions	Customer relationship	Customer segmentation
• 투자자 • 퍼포먼스 광고업체	• 이벤트 기획제작 • 플렛폼 고도화 • 플렛폼 홍보	• 21세기 최첨단 찌라시 – 거래수수료 무료	• 다양한 이벤트 • 체계적인 교육, 상담	• 배달음식 시켜 먹는 1인 가구
	Key resources • 배달음식점 pool • 이용자 수 • 브랜드 파원	– 신규광고상품 – 배달대행 제공 등	**Channels** • TV 광고/SNS • 스마트폰 App • 이메일 등	

Cost resources	Resources stream
• 고정비용: 인건비, 사무실, 광고비 등 • 변동비용: 광고비, 수수료 등	• 배달음식 중개수수료 • 배달음식점 광고비

자료: 비즈니스 모델 캔버스로 배달의 민족 사업모델 분석

PART 2

1) 인프라(Infrastructure)

(1) 핵심 활동(Key Activities)

기업이 가치를 제안하는 주된 활동이다. 예를 들어 제품을 생산, 개발을 하는 것과 같은 가치, 즉 제품을 만드는 일과 관련된 일련의 일들을 여기에 기록한다. 이 항목을 통해 비즈니스에서 가장 중요한 제품에 대해 정의를 할 수 있다.

(2) 핵심 자원(Key Resources)

고객에게 가치를 전달하기 위해 필요한 자원이다. 회사가 지속 가능하게 가치를 전달하기 위해 필요한 요소들을 말하는 것으로 인력, 자본뿐만 아니라 지적 재산권, 보유한 사용자 수 등 광범위하게 정의할 수 있다.

(3) 핵심 파트너(Key Partners)

비즈니스를 운영하고 리스크를 감소시키기 위해 여러 소비자, 공급자들 다양한 주체들과 함께 관계를 맺는 주체에 대한 항목이다.

파트너십 유형은 크게 4가지로 구분할 수 있다.

• 비경쟁자들 간의 전략적 동맹
• 경쟁자들 간의 전략적 파트너십(Strategic partnership)
• 새로운 비즈니스를 개발하기 위한 조인트벤처(Joint venture)
• 안정적 공급을 확보하기 위한 '구매자-공급자' 관계

2) 가치제안(Value Offering)

비즈니스가 제공하는 제품이나 서비스가 고객에게 전달하는 가치에 대한 항목이다. 가치제안은 비즈니스 모델 캔버스 중 가장 중요한 항목으로, 비즈니스 모델 캔버스를 처음 제안한 Osterwalder(2004)에 따르면 가치제안은 경쟁자와 차별되는 중요한 항목이다. 가치제안은 신기술, 성능, 최적화, 가격, 비용감소, 리스크 감소와 같이 소비자에게 전달하는 중요한 가치를 정의할 수 있다.

특정한 고객 세그먼트가 필요로 하는 가치를 창조하기 위한 상품이나 서비스의 조합을 의미한다. 가치제안을 정리할 때는 단순히 회사가 제공하는 모든 상품이나 서비스를 망라하는 것보다는 앞서 정의한 회사의 목표 고객 세그먼트가 지니고 있는 가장 큰 문제/니즈에 대해 우리만 차별적으로 해결해 줄 수 있는 '독특한 무언가'를 정의하고 정리하는 것이 필요하다. 특정 고객 세그먼트가 가치로 생각할 수 있는 요소에 대해 나열하면 아래와 같다.

• 새로움, 퍼포먼스, 커스터마이징, 무언가 되게 만드는 것, 디자인, 브랜드 지위, 가격, 비용 절감, 리스크 절감, 접근성, 편리성/유용성 등

3) 고객(Customers)

(1) 고객 세그먼트(Customers Segment)

효율적인 비즈니스 운영을 위한 고객 그룹 정의이다. 모든 사용자가 아닌 비즈니스가 타겟으로 하는 목표 고객을 정의함으로써 고객에 최적화된 비즈니스 전략을 구사할 수 있다. 우리가 목표로 하는 고객군은 누구이고 어떤 문제/고민/니즈를 가지고 있는지에 대해서 정의한다. 고객 세그먼트는 단순히 한 사람 한 사람 고객을 지칭하는 것이 아니라 특정 공통점을 가지고 있는 고객 집단으로 이해하면 된다. 여기서 말하는 공통점은 특정 유통 채널을 이용하거나, 특정 문제/과업/니즈에 대해 보다 심각하게 생각하거나 특정 지역에 거주하는 등으로 특정 기준으로 표현될 수 있는 모든 것이라 할 수 있다. 고객 세그먼트에는 다양한 유형이 있는데 몇 가지 예를 보면 매스마켓, 틈새시장, 세그먼트가 명확히 이루어진 시장, 복합적인 세그먼트가 혼재된 시장, 멀티사이드 시장(예: 마켓플레

이스, 플랫폼 등) 등이 있다.

(2) 유통 채널(Channels)

목표하는 고객 세그먼트와 커뮤니케이션하고 상품/서비스를 거래하는 방법 일체를 의미한다. 효율적인 유통채널을 통해 회사는 가치를 고객에게 조금 더 빠르게, 그리고 비용-효율적으로 전달할 수 있다.

채널을 고려할 때 대부분 '우리 제품/서비스를 고객이 어디에서 구매하는가?' 부분에만 초점을 맞추고 고민하는 경향이 있는데, 사실 진짜 고객 채널을 고민 하고 전략을 수립하기 위해서는 구매 앞뒤 단계를 모두 포괄해야 한다.

고객 채널 요소 5가지로 '이해도-평가-구매-전달-판매 이후'가 있으며, 개 별 요소마다 어떻게 고객과 커뮤니케이션할 것인지에 대해 고민할 필요가 있 다고 한다.

- 이해도: 상품이나 서비스에 대한 고객의 이해도를 어떻게 끌어올릴 것인가?
- 평가: 고객이 가치제안을 제대로 평가할 수 있도록 어떻게 도울 것인가?
- 구매: 어떻게 하면 고객이 더욱 원활하게 상품이나 서비스를 구매하게 할 것인가?
- 전달: 어떤 방법으로 고객에게 가치제안을 전달할 것인가?
- 판매 이후: 구매 고객을 어떻게 지원할 것인가?

이는 일반적인 고객의 구매 의사결정 과정인 '문제인식-정보탐색-대안평가-구매결정-구매 후 행동'과 크게 다르지 않다.

(3) 고객 관계(Customer Relationships)

회사가 지속적으로 성장하고 살아남기 위해서 관리 해고 유지해야 하는 고객 과의 종합적인 관계를 의미한다. 예를 들어 어떻게 신규고객을 모으고, 어떻게 고객이 가치를 느끼게 하며 또 제품이나 서비스를 경험하고 더 나아가 수익을 얻을 수 있는지에 대한 내용이다.

4) 재무(Finances)

고객 세그먼트로부터 창출하는 현금을 의미한다. 즉, 비즈니스 모델을 운영하는데 필요한 비용에 대한 정의인 비용구조(Cost Structure)와 비즈니스 모델을 운영하면서 고객을 통해 획득하는 수익(Revenue Streams)을 정의하는 내용이다.

6 레진코믹스의 비즈니스 모델: 린 캔버스

린 캔버스는 비즈니스모델 캔퍼스와 마찬가지로 9개 블록으로 구성되어 잇다. 두 모델의 차이점은 다소 있고, 창업자로서 린 캔버스를 활용하여 비즈니스 모델 분석을 하는 것을 추천한다. 정부지원용 사업계획서도 린 캔버스와 연관성이 높다.

린 캔버스 모델

문제	해결책	가치제안	경쟁우위	고객군
• 중요한 문제	• 가장 주요한 기능 (편익과 혜택)	• 제품 구입 이유와 다른 경쟁사와 차별화 포인트를 설명하는 알기 쉽고 설득력 있는 메시지	• 다른 제품이 쉽게 흉내낼 수 없는 특징	• 목표고객
	핵심지표 • 측정해야 할 활동		**채널** • 고객도달 경로	

비용구조	수익원
• 고객획득비용, 유통비용, 호스팅비, 인건비 등	• 매출(수익)모델, 생애가치, 예상 매출 및 이익 등

자료: 홍진우외(2020), 2030 창업길라잡이, 씨이오메이커

7 비즈니스모델 핵심적인 요소

비즈니스 모델을 만들기 위해서는 비즈니스 모델을 구성하고 있는 다양한 요소에 대한 파악이 필요하다. 비즈니스 모델의 구성요소에 대한 연구는 여러 학

자들에 의해 논의되고 있는데 다양한 정의만큼 여러 가지 구성요소가 존재한다. 무엇보다 중요한 것은 비즈니스 모델은 고객이 원하는 니즈(needs)와 원츠(wants)를 충족시킬 수 있는 가치(value)를 창출하여 전달해야 한다.

위에서 대표적인 비즈니스모델을 몇 가지 소개했는데, 학자마다 비즈니스모델에서 제시하는 요소가 다소 차이가 있지만, 공통적인 요소를 중심으로 핵심적인 비즈니스 모델 요소로 목표고객, 가치제안, 경쟁전략, 수익창출 요소를 들 수 있다. 아래에 제시된 표와 그림과 같다.

핵심 비즈니스 모델

구분	내용
목표고객	목표고객은 누구이며 그들은 어떻게 생활하고 있는가?
가치제안	고객의 삶을 더 가치있게 만들기 위해서는 어떤 가치를 제안할 것인가?
경쟁전략	고객에게 고객가치제안을 효과적으로 전달하고 수익모델을 구현하는 최적의 방법은 무엇인가?
수익창출	어떻게 수익을 창출할 것인가?

핵심적인 비즈니스 모델 요소

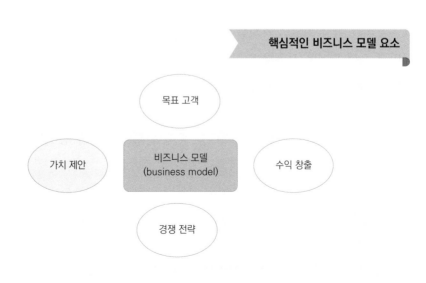

제3절 비즈니스 모델 성공사례 -Starbucks-

1 스타벅스(Starbucks) 회사소개

1) 기원

스타벅스는 1971년 시애틀에서 첫 창업 1호점이 생겼다. 10년 후(1982년) 하워드 슐츠(Schultz)라는 젊은 뉴요커가 이 문을 통들어와서 스타벅스 커피를 처음 한 모금 마셨을 때 매료되었다. 이후 슐츠는 1984년 최초의 Starbucks® Caffè Latte가 제공되는 시애틀 시내에서 커피 하우스 개념의 회사를 설립한 기원이 된다.

매장 수는 2022년 1월 기준, 총매장은 36,160개에 이른다. 한국에는 1999년 7월 27일 이화여자대학교 앞에 1호점이 생겼으며 이후 2022년 기준 1,700여 개 점이 운영하고 있으며, 신세계 그룹이 67%를 소유하고 있다.

2) 스타벅스 사명(Mission)

한 번에 한 사람, 한 잔, 한 이웃을 인간 정신에 영감을 주고 양육하는 것이다.

우리는 항상 최고의 커피를 제공할 수 있다고 믿었다. 우리의 모든 커피가 윤리적 소싱 관행을 사용하여 최고 품질 기준에 따라 재배되는 것이 우리의 목표이다. 우리의 커피 바이어들은 개인적으로 라틴 아메리카, 아프리카, 아시아의 커피 농장을 방문하여 고품질의 아라비카 원두를 선택한다. 또한, 마스터 로스터는 시그니처 스타벅스® 로스트를 통해 원두의 균형과 풍부한 풍미를 이끌어낸다.

자료: https://www.starbucks.com/

2 스타벅스 비즈니스모델

1) 목표고객

스타벅스는 특정 목표고객이 없이 커피를 마시고 싶은 모든 사람을 대상으로 하고 있으며, 일반 커피가 아닌 새로운 맛의 고품질 커피를 통한 매혹을 느끼게 하는 것이다. 하지만, 매스마케팅 전략을 사용하고 있지만, 매장 출점전략은 고소득 젊은 층의 인구밀도가 높은 곳에 주로 매장을 운영하고 있다.

2) 가치제안

첫째, 세계 어느 곳에서나 전문적 로스터/바리스타에 의한 스타벅스의 표준화된 맛을 제공한다. 고품질의 원두를 사용하여, 전문적인 로스터/바리스타들을 통해 음료 제작, 제공 서비스를 통해 스타벅스 커피만의 맛을 표준화시켜 세계 어느 곳에서나 거의 똑같은 풍미와 맛을 제공하고 있다.

둘째, 매장에서의 편안함을 제공한다. 혁신적인 제품 및 디자인·커피 맛 외에 매장에서 고객이 편안함을 즐길 수 있도록 한다(음악, 인테리어 등).

셋째, 고품질 커피 원두 구매를 통한 커피만을 제공한다. 스타벅스는 온도, 일광, 강우량 등 커피 재배에 이상적인 기후가 나타나는 고지대에서 생산된 아라비카 커피만 구매한다. 그 이유는 고지대에서 재배된 원두는 풍부한 풍미와 세련된 바디감과 산미를 가지고 있기 때문입니다. 이를 위해 스타벅스는 농장과 농부들의 곁에서 커피 경작을 함께 연구한다. 스타벅스 커피는 각 산지의 커피가 가지고 있는 최상의 풍미와 더불어 산지의 농부와 스타벅스의 노력이 담겨있다.

넷째, 제품의 다양성이다. 스타벅스는 커피 + 샌드위치, 쿠키, 머그잔 등 다양한 제품을 고객의 욕구에 맞게 제공한다. 특히, 커피 등의 음료 외에 점차적으로 간단한 식사를 할 수 있도록 새로운 메뉴를 제공하고 있다.

다섯째, ESR 전략을 통한 사회적, 환경적 가치 동참에 대한 고객의 윤리적 소비의 가치를 높인다. 스타벅스의 제품 구매, 생산, 유통과정에서 환경을 위한 탄소배출을 줄이기 위한 노력과 스타벅스에서 제공하는 식물기반 선택 메뉴, 스타벅스에서 사용되는 컵, 스트롱 등의 제품도 친환경적 제품만을 사용함으로써 직·간접적인 환경적, 사회적가치를 창출하는데 도모하도록 함으로써 보람을 갖도록 한다.

스타벅스 텀블러 제품

Tumbler

Copper Band
Stainless-Steel
Tumbler - 16 fl oz

Copper Pin
Stainless-Steel
Tumbler - 20 fl oz

Siren Logo Plastic
Hot Cup - 16 fl oz

자료: https://www.starbucks.com/

스타벅스 식사메뉴

Protein Boxes

Eggs & Gouda
Protein box

Cheese Trio
Protein box

Cheddar &
Uncured Salami
Protein box

Chickpea Bites &
Avocado
Protein box

Eggs & Cheddar
Protein box

PB&J Protein box

Cheese $ Fruit
Protein box

자료: https://www.starbucks.com/

3) 전략

(1) ESR을 바탕으로 한 지속가능 전략

첫째, 환경적 가치창출(creating environmental value)을 위한 전략이다.

스타벅스는 환경친화적인 운영, 재생 농업 관행 및 환경친화적인 메뉴에 대해 새로운 투자를 하고 있다. 이에, 회사는 탄소, 물 및 폐기물 발자국을 절반으로 줄이겠다는 2030 환경목표를 공식화했다.

"From Bean To Cup"이라는 운동을 통해 스타벅스는 커피 원산지부터 매장까지 환경 발자국 줄이기 위해 노력하고 있다. 또한, 스타벅스는 자체 친환경

원두 구매 가이드 라인인 C.A.F.E(Coffee and Farmer Equity) Practice를 국제 환경 보전 단체인 Conservation International과의 협업을 통해 개발하여 운영하고 있다. 이를 통해 커피 원산지의 환경을 보호하며 사회, 경제적 여건을 향상시켜 최상질의 원두커피를 안정적으로 공급받을 수 있도록 전 세계 커피 농가와 지난 30여 년간 장기적인 상상 협력관계를 구축해오고 있다.

둘째, 사회적 가치창출(creating social value)을 위한 전략이다. 커피 농가와 지역 사회가 커피 산업으로 지속가능한 삶을 영위하도록 노력한다. 지역농가의 경제적 가치와 지역 사회의 고용 확대, 커피 산업 증대 등의 사회적가치 창출을 도모한다. 또한, 스타벅스만의 지속가능한 커피 생산과 고품질 원두 생산을 위해 스타벅스는 커피농장을 지원하고 농부들의 곁에서 커피 경작을 함께 연구한다. 까다롭고 엄격한 수확 과정과 수차례의 테이스트를 거쳐 고품질 커피를 생산한다. 고품질의 커피 생산은 농부에게 높은 가격으로 돌아가고, 고객들에게 풍성한 풍미의 커피를 고객에게 제공함으로써 고객의 충성도를 높인다. 이러한 일련의 과정을 통해 상생의 가치를 높이고 있다.

스타벅스 커피 농사 모습

자료: https://www.starbucks.com/

셋째, 바람직한 지배구조(governance)를 통한 성과를 향상시킨다. 공정무역을 통한 윤리적인 커피(원두)만을 구매한다. 농부들과의 지속적인 협업과 거래를 통해 매년 고품질의 커피를 생산하고, 커피 농장에서도 농부들에 대한 전문지식뿐만이 아니라 농부들과의 협업과 교육을 통해 아동착취 노동 등의 문제를 원칙적으로 제거하고 있다.

스타벅스의 윤리적인 거래 운영 방식은 아래 그림과 같다.

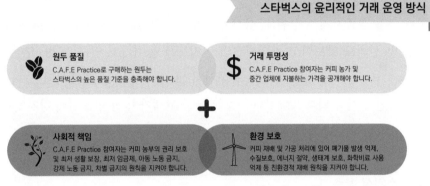

스타벅스의 윤리적인 거래 운영 방식

원두 품질
C.A.F.E Practice로 구매하는 원두는 스타벅스의 높은 품질 기준을 충족해야 합니다.

거래 투명성
C.A.F.E Practice 참여자는 커피 농가 및 중간 업체에 지불하는 가격을 공개해야 합니다.

사회적 책임
C.A.F.E Practice 참여자는 커피 농부의 권리 보호 및 최저 생활 보장, 최저 임금제, 아동 노동 금지, 강제 노동 금지, 차별 금지의 원칙을 지켜야 합니다.

환경 보호
커피 재배 및 가공 처리에 있어 폐기물 발생 억제, 수질보호, 에너지 절약, 생태계 보호, 화학비료 사용 억제 등 친환경적 재배 원칙을 지켜야 합니다.

자료: https://www.starbucks.com/

(2) 매장운영전략

스타벅스는 전 매장의 48.4%가 북미 시장에 집중되어 있고 나머지 51.6%는 전 세계에 퍼져있다.

스타벅스의 매장 출점 및 확장 전략은 허브 집중 방식(Hub & Spoke) 전략으로 주로 고소득, 젊은 직장인들의 인구밀도가 많은 지역을 첫 매장으로 진입 후(Hub) 그곳을 중심으로 확장하는(spoke) 전략으로 시장 점유율을 높여간다. 이러한 전략은 몇 가지 강점이 있다. 첫째, 브랜드 가시성, 인지도 향상 둘째, 시장지배력 강화, 셋째, 경쟁브랜드 진입 장벽 강화, 넷째, 물류망 형성 및 자원조달 용이, 다섯째, 직원 호환 등의 유효한 전략으로 고려된다.

또한, 매장의 운영 측면에서, 제3의 장소(The Third Place)로 고객들에게 포지셔닝을 강화하고 있다. 즉 집과 직장, 학교의 역할을 할 수 있는 제3의 장소로의 제공을 위해 인테리어, 음악, 의자 등 다양한 물리적 환경(physical environment)을 개선, 구축해 가고 있다.

(3) 디지털 트랜스포메이션 전략

오프라인 매장을 중심으로 사업을 시작하고 온라인 서비스로 경험을 확장하고 있다. 밀레니얼 세대 소비자는 식품의 출처, 재배 방법, 지속 가능하고 윤리적인 방식으로 생산됐는지에 대해 점점 더 관심이 증대되고 있다. 이러한 고객의 욕구를 충족시켜주기 위해, 블록체인기술을 활용하여 커피원두 생산과정 투명성 및 신뢰도 확보하고 스타벅스의 인지도를 높여가고 있다. 또한, 주문서비스(사이렌 오더, 온라인주문), 배달 서비스, 응대서비스(온라인 확대: 챗봇등), 결재서비스, 다양한 연계 포인트 사용 확대(신세계 포인트, KT 등)를 통한 고객가치 향상을 위해 디지털을 활용한 다양한 서비스를 제공하고 있다.

4) 수익성 창출

스타벅스의 매출은 2022년 기준 약 2조 6000억 원의 매출을 달성하였으며 2년 연속 2조 원 클럽에 가입하였다. 지속적인 매출 증대가 이루어지고 있다.

이러한 성과는, 고품질 커피 제공에 따른 판매뿐만이 아니라 쿠키를 비롯하여 샌드위치 등 간단한 음식을 서비스 함으로써 매출 증대가 확대되고 있다. 또한, 다양한 스타벅스 커피로고를 활용한 컵, 텀블러 등의 제품확대도 스타벅스의 수익성을 높이고 있다.

특별한 행사를 기념하는 신제품도 판매함으로써 스타벅스의 이미지 증대 및 고객의 잠재적 욕구도 충족하는 역할을 하고 있다. 아래의 제품은 발렌타인데이(Valentine's Day)을 기념하여 제작 판매한 제품이다.

스타벅스 발렌타인 기념 판매제품

Fall in love with Starbucks new Valentines Day merchandise

자료: https://www.starbucks.com/

PART 2

3 스타벅스 성공 요인

1) ESG 전략의 적극적 실행

스타벅스는 환경친화적인 운영, 재생 농업 관행 및 환경친화적인 메뉴에 대한 새로운 투자를 비롯한 탄소, 물 및 폐기물 발자국을 절반으로 줄이겠다는 2030 환경목표를 공식화하고 적극적으로 추진하고 있다. 이와 더불어 커피 농가와 지역 사회가 커피 산업으로 지속가능한 삶을 영위하도록 노력한다. 지역 농가의 경제적 가치와 지역 사회의 고용 확대, 커피 산업 증대 등의 사회적 가치를 통한 상생적 경영을 추구하고 있으며 및 기업의 지배구조를 투명하게 유지 운영하고 있다. 이와 같은 ESG의 전략적 경영이 스타벅스의 중요한 성공 요인 중의 하나이다.

2) 디시털시대에 맞는 디지털 포메이션대응 전략

스타벅스는 오프라인 매장을 중심으로 사업을 시작하고 온라인 서비스로 경험을 확장하는 트윈 시스템체제로 디지털 포메이션을 강화하고 있다. 일례로, 블록체인기술 활용하여 커피 원두 생산과정 투명성 및 신뢰도를 확보한다. 이는 주요 소비집단인 MA(밀레니엄과 Z세대) 세대 소비자는 식품의 출처, 재배 방법, 지속 가능하고 윤리적인 방식으로 생산됐는지에 대해 점점 더 관심이 높아지고 있다. 이에 따라 디지털 포페이션의 변화를 통해 이러한 소비자의 욕구를 충족시켜주고 있다.

스타벅스는 여기에 더해 알리바바와 협업해 알리바바타오바오앱으로 커피 생산하는 과정, 커피 로스팅하는 과정을 증강현실(AR)로 보여주고, 주문서비스(사이렌 오더, 온라인주문), 배달 서비스, 응대 서비스(온라인 확대: 챗봇 등), 결재서비스, 다양한 연계 포인트 사용 확대(신세계 포인트, KT 등)를 통해 고객의 가치를 높여주기 위한 전략을 적극적으로 추진하고 있다.

3) 전략적인 매장확장 전략

앞에서 제시한 바와 같이 스타벅스의 매장 출점 및 확장 전략은 허브 앤 스포크(Hub & Spoke)전략으로 주로 고소득, 젊은 직장인들의 인구밀도가 많은 지역을 첫 매장으로 진입 후(Hub) 그곳을 중심으로 확장하는(spoke) 전략으로 시장 점유율을 높여간다. 새롭게 스타벅스를 제3의 장소(The Third Place) 즉 만남의 장소, 집, 사무공간 등으로 고객들에게 인지를 강화시키는 포지션을 통한 매장확장 전략이 매우 유효해 보인다.

이상할 정도로 스타벅스의 매장이 있는 인근 지역은 스타벅스를 중심으로 더욱 발전하고 지역 땅값이 상승하는 효과를 가져온다. 지역의 특성도 있지만, 스타벅스 매장으로 인한 부가가치가 상승한다고 볼 수 있다.

4) 기업가정신

스타벅스는 글로벌시장을 진취적으로 개척하고 사업영역(COFFEE+FOOD)을 확장해 나가고 있다. 또한, 새로운 혁신적 로스팅 방법을 적용하여 최적의 커피 향과 맛을 개발하고 있으며, 공정한 원재료구매 및 투명한 공급망구축을 통한 안정적이며 지속가능한 경영을 위한 기업가정신을 발휘하고 있다. 특히, 스타벅스는 사람을 중시하는 종업원을 제의 1 고객으로 생각하여 근무환경, 역량증대를 위한 교육훈련, 다양한 복지혜택 등을 통해 사람 중심의 기업가정신을 특징으로 하고 있다. 이러한 스타벅스만의 기업가정신이 경쟁력의 원천이며, 성공을 이끄는 원동력이라 볼 수 있다.

PART 2

4 스타벅스 미래

향후 스타벅스는 지속가능성이 어떻게 될 것인가? 지속적으로 시장에서 주도적인 시장 지배자로 남을 것인가? 이러한 물음에 답은 Yes, or No?

스타벅스의 경쟁상대 기업은 커피 및 음료를 판매하는 투썸플레이스, 이이야커피, 메가커피 등이었지만 맥더날드, 서브웨이, 레스토랑 등이 새로운 경쟁기업으로 대두되고 있다.

스타벅스 로고

그리스 신화에 나오는 바다의 요정으로 바다의
항해사들의 넋을 뺏는다고 한다. 이와 같이
스타벅스커피로 고객을 빠져들게 하고자
하는 의미로 이 세이렌을 로고로
선정했다고 한다.

스타벅스 로고에서 보이듯이 스타벅스는 이제 사업영역이 커피, 음료 판매에서 샌드위치, 런치박스 등의 식사메뉴를 제공하고 있다. 이에 따라 스타벅스는 새로운 경쟁자들과의 경쟁에서 어느 정도 지배력을 확보할지 호기심이 당긴다. 지금까지의 스타벅스의 전략으로 보면 시장에서 경쟁력은 매우 높다고 사료된다.

참고문헌

홍진우외(2020), 2030 창업길라잡이, 씨이오메이커.

Magretta, J. (2002). Why business models matter.

Traver, G. C., & Laudon, C. K. (2001). E-commerce.

Jutla, D., Bodorik, P., Hajnal, C., & Davis, C. (1999). Making business sense of electronic commerce. Computer, 32(3), 67-75.

Magretta, J. (2002). Why business models matter.

Osterwalder, A. (2011). Modelo Canvas. Barcelona: Deusto SA Ediciones.

Slywotzky, A. J., Morrison, D. J., & Andelman, B. (2007). The profit zone: How strategic business design will lead you to tomorrow's profits. Currency.

Teece, D. J. (2010). Business models, business strategy and innovation. Long range planning, 43(2-3), 172-194.

Timmers, P. (1998). Business models for electronic markets. Electronic markets, 8(2), 3-8.

Winter, S. G., & Szulanski, G. (2001). Replication as strategy. Organization science, 12(6), 730-743.

https://www.starbucks.com/
https://ko.wikipedia.org/

창업기업 전략

Start-up Strategy

CHAPTER **12** **창업기업 전략**
Start-up Strategy

Case-Study //////////////////////////////////////

세계 최대 소매기업 월마트의 전략

 세계 최대기업인 소매기업인 월마트는 철저히 고객의 처지에 서서 전략의 실천을 우직하게 반복하는 압도적인 노력과 집요함이 필요함을 가르쳐준다.

창업자 샘월트는 "내가 성공한 비결은 그저 목표를 향해 한 걸음 한 걸음 착실히 나아간 것이다." "지극히 평범한 사람들이 똘똘 뭉침으로써 비범한 결과를 이루어온 것이 월마트의 스토리다."라고 하였다.

월튼은 미국 중부에 위치한 아칸소 주의 어느 작은 마을에서 자금도 없고 융자도 받지 못한 채로 소매업을 시작했다. 창업 초기의 월마트는 허름한 점포였지만 '다른 어느 곳보다도 저렴한 가격에 판다.'라는 생각을 10년 동안 철저히 지킨 결과 고객과 좋은 관계를 쌓아 올려 매출을 증가시킬 수 있었다. 지역의 고객들은 '월마트' 하면 '저렴한 가격과 만족을 보증하는 곳'이라는 이미지를 떠올리게 됐다. 즉 비용 우위 전략을 통해 소비자들에게 월마트의 브랜드 연상을 떠올리게 하였다.

이러한, 기업전략을 바탕으로 월마트는 지극히 단순히 매장을 넓혀 나갔다. 출점전략도 다른 회사가 관심을 보이지 않는 작은 마을에 적정규모의 할인점을 연다는 단순한 매점전략을 통해 하나하나 매장을 넓혀 나갔다. 이전에 월트는 체인점운영 및 가맹점 운영을 위한 전산화/정보화의 중요성을 1960년대에 깨우쳤다.

당시 소매업의 최강자였던 K마트는 인구 5만 명 이하의 마을은 상권이 너무 작다며 출점하지 않았다. 월트는 인구 5천 명 이하의 작은 마을이면 경쟁 없이 승리할 수 있다고 확신하고 이곳에 엄청난 기회가 있음을 발견하고 점차적으로 확장하여 지금에 이른다 (상권: 작은 마을 과점화 → 상세권: 인접마을 과점화 → 지역과점화 → 과점화지역확대 → 글로벌화)

월트의 한 일화를 보면, 창업할 때 "정가 1달러 98센트, 매입가 50센트인 상품을 부하가 1달러 28센트에 팔면 어떨까요?"라고 제안하자 월튼은 이렇게 말했다고 한다.

"매입가가 50센트이니 거기에 30%를 언지자고 그 이상은
안 돼, 싸게 매입해서 얻은 이익은 고객에게 환원해야지"

출처: 나가이다카히사(2021). MBA 마케팅 필독서 45, 김정환 옮김.
센시오: 서울. pp. 308-316.

어떤 조직이든지 전략을 세우는 데 있어서 먼저 외부, 내부환경을 이해해야한 다. 환경은 조직의 전략에 영향을 주며, 조직은 그 조직이 처해 있는 환경에 전략 을 부합시켜야 높은 성과를 얻을 수 있다는 것이 전략적 상황이론의 기본 논리 이다. 즉 전략을 수립하기 전에 기업이 처한 환경을 우선 알아야 한다.

즉, 전략적 상황이론(strategic contingency)의 관점에 따르면, 기업이 경쟁우위를 확 보하기 위해서는 환경과 전략의 적합(fit)을 추구해야 할 뿐만 아니라 환경의 제 약조건을 완화시킬 수 있는 전략을 선택해야 한다. 일례로, Miller(1988)의 연구 는 환경과 전략 간의 가설적 관계를 제시하고 이 관계에 근거하여 적합 정도를 측정하였는데 그는 환경이 역동적이고 불확실할수록 기업은 더욱더 다양한 제 품차별화를 시도하고 혁신적인 제품을 만들어냄으로써 성공 가능성을 높일 수 있는 경쟁전략을 취하게 되는 반면, 안정적인 환경하에서는 원가우위전략이 적 합하다고 주장하였다.

1 거시환경분석: PEEST분석

일부 학자들은 이 내용에 법적(Legal) 특성을 추가하여 SLEPT로 부르기도 하 며 환경(Environmental) 분야를 추가하여 PESTLE 혹은 PESTLE로 칭하는데 영국에 서 통용된다. 시장조사나 전략 분석을 할 경우 특별히 거시경제 요소에서 기업 이 의사결정을 내려야 할 시 사용하는 기법이다. 시장 성장과 축소, 사업 포지셔 닝, 사업 방향 등을 파악하는 데 효과적인 도구이다.

1) PEEST 분석요소

거시환경분석(일반환경분석)은 산업 내에서 기업의 경쟁력에 영향을 미칠 수 있는 거시적인 환경요인이 무엇인지 파악하기 위한 방법론이며 STEEP 분석과 PEST 분석이 대표적이다.

- Political: 정치적 협의, 규제안, 이해정당과 NGOs
- Environmental: 지구온난화, 재순환, 전문환경
- Economic: GDP 성장, Inflation & CPI(소비자 물가지수), 환율
- Social: 대중의 트렌드, 소비자 생활방식, 교육 배경, 사회활동
- Technological: IT Trends, 혁신기술, 과학기술 보급

(1) 정치적 요인(Political)

정치적인 요인은 정부가 경제에 개입하는 방법과 정도에 관한 것이며 세금 정책, 노동법, 환경법, 무역 제한, 관세, 정치적 안정과 같은 영역을 포함된다. 정치 요인에는 정부가 제공하거나 제공하고자 하는 상품 및 서비스와 정부가 제공하지 않으려는 것들이 포함될 수 있다. 정부는 국가의 보건, 교육 및 인프라에 큰 영향을 미치는 요소이다.

최근 우크라이나와 러시아전쟁으로 인한 정치적요인, 미국과 중국 간의 정치적 요인 등이 기업의 전략을 결정하는 중요한 요인으로 작용하고 있다. 정치적 요소로 국제정치 변화, 정부 정책, 정부 기간 및 변경, 거래 정책, 자금, 보조금 및 이니셔티브, 국내 시장 로비/압력 단체, 국제 압력 그룹, 전쟁과 갈등 등이 있다. 또한, 법적요소는 정치적요소에 포함시켜 분석한다. 하지만 조금씩 법적인 부분의 중요성이 높아지고 있다. 차별법, 소비자법, 고용법, 독점금지법 등을 포함한다. 또한, 현행법상 국내시장, 미래 입법, 국제법, 규제 기관 및 프로세스 등의 요소가 고려된다.

(2) 경제적 요인(Economic)

경제 요인에는 경제성장, 금리, 환율 및 인플레이션 비율, 가정 경제 상황, 가정 경제 동향, 시장 경로 및 유통 동향, 국제무역 등의 요인이다. 이 요소는 기업 운영 및 의사결정 방법에 큰 영향을 미치게 된다. 예를 들어, 금리는 회사의 자본

비용에 영향을 미치므로 회사가 어느 정도 성장하고 확장하는지에 영향을 준다. 환율은 상품 수출 비용과 경제에서 수입 상품의 공급 및 가격에 영향을 미친다.

(3) 환경적 요인(Environmental)

환경요인에는 날씨, 기후 및 기후 변화와 같은 생태 및 환경 측면이 포함된다. 특히 관광, 농업 및 보험과 같은 산업에 영향을 줄 수 있다. 기후 변화의 잠재적 영향에 대한 인식이 높아짐에 따라 새로운 시장 창출과 기존시장의 축소 또는 파괴 등 기업 운영 방식과 제품 제공에 영향을 미치고 있다.

(4) 사회적 요인(Social)

사회적 요소에는 문화적 측면이 포함되며 건강 의식, 인구 증가율, 나이 분포, 직업 태도, 라이프스타일, 소비자 구매 패턴, 윤리적 문제 및 안전 강조가 포함된다. 사회적 요인의 추세는 회사 제품에 대한 수요와 회사 운영 방식에 영향을 준다. 예를 들면 최근의 고령화 인구는 인력 풀이 적으며 취업 의지가 낮은 인력 시장을 의미할 수 있다. 따라서 노동 비용 증가할 수 있다. 또한, 회사는 이러한 사회적 트렌드(고령 근로자 채용)에 맞게 다양한 관리 전략을 변경해야 할 수 있다.

(5) 기술적 요인(Technological)

최근 4차 산업혁명으로 인해 기술적 요인이 매우 중요한 변수로 작용을 하고 있다. 기술적 요인은 R & D, AI, 로봇기술 등과 같은 혁신기술, 이로 인한 인센티브, 기술입법, 혁신잠재력, 기술 변화율과 같은 기술적 측면이 포함된다. 기술적 요인은 진입 장벽, 최소한의 효율적인 생산 수준과 아웃소싱 결정에 영향을 줄 수 있다. 또한, 기술 변화는 비용, 품질에 영향을 미치고 혁신으로 이어질 수 있다.

2) PEEST에 대한 명확한 정의

PEST 주제는 다음과 같은 관점에서 다루어지는 시장에 대해 명확히 정의해야 한다. 즉 다음과 같은 사항을 명확히 정의할 필요가 있다.

- 시장을 바라보는 기업
- 시장을 바라보는 제품
- 시장과 관련된 브랜드
- 지역 사업부
- 새로운 시장에 진입하거나 신제품을 출시하는 것과 같은 전략적 선택
- 잠재적 인수
- 잠재적 파트너십
- 투자 기회

PEEST 분석에 참여하는 사람들과 완성된 PEEST 분석을 보는 사람들이 PEEST 평가의 목적과 시사점을 제대로 이해할 수 있도록 PEEST 분석 대상을 명확하게 기술해야 한다.

3) PEEST 분석 단계

이러한 GEEST 분석 시 다음과 같은 단계로 이루어진다.

(1) 1단계: 분석 중인 요소 이해

이 단계는 평가 중인 환경의 요소를 이해해야 한다. 개인 또는 회사는 다음에 관한 질문에 대한 해답을 찾아야 한다.

- 요소 내 주요 트렌드와 이벤트는 무엇이며 이를 뒷받침하는 근거는 무엇 인가?
- 이러한 트렌드는 역사적으로 어떻게 전개됐는가?
- 트렌드 변화의 본질은 무엇인가?
- 이 트렌드는 회사에 어떤 영향을 미치는가?

(2) 2단계: 다른 트렌드 간의 상관관계 평가

이 단계에서는 트렌드가 외부 환경요소와 같은 상호 관계를 올바르게 평가해

야 한다. 기획자는 트렌드 간 충돌과 상호 관계를 이해해야 한다.

(3) 3단계: 트렌드를 이슈와 관련

기획자는 회사의 목표 달성을 위한 프로세스에 도움이 되거나 방해가 되는 트렌드를 판단해야 한다. 이 단계를 실행하는 가장 좋은 방법은 작성 가능한 트렌드 리스트를 만든 후 주요한 이슈를 찾기 위해 소거해가는 것이다. 각 이슈별로 기업에 미치는 영향 정도 및 발생 가능성을 고려해 우선 순위화해야 한다.

(4) 4단계: 다가올 이슈의 방향성 예측하기

4단계에서는 3단계에서 수집한 정보 이상의 분석 작업을 진행해야 한다. 전문지식과 수집된 데이터를 사용해 이슈 뒤에 숨어 있는 원동력(driving force)을 찾아야 한다. 원동력을 찾기 위해 해당 트렌드의 원인과 증상을 확인해야 한다.

(5) 5단계: 시사점 도출

의미를 도출하는 것은 중요한 단계이다. 이 요소가 현재 및 미래의 전략적 이니셔티브에 어떤 영향을 미칠 수 있는지 추론하는 데 도움이 된다. 좋은 결론은 회사가 전략적 계획을 실행할 때 필요한 시사점을 이해하게 한다. 경제 침체 및 투자 부족과 같은 외부 환경요인이 회사의 전략적 옵션에 영향을 미치는 경우, STEEP 분석은 각 요인이 기획 과정에 미치는 영향을 파악할 수 있게 한다.

2 거시환경 및 내부환경분석: SWOT 분석

PEEST는 SWOT 전에 유용하다. 일반적으로 그 반대는 아니다. PEEST는 확실히 SWOT 요소를 식별하는 데 도움이 된다. PEEST와 SWOT 사이에는 유사한 요소가 각각 나타나기 때문에 겹치는 부분이 있다. 즉, PEEST와 SWOT는 분명히 서로 다른 두 가지 관점이다. PEEST는 특정 제안 또는 사업의 관점에서 경쟁사를 포함한 시장을 평가하고, SWOT는 자신의 것이든 경쟁자의 것이든 비즈니스 또는 제안에 대한 평가이다.

즉, PEEST 분석은 가장 일반적으로 시장을 측정하며, SWOT 분석은 비즈니스 단위, 제안 또는 아이디어를 측정한다. 일반적으로 SWOT 분석은 사업 단위 또는 제안을 측정하는 반면 PEEST 분석은 특히 성장 또는 쇠퇴를 나타내는 시장잠재력 및 상황을 측정하므로 시장 매력, 비즈니스 잠재력 및 시장진입 적합성, 시장잠재력 등을 위한 분석방법이다.

1) SWOT 분석

SWOT는 강점(Strength), 약점(Weakness), 기회(Opportunity), 위협(Threat)의 머리글자를 모아 만든 단어로 경영 전략을 수립하기 위한 분석 도구이다. 내적인 면을 분석하는 강점/약점 분석과 외적 환경을 분석하는 기회/위협 분석으로 나누기도 하며 긍정적인 면을 보는 강점과 기회 그리고 그 반대로 위험을 불러오는 약점, 위협을 저울질하는 도구이다.

즉, 기업의 내부환경을 분석하여 강점(Strength)과 약점(Weakness)을 찾아내고, 외부 환경분석을 통해 기회(Opportunity)와 위협(Threat)을 찾아낸다.

- Strengths(강점): 경쟁기업과 비교하여 소비자로부터 강점으로 인식되는 요인
- Weaknesses(약점): 경쟁기업과 비교하여 소비자로부터 약점으로 인식되는 요인
- Opportunities(기회): 외부 환경에서 유리한 기회요인
- Threats(위협): 외부 환경에서 불리한 위협요인

2) SWOT 요소 및 분석방법

(1) Strengths(강점)

SWOT에서 강점이란 효과적으로 수행되는 내부 이니셔티브를 나타낸다. 이는 다른 이니셔티브나 외부 경쟁력과 비교할 수 있다. 강점을 분석하면 무엇이 효과적으로 수행되는지 파악할 수 있다.

조직의 강점을 살펴볼 때 우선 다음과 같은 질문을 생각해 볼 수 있다.

- 조직이 잘하는 것은 무엇인가?
- 조직의 특별한 점, 경쟁우위는 무엇인가?
- 타깃 잠재고객이 우리 조직에서 좋아하는 점은 무엇인가?
- 어떤 제품이 좋은 성과를 내는가?

(2) Weaknesses(약점)

SWOT에서 약점이란 기대치를 밑돌고 있는 내부 이니셔티브를 나타낸다. 성공과 실패의 기준선을 만들기 위해 강점을 분석한 뒤 약점을 분석하는 것이 좋다. 내부 약점을 파악하면 실적이 부진한 프로젝트를 개선하기 위한 시작점을 마련할 수 있다.

강점을 파악할 때와 마찬가지로 약점을 파악하기 전에 다음과 같은 질문을 생각해 볼 수 있다.

- 기대에 못 미치는 이니셔티브는 무엇이며 그 이유는 무엇인가?
- 개선할 수 있는 점은 무엇인가?
- 성과를 개선할 수 있는 리소스는 무엇인가?
- 실적이 저조한 제품은 무엇인가?

(3) Opportunities(기회)

SWOT에서 기회란 기존의 강점과 약점의 결과로 발생하는 결과 외에도 경쟁에서 우위를 점하게 해 주는 외부 이니셔티브이다. 기회는 개선하고자 하는 약점이 될 수도 있고 SWOT 분석의 앞선 두 단계에서 특정하지 못한 영역이 될 수도 있다. 기회를 파악할 방법은 다양하기 때문에 우선 다음과 같은 질문을 생각하면 도움이 된다.

- 약점을 개선하기 위해 사용할 수 있는 자원은 무엇인가?
- 우리 서비스에 시장 격차가 있는가?
- 올해 우리의 목표는 무엇인가?

• 어떤 신기술을 사용할 수 있는가?

• 우리는 사업을 확장할 수 있는가?

(4) Threats(위협)

SWOT에서 위협이란 문제를 야기할 가능성이 있는 영역을 나타낸다. 위협은 외부 요인이며 대체로 통제할 수 없기 때문에 약점과는 다르다. 위협에는 전 세계적 팬데믹부터 경쟁 상황의 변화까지 다양한 요인이 포함된다.

외부 위협을 파악하기 위해 다음과 같은 질문을 생각해 볼 수 있다.

• 업계에서 어떤 변화가 우려되는가?

• 잠재적으로 해를 끼칠 수 있는 새로운 법규나 규정이 있는가?

• 떠오르는 새로운 시장 트렌드는 무엇인가?

• 경쟁사들이 우리보다 뛰어난 점은 무엇인가?

• 소비 드랜드가 어떻게 변화하는가?

3) SWOT 분석에 의한 경영전략

단순히 내외부 요인을 나열하는 데에 그치지 않고 외부에서의 기회는 최대한 살리고 위협은 회피하는 방향으로 자사의 강점은 최대한 활용하고 약점은 보완한다는 논리에 기초하여 SWOT 분석해야 한다. SWOT 분석에 의한 경영전략은 다음과 같다.

• OS전략(기회-강점전략): 강점을 살려 기회를 포착하는 전략

    (예: 시장기회 선점 전략, 시장/제품 다각화)

• OW전략(기회-약점전략): 약점을 보완하여 기회를 포착하는 전략

    (예: 핵심역량 강화 전략, 전략적 제휴)

• TS전략(위협-강점전략): 강점을 살려 위협을 회피 또는 제거하는 전략

    (예: 시장침투 전략, 제품 확충 전략)

• TW전략(위협-약점전략): 약점을 보완하여 위협을 회피 또는 제거하는 전략

    (예: 철수 전략, 제품/시장 집중화 전략)

3 3C 분석

산업환경은 사업전략에 직접적으로 관련된 것으로 공급자 환경, 소비자 환경, 경쟁자 환경 등으로 구성 전략수립 및 목표달성에 관한 의사결정에 직접적인 영향을 미친다. 거시환경이 기업에 간접적인 영향을 준다면, 미시환경은 기업에 직접적인 영향을 준다. 가장 대표적인 프레임은 3C 분석이며 종합분석 결과까지 제시할 필요가 있다.

분석프레임웍은 단독으로 활용되기보다는 상호 연관성과 종속성을 가지게 되며 전략삼각형이라고도 불리는 3C(Customer, Competitor, Company) 분석방법과 관련된 상호 연계도를 보면 아래와 같다.

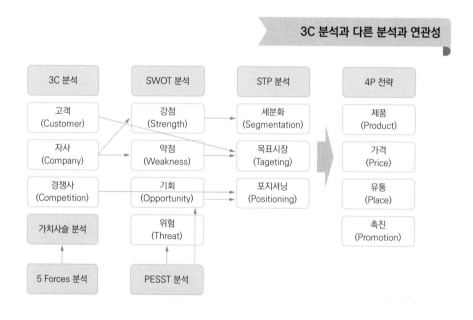

3C에 대해 알아보면 다음과 같다.

3C 분석은 고객(Customer), 경쟁(Competitor), 자사(Company)에 대한 깊은 이해를 바탕으로 고객에게 경쟁사보다 우월한 가치를 제공하는 것을 의미한다. 이러한

3C 분석은 마케팅의 STP(Segmentation, Targeting, Positioning) 분석의 시장세분화 및 목표시장분석에 활용된다.

3C 분석의 절차는 고객수요분석에서 경쟁사 분석, 자사분석, 종합분석, 차별화 전략 도출의 프로세스로 진행한다.

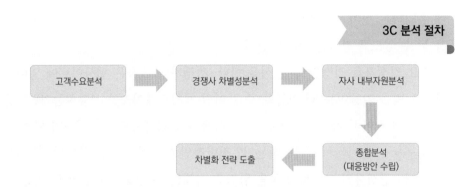

1) 고객분석(Customer)

고객은 모든 비즈니스 활동의 기반이다. 고객분석 대상은 자사의 제품 및 서비스를 구매하는 직접적인 고객 및 자사 기업과 관련된 부품 공급자, 유통업자 등 이해관계자가 모두 포함된다. 경쟁에서 특히 중요한 것은 고객 및 시장의 세분화를 나누는 것이다. 그래야만 비즈니스와 시장에 경쟁기업과는 다르게 접근할 수가 있기 때문이다.

고객분석내용으로 인구 통계 데이터는 이 분석에서 큰 역할을 한다. 비즈니스의 목표시장과 욕구를 파악하면 마케팅 전략이 유통된 후 성공률이 크게 향상된다. 일례로, 가처분 소득, 좋아하는 것, 싫어하는 것, 정보를 얻는 곳, 충동 구매 여부, 심지어 이미 사용 가능한 고객 서비스 또는 제품에 대한 반응과 같은 데이터는 매우 중요하다.

2) 경쟁자(Competitor)

경쟁자에 대비하여 차별화를 강화하는 것이 무엇보다 중요하다. 경쟁전략에서 차별화 특별함을 추구하는 것이 기업의 경쟁우위를 높일 수 있는 핵심요소라고 인식된다. 경쟁자 분석에 대한 예를 들면, 햄버거 가게는 패스트푸드 산업뿐만 아니라 외식 산업과 슈퍼마켓 산업에서도 경쟁자를 갖게 될 것이라는 점에 유의하는 것이 중요하다. 상위 3~5개 경쟁업체와 경쟁하는 방법에 더 중점을 둘 수 있도록 결과를 좁혀야 한다.

주요 경쟁자를 결정한 후 분석을 한다. 경쟁자인 그들은 웹사이트에 얼마나 많은 노력을 기울이는가? 그들은 주로 어떤 캐치프레이즈를 사용하는가? 그들은 고객에게 어떤 가치를 제공하는가? 사용자를 웹사이트로 초대하기 위해 어떤 도구(예: 뉴스레터 및 SNS)를 사용하는가? 전반적인 마케팅 논리는 무엇인가? 이상적으로는 경쟁사의 마케팅 활동을 완전히 이해할 수 있도록 가능한 한 많은 각도에서 경쟁사를 조사한다.

3) 자사(Company)

기업은 자사의 강점의 극대화에 주력해야 한다. 기업은 특정 산업 내에서 성공을 이루기 위해서는 중요한 경쟁영역에 영향을 미칠 수가 있는데 핵심기능영역에 집중하면 경쟁의 다른 기능에 결정적인 향상을 가져올 수가 있다. 즉 기능영역으로 문화, 이미지, 제품, 서비스, 기술 등을 예를 들 수 있다.

기업은 한 가지 분야에서 특출나게 뛰어나면 경쟁우위에서 선점의 위치를 차지할 수도 있지만, 꼭 그럴 필요성은 없다. 다른 분야에서의 분명한 이점이 있다면 그 힘으로 다른 기능을 강화하고 개선할 수도 있기 때문이다. 자사 분석 일례로, 지금까지 수행한 고객 및 경쟁사 분석 결과에서 회사의 "장점"과 이를 생산하는 "자원"을 열거한다. 찾는 데 어려움이 있는 경우 실제 고객에게 의견을 물어보기도 한다. 고객의 제품을 선호하는 이유를 물어봄으로써 경쟁사와 비교할 수 있는 포인트를 얻을 수 있으며 고객이 현재 마케팅 활동에 어떻게 반응하고 있는지 알 수 있다.

이상으로 3C 분석의 3가지 요소 고객, 경쟁자, 자사의 3가지 축으로 구성된 삼각형 모형에서 이 중 어느 한 요소의 변화는 시장에 영향을 미치게 되고, 전략을 변경하도록 만들 것이다. 3C 개념을 가장 잘 반영한 전략은 바로 마케팅 전략인 STP이다. STP 전략은 잠재고객을 나누고(segmentation), 기업의 가치제안에 가장 적합한 잠재고객을 겨냥하고(targeting), 고객이 경쟁사의 브랜드와 구분하도록 자사의 제품과 서비스를 인식시키는 것이다(positioning).

4 가치사슬(Value Chain) 분석

가치사슬 분석은 이윤을 늘리고 모든 규모의 회사에 경쟁우위를 제공할 수 있는 전략적 프로세스이다. 이 분석에서 기업은 특정 생산 및 판매 활동의 가치를 높일 수 있는 영역을 식별한다. 비용 절감, 고객가치 향상을 위한 기회를 발견함으로써 기업은 생산 비용을 줄이고 수익을 높일 수 있다. 강력한 가치사슬 전략은 경쟁에서 우위를 점하고 특정 분야에서 선두 기업이 되는 길이다. 판매 지표 및 분석이 판매 프로세스에서 있어서 문제 되는 부분을 나타내는 것처럼 가치사슬 분석은 생산 프로세스의 문제 지점을 나타낸다.

1) 가치사슬 분석의 목적

가치사슬 분석의 목적은 회사에 더 큰 이익을 위한 명확한 경로를 제공하는 것이다. 회사가 소비자에게 제공하는 가치를 이해함으로써 보다 전략적인 판매 계획을 수립하고 체인 활동을 변경하여 추가 수익을 창출할 수 있다. 또한, 가치사슬 분석은 귀사가 소비자뿐만 아니라 현재 시장 내에서 최상의 전략을 결정하는 데 도움이 된다. 예를 들어, 새로운 재무관리 소프트웨어를 제공하려는 경우 가치사슬 분석을 통해 목표를 얼마나 구체적으로 지정하고 제품에 얼마를 청구할지 결정하는 데 도움이 될 수 있다. 시장에서 격차를 발견함으로써 가격과 품질을 사용하여 완벽한 틈새시장을 찾아낼 수 있다. 기본적으로 가치사슬 분석은 전체 영업 및 마케팅 접근 방식의 출발점을 제공한다.

2) 가치사슬의 구성요소

가치사슬의 현재 모델은 Michael Porter의 1985년 저서 Competitive Advantage에서 나온 것이다. 현재까지 여전히 이 모델을 사용하고 있다는 사실은 그것이 얼마나 잘 작동하고 수년 동안 회사에 얼마나 많은 혜택을 주었는지를 말해준다. Porter는 가치사슬 분석을 5개의 기본 활동과 4개의 보조 활동으로 나누며 이러한 활동을 수행하는 비용보다 더 큰 가치를 창출한다. 즉 제품을 생산하는 전체 비용이 해당 제품을 판매하는 금액보다 적을 때 이익이 창출된다. 그러나 제품 생성의 모든 측면을 추적하지 않아 이윤을 높일 기회를 놓치는 회사를 흔히 볼 수 있다.

포터의 가치사슬 분석 모델: Porter's value chain analysis model

Business organization infrastructure					
Human resource management					Supportive Activities
Procurement process					
Technology aspects					
• Receiving • Storing • Distributing	• Customers • Resources • Transfer	• End users • Storage • Collection	• Branding • Social • Engage	• Maintain values	Primary Activities
Inbound logistics	Operations	Outbound logistics	Marketing & sales	Service	Profict

가치사슬 분석 차트는 기본 활동과 지원(또는 보조) 활동의 두 섹션으로 나뉜다. 1차 활동은 상품 및 서비스 제조에 초점을 맞추고 2차 활동은 1차 활동을 뒷받침한다. 이러한 가치활동분석은 비용관점과 차별화 관점에 초점을 두어 분석이 이

루어진다. 구체적으로 가치사슬활동의 구성요소에 대해 알아보면 다음과 같다.

(1) 주요 활동

- 인바운드 물류: 원자재 가용성, 보관 및 유통
- 작업: 원자재로 제품 만들기
- 아웃바운드 물류 : 창고, 운송, 유통 등 고객에게 상품을 배송하는 것
- 마케팅 및 판매: 모든 광고 및 판매 상호작용 및 활동(판매 예측 데이터를 사용하기에 좋은 장소이기도 함)
- 서비스: 모든 형태의 고객 지원 상호작용 및 브랜드 신뢰성

(2) 보조 활동

- 인프라: 기본 활동을 지원하는 데 필요한 행정, 재무, 관리, 기획 또는 법적 운영
- 기술개발: 기본 활동을 지원한다는 명목으로 기존 기계, 하드웨어 또는 소프트웨어에 이루어진 모든 기술 개선
- 인적자원 관리: 근로자를 고용한 다음 정확하고 가장 효율적인 위치에 배치
- 조달: 원자재 또는 고정 자산 구매와 관련된 모든 구매(예: 공급업체 수수료 및 선택)

5 Poter의 산업구조분석(Five Forces)

1970년부터 장기전략이 쇠퇴하면서 Harvard 경영대학원의 Michael Poter 교수를 필두로 산업구조와 경쟁전략에 대한 분석방법이 대두되었다. 이러한 하나의 방법론으로 Porter 교수가 제시한 산업구조분석기법은 기업이 처해 있는 외부 환경을 체계적으로 이해하는 방법론으로 Five Forces를 제시하였다.

Porter's Five Forces는 일반적으로 환경적요인 가운데 산업환경을 중심으로 산업의 구조분석을 본다. 모든 산업을 형성하고 산업의 약점과 강점을 결정하는 데 도움이 되는 다섯 가지 경쟁 세력을 식별하고 분석하는 모델이다. Five Forces 분석은 기업전략을 결정하기 위해 산업구조를 식별하는 데 자주 사용

된다. 기업의 개별사업 분야가 속해 있는 각각의 산업이 유망한가 또는 사양화 단계에 있는가에 관한 판단이 요구된다. 궁극적으로 그 사업부에서 어떠한 전략을 수립하여야 기업의 수익률을 높일 수 있는가를 알 수 있다. 기업이 그 산업에서 성공하는데 필요한 산업 특유의 성공 요인(key success factor)을 알 수 있다.

Porter의 모델은 산업 내 경쟁 수준을 이해하고 회사의 장기적인 수익성을 향상시키기 위해 경제의 모든 부문에 적용될 수 있다. Porter's Five Forces은 다음과 같다.

- 업계 경쟁정도
- 업계에 새로운 진입자의 잠재력
- 공급자의 힘
- 고객의 힘
- 대체 제품의 위협

Porter's Five Forces에 대한 주요 내용을 살펴보면 아래 그림과 같다.

Porter's Five Forces

공급자 힘
- 가격민감성
- 공급자 교섭력
- 공급자 전후방 통합능력
- 공급자 전환비용

잠재적 진입
- 규모의 경제
- 절대비용 우위
- 제품 차별화
- 유통망 접근
- 정부와 법적 규제
- 기존기업의 보복

산업내 경쟁
- 집중도
- 제품차별화
- 초과생산능력
- 변동비 대 고정비의 비율
- 시장성장률
- 산업의 경기변동
- 퇴거 장벽

대체재 위험
- 대체재에 대한 구매자의 성향
- 대체재의 상대가격

구매자 힘
- 가격민감성
- 제품물질의 중요성
- 구매자 전환비용

PART 2

제2절 전략의 정의 및 유형

1 전략이란?

전략(strategy)이라는 용어는 원래 병법 또는 군사학에 근원을 두고 있다. 일찍이 중국 춘추, 전국시대에 손무와 손빈이 각각 손자병법과 손빈병법을 저술한 바와 같이, 서양에서도 시저와 알렉산더 대왕 등은 자신들의 병법이론을 서술하였다. 영어의 전략의 의미인 strategy는 그리스어 strategos에서 나온 것으로 이 말은 군대를 의미하는 Stratos와 이끈다(lead)는 의미를 가진 – 가 합쳐진 용어이다.

물론 전쟁과 기업 간의 경쟁을 동일시하기는 어렵지만 유사한 점도 많다. 기업과 군대는 모두 인력, 자본, 장비, 기술을 갖고 경쟁하고 있고 양자 모두 외부 환경의 영향을 받고 있으며 경쟁기업이나 경쟁국가의 행동에 대해 민감하게 대응하고 있다. 그뿐만 아니라, 구체적인 경쟁사례를 보아도 전면전략, 수비전략, 적을 기만하는 전략 등과 같이 군사전략과 유사하게 기업들이 경쟁하는 것을 볼 수가 있다.

경영전략에 관한 선구적인 연구는 1960~1970년대에 챈들러(Chandler, 1962), 앤소프(Ansoff, 1965) 등의 학자에 의해 이루어졌다. 이 시기의 특징은 크게 두 가지로 요약될 수 있다. 첫째, 환경의 급속한 변화로 인해 환경에 적응하지 못한 많은 기업들이 도태됨에 따라 환경적응의 중요성에 대한 인식이 증대되었다. 둘째, 기업의 사업 확장 및 다각화 등으로 인해 기업의 규모가 급성장하였으며, 이는 기업경영의 복잡성을 초래함으로써 경영전략 또는 경영정책의 수립뿐만 아니라, 이를 조직 내부에서 효과적으로 실행하는 것이 중요한 과제로 대두되었다.

학자들마다 경영전략에 대한 개념을 다양하게 정의하고 있다. Chandler(1962)는 전략이란 기업이 장기적인 목표를 설정하고 그 목표를 달성하기 위해 행동하고 경영자원의 배분을 결정하는 것이라고 하였다. Learned(1969)는 전략을 "외부환경의 기회, 위험요인에 대응하여 내부의 강점을 이용하고 약점을 보완하는 일련의 행동"으로 정의하였다. Porter(1980)는 전략이란 기업의 경쟁우위 구축과 구체적인 경쟁 방식을 선택하는 의사결정이라고 정의하면서 조직의 경쟁우위와 지속가능성에 영향을 주는 요인으로 보았다. Hambrick(1983)는 전략은 환경적응과 조정 및 내부활동을 통합하는 메커니즘이라고 하였다. 최근 발표한 논문에서 학자들의 정의를 종합하여 재정의하면, 경영전략이란 불확실한 경영환경에 대응하기 위해 기업구조와 절차를 통해(Quinn, 1992) 대응하는 의사결정이며 조직의 경쟁우위의 지속가능성을 향상 시키는 것(Porter, 1985)으로 정의할 수 있다. 전략은 소비자의 관점에서 바라보아야 한다. 이에 전략은 기업이 경쟁에서 이기는 것이 아니라 소비자의 욕구를 충족시키기 위해 다른 기업과 차별화를 시도하는 것이며 전략의 핵심은 고객을 위한 우수한 가치를 창출하는 것이다. 즉 기업이 경쟁우위를 확보하고 구체적인 경쟁 방식을 선택하는 의사결정으로 경영전략의 핵심요소는 고객을 위한 가치창조이다.

경영전략은 기업이 기업의 비전과 목표를 달성하기 위해 수립하는 계획이나 정책을 의미하는 것으로 조직구조, 문화, 사업전략 등 기업 운영 전반에 영향을 미칠 수 있는 중요한 특성이다. 기업이 특정 산업에서 어떤 방식으로 외부 환경 변화에 대응하고 다른 기업과 경쟁하는지 설명하는 것으로서 제품, 시장, 조직구조, 위험 및 불확실성에 대한 접근 방식 등을 포괄하는 개념이라고 할 수 있다. 기업의 조직이 점차 복잡해지고 계층화됨에 따라 전략이 어떤 계층에서 구사되는지에 의해 크게 세 가지로 나뉜다. 첫째, 가장 상위 계층에 있는 기업 수준의 전략, 둘째, 중간 계층에 위치한 사업부 단위의 전략, 셋째, 제품이나 브랜드 단위 수준의 전략이다.

2 전략의 유형

1) 기업전략

계층구조의 상위에 있는 기업전략은 기업 전체의 환경변화에 대한 적응을 위한 경영전략으로 볼 수 있다. 기업이 경쟁적 우위를 차지할 수 있는 경쟁 시장과 산업의 범위를 결정한다. 즉 어떠한 사업 분야에 참여하여 경쟁할 것인지, 어떠한 사업 분야에서 철수할 것인지를 결정한다. 만일 기업 내 다수의 사업이 존재할 경우, 기업전략은 사업 포트폴리오를 구성하고 사업 간 자원을 배분하며 사업 간 시너지 효과가 발생할 수 있도록 조정하는 역할을 한다.

기업전략은 크게 성장 전략, 안정전략, 방어전략으로 구분된다. 성장 전략은 기업이 앞으로 더 나아가기 위한 전략으로 매출의 증대, 수익의 증대, 기타 성과 측정지표의 향상을 목적으로 한다. 성장 전략은 선도형(prospector) 전략이라고 하며, 기업은 혁신적인 신제품과 새로운 시장기회를 지속적으로 추구하는 전략을 의미한다. 동일 산업에 속한 다른 기업보다 더 역동적이고 공격적으로 나서기 때문에 연구개발, 마케팅, 인건비 등에 초점을 두고 지속적인 투자를 하게 된다. 신제품과 시장기회를 지속적으로 추구하고자 다양한 혁신 프로세스, 연구개발, 기술 유연화를 통해 변화에 신속하게 대응하고 노력하지만, 최초가 되지 못할 위험과 불확실성도 크다.

(1) 성장 전략

성장 전략의 유형으로 집중전략, 수직적 통합전략, 수평적 통합전략, 사업 다각화 전략 등이 있다. 일례로, 다각화 전략의 경우, 아마존이 온라인시장에서 사업영역을 확대하여 오프라인 시장의 홀푸드 기업인수와 같은 경우가 다각화 전략의 일반사례라 볼 수 있다. 관련성이 높은 다각화일 경우 자원공유, 내부거래, 시너지, 전략조정 등을 위해 본사가 사업부 간에 적극적으로 개입하게 되는데, 본사의 이러한 시너지 창출 노력은 계열사의 성과 향상으로 이어진다. 성장 전략의 하나 이론으로, 앤소프(Ansoff)의 4사 분면 전략을 보면 다음과 같다. 엔소프에게 있어 전략은 잘 정의된 사업영역(scope)과 성장의 방향(direction)을 의미한다. 그는 전략의 개념을 보다 구체화하기 위해 네 가지 구성요소를 제시했다.

앤소프의 제품-시장 매트릭스(성장 전략)는 제품과 시장을 각각 큰 척으로 하여 제품은 기존제품과 새로운 제품으로, 시장은 기존시장과 새로운 시장으로 나누어 4개의 CASE를 만들어, 각 CASE에 적절한 전략을 제안하는 모델이다(아래 표 참조).

앤소프의 성장 전략

시장/제품	기존제품	신제품
기존시장	시장침투 전략 market penetration	제품개발 전략 product development
신시장	시장개발 전략 market development	다각화 전략 diversification

자료: Ansoff(2007), Dawes(2018), Kotler, & Armstrong(2016).

• 시장 침투 전략

기존 고객으로 하여금 더욱 많이 이용하게 하거나 경쟁기업의 고객을 자사의 고객으로 유도하는 등 기존 제품으로 기존 시장에서 승부하여 시장점유율, 판매량을 제고하는 전략을 의미한다.

• 제품개발 전략

기존시장에서 신제품을 출시하는 전략을 의미한다. 여기서 신제품이란 고객이 새롭다고 느끼는 것을 의미한다. 기업에서는 새롭게 느끼지만, 고객이 새롭다고 느끼지 못하는 경우에는 신제품이라고 볼 수 없다(기능 추가 신제품 개발 등).

• 시장개발 전략

기존제품으로 새로운 시장을 창출하는 전략을 의미한다. 시장개발은 인터넷을 통해 시장 범위를 글로벌 시장으로 확대한다던가, 새로운 고객 욕구를 기존 제품으로 소구하여 시장을 창출하는 것 등을 포함한다. 신시장을 찾아내거나 지역적 한계를 극복하는 전략이다. 이를 데면 수출 및 신시장 개척을 개척하는 것이다.

• 다각화 전략

새로운 시장에 새로운 제품을 출시하는 전략을 의미한다. 4가지 유형 중 가장 위험이 높은 전략이지만 특정 시점에서는 가장 적합하고 합리적인 성장전략이 될 수 있다. 다각화 전략은 기존사업과 관련된 사업 범위로 제휴 또는 흡수 합병 등의 네트워크를 형성하는 관련 다각화와 완전히 무관한 사업을 전개하는 비관련 다각화로 구분할 수 있다. 또한, 관련 다각화에는 집중적 다각화 전략과 수평적 다각화 전략 등이 있으며, 비관련 다각화는 복합적 다각화가 있다.

(2) 안전전략

안전전략은 기업이 현재 있는 위치를 유지하기 위한 전략으로 현재 기업의 수준과 규모를 유지하는 전략이다. 미래가 매우 불확실해서 어떠한 방향으로 변화할지 예측하기 어려운 경우 적용한다. 산업이 성숙기에 도달하여 변화가 매우 적고 성장의 기회도 많지 않은 경우에 활용되기도 한다. 위험과 불확실성을 줄이기 위해 생산원가를 절감하는데 초점을 두고 있다. 최소한의 연구개발, 마케팅 등 비용 절감 전략은 과잉투자와 손실을 줄여주지만, 시장 변화에 적응하지 못하거나 진부화될 수 있다.

(3) 방어전략

방어전략은 기업이 하락하고 있는 방향을 조정하기 위한 전략으로 사업의 실적이 매우 부족하거나 미래성장이 불명확한 사업을 매각하거나 축소하는 전략이다. 한편, 기업수명주기이론(Lippitt & Schmidt, 1967)은 기업의 성장 단계를 생명체의 수명주기와 동일한 관점에서 바라보는 이론으로서 기업이 처한 단계마다 영업, 투자, 재무 활동, 이용 가능한 자원의 정도, 조직의 능력, 위험 감수의 정도, 그리고 전략이 달라진다고 보는 이론이다(Helfat & Peteraf, 2003).

기업전략을 선도형, 분석형, 쇠퇴기에 따라 경영전략 유형을 구분시, 기업수명주기와 경영전략과의 관계를 확인한 결과, 기업의 성장기는 선도형(prospector), 성숙기는 분석형(analyzer), 쇠퇴기는 방어형(defender) 유형과 관련이 있는 것으로 나타났다. 성장기의 기업이 성숙기 또는 쇠퇴기의 기업보다 미래 성과에 양의 영향을 미치는 것으로 나타났다.

2) 사업부 전략

전략 수립과 구현은 기업을 구성하는 다양한 기업의 수준에서뿐만 아니라 회사를 구성하는 사업부 또는 전략 사업부(SBU)의 수준에서 이루어진다. Porter(1980)는 기업이 속한 동종업계에서 경쟁우위를 차지하기 위해서는 내부자원보다는 기업을 둘러싼 다섯 가지 경쟁 환경요인들(업계 경쟁자, 잠재 진입자, 대체재, 공급자, 구매자)이 더욱 중요하며 고려해야 할 요인이라 주장하였다. 경쟁우위를 지속적으로 유지하기 위하여 기업의 핵심자원과 역량을 시장 영역에서의 기회와 잘 대응시키기 위하여 원가우위전략과 차별화 전략으로 전략을 분류하였다.

(1) 원가우위전략

원가우위전략은 경쟁우위를 차지하기 위한 중요 요소로 원가에 집중하는 전략을 말하며, 규모의 경제로 기업 내 시설이나 설비장치를 적극적으로 도입하고 다른 기업에 비해 많은 노하우를 쌓는 것으로 원가절감을 추구하는 것을 의미한다. 이 전략을 수행하는 기업은 내부적인 효율성 향상이 일차적인 목표이며, 궁극적으로는 원가를 통제하여 낮은 가격으로 제품을 공급함으로써 시장 점유율을 높여 이익을 극대화할 수 있다(Porter, 1985). 따라서 원가우위전략을 실시하는 기업은 효율적인 생산을 위해 직원의 숙련도를 높이고 공장 설계 및 공정의 효율을 높이는 기술을 개발할 필요가 있다(Govindarajan & Fisher, 1990).

(2) 차별화 전략

차별화 전략은 제품의 질이나 서비스를 통하여 경쟁기업과 차별화하는 것에 중점을 두는 전략으로 제품의 디자인이나 상표, 기술력, 고객에 대한 서비스, 제품의 특성 등을 강조하는 전략이다. 이 전력을 실천하는 기업은 경쟁업체에서 생산하는 제품에 비해 고품질의 특화 차별화된 제품을 공급하며, 차별화에 소요되는 투자금이나 원가를 높은 판매가격으로 고객에게 전가 시킨다. 따라서 차별화 전략을 선택한 기업은 높은 가격과 낮은 수준의 생산량을 유지하며, 차별성을 달성하기 위해 R & D와 혁신에 대한 필요성이 증가한다(Porter, 1980).

차별화 전략을 선택하는 기업들의 경우 원가우위전략을 택하는 기업들보다 환경에 대한 고려를 많이 할 뿐만 아니라 의사결정에서도 환경적인 요인을 많이 반영하기 때문에 조직의 외부 환경에 더 민감하게 반응하려는 성향을 가진다. 한편, Porter(1980)는 경쟁전략 중 차별화 전략은 기업의 수익성을 향상시키는데 기여하지만 원가우위전략보다 투자비용의 부담이 높아 질 수 있으므로 시장 점유율이 감소 될 수 있다고 주장한 바 있다.

(3) 집중화 전략

집중화 전략은 특정 영역의 구매집단이나 제품 또는 한정된 시장만을 목표로 삼는 전략을 말한다. 집중화는 특정 유형의 고객이나 그 고객의 욕구 등에 의해 정의될 수 있으며, 집중화 전략을 추구하는 기업은 대체로 그 기업의 규모가 작고, 한정된 제품이나 좁은 시장 영역에서 차별화나 원가우위전략을 통하여 경쟁적 우위를 차지하고자 한다고 할 수 있다.

한편, Gupta& Govindarajan(1985)는 기업이 대표적인 두 가지 전력인 원가우위전략, 차별화 전략 중 어느 하나를 선택해야 한다는 점에서 집중화 전략을 독립적인 전략으로 보기 어렵다는 점을 지적한 바 있다.

3 기능별전략

기능별 전략은 일반적으로 사업부 전략에서 도출되며, 생산, 인력, 마케팅, 재무 등 주요 직능 부분별로 가용자원의 합리적 활용을 극대화하기 위한 전략을 말한다. 또한, 기능별 전략은 기업전략과 사업부 전략을 수행하는 과정에서 자금과 인력 등 내부자원의 배분과 기능을 조정함으로써 전략목표 달성에 중요한 역할을 담당하게 된다(이상규, 2007). 기능별 전략은 사업부 전략보다 그 범위가 좁으며 보통 사업부를 운영하는데 필요한 일상의 업무에 초점을 두고 있으며, 재무관리, 인사관리, 마케팅, 생산 운영관리, 경영관리, 그리고 연구개발을 포함한다고 하였다.

4 출구전략

1) 출구전략 개념

출구전략(Exit Strategy)은 군사적인 영역과 경제적인 영역에서 전통적으로 사용되었던 용어였으며 경제적인 영역에서 흔히 개인 혹은 회사에서의 판매, 회사의 매각 및 병합 등을 통해 경제적인 이익을 극대화하거나 손실을 최소화하기 위한 전략을 의미하고 있다(Engels 2010, 53-54). 창업 후 창업가는 어떻게 기업을 성장시킬 것인가를 결정하는 것뿐만 아니라, 기업 설립과정에 투자한 투자자의 손실을 최소화하기 위하여 어느 시점, 어느 경우에 사업을 정리하고 투자를 회수할 것인가에 관해 결정을 하는 것도 매우 중요하다.

창업자는 투자자에게 출구전략을 미리 분명하게 설명할 수 있어야 하는데 이러한 사항을 사업계획서상에 명시할 필요가 있다. 기업 경영에서 출구전략은 시장 혹은 기업의 경영, 소유를 포기할 때 경제적 손실을 최소한으로 하는 전략을 의미한다.

2) 출구전략 유형

기업이 정상적인 궤도에 들어선 이후 투자된 자금을 어떠한 방식으로 회수할 그것인가에 관한 결정은 기업가와 투자자에게 있어서 매우 중요한 부분이다. 미국 등 선진국에서 많이 이용하는 방법으로 기업 공개 (IPO), M&A, 우회상장, 경영자 매수, 청산 및 파산 등이 있다. 출구전략의 선택은 회사와 소유주의 목표와 상황에 따라 달라진다. 예를 들어, 소유주가 투자수익을 극대화하고자 하는 경우 인수 또는 IPO가 제일 나은 선택일 수 있다. 또는 소유주가 회사의 문화와 사명을 보존하는 데 더 관심이 있다면 경영권 인수가 더 적합할 수 있다.

(1) IPO(Initial Public Offering) 기업 공개

많은 창업기업이 급변하는 시장에서 현실적으로 살아남기가 쉽지 않은 시정이다. 실질적으로 한 자료에서는 창업기업이 세계시장에서 성공적으로 기업 공개를 통해 성공적인 기업으로 자리 잡기 위해서는 최소 7년에서 10년이 소요된다고 한다. IPO(기업 공개)는 비상장 기업이 처음으로 증권 거래소에서 주식을 발행하여 상장기업이 되는 과정이다. 이를 통해 일반 대중은 회사의 주식을 구매하여 주주가 될 수 있다. 스타트업에게 IPO는 상당한 규모의 자본을 조달하고 시장에서 가시성과 신뢰도를 높일 수 있다는 점에서 매력적인 옵션이다. 하지만 상당한 준비와 계획이 필요한 복잡하고 비용이 많이 드는 과정이기도 하다. IPO를 준비하는 과정은 몇 개월에서 몇 년이 걸릴 수 있으며 다음과 같은 몇 가지 주요 단계를 포함해야 한다. 인수자 고용·재무제표 준비·실사 수행·공모 가

PART 2

격 결정·IPO 진행 등의 절차가 필요하다.

IPO가 완료되면 회사는 더 많은 조사와 보고 요건을 적용받게 되며, 새로운 주주들의 기대와 요구를 충족해야 한다. 전반적으로 IPO는 상당한 규모의 자본을 조달하고 시장에서 인지도를 높이고자 하는 스타트업에게 매력적인 옵션이 될 수 있다. 하지만 신중한 계획과 준비가 필요한 복잡하고 비용이 많이 드는 과정이며, 모든 회사에 적합한 것도 아니고 무조건 원한다고 할 수도 없다.

(2) 인수

스타트업 인수는 기업 인수 또는 합병이라고도 하며, 대기업이 소규모 스타트업을 인수하거나 합병할 때를 말한다. 인수 기업은 새로운 기술, 인재, 시장 점유율을 확보할 수 있고, 스타트업은 지속적인 성장과 확장에 필요한 리소스와 안정성을 확보할 수 있으므로 인수 기업과 스타트업 모두에게 매력적인 옵션이 될 수 있다. 일반 인수 기업은 주로 스타트업의 인재에 관심이 있으며, 단순히 직원을 영입하기 위해 스타트업을 인수하려는 경향이 높다. 기술 인수는 스타트업의 기술에 관심이 있으며, 새로운 제품이나 서비스에 대한 접근성을 확보하기 위해 스타트업을 인수할 경우를 말한다.

인수 기업은 시장 점유율 또는 도달 범위를 확대하고자 하며, 새로운 고객이나 시장에 접근하기 위해 스타트업을 인수할 수 있다. 전략적 인수는 인수 기업이 스타트업을 전략적으로 적합하다고 판단하여 기존제품을 강화하거나 경쟁 우위를 확보하기 위해 스타트업을 인수하는 경우를 말한다.

스타트업 인수는 양측이 서로의 강점을 활용하고 새로운 성장 기회를 창출할 수 있기 때문에 인수 기업과 스타트업 모두에게 윈윈(win-win)이 될 수 있다. 그러나 양측 모두 인수 프로세스에 신중하게 접근하고 서로의 목표와 기대치를 명확하게 이해하는 것이 중요하다. 스타트업의 경우 인수 조건을 신중하게 고려하고 통합 과정에서 회사의 문화와 가치가 유지되는지 확인하는 것이 중요하다. 또한, 스타트업의 직원들이 공정한 대우를 받고 인수 회사의 일원으로서 자신의 역할과 책임을 명확히 이해할 수 있도록 하는 것도 중요하다. 인수 기업의 입장에서는 투명하게 인수 프로세스에 접근하고 스타트업의 경영진과 직원들이 인수 기업의 문화와 운영에 완전히 통합되도록 하는 것이 중요하다. 또한, 인수가 인수 회사의 장기적인 목표 및 전략과 일치하는지, 거래의 재무 조건이 양측 모두에게 유리한지 확인하는 것도 중요하다.

(3) 경영 인수

경영권 인수(MBO)라고도 하는 경영권 인수는 회사의 경영진이 현재 소유주로부터 회사의 지배 지분을 인수할 때 발생한다. 이는 현재 소유주의 은퇴 또는 퇴사, 회사의 방향에 대한 더 많은 통제권을 원하는 경우, 회사가 저평가되었다고 생각하는 경우 등 다양한 이유로 발생할 수 있다.

경영권 인수는 외부 자금조달이나 외부 투자자의 개입 없이도 회사의 소유권과 통제권을 확보할 수 있으므로 경영진에게 매력적인 옵션이 될 수 있다. 또한, 경영진이 직접 회사의 소유주이자 주주가 되어 자신의 이해관계를 회사의 이해관계와 더욱 긴밀하게 일치시킬 기회를 제공할 수도 있다. 경영권 인수 과정에는 일반적으로 다음과 같은 몇 가지 주요 단계 순으로 진행된다(가치 평가→자금 조달→협상→실사→거래 종료).

(4) 합병

합병은 두 개 이상의 회사가 결합하여 새로운 법인을 설립할 때를 말한다. 합병의 목표는 일반적으로 규모의 경제를 실현하고, 리소스와 전문지식을 공유하며, 더 큰 시장지배력을 확보할 수 있는 더 크고 경쟁력 있는 회사를 만드는 것이다. 합병에 참여하는 회사는 전략적 목표를 파악하고 합병이 이러한 목표를 달성하는 데 어떻게 도움이 될 수 있는지 결정해야 한다. 또한, 양사는 합병이 건전하고 숨겨진 부채나 리스크가 없는지 확인하기 위해 서로의 재무 및 운영 성과와 법률 및 규정 준수 여부를 철저히 검토해야 한다.

양사는 각 회사의 가치 평가, 신설 법인의 주식 배정 및 기타 주요 조건을 포함한 합병 조건을 협상한다. 합병이 독점 금지법을 위반하거나 경쟁을 해치지 않는지 확인하기 위해 공정위원회와 같은 정부 기관의 규제 승인을 받아야 할 수 있다. 합병이 완료되면 두 회사는 운영, 문화 및 시스템을 통합하여 통합된

PART 2

법인을 만들어야 한다.

합병은 두 회사가 결합하여 동일한 소유권을 가진 새로운 법인을 설립하는 등가 합병 또는 한 회사가 다른 회사를 인수하여 소유권을 취득하는 인수합병 등 여러 가지 형태로 이루어질 수 있다. 합병은 시장지배력 증대, 새로운 시장 및 자원에 대한 접근성, 규모의 경제 등 여러 가지 이점을 제공할 수 있다. 그러나 합병은 복잡하고 위험할 수 있으며 항상 원하는 결과를 얻지 못할 수도 있다. 합병을 고려하는 기업은 잠재적인 이점과 위험을 신중하게 평가하고 성공적인 결과를 보장하기 위해 전문가의 조언을 구해야 한다.

(5) 청산

청산은 회사의 업무를 마무리하고 자산을 채권자와 주주에게 분배하는 과정이다. 청산은 일반적으로 회사가 재정적 의무를 이행할 수 없거나 더 이상 비즈니스 운영을 지속할 수 없을 때 발생한다.

청산 과정은 청산인의 선임으로 시작한다. 회사는 일반적으로 면허를 소지한 파산 전문가인 청산인을 선임하여 청산 절차를 감독해야 한다. 청산인은 회사의 자산과 부채를 평가하여 회사의 가치와 부채의 범위를 결정한다. 청산인은 회사의 자산(예: 부동산, 장비, 재고)을 매각하여 회사의 채권자에게 상환할 자금을 마련한다. 청산인은 자산 매각 대금으로 은행이나 대출 기관과 같은 담보 채권자와 공급업체 및 직원과 같은 무담보 채권자를 포함한 회사 채권자를 우선순위에 따라 갚는다. 채권자에게 지급한 후 남은 자산은 회사 주주에게 분배된다.

청산 절차는 회사 이사회가 자발적으로 시작하거나 회사가 파산하거나 재정적 의무를 이행할 수 없는 경우 법원에서 명령할 수 있다. 경우에 따라 회사는 부채와 운영을 재조정하고 청산의 필요성을 피하는 데 도움이 될 수 있는 기업 자율협약(CVA) 또는 관리와 같은 공식적인 구조조정 절차에 돌입하여 청산을 피할 수 있다. 청산은 회사와 이해관계자에게 어렵고 고통스러운 과정일 수 있지만, 회사의 업무를 잘 마무리하고 부채를 최대한 갚을 방법을 제공하는 과정이므로 반드시 필요한 과정이다.

제3절 전략 성공사례
후지필름: Fuji film

1 후지필름

본업으로 바꿔서 혁신적인 가치를 창출한 기업으로는 후지필름(Fuji film)을 빼놓을 수 없다. 사명에서 알 수 있듯이 후지필름은 원래 사진필름을 만들던 기업이었다. 디지털카메라가 출현하면서 2000년대 초반 필름을 만들던 기업들은 고민에 빠졌다. 필름 시장은 2000년 이후 매년 20~30%씩 감소하였다. 필름 시장은 급속도로 위축되면서 결국 2012년 미국 코닥은 아날로그 필름을 고집하는 기존의 전략을 유지함에 따라 파산하였다. 필름 카메라의 종말은 시작되었다.

업계에서는 당시 2위였던 후지필름도 새로운 시대를 맞아 코닥의 뒤를 이을 것이라고 예상하였다. 하지만 그 예상은 틀렸다. 후지필름은 본업을 버리고 새로운 길을 택했다. 모두가 실패하리라 전망했지만, 후지필름은 미지의 영역에 도전해 성공했다.

2 후지필름 전략

1) 고모리 회장 취임과 전략 수립

2003년 취임한 고모리 시게타카 후지필름 회장은 '탈 필름'을 선언했다. 당연히 쉽지 않은 일이었다. 2004년 후지필름은 창업 70주년을 맞아 새로운 성장동력 구축을 위한 잔사구조 개혁과 미래 성장사업 투자를 동시에 추진했다. 고모리 회장은 당시 탈필름을 도요타에서 자동차를 없애는 것과 같은 일이라고 비유하였다. 그만큼 파괴적 혁신을 통한 전략적 선택이었다.

이러한 결정에는 실무진의 정확한 시장분석이 있었기에 가능했다. 당시 실무진은 필름 시장 몰락을 예측하는 보고서를 경영진에 전달했는데 필름 사업이 유지돼야 자리를 보전할 수 있는 기존 임원들이 이를 반대하였다. 그러나 가감 없는 보고서는 고모리 회장 등 최고 경영진이 현실을 제대로 인식할 수 있는 바탕이 됐다.

혁신에는 아픔도 뒤따른다. 예상을 뛰어넘는 빠른 속도로 사진필름 시장이 축소되면서 구조 조정을 통해 1년 반에 걸쳐 무려 5,000명을 감원했다. 고모리 회장은 감원과 동시에 새로운 성장 전략을 세웠다.

기술개발부서 최고책임자를 통해 후지필름이 가진 기술을 조사했는데, 사진필름을 대신할 시장을 찾기 위해 사내에 어떤 기술이 있는지를 전부 꺼내 놓고 분석해 본 것이다.

2) 4분면 전략

사진필름을 대신할 시장을 찾기 위해 사내에 어떤 기술이 있는지 전부 꺼내 놓고 분석해 성장 전략을 세웠다. 앤소프X 축은 시장을 기존시장과 신규 시장으로 나누고, Y 축은 기술을 기존 기술과 신규 기술로 나누면 4분면이 나온다. 그 4개 영역에 어떤 기술을 적용해 어떤 제품을 낼 수 있을지를 철저히 연구했다.

후지필름은 4분면 분석을 통해 다음 네 가지 질문을 스스로 던졌다. ① 기존 기술 가운데 기존시장에서 우리가 적용하지 않은 것은 없는가 ② 새로운 기술로 기존시장에 적용할 것은 없는가 ③ 기존 기술로 새로운 시장에서 적용할 것은 없는가 ④ 새로운 기술로 새로운 시장에 적용할 것은 없는가였다. 이런 분석을 통해 후지필름은 충분히 활용되지 않은 숨은 자산을 찾아내는 한편, 어떻게 시장에 대응할 것이며 부족한 것은 무엇인지를 명확히 알 수 있었다. 그리고 최종적으로 각 4분면에서 주력할 제품군을 선정했다(표 참조).

후지필름은 4분면 분석

시장/제품	기존제품	신제품
기존시장	새 기술로 기존시장에 적용할 것은 없는가? : 레이저내시경, 의료용 화상정보시스템 다기능 복사기, 고급디지털 카메라	새기술로 새 시장에 적용할 것은 없는가? : 초음파 진단장치, 의약품, 반도체용 재료, 화장품, 의료용 재료
신시장	기존 기술 중 시장에서 적용 안 한 것은 없는가? : 복사기, 복하기, X선 디지털 화상 진단 시스템, 광학 렌즈	기존 기술로 새 시장에 적용할 것은 없는가? : 전도성 필름, 태양전지요 기판, LCD용 필름, 스마트폰용 플라스틱 렌즈

자료: ECONOMYChosun(2023), "경영에 비밀 없어…'실패하면 죽는다' 각오로 나설 뿐"

부족한 기술은 그 흐름에 가장 적합한 기술력을 가진 회사를 인수·합병(M&A)하는 방식을 택했다. 물론 M&A해서 부족한 기술을 메우되, 후지필름이 갖고 있는 노하우와 시너지를 낼 수 있는지도 면밀히 검토했다. "후지필름이 가진 기술력을 의약품, 화장품 그리고 고기능 재료로 불리는 분야에 충분히 응용할 수 있다는 것이 밝혀졌다.

'우리 기술로 상품을 만들 수 있다, 없다'라는 사업 선택의 기준이 아니었다. '시장에서 이길 수 있다, 없다'도 아니었다. '이길 수 있다'가 아니라 '시장에서 계속 이길 힘을 우리가 갖고 있는가, 우리의 기반과 기술력을 살린다면 가능한가, 아닌가'가 기준이었다. 각각의 기술을 평가하고 상품화 전략을 검증하고 또 검증했다. 판단이 틀리면 개혁 작업 전체의 실패와 직결되는 상황이었다."

4분면법을 통해 다음과 같은 사업을 도출하였다. "여섯 가지였다. 디지털이미징(디지털카메라·렌즈·화상센서·화상처리기술 등), 광학디바이스(TV렌즈·감시카메라용렌즈·스마트폰렌즈 등), 고기능 재료(편광판·보호필름 등), 디지털 인쇄, 문서 솔루션(사무용복사기·복합기·프린터 '관련 업무 솔루션 등), 메디컬 라이프 사이언스 등이었다."

사진필름과 화장품은 사실 공통점이 많다. 사진필름의 주된 원료는 젤라틴, 즉 콜라겐이다. 인간 피부는 70%가 콜라겐으로 구성돼 있다. 피부의 윤기와 생기를 유지하는 것이 콜라겐이다. 후지필름은 그 콜라겐을 사진필름 기술 개발을 통해 80년 넘게 연구해 왔다. 인간의 피부가 노화하는 것은 산화작용이 일어나기 때문인데, 산화는 사진의 빛바램 현상의 원인이기도 하다. 시간이 지나면 사진이 어떻게 변화하는지, 열화를 막으려면 어떤 물질을 더 해야 하는지에 대한 노하우가 우리한테는 많다. 그런 축적된 기술을 항노화 화장품에 적용했다. 또 후지필름이 2007년 출시한 화장품 '아스타리프트'에는 식물에서 추출한 천연 성분인 아스타크산틴이라는 항산화 성분이 들어있는데, 이 성분은 물에 녹지 않아 다루기 어렵다. 여기에서 요구되는 것이 물질을 극미세 화하는 나노 기술이다. 후지필름에는 사진필름 개발로 갈고닦은 나노 기술이 있다. 이 기술을 사용하면 물에 녹지 않는 물질을 녹이거나 필요한 물질을 필요한 곳에 효율적으로 흡수시킬 수 있다. 이 때문에 우리 기술자 중에는 오래전부터 화장품 사업에 관심을 가진 이들이 있었다.

2007년 화장품에 이어 2008년 제약 사업에 본격 진출했다. "그렇다. 2008년 3월 일본의 중견 제약 회사인 후지 화학공업을 인수하고 본격 진출했다. 후지필름과 협업해 신약을 개발하는 등의 성과를 거뒀다. 이외에도 방사성 의약품 개발·판매하는 회사, 항체의약품 탐색 기술을 가진 도쿄대 벤처기업, 바이오 의약품 수탁 제조회사 등을 차례로 인수했다."

이러한 결과로, 작년 후지필름의 헬스케어·머티리얼 분야 매출은 4~5년 전의 3배인 1조390억 엔에 달했다. 이미 전체 포트폴리오에서도 기존의 주력이었던 도큐먼트솔루션 부문을 제치고 가장 큰 비중을 차지하기 시작했다.

참고문헌

이상규. (2007). 개방형경영시대의성공포인트. LG 주간경제, 3-7.

스타트업엔(StartupN) - 스타트업 전문 미디어(https://www.startupn.kr)

장세진(2014). 경영전략, 박영사: 서울.

최규담 · 김갑순 · 유현수(2016), 경영전략과 발생액의 질, 회계저널, 제25권 제3호, p.266.

허문구, 이병헌, & 황윤경. (2002). 다각화된 기업에 있어서 본사의 사업부 관리 유형과 영향요 인. 전략경영연구, 5(2), 85-109.

Ansoff I., Strategic Management, Palgrave Macmillan, New York, 2007.

Gupta, A. K., & Govindarajan, V. (1991). Knowledge flows and the structure of control within multinational corporations. Academy of management review, 16(4), 768-792.

Helfat, C. E., & Peteraf, M. A. (2003). The dynamic resource-based view: Capability lifecycles. Strategic management journal, 24(10), 997-1010.

Ansoff, H. I. (1965). The concept of strategy.

Chandler, A. D. (1962). Strategy and structure: Chapters in the history of the industrial empire. Cambridge Mass.

Dawes, J. (2018). The Ansoff matrix: A legendary tool, but with two logical problems. But with Two Logical Problems(February 27, 2018).

ECONOMYChosun(2023), "경영에 비밀 없어···'실패하면 죽는다' 각오로 나설 뿐" https://economychosun.com/site/data/html_ir/2019/10/28/2019102800000.html

Engels, Jeffrey Edward. 2010. "Aid project exit strategies: building strong sustainable."

Hambrick, D. C. (1983). Some tests of the effectiveness and functional attributes of Miles and Snow's strategic types. Academy of Management journal, 26(1), 5-26.

Kotler, P., & Armstrong, G. (2016). Principles of Marketing sixteenth edition.

Miller, D. (1988). Relating Porter's business strategies to environment and structure: Analysis and performance implications. Academy of management Journal, 31(2), 280-308.

Porter, M. E. (1980). Industry structure and competitive strategy: Keys to profitability. Financial analysts journal, 36(4), 30-41.

마케팅

Marketing

13 마케팅
Marketing

Case-Study

일렉트릭 기타 제조명가 '펜더(Fender)'

세계 최대 악기제조사인 일텍트릭 기타의 명가 펜더는 1964년에 레오 펜더가 악기회사 '펜더(Fender)'를 설립했다.

기존의 전통을 깬 새로운 혁신 모델 일렉트릭 기타 '텔레캐스터(Telecaster)'를 제조 생산함으로써 성공을 거두었다. 이러한 이유의 비밀 중 하나는 바로 솔리드바디(solid body) 형태를 가진 일렉트릭 기타이다. 기존까지의 기타는 몸체를 파낸 울림통이 존재하지만, 솔리드바디는 울림통이 없이 원목자체의 몸체를 가진 기타 형태를 말한다. 이러한 혁신적인 디자인의 모델을 제조함으로써 큰 인기를 얻게 되었다.

한편, 일렉트릭기타는 배우기가 어렵다. 1년이 지나면 초심자 중 90%가 낙오하고 10%만 남을 정도다. 그래서 일렉트릭 기타의 명가인 펜더는 이런 생각을 했다.

'초심자의 낙오를 80%로 낮추면 20%가 남게 되므로 매출은 두 배가 된다. 그리고 그들은 평생의 고객이 되어 줄 것이다.'

그래서 정액제 온라인 구독을 통한 교육 동영상 서비스 펜더플레이(Fender Play)를 시작하고, 조율용 무료 모바일 앱인 펜더 튠도 개발했다. 이를 통해 펜더는 빅데이터를 활용한 마케팅을 활용했다. 즉 방대한 소비자 데이터를 얻어 몇 명이 어떤 종류의 일렉트릭 기타를 사용하며 조율하는데 몇 분이 걸리는지 파악할 수 있게 되었고 낙오율을 낮추는 데 성공했다.

고객을 기타소유자가 아니라 기타 연주자이며 평생의 음악애호가로 본 것이다. 펜더의 성공 비밀은 타겟팅(Targeting) 목표 고객의 새로운 정의, 혁신적 디자인 모델 채택을 통해 빅데이터를 활용한 구독마케팅 전략으로 성공을 이룬 사례라 할 수 있다.

자료: 나가이 다카히사(2021). MBA마케팅 필독서. 김정환 옮김, .센시오: 서울.

PART 2

303

1 마케팅(Marketing) 이란?

세이의 법칙(Say's Law)의 공급이 수요를 창출하던 산업혁명 이전에는 판매보다 생산이 더 중요했으나, 대량생산으로 공급이 수요보다 많아 판매를 위한 노력을 하면서 마케팅의 중요성이 커지게 되었다. 즉 마케팅이란 생산지향, 판매지향, 마케팅 지향을 거치면서 기업의 모든 활동은 마케팅부서를 중심으로 변화하였다. Drucker(1954)는 마케팅만이 기업 활동의 이익을 창출할 수 있으며 마케팅의 역할이 가장 중요하다고 하였다.

마케팅의 개념은 연구학자에 따라 다양하게 정의되고 있는데, American Marketing Association(2017)에 따르면, 마케팅이란 "조직체의 활동으로 고객, 단골고객, 동반자 및 사회를 위한 가치를 확보하여 제공물을 창조하고, 의사소통하며, 전달하고 또한 교환하기 위한 과정이다"라고 정의한 바 있다. 마케팅은 다른 사람들과 함께 가치 있는 제품 및 서비스를 창조하고 제공하며 자유로운 교환을 통해 개인과 집단이 요구하고 필요로 하는 것을 얻을 수 있도록 하는 사회적 과정이다(Kotler & Keller, 2012).

마케팅의 개념은 마케팅의 대가인 코틀러(Kotler)와 암스트롱(Armstrong, 2016)의 개념에서 잘 이해될 수 있다. 즉, 마케팅은 판매의 개념과 달리 시장을 전제로 고객의 욕구에 집중하고 이해하며 통합적 마케팅을 통해 고객 만족을 통한 수익 창출하는 일련의 과정으로 개념화하고 있다(그림 참조).

자료: Kotler & Armstrong(2016), Principles of Marketing

궁극적으로 마케팅이 추구하는 것은 고객을 이해하고 고객에게 맞추어 제품과 서비스를 제공함으로써 매출로 이어지도록 하는 것이다. 따라서 이상적인 마케팅은 구매할 준비가 되어 있는 고객에 의해서 이루어져야 한다. 그 다음에는 고객들이 그 제품과 서비스를 이용할 수 있도록 하는 것이며(Drucker, 1974), 효과적인 마케팅을 위해서는 역량(capability)이 필요하다고 할 수 있다.

한편, 마케팅을 위해 먼저 소비자의 구매행동에 영향을 미치는 요인들에 대한 이해가 필요하다. 일반적으로 코틀러(Kotler)와 암스트롱(Armstrong, 2016)은 소비자의 구매행동에 미치는 주요 영향요인으로 매크로 요인으로 문화적요인, 사회적요인을 제시하고 마이크로 한 요인으로 개인적 심리적인 요인을 다음과 같이 제시하고 있다.

2 시대적 마케팅(Marketing) 변화

마케팅은 시대적 변화에 따라 그 개념이 바뀌어 진화되어 오고 있다. 마케팅의 개념의 변화속에는 기업가의 정신과 역할의 관점에서 바라보면 두 분야는 분리 시킬 수 없는 하나의 영역으로 볼 수 있다.

시대별 흐름에 따른 마케팅과 기업가정신에 대한 내용을 살펴보면 아래 표와 같다.

시대	전통적 마케팅 관점
산업화 이전 (1870년 이전)	• 교환은 사회적 관계를 기반으로 이루어졌으며 종종 평판과 호혜성의 규범에 의해 지배되었음 • 교환은 관계 구축에 도움이 되는 얼굴을 맞대고 이루어졌음
생산시대 (1870~1930)	• 산업 제조 기술을 통해 생산자는 더 큰 규모와 규모로 운영 • 관리자들은 비용 절감에 많은 관심을 기울였고 고유한 고객 선호도에는 거의 신경을 쓰지 않았음 • 소득 증가로 인해 최소한으로 수용 가능한 상품이 소비되므로 관리자는 저비용 생산으로 초점을 옮겼음
판매시대 (1930~1950)	• 불황이 시작될 때 관리자들은 강매 전술을 사용하여 어려운 경제 환경에 대처하려고 노력 • 공급이 수요를 앞지르자 관리자들은 상품 판매에 총력을 기울임 • 전후 호황기에 경제가 회복되면서 이 시대는 막을 내림
마케팅시대 (1950년 이후)	• 관리자는 제품 판매에서 고객의 요구 식별로 초점을 돌렸음
관계시대 (1980년 부터)	• 관리자는 고객의 요구를 지속적으로 충족시켜야 할 필요성을 깨달음
관계 후 시대 (Since 2000)	• 거래는 온라인으로 이동하고 소셜 미디어는 마케팅의 중심을 차지 • 다양한 플랫폼을 통해 고객은 기업과의 디지털 관계를 선택하거나 선택 해제 • 대면 상호 작용 없이 관계를 구축하는 것이 새로운 과제

자료: Edwards., Bendickson, Baker, & Solomon(2020).

시대	기업가적/관계적 관점
산업화 이전 (1870년 이전)	• 이 시대에는 유급고용이 일반적이지 않았음. 그래서 기업가들은 필요에 따라 벤처를 찾도록 동기를 부여받았음 • 기업가들은 대체 고용 형태가 부족하고 긍정적인 평판을 유지하기 위해 일탈을 자제할 의무가 있음을 이해
생산시대 (1870~1930)	• 기업가들은 기회를 활용하기 위한 수단으로 벤처를 설립하도록 동기를 부여받음 • 유급 고용이 널리 퍼졌고 기회나 시장의 불완전성을 인식한 사람들만이 기업가가 되려고 했음 • 기업가들은 점점 더 큰 규모로 운영되기 시작했고 최종 사용자(즉, 고객)와의 관계 구축에서 B2B 수준의 관계 구축으로 초점을 전환 • 당시에는 다른 대기업이 상대적으로 적었기 때문에 파트너와 건전한 관계를 유지하는 것이 관건
판매시대 (1930~1950)	• 공급이 수요를 앞지르기 시작하면서 기업가들은 관계를 구축하고 반복적인 비즈니스를 창출하는 데 집중해야 했을 것임 • 대체 시장의 부족은 신뢰 관계의 발전에 도움이 되었을 수 있음 • 기업가들은 그들이 가진 소수의 고객을 단념시키는 것을 두려워했음 • 이 시대는 대공황으로 인해 생겨났고 제2차 세계대전 이후 몇 년 동안 지속되었음
마케팅시대 (1950년 이후)	• 이 시대에 기업가들이 기회를 식별하는 수단으로 고객의 요구를 이해하려고 노력하면서 기회 기반 기업가 정신이 부활
관계시대 (1980년 부터)	• 이것은 초기 고객의 요구를 이해하는 것과 지속적인 만족을 수반 • 이러한 관점에서 마케팅과 관계 시대는 하나였음
관계 후 시대 (Since 2000)	• 기업가 정신은 개인이 자신의 정체성을 제정하는 수단 • 많은 새로운 기업가(예: 장인, 장인, 공동체주의자 등)는 급여를 받는 직장에서 더 많은 돈을 벌 수 있다는 것을 알고 사업을 시작하지만 자신을 표현하는 수단으로 기업가 정신을 선택

자료: Edwards., Bendickson, Baker, & Solomon(2020).

PART 2

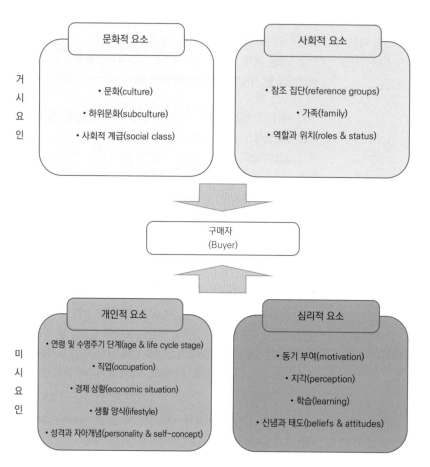

거시요인

문화적 요소
• 문화(culture)
• 하위문화(subculture)
• 사회적 계급(social class)

사회적 요소
• 참조 집단(reference groups)
• 가족(family)
• 역할과 위치(roles & status)

구매자
(Buyer)

미시요인

개인적 요소
• 연령 및 수명주기 단계(age & life cycle stage)
• 직업(occupation)
• 경제 상황(economic situation)
• 생활 양식(lifestyle)
• 성격과 자아개념(personality & self-concept)

심리적 요소
• 동기 부여(motivation)
• 지각(perception)
• 학습(learning)
• 신념과 태도(beliefs & attitudes)

자료: Kotler & Armstrong(2016), Principles of Marketing.

제2절 **마케팅(Marketing) 전략**

1 마케팅전략이란?

기업의 조직이 점차 복잡해지고 계층화됨에 따라 전략이 어떤 계층에서 구사되는지에 의해 크게 세 가지로 나뉜다. 첫째, 가장 상위 계층에 있는 기업 수준의 전략, 둘째, 중간 계층에 위치한 사업부 단위의 전략, 셋째, 제품이나 브랜드 단위 수준의 전략이다. 통상 마케팅전략이라고 하면 세 번째 수준의 전략을 말하는데, 이는 기업이 마케팅 목표를 달성하기 위하여 취하는 전략이며, 핵심역량을 활용하여 시장의 위협을 피하고 기회를 포착하며, 고객가치를 창출하는 전략이다(유필화·김용준·한상만, 2019).

기업의 생존과 성장을 위해서는 마케팅목표를 달성하는 것이 필요한데, 마케팅 전략은 어떻게 하면 많이 팔릴까의 생각만으로는 부족하므로, 시장환경변화에 대응하기 위한 운용전략이라고 할 수 있다.

이에 마케팅 전략을 두 가지의 개념으로 구분할 수 있는데, 첫째는 내가 어떤 시장에서 활동할 것인가를 결정하는 것이며, 둘째는 소비자의 니즈를 발굴하고 어떤 제품을, 얼마에, 어떻게 판매를 해야 고객니즈를 만족시켜 수익을 높일 수 있는가에 관한 전략을 세우는 것이다.

마케팅 전략이란 사회적, 경제적 변화에 대응하기 위한 요인으로 시장의 변화에 주의를 기울이는 것이라고 하였고, 소비자를 만족시키기 위해 개인적인 특성에 따라 차별화된 마케팅 전략을 활용하면 경쟁우위를 창출하는데 도움이 되는 요인이라고 하였다.

마케팅 전략의 주요 목적은 표적 시장에서 기업의 마케팅 목표달성을 위해 마케팅 자원과 활동을 효과적으로 관리하고 수행해 나가는 것이다. 이를 위해 표적 시장에 대한 정의, 차별화된 포지셔닝 전략의 수립 및 마케팅 전략 실행을 위한 구체적인 마케팅 믹스 요소의 관리·배분이 수행되어야 할 것이다.

② 마케팅전략 체계

마케팅전략을 효율적으로 기획하고 실행하기 위해서는 마케팅전략의 체계를 다음과 같이 이해할 필요가 있다고 주장한다. 마케팅전략의 체계는 시장선택에서부터, 기업의 내외부 환경분석, STP 분석, 마케팅믹스를 통해 전략을 수립한다.

첫째, 시장의 선택에서 출발한다. 이를 위해 기업 내부의 강점(strengths)과 약점(weaknesses)을 분석하고, 기업 외부의 환경을 분석하여 기회(opportunities) 요인과 위협(threats)요인을 분석하여야 한다. 이를 토대로 시장을 적절한 기준에 의해 세분화(market segmentation)하고 고객집단 즉 표적 시장(target market)을 선택하여야 한다.

둘째, 시장을 선택한 후에는 표적 시장에서의 경쟁 환경과 경쟁기업의 분석을 하고, 이를 토대로 소비자의 마음속에 자사 제품의 위치를 설정하는 포지셔닝(positioning)을 확립하고 아울러 포지셔닝의 성취를 위한 자사의 전반적인 경쟁전략을 수립하여야 한다.

셋째, 수립된 경쟁전략을 구체적으로 실행하는 단계로, 마케팅믹스 전략을 수립하여 시장에 대응하여야 한다.

넷째, 고객 욕구의 다양화, 경쟁의 격화, 정보기술의 발전이라는 시장환경 변화에 대응하여 마케팅전략을 수립하고, 이를 집행하기 위해 정보기술을 활용하여 고객 개개인과 끊임없이 상호작용하여야 한다.

3 마케팅전략 실행

1) 환경분석

마케팅 전략을 수립하기 위해서는 첫 단계는 환경분석이다. 외부 환경과 내부환경분석으로 분류하며 외부환경분석은 거시적 환경분석과 미시적 환경분석방법이 있다. 거시적 환경은 앞에 서술한 바와 같이 PEST 방법과 같은 정치적, 경제적, 사회적, 기술적, 법적 요인 등을 분석하는 것이며, 미시적 환경분석은 기업이 속한 산업의 주요 구성요소들을 말하는데, 공급자, 유통기관, 잠재고객, 금융기관, 언론기관 등과 같이 마케팅의 목표달성에 직접적인 영향을 미치는 요인들을 의미한다.

기업이 처해 있는 외부 환경을 분석하여 기회 요인과 위협요인을 도출하고 기업의 내부환경요소인 강점과 약점을 분석해야 한다. 이 분석방법은 환경분석방법 중 SWOT 분석방법을 일컷는 것이며, 기업이 처한 환경에 따라 효과적인 효과분석방법을 고려하여 분석한다.

2) 시장세분화(Segmentation)

STP 프로세스는 기본적으로 회사가 전략적 목표를 달성하거나 마케팅 믹스를 개선할 수 있도록 시장을 지정하고 정의하는 데 도움이 되는 분석 기법이다.

시장세분화란 전체시장을 일정한 기준에 의해 동질적인 세분시장으로 구분하는 과정이다. 즉, 소비자의 특성과 상품에 대한 욕구가 비슷한 혹은 영업활동에 의미 있는 동질적 부분시장으로 나누는 작업이다. 이렇게 나누어진 동질적 시장을 세분 시장이라고 하며 이 중에서도 구체적인 마케팅믹스를 개발하여 상대하려는 세부시장이 목표시장이다. 소비자의 욕구가 존재하는 다수의 세분시장 중에서 한 개 혹은 몇 개의 세분시장을 표적을 선정 할 수 있는데, 이를 위해서는 각 세분시장으 크기와 성장성, 상대적 경쟁력, 기업의 목표와 자원, 그리고 접근의 용이성 등을 장, 단기적으로 분석해야 한다.

3) 목표시장(Targeting)

STP 프로세스의 두 번째 단계인 목표시장 선정이다. 기업에 가장 유리한 세분시장을 표적 시장으로 선정하여 표적 시장별 마케팅 활동을 전개한다. 이때 기업이 취할 수 있는 전략적 대안은 비차별화 전략, 집중화 전략, 차별화 전략 세 가지로서 제품의 특성이나 소비자 욕구 등을 고려하여 적합한 전략을 선정해야 한다.

마케팅 목표시장을 선정하는 것은 기업의 성공에 매우 중요한 결정이다. 아래는 목표시장을 선정하는 데 도움이 될 수 있는 몇 가지 사례이다.

• 시장 연구

시장 연구를 통해 소비자 인구 통계, 동향, 선호도 등을 파악할 수 있다. 시장 연구를 통해 어떤 시장이 성장 가능성이 있는지, 경쟁 상황은 어떠한지 등을 파악할 수 있다. 이를 통해 목표시장을 좁히고 선택할 수 있다.

• 경쟁 분석

경쟁사의 시장 진출 전략과 주요 고객층을 분석하는 것도 도움이 된다. 경쟁사가 어떤 시장을 겨냥하고 있는지, 어떤 고객층에 초점을 맞추고 있는지 파악하여 자사의 목표시장을 설정할 수 있다.

• 고객조사

고객조사를 통해 현재 제품이나 서비스에 대한 고객의 요구와 만족도를 파악할 수 있다. 이를 통해 목표시장을 결정할 수 있으며, 새로운 제품이나 서비스를 개발하기 위한 아이디어를 얻을 수도 있다.

• 시장 세분화

대상 시장을 세분화하여 특정 세그먼트에 초점을 맞추는 것도 효과적일 수 있다. 예를 들어, 나이, 성별, 지역, 수입 수준 등의 요인을 고려하여 세그먼트를 나누고, 그중에서 가장 유망한 세그먼트를 선택하여 목표시장으로 설정할 수 있다.

• **기업의 핵심 능력**

기업이 가지고 있는 핵심 능력과 경쟁우위를 고려하여 목표시장을 선정할 수
도 있다. 기존의 경험, 기술, 인프라 등을 활용하여 어떤 시장에서 가장 효과적
으로 경쟁할 수 있는지 고려해 볼 수 있다.

4) 포지셔닝(Positioning)

포지셔닝 또는 STP 프로세스의 세 번째 단계는 포지셔닝단계로서 제품의 경
쟁우위와 이점을 강조하는 것을 수반한다.

예를 들어, 자동차 기업인 볼보는 소비자에게 다른 벤츠나 BMW, 토요타 등
에 비해 안전성이 우수한 자동차로 인지되어있는데 이처럼 제품이나 서비스가
소비자의 마음속에 어떻게 자리 잡게 할 것인가를 포지셔닝 해야 한다.

다음은 표지셔닝 맵을 활용한 내용이다. 포지셔닝 맵(Positioning map)은 제품, 브
랜드, 서비스, 기업 등을 다른 경쟁자와 비교하여 시각화하는 도구이다. 이를 통
해 제품 또는 브랜드의 경쟁력과 고객의 인식을 파악할 수 있다. 포지셔닝 맵은
일반적으로 2차원 평면상에 경쟁자들의 특성을 나타내는 축을 설정하여 사용된
다. 각 축은 서로 다른 속성, 가치 또는 요인을 나타낸다. 예를 들어, 가격과 품
질, 혹은 기술 혁신과 전통 등을 축으로 사용할 수 있다. 경쟁자들은 포지셔닝 맵
상에 각각의 위치에 표시된다. 이때, 경쟁자의 위치는 해당 속성에 대한 고객의
인식에 기반하여 결정된다. 포지셔닝 맵을 통해 경쟁자들 간의 비교를 시각적
으로 파악할 수 있으며, 자신의 제품이나 브랜드가 어떤 고객층을 타겟으로 하
는지, 경쟁자들과 비교하여 어떤 차별화 요소를 가지는지 등을 분석할 수 있다.

포지셔닝 맵은 마케팅 전략 수립과 제품/브랜드 개발에 도움이 되는 중요한
도구입니다. 제품이나 브랜드의 위치를 파악하고 경쟁자들과의 차별화를 구체
화하여 고객에게 더 나은 가치를 제공할 수 있는 전략을 수립할 수 있다.

다음은 일반적인 포지셔닝 맵의 사례이다.

아래 그림은 운동화의 포지셔닝 맵이다. 가장 중요한 혜택으로 패션과 기능,
그리고 고급과 대중이라는 개념이 선택되었다. 이것을 X축과 Y축으로 표시하

고 운동화 제조사의 위치를 표시하면 된다.

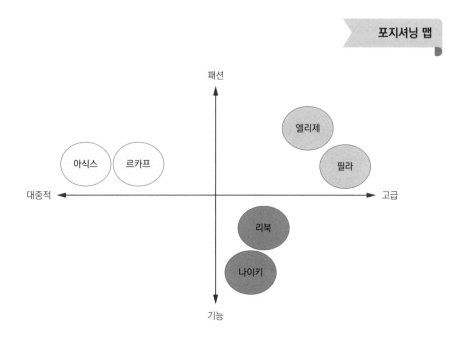

포지셔닝 맵

5) 마케팅 믹스(Marketing Mix)

마케팅 믹스(Marketing Mix)는 기업은 소비자와 상호 의사소통으로 소비자의 욕구를 충족시키고 이를 통해 이윤을 추구하는 목표를 달성하기 위해 마케팅 도구로서 활용되는 주요 구성요소를 의미한다. Kotler(1997)는 마케팅 효과를 극대화하기 위해서는 설정한 방향의 목표에서 마케팅적 요소를 유기적으로 결합하여 상호보완적이고 일관적인 마케팅 믹스를 활용해야 한다고 하였다. 마케팅 믹스의 등장은 McCarthy(2005)에 의해 Product(제품), Price(가격), Place(유통), Promotion(판매촉진) 등으로 4P를 처음 구성되었으며 이후 기업이 이윤창출을 위한 마케팅 수단으로 적극적으로 활용하고 있다. 전통적인 마케팅 믹스는 고객의 욕구를 충족시키기 위해 시장에서 조직의 자원을 활용하고 특정한 시장에 대한 인식, 자극, 이해 등을 만족시키기 위한 하나의 마케팅 수단이다.

오늘날 다양한 산업이 발전하면서 기존의 마케팅 믹스 4P를 모든 산업에 적용하기에는 한계가 있다. Booms & Bitner(1994)는 일반적인 제조업과는 달리 서비스 산업은 무형성, 이질성, 소멸성, 비분리성 등의 특징이 존재하기 때문에 기존의 마케팅 믹스가 변형되어야 한다고 주장하였다. 이에 마케팅 믹스 4P에 People(사람), Process(진행과정), Physical Environment/Evidence(물리적 환경) Productivity(생산성)과 Service quality(서비스 품질) 등의 요인을 추가하여 P로 확장하였다.

기업의 마케팅 믹스의 목적은 마케팅 계획을 통제하는 것이다. 효과적인 마케팅 믹스에는 제품, 가격, 장소 및 판촉의 4P가 포함된다. 기업이 4P 또는 확장된 마케팅 믹스인 7P를 어떻게 결합하느냐에 따라 고객과 수익에 대한 입지가 결정된다. 마케팅 믹스는 일관성, 통합 및 레버리지와 같은 아이디어를 적용하여 마케팅 프로그램이 시장의 요구, 회사의 기술 및 경쟁의 변덕스러움에 어떻게 부합해야 하는지 보여준다. 이러한 이질적인 요구를 충족시키기 위해 마케팅 믹스의 요소는 (다른 속성 중에서도) 회사의 강점을 가장 효과적으로 활용하고, 정확하게 정의된 목표시장을 겨냥하고, 경쟁 위협으로부터 회사를 보호해야 한다.

이상으로는 기업이 대상 고객의 요구를 명확하게 충족하는 제품을 포지셔닝하거나 제시한다.

PART 2

기업가적 마케팅 전략
Entrepreneurship Marketing Strategy

1 기업가적 마케팅 동향

마케팅의 역사는 기업가정신의 역사와 분리 할 수 없는 관계이다. 마케팅역사에 비하면 기업가적 마케팅의 역사는 약 40년으로 매우 짧다. 기업가적 마케팅은 1982년 기업가적 마케팅에 대한 개념이 처음 제시된 후 2009년까지는 기업가정신과 마케팅에 대한 접합점을 고려한 기업가적 마케팅에 대한 개념에 맞추어 연구가 미미하게 이루어졌다(Stokes, 2000; Morris et al., 2001). 이후, 2010년부터 2019년까지는 기업가적 마케팅에 대한 연구가 점차적으로 확대되었으며, 기업가적 마케팅에 대한 개념적 모델이 개발되었고 중소기업뿐만이 아니라 대기업을 대상으로 한 기업가적 마케팅의 효과성에 대한 실증적인 연구가 이루어졌다 (Hisrich & Ramadani, 2018; Sadiku-Dushi et al., 2019).

2020년 이후 최근까지 기업가적 마케팅의 문헌연구는 짧은 기간동안 급격하게 증가하였으며, 기업가적 마케팅에 대한 이론적, 실증적 연구가 많이 이루어지고 있으며, 연구대상도 벤처기업을 포함 대기업, 공공조직 등 다양한 조직을 대상으로 진행되고 있다. 또한, 기업가적 마케팅에 대한 구성요인으로 혁신성, 진취성, 고객만족외에 새롭게 공유가치, 네트워킹 등이 강조되고 있다(Bachmann et al., 2021; Kishor, 2021; Sarwoko & Nurfarida, 2021).

기업가적 마케팅에 대한 시대별 주요 특징을 살펴보면 아래와 같다.

기업가적 마케팅 시대별 주요 특징

단계	주요특징	주요연구자
1단계 (2009 이전)	• SCOPUS에 3편의 논문 게재 • 마케팅 및 기업가정신 개념의 인터페이스 • 연구주제: 중소기업을 중심으로 한 개념 정의 및 이론적 연구	Stokes(2000), Morris et al. (2001).
2단계 (2010-2019)	• 많은 실증 연구를 포함하여 SCOPUS에 77편의 논문을 게재하는 학계의 관심 증가 • 기업가적 마케팅의 개념적 모델 개발 • 기업가적 마케팅의 새로운 하위 요인 제시: 고객 중심, 네트워크, 자원 활용 등 • 연구주제 : 중소기업에서 대기업으로 확대 시도	Mugambi & Karugu(2017), Sadiku-Dushi et al. (2019). Van Vuuren & Worgotter. (2013)
3단계 (since 2020)	• 많은 실증연구와 이론적 논문을 포함하여 2년 동안 SCOPUS에 42편의 논문 게재, 발표함으로써 학계의 관심 증대 • 기업가적 마케팅의 새로운 하위요인 제시: 공유가치 창출, 네트워크 등 강조 • 연구대상: 대기업 등 다양한 기관	Bachmann et al. (2021), Kishor(2021), Sarwoko & Nurfarida(2021)

자료: 방원석(2022). The Trend oftrepreeurial Marketing Research,
경영컨설팅연구, 22(4), 269-279.

PART 2

기업가적 마케팅은 기업가정신(entrepreneurship)과 마케팅(marketing)이라는 독립적인 두 분야에서의 연구결과를 통합시키고자 하는 연구 영역으로(방원석 등 2022; 임충일 & 이성호 2022), 한때는 저비용 마케팅(Lodish, Morgan, & Kallianpur, 2001)과 동일한 개념으로 간주되었던 적도 있다. 그러나, 이제는 더 이상 창업기업이나 중소기업과 같은 소규모 비즈니스만으로 그 범위가 국한되지 않고 있으며, 기존의 전통적인 마케팅에서 벗어난 마케팅, 기업의 성장을 목표로 하는 마케팅 활동, 매우 성공적인 기업의 마케팅 전략과 같이 여러 유형의 마케팅 활동을 포함하도록 그 개념이 확장되었다(Morrish, Miles, & Deacon, 2010; Kilenthong et al., 2015).

2 산업 시대별 기업가정신

1) 생산시대의 기업가정신(Entrepreneurship during the Production Era)

산업 혁명은 생산 기능을 가정 내부에서 외부 조직 또는 기업 소유로 이동 시켰다(Stoddard, 2017). 현대 산업 기업은 테일러즘(Taylorism)에 의해 발전된 것과 같은 대기업과 기업가정신에 대한 실행 가능한 대안을 제시할 기회가 주어져다 (Chandler, 1977; Coase, 1937).

이 기간에 기업가정신은 자영업의 주요 동인으로서 필요 기업가정신을 대체 하기 시작했다(Acs et al., 2008). 기회동기 기업가정신(Opportunity-motivated entrepreneurship) 은 다양한 급여 옵션이 있음에도 불구하고 시장 불완전성이나 경제적 격차를 인 식하여 수익성 있게 활용할 수 있는 자영업을 시작하는 개인을 설명한다(Levie & Autio, 2008; Cohen & Winn , 2007). 기회 기업가정신으로의 이러한 전환은 단순 무역 시 대 및 판매 시대와 겹치지만, 일반적으로 1870년부터 1930년까지 거슬러 올라 가는 생산 시대의 주요 특징이다(Fullerton, 1988).

생산자들은 기계와 새로운 제조 시스템을 활용하여 단가를 낮추고 더 큰 이 익을 확보하는 데 집중했다. 예를 들어 Ford의 조립 라인은 생산량을 크게 늘리 는 동시에 비용을 절감하여 대량 소비를 가능하게 했다(Watts, 2005). 가처분 소득 이 극적으로 증가했고 한동안 소비재에 대한 수요가 공급을 훨씬 앞질렀다(Porter, 1980). 최소한으로 받아들일 수 있는 모든 상품이 소비되기 때문에 값비싼 맞춤 화가 기피되었고 대량 생산하는 대규모 생산자는 기업가를 시장에서 몰아내는 것으로 생각되었다(Gilboy, 1932). 마찬가지로 인쇄 광고의 부상은 세기의 전환기에 학자들이 세일즈맨의 종말이라고 생각했다(Spears, 1993).

한편, 생산시대에 대한 이러한 개념화는 일반적으로 1872년부터 1930 년대까지 Pillsbury Company의 마케팅 노력의 진화를 설명하는 Robert Keith(1960)의 작업으로 거슬러 올라간다. Keith는 다양한 회사 규모에 관계없 이 Pillsbury 내 마케팅의 진화를 그 당시 대부분의 조직에서 일반적이라고 설 명했다. 이 모델을 다른 비즈니스에 일반화할 수 있는 능력에 대한 증거가 부족 함에도 불구하고 이 마케팅 방법은 산업혁명 직후 기업이 어떻게 마케팅했는지에 대한 이야기로 받아들여졌다. 이 모델에서 대량생산의 시작은 마케팅 채널을 통해 생산된 모든 것을 반드시 소비하거나 다른 방법으로 폐기하는 다양한 중개자와 소비자에게 일관된 공급 측면 푸시를 가져왔다.

생산시대의 마케팅에 대한 이러한 개념화는 기업가를 공장에서 소비자에게 상품을 불가피하게 이동시키는 중개인의 역할로 격하 시켰다. 학자들은 기업가와 소기업이 이 새로운 비즈니스 세계에서 번창할 수 있게 해 주는 성격 특성과 역량을 선전하는 대신, 그들의 주요 관심사는 제품의 이동, 판매 및 보관이라고 설명했다(Palmatier, 2007; Sheth & Parvatiyar, 1995).

그러나 생산능력이 생산기업의 판매 및 유통능력을 넘어섰을 때 기업가들은 공장과 소비자 사이의 중개자 역할을 하기 위해 다양한 사업을 전개했음을 알 수 있다. 기업가들은 이 과잉 생산을 이용하여 새로운 고객, 새로운 시장, 이전에는 낭비되었을 제품에 대한 새로운 용도를 찾았다(Bartels, 1976).

이런 식으로 기업가들은 산업 혁명의 구원자였다. 풀러튼(Fullerton, 1988)이 설명했듯이 시장은 새로운 시대의 기하급수적으로 증가한 생산량을 처리하기에 불충분했다. 19세기 말과 20세기 초에 기업이 공급업체와 소매업체의 수를 제한하려는 문서화된 경향 때문에 이 시대에 기업가적 벤처에 인센티브가 주어졌다는 것이다(Garrison, 1935; Haring, 1940). 따라서 생산자의 초과 생산을 덜어줌으로써 공급망의 이러한 격차를 이용할 수 있는 의지와 능력이 있는 기업가는 재판매할 수 있는 신뢰할 수 있는 상품 재고를 기대할 수 있다.

2) 판매시대의 기업가정신(Entrepreneurship during the Sales Era)

대부분의 사람은 판매시대가 대략 1930-1950년이라고 생각한다(Fullerton, 1988). 기회 기업가정신이 지배적인 수단이었지만 판매시대는 조직이 생산 결과를 판매하는 방법에 초점을 맞추었기 때문에 생산시대와는 다르다(Sheth & Parvatiyar, 1995).

판매 시대에는 마케팅 전략이 더 널리 채택되고 개발되었다(예: 강매, 광고 지출 확대). 이 시대는 대공황에 대한 반응이었다(Fullerton, 1988; Stoddard, 2017). 여기에서 현지 기업가 및 백화점(Bacon, 1916)과 함께 체험 학습 및 유급 인턴십이 생겨 영업 인력 교육의 필요성이 입증되었다. 대공황 동안 경제 상황이 계속 악화된 후 부분적으로 통화 공급 감소로 인해(Friedman & Schwartz, 1963), 기업가들은 공급이 수요를 앞지르고 있다는 점을 감안할 때 강매성 마케팅 전략에 의존해야 했다(Bernanke, 1981; 1983). 이 시기는 생산시대에 비해 가처분소득이 제한적이었기 때문에 소비자들은 소비에 더욱 신중을 기했다.

관계 마케팅과 관계 판매 관점을 통해 이러한 판매시대의 특징에 대해 몇 가지 비판을 제시하고 있다. 관계 마케팅이 관계 표시 프레임워크 내에서 포착된 관계적 교환(Morgan & Hunt, 1994)을 강조한다는 점에서 구매자-판매자 관계로 인해 상호 신뢰 구축에 중점을 두고 장기적인 고객가치를 기대하는 관계 판매도 존재할 수 있다(Jolson, 1997). 관계 판매전략에는 컨설팅 및 문제 해결이 포함되므로 기업가/판매자는 구매자와 더 많은 파트너가 된다(Johnson & Grayson, 2005). 양 당사자는 일회성 거래 교환이 아닌 구매자의 장기적인 목표를 추구하기 위해 노력한다.

문제 해결 상담 판매 접근 방식은 판매시대에 존재하고 인식되었다. 유통채널의 주요 초점은 판매였지만 이러한 목표를 달성하기 위해서는 장기적인 교류 관계가 중요했다. 당시 다른 사람들도 업계가 소비자 중심이라는 증거를 제공하기 위해 고객이 먼저 와야 할 수도 있다는 점을 인식했다(Comyns & Jones, 1927; Tosdal, 1925).

또한, 생산시대 동안 고압 매도가 반복 거래를 억제할 수 있다는 점에 주목했다(Comyns & Jones, 1927). 이로 인해 기업가가 고객을 더 잘 이해하고 고객을 파트너로 인식하게 되었다. 비록 그것이 더 적은 이윤 마진에 안주하거나 맞춤화와 같은 구매자 중심의 특혜에 동의하는 것을 의미하더라도 말이다. 따라서 보다 협의적이고 친 사회적인 거래 수단이 성장했고 기업가가 고객과 일할 때 상호 이익이 되는 방식으로 행동하는 데 필요한 인센티브를 제공했다.

이와 같은 문제는 관련성을 부각시켰다. 예를 들어, 사회적 교환 이론과 거래 비용 경제학(즉, 기회주의 포함)은 어떻게 다양한 교환에 영향을 미치고 그러한 기회주의적 행동이 어떻게 축소될 수 있는지 이해하는데 도움을 준다(Luo, 2007). 기업가들은 구매자가 이러한 행동을 인식한다는 사실을 알게 되면서 상업적 교환이 계속되도록 상호 이익이 되는 방식으로 행동하기 시작했다. 구매자가 기업가의 동기를 인식하고 판매자는 정보가 시장 상호 작용 및 산업 내 커뮤니케이션을 통해 자연스럽게 축적되도록 한다. 공급이 수요를 앞지르면 구매자는 경쟁업체의 가격 및 조건에 대한 매장 학습을 통해 가격을 책정한다. 따라서 경쟁업체는 훌륭한 정보원이며 각각은 상호 이익이 되는 관계 지향적인 방식으로 접근하고 잠재적으로 기업가의 경쟁업체 중 한 곳에서 구매자를 빼돌릴 동기가 있다.

3) 마케팅과 관계시대의 기업가정신(Entrepreneurship in the Marketing and Relational Era)

마케팅 시대는 판매시대를 뒤따르며 때때로 마케팅 회사 시대와 마케팅 부서 시대로 세분된다(Aherne, 2006). 이와 같이 세분하면 마케팅 회사 시대는 기업이 마케팅 중심의 철학을 채택한 시기라기보다는 마케팅 기능의 전문화를 의미한다. 이 일반적인 시대에 기업가들은 고객을 환경 내 기회의 정보 제공자로 볼 수 있다는 사실에 민감해졌다.

대조적으로 마케팅부서 시대에는 마케팅 활동이 기능적 활동(예: 광고)이 상주하는 회사 내의 하나의 부서로 통합되었다. 여기에서 마케팅 담당자는 기업가와 고객 간의 커뮤니케이션을 결정하여 제품과 서비스가 시장 요구를 충족하도록 혼합되어 마케팅부서가 고객 중심의 초점을 갖도록 해야 했다. 회사 내의 대부분의 다른 기능(예: 회계)은 기업가와 고객의 요구를 일치시키기보다는 운영에 더 중점을 두었으므로 마케팅부서는 조직이 기능하는 방식에 거의 영향을 미치지 않았다. 그 후, 마케팅 회사 시대에는 마케팅이 기업 활동의 엔진이 되었다. 여기에서 마케팅은 조직 대부분의 기능적 영역에 대해 보다 전체적으로 그리고 근본적으로 조직에 스며들었다(McNair and May, 1976). 예를 들어, 창고 직원은 제품을 더 주의 깊게 취급하여 고객에게 더 집중했다. 이러한 사고 방식이 발전하기 전에 관리자는 최종 사용자보다는 효율성 데이터, 할당량 등에 더 중점을 두었다.

관계 마케팅은 이 시대의 마케팅 문헌에서 덜 초점을 맞추고 있다. 기업가들이 고객에게 집중하기 시작했지만 교환 관계의 가치는 덜 고려했다. 예를 들어, 이 시대가 되어서야 사회적 교환에 대한 저명한 이론이 개발되었다(예: Homans, 1958: 1962). 대신 이 시대에는 사후 정보에 거의 초점을 맞추지 않고 거래에 앞서 고객의 요구에 초점을 맞췄다. 이것이 일반적으로 고객 행동에 초점을 맞추고 기업가와 고객 간의 관계에 덜 초점을 맞추기 때문이라고 생각한다.

이 시대의 역사는 이제 마케팅 시대가 판매에 대한 강조와 장기적인 관계에 대한 강조 사이의 과도기였음을 보여준다. 관계 마케팅 시대는 기업가가 고객의 요구를 장기적으로 강조할 뿐만 아니라 장기적인 관계를 발전시키는 데 중점을 둔다. 이를 위해 기업가는 비즈니스를 확보하기 위해 고객에 대한 정보를 사용한다(Peppers & Rogers, 1993). 이 시대의 데이터 저장 기술 발전은 유용하지만 과거 관계 마케팅 개발의 반복일 뿐이었다. 새로운 기술은 과거의 기업가와 영업 사원이 사용할 수 없었던 도구를 제공했다. 관계 마케팅 시대에 기술 혁명을 통해 기업은 이전에는 불가능했던 고객 정보를 수집, 저장 및 분석할 수 있었다. 고객 관계 관리와 같은 유행어는 기업가들이 경쟁우위를 추구하면서(Rygielski, Wang, & Yen, 2002) 이 시기에 유행했다(White, 2010).

4) 관계 마케팅 후 시대의 기업가정신
(Entrepreneurship in a Post-relationship Era)

마케팅 연구에 따르면 우리는 관계 마케팅 시대를 넘어 협업, 소셜/모바일 마케팅, 전체론으로 설명되는 방향으로 이동한다(Kotler, Rackham, &Kr shnaswamy, 2006; Newbery, Lean, Moizer, & Haddoud, 2018;).

기업가정신의 새로운 시대는 기회 기업가정신에서 정체성 기업가정신으로 이동하여 개인이 정체성의 수단으로 기업가가 되는 것을 선택하고 있다(Falck, Heblich, & Luedemann, 2012; Obschonka, Goethner, Silbereisen, & Cantner, 2012). 예를 들어, 최근 연구에 따르면 자영업 동기는 종종 기업가의 정체성과 관련이 있다. 그런 다음, 사업적 노력을 통해 이에 대한 행동을 추구하는 것은 공예, 지역 사회 봉사 또는 발명을 통해 보여지는 자신의 정체성을 실현하는 데 도움이 된다(Cardon, Wincent, Singh, & Drnovsek, 2009; Fauchart & Gruber, 2011; Kuhn & Galloway, 2015). 따라서 일부 기업가는 사회적 필요로 자영업을 찾거나 지역 사회 구성원과 연결될 수 있다.

그러나 현대 마케팅의 사후 관계시대는 정체성 기업가에게 몇 가지 독특한 도전과 기회를 제시한다.

예를 들어, 일부는 기업가가 고객과 연결 상태를 유지하는 데 도움이 되는 기술 및 소셜 미디어에 초점을 맞추며(Kolah, 2014; White, 2010) 고객이 다양한 플랫폼을 통해 지속적인 액세스를 허용한다는 점을 감안할 때 마케팅을 지속적인 활동으로 만든다. 여기에서 고객은 관계를 선택하여 기업가가 관계를 구축할 수 있는 기회와 지속적으로 연결할 수 있도록 한다.

Kotleret al. (2006)은 마케터가 이제 단순히 회사와 고객의 최선의 이익에 초점을 맞추는 것을 넘어서야 한다고 설명한다. 마케팅은 사회의 더 넓은 관심에 부합하고 행동하기 위해 조직 전체에 통합되어야 한다라고 하였다. 이러한 맥락에서 볼 때, 정체성 기반 기업가(예: 공동체주의자)는 기업이 사회와 진정으로 상호 작용할 수 있는 새로운 채널을 만들 가능성이 높다.

3 기업가적 마케팅이란?

기업가적 마케팅은 기존 마케팅과 비교할 때, 창업기업의 기업가정신이 반영된 개념으로 이해할 수 있다(Morris et al., 2002; Yang & Gabrielsson, 2017). 기업가적 마케팅은 혁신적인 공동 가치창출 기회의 적극적 활용을 위한 위험감수, 고객, 직원 및 플랫폼 제휴를 포함한 이해 관계자들의 참여를 위한 실용적 자원 사용, 네트워크 활용을 내포한다고 한다. 즉 가치를 전달하는 민첩한 사고방식(agile mindset)으로 여겨진다(Alqahtani and Uslay, 2020).

최근에 정의를 보면, 기업가적 마케팅이란 기업가정신인 진취성, 혁신성, 위험감수성을 바탕으로 한 이해관계자들의 공유가치를 창출하고 사업의 기회를 찾기 위한 마케팅 활동이라 할 수 있다(방원석, & 조동환, 2022). 이러한 기업가정신을 바탕으로 한 기업가적 마케팅은 조직 내 기업가적 문화를 유도(Homsi et al., 2020)하고 마케팅역량을 불러일으킴으로써 경쟁우위를 창출(Zahra et al., 2005)하며 결과적으로 기업성과향상(Fard and Amiri, 2018)을 가능하게 하는 요인으로 고려된다.

한편, 기업가적 마케팅은 최근의 경영환경 악화로 인해 더욱 주목받고 있는데, 전 세계적인 코로나 팬데믹과 이에 따른 기술의 발전 및 시장의 급격한 변화, 인플레이션 심화와 금리 인상, 그리고 경기 침체에 대한 우려 증대로 경영환경이 더욱 악화될 것으로 예상되기 때문이다(김재칠, 2021; 매일경제 2022). 급변하는 경영환경이 더욱더 불확실해졌고, 이로 인해 많은 기업의 생존과 지속가능성(sustainability)에 대한 위협이 더욱 커진 것이다.

기업의 지속가능성에 대한 논의는 산업과 기업 규모를 막론하고 기업의 필수요소가 된 지 오래되었으며, 현재는 ESG(환경·사회책임·지배구조의 약자)로 확장되어 현대기업이 수익 창출뿐만 아니라 환경과 사회적인 책임 등을 다하지 않으면 투자자들의 외면을 받게 되고 생존에 위협을 받는 중요한 요인이 되었다(이완형, 2019; 공혜원, 2019). 따라서, 일반기업뿐만이 아니라 공공조직의 다양한 기관들도 이러한 흐름에 따라 ESG경영을 통한 사회적가치를 창출할 필요가 더욱더 요구된다. 일반대기업이나 SMEs를 대상으로 한 연구에서 기업가적마케팅은 조직의 성과 및 지속가능성에 유의미한 선행요인으로 제시되고 있다.

4 기업가적 마케팅 요소

기업가적 마케팅에 있어서 공유가치 창출과 기회가치요인(Buccieri, & Park, 2022; Sadiku-Dushi et al., 2019; Whalen et al., 2016), 그리고 네크워킹(Dhameria et al., 2021) 요인이 주목을 받고 있다. 이러한 요인들이 중요한 것은 기업이 처한 내외부 환경의 한계를 외부의 파트너와 함께 네크워킹을 통해 자원을 공유 활용하고 위험을 감수하면서 혁신적 접근방법을 통해 진취적으로 새로운 시장의 기회를 찾는 데 주목하고 있다.

이러한 기업가적 마케팅의 경향을 반영하여, 방원석 & 신재익(2022, 2023)은 기업가적 마케팅에 내포된 의미와 급변하는 기업환경을 고려하여, 기업가적 마케팅 구성개념의 하위요인으로 기업가정신의 요소인 혁신성(innovativeness), 진취성(proactiveness), 위험감수성(risk-taking)을 기반으로 이해관계자들의 공유가치창출(value co-creation), 기회중심(opportunity focus), 고객중심(customer focus), 한정된 자원에 대한 네트워킹(networking)을 통한 자원활용(resource leveraging), 등 총 7가지 주요개념으로 제시하고 있다. 여기서 자원과 관련된 특성에는 네트워크 혹은 네트워킹 역량, 자원확보, 자원 격차(resource gap), 유·무형 자원, 사회적 자본, 벤처캐피탈, 자금조달 등을 제시하고 있는데 그러한 이유로 네트워킹을 통한 자원 활용이 하나의 주요 요인으로 제시되고 있다(김덕현 등, 2020: Timmons, 1975).

5 전통적 마케팅과 기업가적 마케팅 차이

기업가적 마케팅은 기존의 전통적인 마케팅과 다양한 측면에서 근본적인 차이를 보인다. 전통적인 마케팅 방식을 운영하는 확립된 기업들, 주로 대기업들은 시장에서 확보된 지위와 축적된 경험으로 마케팅 측면에서 경쟁력을 갖지만, 초기 창업기업들은 규모가 작고 가용 자원이 상대적으로 부족한 점 등 마케팅 활동에 있어 본질적인 차이가 있다(Alqahtani & Uslay, 2020; Sadiku-Dushi et al., 2019). 그러한 이유로 기업가적 마케팅은 중소기업의 전유물로 한때 여겨졌지만, 실제로 최근에는 중소기업이 아닌 대기업이 오히려 기업가적 마케팅 캠페인을 수행하는 경우도 늘어나고 있다.

기업가적 마케팅은 전통적인 마케팅과 다르다. 기업가적 마케팅을 시도하는 기업가들은 제품과 서비스의 혁신에 우선 집중하고 고객의 요구에는 두 번째로 집중하는 경향이 있다. 그들은 상향식 제거 프로세스를 통해 고객 그룹을 식별하는데, 그 이유는 상향식 프로세스가 보다 신중한 세분화, 타겟팅 및 포지셔닝 전략을 시행하는 하향식 접근 방식에 비해 이점이 있기 때문이다(Stokes, 2000b). 기업가적 마케팅을 시도하는 기업가들은 더 통제 가능하고 통합된 마케팅 믹스보

다는 주로 입소문, 즉 자화자찬보다는 구전(word-of-mouths)을 통해 전달되는 양방
향 마케팅 방법에 의존한다.

간략히 전통적 마케팅과 기업가적 마케팅에 대해 차이점을 비교해보면 아래
와 같다.

구분	전통적 마케팅 (Conventional Marketing)	기업가적 마케팅 (Entrepreneurial Marketing)
개념	고객지향적, 시장지향적 제품개발	혁신 지향적인 아이디어 중심, 시장 요구에 대한 직관적인 평가
전략	하향식 세분화, 타겟팅 및 포지셔닝	고객 및 기타 영향 그룹의 상향식 타겟팅
방법	마케팅 믹스(4P/7P)	인터액티브 마케팅 방법, 버즈(buzz)/ 구전(word of mouth) 마케팅, 의외성을 고려한 혁신적 마케팅. * 예: 소셜미디어 활용-M(maketer) 광고도구보다 O(others) 즉 다른 사람들이나 정보서비스로 활용 필요
시장정보	공식적인 연구 및 정보 시스템	비공식 네트워킹 및 정보수집

마케팅 원칙의 관점에서 전통적인 마케팅과 기업가적 마케팅의 비교

전통적 마케팅 (Conventional Marketing)	기업가적 마케팅 (Entrepreneurial Marketing)
마케팅 인식의 관점에서 전통적인 마케팅과 기업가적 마케팅의 비교	
• 마케팅은 회사의 다른 기능 영역, 특히 R&D의 혁신 노력을 지원	• 마케팅은 조직에서 기업가적 프로세스의 중심
• 조직의 다른 기능과 구별되는 요소 (a functional silo)로의 마케팅	• 학제 간 및 기능 간(a cross-disciplinary and inter-functional) 추구로서의 마케팅
• 프로모션과 고객과의 커뮤니케이션 은 마케터들이 가장 주목하는 부분	• 마케팅 믹스의 다른 영역에 대한 상대적인 투자 또는 자원은 상황에 따라 다름
• 희소성 사고방식 • 자원에 대한 제로섬 게임 관점	• 통제된 자원에 관계없이 기회를 추구 • 자원 활용의 철학이 가장 중요
• 조사 연구에 대한 의존도가 높음	• 기존 연구의 회의적인 사용; 대체 방법의 사용 (예: 선도 사용자 연구, 역방향 연구)
• 마케팅은 거래와 통제를 용이	• 마케팅은 속도, 변화, 적응성, 민첩성을 촉진

PART 2

6 기업가적마케팅을 활용한 마케팅 사례(Case-study)

1) 서브웨이(Subway)

좋은 이야기는 사람을 행동으로 이끈다. 어떤 사건을 머릿속에서 그리면 실제 행동과 같은 뇌의 부위가 활동을 시작한다. 이야기는 기억에 각인시키는 효과가 있다.

　서브웨이(Subway)의 하나의 광고 사례를 보면 기업가적 마케팅의 혁신성요소라고 할 수 있는 기존의 사고방식과 다른 의외성을 중심으로 감성에 호소한 마케팅 커뮤니케이션 광고를 보면 다음과 같다.

　서브웨이는 지방 함량이 6그램 이하인 제품 7개에 '7언더 6'이라는 명칭을 붙이고 캠페인을 진행했다. 그러나 같은 시기에 실시한 재로드 포글의 이야기를 바탕으로 한 캠페인에는 상대가 되지 않았다. 이 캠페인의 계기는 신문기사였다. 당시 몸무게는 190킬로그램이나 되었던 대학생 재러드는 의사로부터 이대로는 35까지 살수 없을 것이라는 말을 들었다. 이 말에 충격을 받아 다이어크를 결심한 그는 7언더 6을 알고 자신만의 방식으로 서브웨이 다이어크를 시작해 몸무게를 82킬로 그때까지 빼는 데 성공했으며, "서브웨이는 내 생명의 은인이다."라고 말했다. 그리고 이 신문기사를 계기로 광고 대행사가 제작한 서브웨이의 텔레비전 광고는 미국 전역에서 커다란 반향을 불러 일으켰다.

　제래드의 이야기는 고객의 기업에 각인되는 메시지를 만들기 위한 6개의 원칙을 제시한 칩히스, 댄히스(2010)의 연구를 기반으로 제시된 것이다. 이 6가지 요소는 이외성, 단순명쾌, 구체적, 신뢰성, 감성에 소구, 스토리성 등이다.

재래드의 이야기는 이외성을 중심으로 칩히스, 댄히스가 제시한 6가지 요소를 모두 충족하고 있다.

① 이외성이 있다: 패스트무드를 먹고 살을 뺀 것은 상식과는 정반대의 혁신적 결과이다.

② 단순명쾌하다: 서브웨이 샌드위를 먹고 몸무게가 감소했다.

③ 구체적이다: 너무 커져서 입을 수가 없게 된 바지와 가늘어진 허리

④ 신뢰성이 있다: 재러드가 경험한 사실에 바탕을 두고 있다.

⑤ 감정에 호소한다: 재러드는 위험한 자신의 건강상태를 서브웨이 덕분에 다이어트에 성공했다.

⑥ 스토리성이 있다: 심각한 장애를 극복하고 성공을 거머쥔 이야기는 사람들에게 용기를 준다.

마케팅 메시지는 고객의 기억에 각인되어야 한다는 이 불변의 목표를 실행하기 위해서는 구체적으로 전달하되 이외성을 부각하여 감성의 스토리를 만들어 전달 하는 것이 중요하다.

2) Dollar Shave Club

Dollar Shave Club은 구독 기반 면도기 및 미용제품(grooming)을 제조, 판매하는 회사이다. 기업가적 마케팅의 핵심요소라고 할 수 있 는 혁신적인 마케팅 접근 방식으로 면도 업계를 뒤흔들었다. Dollar Shave Club기업에 있어서 기업가적 마케팅이 중요한 역할을 한 방법은 다음과 같다.

• 목표시장 확인

Dollar Shave Club은 전통적인 면도기 브랜드가 편리함과 경제성을 원하는 예산에 민감한 남성을 대상으로 할 기회를 간과하고 있음을 인식했다. 그들은 고가의 면도기와 복잡한 쇼핑 경험에 싫증이 난 남성이라는 특정 목표시장을 식별했다.

• 매력적인 가치제안

이 회사는 가입 모델을 통해 저렴한 비용으로 고품질 면도기와 미용 제품을 제공함으로써 강력한 가치제안을 개발했다. 단순성, 편리성, 경제성에 중점을 두어 면도에 필요한 번거로움 없는 솔루션으로 자리매김했다.

• 바이럴 마케팅 비디오

Dollar Shave Club은 훌륭하게 실행된 바이럴 마케팅 비디오를 통해 광범위한 관심과 고객 확보를 얻었다. 회사의 CEO가 유머러스하고 매력적인 프레젠테이션을 제공하는 이 비디오는 브랜드의 가치 제안을 강조하고 시청자의 공감을 얻었다. 수백만 건의 조회수를 생성하여 새로운 구독자가 유입되었다.

• 콘텐츠 마케팅 및 소셜 미디어

회사는 콘텐츠 마케팅 및 소셜 미디어 플랫폼을 활용하여 대상 고객과 소통했다. 그들은 그루밍 팁 및 관련 콘텐츠를 제공하는 블로그를 만들어 업계에서 신뢰할 수 있는 권위자로 자리매김했다. YouTube, Facebook, Twitter와 같은 플랫폼을 통해 재미있고 공감할 수 있는 콘텐츠를 공유하여 참여도가 높은 팔로워 커뮤니티를 구축했다.

• **Direct-to-Consumer 모델**

Dollar Shave Club은 전통적인 소매 유통 채널을 우회하고 소비자에게 직접 모델을 채택했다. 이를 통해 경쟁력 있는 가격을 제공하고 고객 경험을 통제할 수 있었다. 구매 프로세스를 간소화하고 가입자의 집으로 직접 제품을 배송함으로써 그들은 편리함을 제공하고 전통적인 면도기 쇼핑과 관련된 불만을 없앴다.

• **고객 경험 및 브랜드 충성도**

Dollar Shave Club은 긍정적인 고객 경험을 제공하는 데 우선순위를 두었다. 그들은 고품질 제품에 투자하고 적시 배송을 보장하며 탁월한 고객 지원을 제공했다. 고객 만족에 대한 이러한 초점은 높은 수준의 브랜드 충성도와 긍정적인 입소문 추천으로 이어졌다.

• **확장 및 다양화**

Dollar Shave Club은 핵심 제품으로 인기를 얻은 후 추가 미용 제품을 포함하도록 제품 라인을 확장했다. 그들은 기존 고객 기반을 활용하여 보완 품목을 도입하여 고객 평생 가치를 높이고 시장 범위를 확장했다.

• **대기업 인수**

Dollar Shave Club의 마케팅 성공과 파격적인 접근 방식은 대기업의 관심을 끌었다. 2016년에 그들은 Unilever에 10억 달러에 인수되어 마케팅 전략의 가치와 그들이 달성한 기업가적 성공을 강조했다.

종합적으로 볼 때, Dollar Shave Club 사례연구는 혁신적인 마케팅을 기반으로 한, 입소문 비디오, 콘텐츠 마케팅, 소셜 미디어 참여 및 소비자 직접 모델을 포함한 효과적인 마케팅이 벤처기업이 가시성을 확보하고, 고객을 확보하고, 브랜드를 구축하고, 산업을 혁신하는 데 얼마나 도움이 되는지 보여주었다. Dollar Shave Club의 혁신적인 마케팅 접근 방식은 빠른 성장과 궁극적으로 대기업이 인수하는 데 있어서 핵심적 역할을 했다.

3) 에어비앤비(Airbnb)

에어비앤비는 단기 임대가 가능한 여분의 방, 아파트 또는 주택이 있는 개인과 여행자를 연결하여 숙박 산업에 혁명을 일으킨 온라인 마켓플레이스이다. 그들의 기업가적 여정에서 진취적 기회포착을 통한 마케팅이 핵심적인 역할을 한 방법은 다음과 같다.

• 시장의 격차 식별

Airbnb 창업자들은 사람들이 여유 공간이 있지만 이를 효과적으로 수익화할 플랫폼이 부족한 숙박 업계의 격차를 인식했다. 그들은 독특하고 저렴한 숙박 시설과 여행자를 연결하는 플랫폼을 만들 기회를 확인했다.

• 브랜딩 및 사용자 경험

Airbnb는 신뢰, 커뮤니티 및 개인화된 경험을 강조하는 강력한 브랜드 구축에 중점을 두었다. 그들은 시선을 사로잡는 시각 자료와 상세한 부동산 목록을 특징으로 하는 사용자 친화적인 웹사이트와 앱을 만들었다. 이 플랫폼을 통해 호스트는 자신의 공간을 선보일 수 있었고 게스트는 자신의 선호도와 예산에 맞는 숙박 시설을 찾을 수 있었다.

• 입소문 마케팅

초기 단계에서 Airbnb는 입소문 마케팅에 크게 의존하여 사용자 기반을 확장했다. 초기 고객에게 탁월한 경험을 제공하고 친구를 추천하도록 장려함으로써 회사는 유기적인 입소문을 일으키고 브랜드에 대한 공동체 의식을 조성했다.

• 인플루언서 및 추천 프로그램

성장을 더욱 가속화하기 위해 Airbnb는 인플루언서 마케팅 캠페인 및 추천 프로그램을 구현했다. 그들은 에어비앤비 숙박 시설을 사용하여 여행 경험을 공유한 영향력 있는 개인 및 유명인과 협력하여 잠재 고객의 공감을 불러일으키는 열망 콘텐츠를 만들었다. 추천 프로그램은 새로운 호스트나 게스트를 추천한 기존 사용자에게 보상을 주어 사용자 획득 및 유지를 촉진했다.

• 전략적 파트너십

기업가적 마케팅 요소 중 하나는 네트워크 확장을 통해 마케팅 효과를 높이는 것이다. Airbnb는 여행사, 이벤트 기획자, 여행지 마케팅 조직과 전략적 파트너십을 맺었다. 이러한 파트너십을 통해 Airbnb는 기존 여행 네트워크를 활용하고 브랜드 범위를 활용하며 여행자에게 번들 패키지 또는 고유한 경험을 제공할 수 있었다.

• 현지화 및 개인화

Airbnb는 전 세계적으로 확장하면서 현지화된 마케팅 전략을 구현했다. 그들은 문화적 뉘앙스와 선호도를 이해하면서 메시지와 콘텐츠를 특정 시장에 맞게 조정했다. 이러한 개인화된 접근 방식은 Airbnb가 다양한 지역에서 견인력을 얻고 현지화된 입지를 구축하는 데 도움이 되었다.

• 소셜 미디어 및 콘텐츠 마케팅

Airbnb는 소셜 미디어 플랫폼을 활용하여 대상 고객과 소통하고 여행 경험을 고취했다. 그들은 Airbnb 숙박 시설에 머무르는 독특하고 몰입적인 측면을 보여주는 매력적인 사용자 생성 콘텐츠, 여행 가이드 및 스토리를 공유했다. 이 콘텐츠 마케팅 전략은 기존 사용자를 참여시킬 뿐만 아니라 진정성 있고 기억에 남는 여행 경험에 대한 욕구를 활용하여 신규 사용자를 끌어들였다.

• 커뮤니티 구축 및 신뢰

신뢰 구축은 Airbnb의 성공에 매우 중요했다. 그들은 고객 지원에 투자하고 호스트와 게스트를 확인하는 시스템을 구현하여 플랫폼의 안전과 신뢰성을 보장했다. 또한, 호스트 및 게스트 리뷰를 용이하게 하여 투명성을 가능하게 하고 사용자가 정보에 입각한 결정을 내리는 데 도움이 되는 커뮤니티 기반 평판 시

PART 2

스템을 구축했다.

• 경험으로의 확장

Airbnb는 서비스를 더욱 다양화하고 전반적인 여행 경험을 향상시키기 위해 "경험" 부문으로 확장했다. 그들은 호스트가 전문지식을 공유하고 여행자에게 몰입형 경험을 제공할 수 있도록 독특한 지역 활동 및 투어를 큐레이팅하고 홍보했다. 이러한 움직임은 고객 기반을 넓히고 수익원을 증가시켰다.

Airbnb의 기업가적 마케팅 전략은 소규모 스타트업에서 글로벌 호텔 브랜드로 성장하는 과정에서 중요한 역할을 했다. 기회의 인식 및 포착, 혁신적이고 진취적인 마케팅 추진, 네트워킹을 통한 마케팅효과 확대, 브랜딩, 사용자 경험, 입소문 마케팅, 인플루언서 파트너십, 현지화, 콘텐츠 마케팅, 커뮤니티 구축 및 전략적 확장에 대한 집중은 빠른 성장과 시장지배력에 기여했다.

참고문헌

김덕현, 유동희, & 정대율. (2020). 남명 조식의 경의사상과 지수초등학교 출신 1세대 창업주의 기업가정신에 관한 연구. 경영사연구, 35(2), 61-81.

공혜원. (2019). 글로벌 국가 비교를 통한 한국 기술기반 스타트업 생태계 진단: 정량 및 정성 연구. 벤처창업연구, 14(1), 101-116.

란원원, 김학선, & 전재균. (2022). 쇼핑가치가 만족에 미치는 영향과 쇼핑동기의 조절효과. Journal of Industrial Innovation, 38(2), 114-128.

방원석(2022). The Trend oftrepreeurial Marketing Research, 경영컨설팅연구, 22(4), 269-279

방원석, & 조동환. (2022). 기업가적 마케팅이 기업의 사회적성과와 경쟁우위에 미치는 영향-사회적 기업의 마케팅역량을 매개변수로. 유통물류연구, 9(2), 81-95.

이완형. (2019). 비즈니스 전략으로서 디지털 트랜스포메이션에 관한 연구: 유통의 '토탈 디지털 비즈니스 프레임워크' 구축 전략. 유통경영학회지, 22(3), 85-99.

칩 히스, 댄 히스,(2010) 스위치, 웅진 지식하우스.

Bitner, M. J., Booms, B. H., & Mohr, L. A. (1994). Critical service encounters: The employee's viewpoint. Journal of marketing, 58(4), 95-106.

Kotler & Armstrong(2016), Principles of Marketing.

Alqahtani, N., & Uslay, C. (2020). Entrepreneurial marketing and firm performance: Synthesis and conceptual development. Journal of Business Research, 113, 62-71.

Bachmann, J. T., Ohlies, I., & Flatten, T. (2021). Effects of Entrepreneurial Marketing on New Ventures' Exploitative and Exploratory Innovation: The Moderating Role of Competitive Intensity and Firm Size. Industrial Marketing Management, 92, 87-100.

PART 2

Edwards, C. J., Bendickson, J. S., Baker, B. L., & Solomon, S. J. (2020). Entrepreneurship within the history of marketing. Journal of Business Research, 108, 259-267.

Edwards, C. J., Bendickson, J. S., Baker, B. L., & Solomon, S. J. (2020). Entrepreneurship within the history of marketing. Journal of Business Research, 108, 259-267.

Fard, M. H. and N. S. Amiri(2018), "The Effect of Entrepreneurial Marketing on Halal Food SMEs Performance," Journal of Islamic Marketing, 9(3), 598-620.

Hisrich, R. D., & Ramadani, V. (2018). Entrepreneurial Marketing: a Practical Managerial Approach. Edward Elgar Publishing.

Homsi, R., M. S. Shiru, S. Shahid, T. Ismail, S. B. Harun, N. Al-Ansari, and Yaseen, Z. M. (2020), "Precipitation Projection Using a CMIP5 GCM Ensemble Model: a Regional Investigation of Syria," Engineering Applications of Computational Fluid Mechanics, 14(1), 90-106.

Kilenthong, P., Hills, G. E., & Hultman, C. M. (2015). An empirical investigation of entrepreneurial marketing dimensions. Journal of International Marketing Strategy, 3(1), 1-18.

Kishor, J. (2021). Moderating Role of Entrepreneurial Marketing in Enhancing Society through Social Entrepreneurship: an Indian Perspective. International Journal of Business and Globalisation, 28(4), 450-467.

Kotler, P., & Armstrong, G. (2016). Principles of Marketing sixteenth edition.

Kotler. P, Marketing Management-Analysis, Planning and Control, 9th ed., Englewood,

McCarthy, J. E., Basic Marketing: a Global Management, New York: McGraw-Hill, 2005.

Morrish, S. C., Miles, M. P., & Deacon, J. H. (2010). Entrepreneurial marketing: acknowledging the entrepreneur and customer-centric interrelationship. Journal of strategic marketing, 18(4), 303-316.

Prentice-Hill, 9, 1997.

Sadiku-Dushi, N., Dana, L. P., & Ramadani, V. (2019). Entrepreneurial Marketing Dimensions and SMEs Performance. Journal of Business Research, 100, 86-99.

Sarwoko, E., & Nurfarida, I. (2021). Entrepreneurial Marketing: Between Entrepreneurial Personality Traits and Business Performance. Entrepreneurial Business and Economics Review, 9(2), 105–118.

Yang, M., & Gabrielsson, P. (2017). Entrepreneurial marketing of international high-tech business-to-business new ventures: A decision-making process perspective. Industrial Marketing Management, 64, 147–160.

Zahra, S. A., J. S. Korri, and J. Yu(2005), "Cognition and International Entrepreneurship: Implications for Research on International Opportunity Recognition and Exploitation," International Business Review, 14(2), 129-146.

https://us.dollarshaveclub.com

https://www.airbnb.com

https://www.subway.co.kr

PART 2

사업기회의 탐색

Exploring Business Opportunities

14 사업기회의 탐색
Exploring Business Opportunities

Case-Study

트리플래닛(Tree Planet)

트리플래닛은 사람들에게 나무를 심기 위한 재미있는 방법을 알리고 이를 통해 나무 심기를 확산시키는 데 이바지한다는 의미의 'Plant for all'이라는 미션을 갖는 사회적기업이다. 트리플래닛은 게이미피케이션(gamification)[10]에 기반한 경영전략을 이용하여 기부자가 일방적으로 기부 활동을 수행하는 것이 아닌 재미를 통한 자발적인 기부 활동을 이끌고자 하였다.

경영전략

2010년 창업한 트리플래닛은 환경문제의 해결방안으로써 나무 심기라는 목표를 계속 유지하면서, 시간의 흐름에 따라 변화하는 소비자와 사회의 니즈(needs)를 지속적으로 파악하여 경영전략을 발전시켰다. 트리플래닛은 같이 기간별로 주제(theme)에 따라 경영전략을 발전시켰다.

---

8   게이미피케이션(gamification): 게임이 아닌 맥락에서 게임의 디자인 요소를 활용하는 것

기간	주요전략
2010-2012	확산(Diffusion)
2013-2016	가치(Value)
2017-현재	연결(Connection)

일례로, 트리플래닛은 크라우드 펀딩에 기반한 다양한 프로젝트를 진행하였다.

예를 들어, 2013년부터 2016년에는 '가치'라는 주제로 스타 숲 프로젝트는 스타의 팬들이 모금하여 스타의 이름으로 숲을 조성하는 것이며, 포레스트인피스(foRest in Peace) 프로젝트는 위안부 피해자, 연평해전 영웅 등과 같이 사회적으로 중요한 사건을 기억하기 위한 숲을 조성하는 것이다. 즉, 이용자는 단순히 나무를 심는다는 목적이 아닌, 자신의 스타를 생각하거나 중요한 사회적 사건을 기억하기 위한 목적으로써 숲을 조성할 수 있도록 경영전략을 설정하였다.

트리플래닛의 현재 경영전략은 '연결'이라는 주제로 사람과 숲이 가까울 수 있도록 설계되었다. 이를 위해, '반려나무'라는 단어를 이용하여, 주변에서 손쉽게 나무를 키울 수 있는 생태계 환경을 조성하고 있다. 트리플래닛은 매년 미세먼지 문제의 심각성이 커지는 상황에서, 초등학교와 보육원 등에 공기를 정화할 수 있는 반려나무를 보급함으로써 실내 숲이라는 개념을 제시하였다.

또한, 트리플래닛은 이용자가 실제 조성된 숲의 위치를 지도에서 찾아볼 수 있는 서비스를 제공함으로써, 사회적 활동에 대한 의미와 더불어 재미와 성취 목표를 제시하였다.

게이미피케이션의 적용

게이미피케이션 측면에서 트리플래닛의 경영전략은 다음과 같이 요약할 수 있다. 예를 들어, 2010년 스마트폰 대중화 시기에는 애플리케이션 게임을 이용하여 나무 심기 활동을 확산시켰으며, 2013년 크라우드 펀딩이 널리 알려지면서 이를 이용한 숲 조성 프로젝트를 시작하였다. 특히, 숲 조성 프로젝트의 경우, 참여자가 자신의 스타를 떠올리거나 중요한 사건을 기념할 수 있도록 고안함으로써, 참여자의 일회적인 참여가 아닌 지속적인 참여를 이끌고자 하였다.

다음으로, 트리플래닛은 게임적 요소를 활용하여 참여자가 크라우드 펀딩 프로젝트를 통해 조성된 숲을 홈페이지의 지도를 통해 찾아볼 수 있게 구성하였다. 참여자는 이러한 서비스를 통해, 기존에 조성된 숲을 확인한 후, 마치 다음 게임 미션에 도전하듯 새로운 지역에서의 숲 조성 프로젝트에 참여할 수 있을 것이다. 즉, 사회적 기업의 상품 또는 서비스에 대한 소비자의 지속적인 관심과 참여를 위해서는 좋은 의도와 더불어 재미라는 요소가 제공되어야 하며, 트리플래닛의 사례에서와같이 게이미피케이션을 적용한 경영전략은 사회적기업의 공공성과 시장성 달성에 도움이 될 수 있을 것이다.

자료: 이창섭 & 서승범(2023).

제1절 사업기회와 창업 아이디어 Business Opportunity & Idea

1 사업기회란?

기업가정신의 핵심은 '기업가적 기회(entrepreneurial opportunity)'를 인식하고 이를 구체적인 형태로 발전시키는 일련의 과정이라고 할 수 있다(Hill & Birkinshaw, 2010; Bae et al., 2016).

사업기회란 기업이나 창업자들이 새로운 제품, 서비스, 프로세스 또는 시장 등을 개발하거나 활용하여 성공적인 비즈니스를 창출할 수 있는 가능성을 말한다. 이는 시장의 변화, 소비자의 니즈 변화, 기술의 발전 등과 같은 여러 요인들로 인해 발생할 수 있다. 사업기회는 비즈니스의 성공을 위한 출발점으로, 적절히 파악하고 적극적으로 추구함으로써 기업이나 창업자가 성장하고 발전하는데 기여한다. 사업기회를 잘 파악하고 활용하는 것은 기업의 경쟁력을 강화하고 새로운 시장을 개척하는데 큰 도움이 된다. 일반적으로 사업기회는 다음과 같은

요소들을 포함할 수 있다:

- 시장의 변화: 새로운 기술이나 제품, 새로운 소비 트렌드 등 시장의 변화에 따라 발생하는 기회.
- 수요와 공급의 괴리: 특정 제품이나 서비스의 수요가 증가하면서 공급이 따라잡지 못하는 경우 기회가 발생할 수 있음.
- 기술의 발전: 새로운 기술의 등장으로 기존 제품이나 서비스를 개선하거나 대체할 수 있는 기회.
- 새로운 시장 개척: 아직 개척되지 않은 시장이나 새로운 지역으로 사업을 확장하는 기회.
- 경쟁자의 약화: 경쟁자의 어려움으로 인해 시장 점유율을 증가시킬 수 있는 기회.
- 법규제 변화: 정부 정책이나 법규제의 변화로 인해 새로운 사업기회가 발생할 수 있음

사업기회를 식별하고 추구함으로써 기업은 성장하고 발전하는데 있어서 경쟁 우위를 확보하고 새로운 성장 동력을 창출할 수 있다. 하지만 사업기회를 식별하는 것 뿐만 아니라 적절한 전략과 실행이 필요하며, 시장 조사와 분석을 통해 기회의 유망성을 평가하는 것이 중요하다.

2 사업기회 관점

기업가정신은 '기업가적 기회(entrepreneurial opportunity)'를 개발하는 과정이 핵심인데, 여기서 기업가적 기회란 "새로운 수단이나 목표 혹은 수단과 목표 간의 관계 정립을 통해 새로운 재화, 서비스, 원자재, 시장 및 조직화 기법이 제공될 수 있는 상황"을 의미한다(Eckhardt & Shane, 2003: 336). 기업가적 기회를 바라보는 전통적인 시각은 기회가 기업가에 의해 '창조'되는 것이라는 슘페터(Schumpeter)의 관

점과 '발견'되는 것이라는 커즈너(Kirzner)의 관점이 존재한다.

1) 슘페터(Schumpeter)의 관점

슘페터 (1934)는 기업가적 기회가 '파괴적 혁신(creative destruction)'의 과정 가운데 나타난다고 주장한다. 즉, 기업가는 기업가적 기회를 발견(discovery)하는 것이 아니라 경제 환경 가운데 발생하는 기술 혁신 현상을 활용하여 기업가적 기회를 '창출(creation)'한다는 것이다. 이 관점은 경제 변혁에 있어 기업가의 '영웅적(heroic)' 면모에 주목하며 기업가의 개인적인 특성(trait)과 동기(motivation)를 중요시 여긴다. 슘페터는 기업가들을 경제 환경에서 발생하는 기술적, 인구통계학적, 사회적 변화의 이점을 활용하여 현 경제 구조의 평형상태에 변혁을 창출하며 이를 통해 새로운 제품이나 서비스 도입을 선도하는 데에 있어 특별한 내재적 동기를 가진 이들이라고 제시한다(Schumpeter, 1934).

2) 커즈너(Kirzner)의 관점

슘페터와는 달리 커즈너(1979, 1997)는 기업가적 '기민성(alertness)'과 '발견(discovery)'을 강조한다. 커즈너가 제시한 기업가적 기회에 대한 관점은 '오스트리아 학파'로 구분되는 경제학자인 미제스(1996)와 하이에크(1945, 1948)의 연구에 기반하였다. 이 관점에서의 기업가는 시장에 존재하는 지식 혹은 정보의 비대칭(asymmetries) 상황을 활용하여 자본을 창출하는 거래 중개자(arbitrageur) 혹은 가격 조정자(price adjuster)이며 이를 통해 기업가적 기회를 발견한다.

이 과정에서 기업가의 기민성(alertness)과 '일상적 지식(day-to-day knowledge)'이 중요하다. 이 관점은 기업가정신을 개인들이 시장에 존재하는 기업가적 기회를 인식하고 이를 자신들의 독특한 '일상적 지식'을 통해 자본으로 창출하는 과정으로 보고 있다(박지훈, 배종태, & 강신형, 2018).

3) 보젤(Vogel)의 관점

Vogel(2016)은 기업가적 기회 개발과정에 관한 기존 연구들을 정리하여 기회 개발 과정에 대한 개념적 틀을 제시하였으며 이는 기업가가 기업가적 기회를 인식하고 발전시키는 세부 과정을 개념적인 수준에서 체계적으로 보여준다. 우선 Vogel(2016)은 슘페터와 커즈너의 기업가적 기회에 대한 관점이 다른 이유를 사업 아이디어(idea)와 사업기회(opportunity) 간의 구분이 명확하지 않았기 때문으로 보았다. 기업가정신에 관한 초기 연구들은 기업가적 과정이 초기 아이디어가 기회, 창업, 성장으로 이어지는 점진적 진행 과정임을 제시하였다(Churchill & Lewis, 1983).

이에 Vogel(2016)은 기존 창의성(creativity) 및 혁신(innovation) 관련 연구를 참고하여 사업아이디어에서 사업기회로 이어지는 사업기회 개발과정에 대한 개념적 틀을 제시하였다. 그가 제시한 틀은 '사업컨셉(venture concept)'을 중심으로 하고 있으며, 사업컨셉이 '사업 아이디어(venture idea)'와 '사업기회(venture opportunity)'의 연결고리를 역할을 하고 있다.

실제 벤처창업이 일어나기 위해서는 사업아이디어를 사업기회로 만들어가는 기업가의 능동적 행동이 요구됨을 가정하였다(Dimov, 2007; McMullen & Shepherd, 2006; Venkataraman et al., 2012).

4) 박지훈, 배종태, & 강신형의 관점

박지훈, 배종태, & 강신형(2018)은 Vogel (2016)이 제시한 사업기회 개발 과정 모형을 참고하여 새로운 사업기회 개발과정 모형을 제시하였다. 기존 연구에서 모호하게 정의된 사업기회의 개념을 사업 아이디어(venture idea), 사업컨셉(venture concept), 사업기회(venture opportunity)의 세 수준으로 구분하고 4단계로 각 단계별 세부 진행 과정을 제시하고 있다(아래 그림 참조).

PART 2

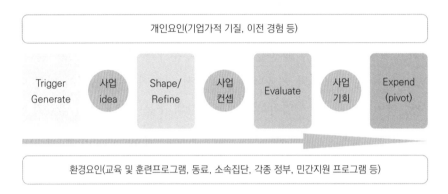

박지훈, 배종태, & 강신형(2018)의 사업기회 개발 과정 모형

개인요인(기업가적 기질, 이전 경험 등)

Trigger Generate · 사업 idea · Shape/Refine · 사업 컨셉 · Evaluate · 사업 기회 · Expend (pivot)

환경요인(교육 및 훈련프로그램, 동료, 소속집단, 각종 정부, 민간지원 프로그램 등)

자료: 박지훈, 배종태, & 강신형(2018)

이러한 연구모형을 기반으로 다음과 같은 연구문제를 제시하고 결과를 도출하였다. 이들은 Vogel (2016)의 사업기회 개발과정 모형을 기반으로, 사회적 기업가의 사업기회 개발과정 개념적 틀을 다음과 같이 제시하였다.

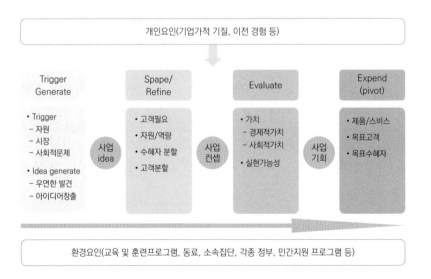

사회적 기업가의 사업기회 개발과정 개념적 틀

개인요인(기업가적 기질, 이전 경험 등)

Trigger Generate
• Trigger
 - 자원
 - 시장
 - 사회적문제
• Idea generate
 - 우연한 발견
 - 아이디어창출

사업 idea

Spape/Refine
• 고객필요
• 자원/역량
• 수혜자 분할
• 고객분할

사업 컨셉

Evaluate
• 가치
 - 경제적가치
 - 사회적가치
• 실현가능성

사업 기회

Expend (pivot)
• 제품/스비스
• 목표고객
• 목표수혜자

환경요인(교육 및 훈련프로그램, 동료, 소속집단, 각종 정부, 민간지원 프로그램 등)

3 사업기회 발견 및 확장

1) 사업기회 발견 사례

많은 경우 기업가 본인이 경험한 사회적 문제에서 사업아이디어를 찾았다. 앞에서 제시한 사업기회 개발과정 모형을 기반으로 사업기회 발견 및 과정을 살펴보면 다음과 같다.

첫째, 사업기회 개발과정의 첫 번째 단계인 'TRIGGER'에 사회적 기업 맥락의 특성이 반영된 '사회적 문제(social-problem emerge)'가 추가되어야 함을 발견하였다. 사회적 기업가 B는 소아암 환자들을 위한 봉사활동 경험을 토대로 환자들의 정서 안정에 꽃이 중요한 역할을 함을 알게 됐고, 사회적 기업가 C는 본인이 열악한 주거환경에 놓인 대학생이었으며, 사회적 기업가 D는 자신의 우울증을 무술 수련을 통해 극복한 경험이 있었다. 그러나 모든 기업가가 사회적 문제를 직접 경험한 것만은 아니었다. 기업가의 사회적 문제 해결에 대한 열망과 소명의식이 사업아이디어 탐색의 동인 역할을 했다. 사회적 기업가 A의 경우 '주도적인 사적 변화'에 대한 열망에서 사업아이디어를 찾았고, 사회적 기업가 E는 어려운 이웃을 돕고 싶다는 기업가의 신념이 지속적인 사업아이디어 탐색을 가능하게 한 요인이었다.

둘째, 사업기회 개발과정의 두 번째 단계인 'SHAPE/REFINE'에 사회적 기업 맥락에서의 독특한 요소인 '수혜자 분할(beneficiary segment)'을 추가해야 함을 알 수 있었다. 사회적 기업가들이 '사업아이디어'를 초기 단계의 사업기회라 할 수 있는 '사업 개념'으로 발전시키기 위해서는 기존 영리 기업의 창업가들과는 달리 어떤 '수혜자'들을 목표로 사업을 운영할 것인지를 우선 고민하는 것으로 나타났다. 예를 들어 사회적 기업가 A는 사업구상 초기에 수혜자를 합리적인 비용으로 법률서비스를 이용하려는 모든 사람이 아닌 '나 홀로 소송'을 준비하는 사람들로 수혜자들로 특정하여 사업기회를 개발하였다. 사회적 기업가 C는 주거 문제를 안고 있는 청년을, 사회적 기업가 D는 우울증 문제를 안고 있는 사람을, 사회적 기업가 E는 장애인을 수혜자로 정하고 이들이 겪고 있는 문제를 해결하는 데 주력했다. 이처럼 수혜자 집단, 목표 고객을 구체적으로 정의하는 경우 사업

PART 2

컨셉이 좀 더 명료함을 알 수 있다.

셋째, 기업 창업을 목표로 하는 기업가들도 '사업컨셉'을 평가함에 있어 '경제적 가치'를 기본적으로 고려하지만 그에 못지 않게 사업이 창출하는 '사회적 가치'의 정의와 '사회적 영향력(social impact)'도 심각하게 고려하는 것으로 나타났다. 예를 들어 사회적기업가 C는 사회주택사업을 '협동조합'의 형태로서 진행하며 사업컨셉을 평가하던 중에 사업의 효율성과 사회적 영향력의 확장성을 고려할 때 일반적인 '기업'의 형태가 더 적절하다고 판단하여 이후 '기업'의 형태로서 사업기회를 개발하였다.

사업기회 개발과정의 네 번째 단계인 'EXPAND(PIVOT)'에 기존 영리 기업 맥락의 모형에서 제시된 '제품/서비스', '목표 고객' 외에 '목표 수혜자'를 추가해야 함을 알 수 있었다. 기존 영리 기업 맥락에서의 사업기회 확장은 기존에 판매하던 제품(서비스)과 다른 새로운 제품(서비스)을 개발하거나 기존 고객층에 더하여 추가적인 고객층을 목표로 하는 방식을 활용하는 것으로 알려져 있다(Vogel, 2016). 하지만 사회적 기업가들을 대상으로 연구를 진행한 결과 사회적 기업 맥락에서의 사업기회 확장은 창출하는 수익의 확대와 함께 사회적 영향력의 확대도 고려하여 진행되는 것으로 나타났다. 예를 들어 사회적기업가 E는 최근 기업(혹은 기관) 내 입점하는 매장과는 다르게 스페셜티(specialty) 등급의 커피를 전문으로 하는 단독 매장을 열어 사업의 경제적 가치와 함께 사회적 가치의 증대를 꾀하였다(박지훈, 배종태, & 강신형, 2018).

2) 사업기회 확장

일반적으로 산업을 분류하는데 있어서 카르마카(Karmarkar)는 전체 산업을 정보(Information)와 비정보(Non-Information)의 1차 축과 서비스와 제품의 2차 축으로 구분하였다. 비정보의 H/W 제품 영역인 전자/제조, 화학, 소비재 등이 대부분 우리나라 기업들의 익숙한 영역이라고 볼 수 있다. 미국 등 글로벌기업들이 세계적으로 비정부에서 정보로, 제품에서 서비스로 사업영역을 발굴하고 확장하고 있다. 또한, 글로벌 기업에 비해 우리나라 기업들은 GDP 대비 기업R&D 투자 비중은 높지만 제조업의 혁신활동은 글로벌 기업들에 비해 낮은 수준이다.

글로벌 기업들은 전통적인 제품 중심의 제조에서 벗어나 제품과 서비스 융·복합화 하는 제조업의 서비스화를 적극 추진하고 있으며, 국제 경쟁력을 확보하기 위해서는 필수적인 혁신 활동이라고 볼 수 있다.

제조 및 서비스산업 변화

구분		제공형태	
		제품	서비스
최종 산출물	비정보	기계, 화학, 자동차의류 및 패션, 소비재	관광, 유통, 교통, 건설, 의료
	정보	책, 방송, IT제품, 영화, 음반, S/W	금융서비스, 라디오, TV, 법률서비스

자료: Karmarkar(2004).

3) 업종별 창업기업

우리나라의 최근 중소벤처기업부에서 발표한 업종별 창업기업수 현황 중 창업, 벤처기업에 대한 내용을 보면 다음과 같다. 2022년 대비 2023년에 기술기반업종이 많이 증가추세에 있다. 이는 4차 산업혁명시대에 따른 새로운 기술을 기반으로 한 다양한 기술창업이 지속적으로 증가할 것으로 사료된다. 전반적으로 제조업, 서비스업 등 모든 산업에 있어서 창업은 증가하고 있으며, 특히 서비스업종 중 도·소매업 창업의 증가추세는 두드러진다.

합계	소계	2022.12	2023.1
	기술기반업종	98,130	105,777
농업, 임업 및 어업 및 광업	소계	19,190	20,294
제조업	소계	2,166	3,425
	음식료품 및 음료	480	403
	섬유 및 가죽	371	450
	목재, 가구 및 종이제품	176	209
	인쇄 및 기록매체 복제업	64	88
	전기. 전자 및 정밀기기	641	523
	기타제조업		
전기, 가스, 증기 및 공기 조절 공급업	소계	2,194	2,275
건설업	소계	4,403	5,316
서비스업	소계	86,420	93,414
	수도, 하수 및 폐기물 처리, 원료 재생업	65	58
	도매 및 소매업	33,899	40,868
	운수 및 창고업		
	숙박 및 음식점업	12,819	11,440
	정보통신업		
	금융 및 보험업		
	부동산업	11,420	11,879
	전문, 과학 및 기술 서비스업	4,198	4,747
	기타		

자료: 중소벤처기업부(2023)

4 창업 아이디어(Idea)

1) 창업 아이디어 원천

창업 아이디어는 기업이 시장에 판매할 목적으로 생산하는 제품 또는 서비스의 객관적인 기능을 나타낸 착상이다. 창업을 하기 위해 가장 먼저 아이디어를 탐색해야 한다. 사업성 있는 창업 아이디어를 탐색하는 것은 사업의 성공여부에 결정적인 영향을 미치기 때문이다.

창업 아이디어를 얻는 데는 다양한 방법이 있다. 미국의 창업 전문지인 잉크(Inc.) 지는 미국의 500대 고속성장 기업을 대상으로 한 연구에서 다음과 같은 결과를 제시하였다.

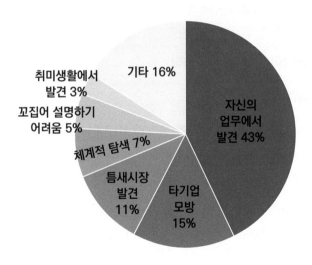

미국의 500대 고속성장 기업 아이디어 원천

- 기타 16%
- 자신의 업무에서 발견 43%
- 타기업 모방 15%
- 틈새시장 발견 11%
- 체계적 탐색 7%
- 꼬집어 설명하기 어려움 5%
- 취미생활에서 발견 3%

• 43% 정도가 자신의 업무에서 아이디어를 얻음

- 자신이 어떤 일에 오래 종사하다 보니 그 분야의 새로운 아이디어가 생각나서 창업하는 경우가 이에 해당함

• 다른 기업을 모방하는 경우(15%)

- 보통 한가지 아이템이 시장에서 성공하면 그와 비슷한 아류의 제품이 쏟아져 나오게 됨

* 그러나, 다른 기업을 모방하여 창업하는 경우 잘못하면 특허권이나 저작권에 어긋나 소송에 휘말릴 수 있으니 주의해야 함

• 틈새시장에서 아이디어를 얻는 경우(11%)

- 틈새시장은 틈새(Niche)시장이라고도 함. 그 밖에 체계적인 탐색(7%)이나 취미 생활(3%)을 통해 아이디어를 얻고 있음

- 소비자의 욕구 중 기존의 제품이나 서비스로는 아직 채워지지 않고 남아 있는 빈 시장을 의미함(예: 킥 전동보드)

2) 창업 아이디어 탐색 및 발굴원칙

(1) 창업 아이템 탐색

창업 아이템은 창업자나 창업팀의 생각과 욕구가 아니라 고객의 생각을 읽고 고객의 욕구를 만족시키는 제품이나 서비스를 구현하는 것이다. 창업에 실패하는 가장 큰 이유 중의 하나는 이 단순한 진리를 망각하고 고객이 만족하는 아이템이 아니라 자신이 만족하는 아이템을 개발하는 것에서 비롯된다. 반대로 역설하면, 바로 고객이 원하는 아이템을 개발하여 사업화하면 성공할 수 있다는 매우 간단한 진리이다.

문제는 창업 아이템을 1차적으로 발굴하는 현재의 단계에서는 시장의 다양한 고객의 욕구를 구체적으로 조사 및 분석할 수 없다는 것이다. 그러한 조사 및 분석도 사실 불필요하다. 무엇보다 사업 초기 창업 아이템 탐색단계에서는 고객의 욕구와 이를 충족시켜주는 아이템에 대한 가설을 찾는 것에 초점을 맞춰야 하며

시장조사 및 분석은 아이템의 후보군을 찾은 이후에 수행하는 것이 효율적이다. 고객의 욕구를 먼저 확인해야 하며, 필요, 수요를 알아야 한다. 먼적 간략히 용어에 대해 알아보면 다음과 같다.

- 욕구(Needs)란 있어야 할 것이 없어지거나 모자란 상태를 말한다. '배가 고프다', '주말에 데이트에 입고 갈 예쁜 옷이 필요하다' 처럼 배가 고프면 음식에 대한 욕구가 생기고, 좋은 날에 입고 싶은 옷에 대한 욕구가 생긴다. Needs는 음식, 공기, 물, 주택, 옷과 같이 누구나 갖는 보편 타당한 본원적 욕구이다.

- 필요(Wants)는 욕구를 해소할 수 있는 상품에 대한 구체적인 바람으로 문화, 사회, 전통에 영향을 받는다. 배가 고플 때 한국 사람과 미국 사람이 먹고자 하는 음식에 차이가 있는 것과 같다. 필요는 소비자가 처한 사회, 문화, 전통 등에 의해 형성되고 시대의 흐름에 따라 변형된다. Wants는 Needs의 충족방식으로 지역, 문화, 시간, 공간에 따라 달라질 수 있으며, 마케터들에 의해 만들어질 수도 있다.

- 수요(Demands)는 구매력에 의해 뒷받침되는 것이다. 지갑 속에 10,000원 밖에 없다면 근사한 레스토랑보다는 가지고 있는 돈으로 음식을 먹을 수 있는 곳을 찾을 것이다. 수요는 소비자의 구매력에 의해 결정된다고 볼 수 있다. 따라서 기업은 고객이 누구인지를 명확히 분석하여 그들의 구매력에 맞는 가격으로 상품을 제공해야 한다. Demands는 욕구의 충족방식(Wants)에 구매력이 가미된 것으로 목표고객에게 구매력이 있는지를 확인해야 한다.

고객들이 원하는 것이 무엇인지 파악하는 단계에서 1차 욕구인 Needs와 2차욕구인 Wants의 명확한 이해가 필요하다. 일반적으로 Needs를 충족시킨 후 Wants에 대응해야 한다. 특정 상품이나 서비스에 대해 구매의 필요성 조차 없는 소비자에게 상품의 장점을 아무리 강조해도 구매로 이어지지 않기 때문이다. 가령 어떤 마케터가 노트북을 필요로 하지 않는, 즉 노트북 자체에 대한 1차 욕구를 느끼지 못하는 사람에게 노트북 디자인의 세련됨이라든지, 저장용량이 충분하다는 점을 아무리 강조해봐도 노트북을 판매하지 못할 것이다.

예를 들어, 매일 아침에 출하된 과일 중 가장 당도가 높고 예쁜 모양을 갖춘 과일만을 선별해서 판매하는 과일전문카페가 있다. 좋은 과일만을 사용하고 설탕, 첨가물, 시럽 등을 사용하지 않고 있다. 이것은 고객입장에서 Needs일까? Wants일까? 소비자에게 구매를 일으키려고 할 때 기업의 메시지가 Needs에 해당하는 것인지, Wants에 해당하는 것인지를 구분해야 한다. Needs가 없으면 Wants도 생기지 않는다. 이러한 고객의 욕구는 보이는 욕구와 잠재욕구 즉 보이지 않는 욕구의 2가지로 구분할 수 있으며, 아이템 발굴전략도 이에 따라 2가지 유형으로 나누어 볼 수 있다.

(2) 창업 아이템 원칙

• 보이는 욕구에 따른 아이템 발굴원칙(Market-in Idea)

보이는 욕구는 고객의 제품과 서비스에 대한 조사를 통해 확인할 수 있는 명시적인 필요(needs)를 말하며, 이는 대부분 상식적으로 추론이 가능한 욕구를 말한다. 이러한 보이는 욕구를 충족시킴으로써 고객에게 가치(value) 가능한 고차원적인 가치까지 전달할 수 있는 아이템 발굴전략은 마켓인(Market-in Derivative)전략이라고 정의한다. 이는 조사를 통해 파악할 수 있는 고객의 욕구를 기반으로 추출할 것이기 때문에 주로 이미 시장에서 존재하고 있는 제품이나 서비슬 개선하거나 다른 형태로 변형하는 데 적합하다.

예를 들어 자동차 시장에서 전기차가 주목받고 있는 거와 같이 기존의 내연자동차보다는 소비자의 욕구인 환경 보호를 위한 가치를 전달할 수 있는 제품이 적합한 사업일 것이다.

• 보이지 않는 욕구에 따른 아이템 발굴원칙(Product-out Idea)

보이지 않는 욕구는 고객의 제품과 서비스에 대한 조사를 통해 확인하기가 어렵다. 고객 스스로도 인지되지 않은 욕구를 창업자가 찾아내어 개발하는 것이다. 즉 창업자가 숨어 있는 고객의 잠재욕구를 일깨우기 위해서 신개념의 아이템을 먼저 개발 및 출시함으로써 시장을 주도하려는 전략에 해당한다.

이러한 전략도 결국에는 고객의 욕구를 만족시키는 아이템을 개발 및 출시하는 것이지만 고객은 관련 아이템이 시장에 나오기 전까지는 스스로가 자신이 이러한 욕구가 있는지 모른다. 즉, 시장에 출시된 새로운 아이템을 접하고 나서야 이전에 몰랐던 자신의 욕구를 알게 되기 때문에 고객의 욕구가 아이템을 이끄는 것이 아니라 아이템이 고객과 고객의 욕구를 이끄는 형국으로 진행된다. 이는 주로 기존에 존재하는 기술이나 아이디어와는 차별화된 완전히 새로운 아이템을 발굴하는 전략으로 이를 프로덕트 아웃 전략(Product out Breakthrough strategy)이라고 정의한다. 아이팟과 아이폰의 개발을 주도한 스티브 잡스나 전 세계 전기자동차 개발을 선도하고 있는 엘론 머스크의 전략이 이에 해당한다.

PART 2

제2절 창업 아이템 탐색방법 및 도구

1 창업 아이템 탐색 방법

베스퍼(Karl H. Vesper, 1990)는 좋은 사업아이디어를 가지게 된 사람은 이 아이디어를 오히려 무심코 발견하는 것이며 아이디어를 의도적으로 열심히 찾는 사람의 대부분은 실패로 끝난다고 보고 있다. 그는 수많은 사례를 통해 대부분의 사업아이디어들이 부지불식간에 또는 뜻하지 않게 나타나는 것이라고 주장하였다 이는 곧 아이디어를 창업자 스스로가 찾아낸 것이 아니라 비 작위적인 사건들이 관계되면서 아이디어를 접하게 된다는 것이다 베스퍼는 이러한 아이디어와 만나게 되는 형태를 7가지로 나누어 설명하였다(문수영, & 황보윤, 2011). 베스퍼의 7가지 사업아이디어 탐색 형태를 살펴보면 아래와 같다.

1) 기대치 않았던 초대(Unanticipated Invitation)

어떤 사업아이디어는 제안이나 부탁의 형식으로 오면서 발생하는 경우이다.

어떤 경우 주변의 인물이 사업기회를 인식하고 그것을 성사시키기 위해 사업동업자나 투자자 등을 초청해서 사업계획서에 따라 사업설명회 및 투자설명회 개최를 통해 동업자 또는 투자자의 협력을 얻어 창업을 추진하게 될 수 있다. 이 경우 사업기회의 포착이 상당히 소극적이지만 실제로 그것을 사업화할 수 있다고 판단하고 추진을 결정한 창업자의 사후적인 노력과 적극적인 추진력이 필요하다.

2) 전직(Prior Employment)

대부분 창업 아이디어는 예비창업자가 몸담고 있었던 이전 직장의 업무와 관련 얻어지는 경우이다. 많은 사람이 졸업 후 직장생활을 하게 되며, 독립적인 경제생활을 위해 창업을 하는 경우 그러한 경험을 바탕으로 사업아이디어를 얻는 것이 일반적이다. 직장에서 전문화된 작업을 수행하다 보면 해당 업무나 제품 및 서비스의 기술적 현황과 미비점 및 발전 가능성에 대해 잘 파악할 수 있고, 시장에 나와 있는 제품이나 서비스의 장·단점에 대해서도 분석적인 시각을 지니게 되며, 브랜드나 명성이 중요하지 않을수록 이러한 직장 경험에 바탕을 둔 창업이 성공적일 수 있다. 또한, 직원으로서 퇴사 후 생계를 위해서 자신이 취득한 지식이나 기술을 활용할 수는 있지만, 그것이 과거의 직장에서 회사의 투자나 비용으로 얻어진 재산권일 때 회사는 그것을 보호할 권리를 가지는 것이며, 업무상의 기밀, 전 직장의 사내발명 등에 대해서는 법적인 문제에 대하여도 각별한 주의가 필요하다.

3) 권리의 획득(Obtaining Rights)

아이디어 개발권자로부터 권리를 사는 경우와 아이디어 창안자와 협력관계를 맺는 경우이다. 다른 사람이나 단체가 개발한 제품/서비스의 특허 등에 대해 라이센스 등의 제작·판매권을 취득하는 것은 사업을 신속히 전개할 수 있는 방법이다. 이러한 권리를 취득할 수 있는 원천에는 전 직장, 타 회사, 개별발명가, 정부 등이 있다. 특허의 경우, 특허 소유권자를 대행해서 라이센싱 계약을 알선해 주는 국제적 브로커도 존재하고, 이들은 때로 특허권을 매입하여 재판매하는 경우도 있다. 제품에 대한 라이센싱은 기업체, 대학, 비영리 연구단체 등의 연구개발 결과로부터 얻을 수 있다. 기업체는 특정 제품아이디어를 직접 개발하기는 했으나 기업의 규모에 비해 그 제품의 잠재시장이 너무 협소하다든지, 그 것과 관련되지 않은 특정 시장에 특화해서 집중하려 한다든지 하는 이유로 라이센싱을 하게 된다.

4) 자기고용(Self-employment)

무슨 종류든 사업을 우선 시작하게 됨으로써 연이어 또 다른 사업의 기회를 만나게 되는 경우이다. 독립적 경제활동을 영위하는 사람들이 그 활동과 경험으로부터 사업기회를 찾아낼 수 있다. 프리랜스 활동 등을 통해 고객의 욕구를 잘 알 수 있어 그것을 충족시키는 새로운 사업을 추진할 수도 있고, 어떤 경우는 특정한 업종에 종사하다가 우연히 새로운 상품 아이디어를 개발하게 되기도 하는데, 이러한 종류의 사업기회 발견을 샛길 효과(side-street effect)라고 부른다. Polaroid 사의 개발자 애드 윈(Edwin Land)은 처음부터 폴라로이드 카메라를 만들려고 한 것이 아니라 맞은편 차량의 광선을 차단하기 위해 자동차의 폴라로이드된 앞 유리와 전조등을 개발하려고 하다가 결국 카메라 사업에서 크게 성공한 경우이다.

5) 취미(Hobbies)의 일

취미로 시작하게 된 것이 사업으로 이어지는 경우이다. 자신이 즐겨하는 취미생활로부터 사업아이디어를 구체화할 수 있다. 자신이 좋아하는 특정한 아이템을 다듬고 멋지게 만들어 즐겨 쓰다가 주변 사람들이 관심을 표명하여 똑같은 것을 만들어 달라는 주문을 하게 되면 그러한 분류의 사람들이 일반 소비자화 될 수 있다는 판단을 할 수 있다. 단, 취미생활은 자신이 좋아서 하는 것이고 자신의 돈을 기꺼이 투자하기 때문에 수익성 자체에 관심을 두지 않을 수 있다는 단점이 있다.

6) 사회적으로 만난 사람들(Social Encounters)

사회활동을 통해 만난 사람들로부터 아이디어를 얻는 경우이다. 직장 및 사회생활로부터 여러 부류의 사람들과 접촉한다. 이렇게 형성된 인맥이 상호 교류의 과정을 통해서 좋은 사업아이디어를 일깨우는 계기를 마련해 준다. 업무상 전문가집단, 예컨대 법조인, 회계사, 금융가, 투자가 등과의 주기적인 접촉을 통해서 그들이 알고 있는 특허의 라이센싱 기회나 매각업체 등에 대해 정보를 입수할 수 있다. 또한, 업계나 관련 협회 등과의 공식, 비공식적 네트워킹을 통해서 최근의 업계 현황과 사업 가망성 등을 타진해 볼 수도 있다.

7) 단순한 행인의 관찰(Pedestrian Observation)

주변 상황을 단순히 관찰함으로부터 창업 아이디어를 얻게 되는 경우이다. 대부분 사업기회가 체계적인 탐색보다는 자연 발생적으로 발견된다고 해서 예비창업자들이 우연적인 발견을 마냥 기다릴 수는 없는 것이다. 우연적인 발견도 적극적으로 탐색하는 자에게 높은 확률이 있으므로 무언가 아이디어 탐색의 방안을 모색해야 한다. 예비창업자들이 적극적이고 체계적인 방법으로 사업아이디어를 얻을 수 있는 정보원천이 사실상 다양한 경로에 존재한다.

예컨대, 대형 장난감 제조업체의 경우 매년 대부분의 매출을 신제품 판매를 통해서 올리는데, 이는 장난감이 경쟁업체에 의해 쉽게 모방할 수 있고, 유행을 타서 시장 수요기간이 짧아 지속적으로 신제품을 개발할 수밖에 없기 때문이다. 이를 위해 장난감 회사는 각종 다양한 신제품 아이디어 개발 기법을 총동원하는데, 이에는 브레인스토밍, 라이센싱, 경쟁사 제품의 모방과 수정, 내부 인센티브와 압력, 고객조사, 신기술 적용, 경진대회 등이 포함된다.

2 창업 아이템 발굴 도구

1) 퓨처스 휠(Futures Wheel) 기법

퓨처스휠 기법은 다양한 영역의 트렌드 및 이머징 이슈가 미래 사회에 영향을 미칠 때 뒤따라올 2, 3차 파급 효과를 발견하기 위해 개발된 미래 예측기법이다. 작성된 결과물의 모습이 수레바퀴 모양과 닮아서 미래수레바퀴 기법이라고도 한다. 이 기법은 현재 국제미래학회 공동회장인 제롬 글렌(Jerome Glenn)에 의해 1971년에 개발되었다.

방법과 필요한 도구가 간단해 누구나 쉽게 이용할 수 있는 장점이 있다. 특히, 퓨처스휠 기법은 미래 사회변화나 특정 이슈에 대한 질문과 생각을 짜내는 토론과정(brainstorming)을 통해 수레바퀴 형태의 모형으로 쉽고 조리 있게 정리하도록 도와준다. 퓨처스휠은 트렌드 및 이머징 이슈를 바탕으로 2, 3차 가지를 뻗어나갈 때 반드시 인과관계에 따라 확장해야 하는 조건이 있다. 무작정 생각나는 미래를 그리는 것이 아니라 최대한 논리적으로 미래 시나리오를 그려나가야 한다. 활용법이 간단해 혼자서도 충분히 작성할 수 있지만, 앞에서도 언급했듯이 개인이 가지고 있는 한정된 지식만으로는 아무래도 논리의 비약이 생길 수 있다. 따라서 다양한 배경의 사람들이 집단지성을 통해 어느 정도의 합의로 미래를 펼쳐 나가는 그것이 더욱 개연성이 높은 미래를 예측하게 도와줄 것이다.

이에, 퓨처스 휠은 현재 기업의 미래기획팀이나 세계 정책입안자들이 앞으로 다가올 잠재 문제점들을 파악하고 새로운 가능성, 시장, 상품 서비스들을 활용하기 위한 전략을 짜는 데 이용되고 있다.

퓨처스 휠 활용법은 다음과 같다.

• Step 1. **이머징 이슈 선정하기**

트렌드 리딩을 통해 향후 추세가 더욱 강해질 것으로 예상하는 이슈를 찾아 퓨처스휠 기법 작성을 위한 이머징 이슈로 정한다. 이머징 이슈는 주최자가 사전에 정해도 무방하며 참가자 간 토의를 통해 선택해도 좋다. 퓨처스휠 기법 활용 가이드를 위해 임의의 이머징 이슈로 '환경오염'을 선정했다.

• Step 2. 1차 수레바퀴 키워드 작성하기

가까운 미래를 상상하면서 기술, 정치, 경제, 환경, 사회 등 다양한 영역별로 미래의 위기와 기회를 떠올려본다. 예를 들어, 환경오염이 계속 악화하면 사회적으로는 소비자의 환경 관련 상품 관심 증대, 건강 인식 변화가 생길 것이고, 기술적으로는 환경 관련 기술개발 전기차, 태양광 판넬 등에 대한 기술 혁신이 이루어질 것이다. 정치적으로는 환경에 대한 정부의 친환경 정책 증가, 기업에 대한 법적인 규제, 기업의 책임 증대 등이 이루어질 것이고, 경제적으로는 관련 상품이 증가할 것이다. 다양한 미래 가능성을 살필 수 있게 1차 키워드의 영역이 최대한 겹치지 않도록 작성한다.

• Step 3. 2차·3차 수레바퀴 키워드 작성하기

1차 수레바퀴에 이어 인과관계를 생각하면서 1개의 키워드마다 2차, 3차 수레바퀴까지 완성해 나간다. 주의할 점은 1차에서 2차로, 2차에서 3차로 연결되는 과정에서 너무 멀리 뛰어넘으면 인과관계가 잘 안 보일 수 있으니 중간 내용을 과하게 생략하지 않도록 한다.

• Step 4. 퓨처스휠 미래 시나리오맵 완성

1차 수레바퀴의 개별 키워드마다 2차, 3차 수레바퀴까지 모두 완성한다. 참고로 1차에서 2차 수레바퀴로, 2차에서 3차 수레바퀴로 펼쳐 나갈 때 가지의 수가 정해져 있는 것은 아니다. 그뿐만 아니라 3차 수레바퀴를 넘어 4차, 5차까지 펼쳐 나가는 것도 문제가 안 된다. 다만 무한정 펼쳐 나갈 수는 없기에 참가자들과 작성하기 전 어느 정도까지 펼쳐 나갈지를 정하고 시작하는 것이 좋다.

• Step 5. 퓨처스휠 미래 시나리오 키워드 연결

퓨처스휠 미래 시나리오맵 작성을 완료한 후 키워드 간에 서로 영향을 주고받는 것이 있다면 연결을 시켜보자. 1차 수레바퀴에서 서로 다른 영역으로 시작했지만, 키워드끼리 영향을 주고받음을 확인함으로써 우리가 살아가는 세상이 결국에는 유기적으로 연결되어 있음을 알 수 있다. 그리고 종합적으로 세상을 이해하게 된다. 마지막으로 도출된 미래 비전을 바탕으로 미래 전략(실행 방안)을 구상해보면 된다. 이러한 세상의 변화 환경에 따라 미래전략을 구상하면서 새로운 사업 아이템을 발굴할 수 있다.

퓨처스 휠 기법에 대한 도식을 보면 아래와 같다.

PART 2

퓨처스 휠 기법

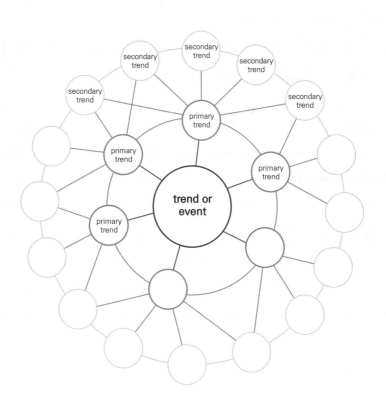

2) 스캠퍼(SCAMPER) 기법

창의적인 문제 해결을 위한 도구로 간편하게 사용할 수 있는 스캠퍼를 방법에 대해 알아보면 다음과 같다. 스캠퍼는 브레인스토밍으로 잘 알려진 알렉스 오스본(Alex Faickney Osborn)의 체크리스트 기법(1951년)을 발전시켜 밥 에벌(Bob Eberle)이 1971년 완성했다. 브레인스토밍이 자유롭게 방대한 사고를 도출하는 것이라면, 스캠퍼는 7가지 방법에 따라 문제 해결을 도출하는 것으로 좀 더 구체적이고 실현 가능하다.

스캠퍼는 대체하기(Substitute), 결합하기(Combine), 응용하기(Adapt), 수정·확대·축소하기(Modify, Magnify, Minify), 다른 용도로 사용하기(Put to other use), 제거하기(Eliminate), 반대로 하기, 재배열하기(Rearrange)의 총 7가지 방법의 앞글자를 따서 SCAMPER라 명명하였다. 스캠퍼는 순서에 집착하기보다는 유연하게 각 방법을 적용시켜 보는 것이 문제 해결에 용이하다.

스캠퍼의 기법을 실제 적용하기 위해서는 어떤 사물을 볼 때 주의 깊게 분석하고 실생활에 자주 적용해 보아야 한다.

- 대체하기(Substitute)는 순서, 재료, 성분, 역할, 장소 등을 기존의 것에서 새로운 것으로 대체하는 것이다. 예를 들어, A대신 B를 쓰면 어떨까? 컵의 재질을 쌀로 바꿔보는 것도 좋을 것 같다.
- 결합하기(Combine)는 두 가지 이상의 A와 B를 결합하는 것으로 제일 쉽게 실현해 볼 수 있는 방법이다. 예를 들어, A와 B를 합치면 어떨까? 조합을 통해 발상이 활성화되거나 복수의 문제를 동시에 해결할 수도 있다.
- 적용하기(Adapt)는 어떠한 것을 다른 목적과 용도에 맞게 조정하거나 응용해 보는 것이다. 예를 들어, 어떤 아이디어를 응용할 수 있을까? 지렛대의 원리를 응용한 손톱깎이를 예로 들 수 있다.
- 변경·확대·축소하기(Modify, Magnify, Minify)는 어떤 것의 모양, 색상, 세기, 특성 등을 변경하거나 확대·축소해보는 것이다. 예를 들어, 아이패드는 스마트폰보다는 크고 노트북보다는 작아 휴대하기가 편리하다. 이처럼 어려운 기술적인 면을 적용하지 않고도 변경·확대·축소하기를 통해 아이패드는 시장에서 성공적인 결과물을 만들어냈다.
- 용도 바꾸기(Put to Other Uses)는 어떠한 것의 원래 쓰임과는 다른 용도로 사용해보는 것이다. 예를 들어, 이것을 다른 곳에 쓰인다면 어떤 용도로 쓸 수 있을까? 빵에 넣는 베이킹 파우더를 천연세제로 사용한다거나 트럭을 개조해 푸드트럭으로 이용하는 것이다.

- 제거하기(Eliminate)는 어떠한 것의 일부를 없애거나 과정 등을 생략함으로써 새로운 것을 만들어내는 것이다. 예를 들어. 어떤 과정을 생략해야 효율적일까? 마우스의 선을 제거하여 무선마우스, 전화기의 선을 제거한 무선전화기 등이 있다.
- 역발상·재정리하기(Reverse, Rearrange)는 A의 위치·순서·기능 등을 기존과 다르게 거꾸로 해보거나 바꿔보는 것이다. 예를 들어, 거꾸로 바꿔보면 어떨까? 김밥에서 밥과 김의 위치를 바꾼 누드김밥, 냉동고를 아래에 배치한 냉장고 등을 예로 들 수 있다.

3) 만다라트(Mandarat) 기법

만다라트 기법은 1979년 마쓰무라 야스오(松村寧雄) 클로버 경영연구소장이 고안한 사고(思考)법이다. 본질을 뜻하는 'Manda'와 소유를 뜻하는 'La'가 결합된 '만다라'는 목적을 달성한다는 의미이고 여기에 'art'라는 기술을 붙여서 목적을 달성하는 기법이라 말할 수 있다. 방식은 바둑판 모양처럼 총 81개의 칸을 만들고 정중앙 칸에 핵심목표를 기재한다. 이후 주변 8개의 칸에 세부 목표를 설정한다. 8개의 세부 목표는 다시 9개로 구성된 주변의 사각형 정중앙에 확장시킨다. 그리고 세부목표달성을 위한 실천방안을 작성한다.

• 만다르트 연꽃 기법의 진행 단계

① 3×3칸으로 된 사각형을 가로 3개, 세로 3개로 배치하여 총 9개를 제시한다.

② 중앙에 있는 사각형의 가운데에 해결하고자 하는 아이디어, 문제, 이슈, 주제 등을 적는다(예: 신제품 우산 개발).

③ 위에서 제시한 주제의 하위 주제 8개를 적는다. 아이디어, 해결책, 독창적인 용도, 주제의 확대 등을 적으면 된다(예: A-색상 변화, B-소재 변화, C-사이즈 변화 등등).

④ 중앙에 있는 사각형 주변에 있는 8개 사각형의 중심에 하위 주제 8개를 옮겨 적는다.

⑤ 8개의 하위 주제에 대하여 8개씩의 아이디어를 생각하여 칸을 채운다.

⑥ 총 64개의 아이디어 중 주제별로 최선의 아이디어를 조합하면서 문제 해결을 위한 아이디어를 창출한다.

이상의 만다라트 기법을 이용한 창업 아이템 개발 절차를 정리하면 다음과 같다. 첫 번째 만다라트의 한가운데 개발하려는 아이템의 유형과 관련하여 중심 키워드를 적는다.

만다라트는 아이디어 조합의 과정에서 기존의 정보와 새로운 정보를 유기적으로 연계함으로써 새로운 발상이 나올 수 있도록 한다. 이는 만다라트는 아이템과 관련되어 머릿속의 아이디어나 생각을 사방팔방으로 확산하면서도 3X3 매트릭스 안에 구조화시키는 특성으로부터 비롯된다. 즉, 총 64개의 아이디어를 구조화한 다음에 이를 연관 짓고 조합함으로써 창의성을 높일 수 있는 것이다. 또한, 이를 수행하는 과정상에서도 자문자답을 통해 다양한 관점에서 아이템 발굴을 위한 아이디어를 떠올 릴 수 있다.

만타라트 서식

만라라트 기법을 활용한 창업 구상도 예를 보면 아래와 같다.

맨 중앙에 창업과 관련된 8가지 요소를 작성한다. 이후 각각의 요소에 따라 세부 8가지 요소를 작성해서 한다.

① 메인 중앙

1. 제품/서비스	2. 마케팅	3. 고객관계
4. 비즈니스 모델	**창업**	5. 기술개발
6. 투자	7. 팀구성	8. 조직관리

② 제품 서비스 관련 8가지 요소

기술력	디자인	고객니즈 파악
개발비용	**제품/서비스**	환경분석
연구 개발	제품전략	일정관리

③ 마케팅 관련 8가지 요소

목표고객 설정	온라인/오프라인	STP
마케팅 자금	**마케팅**	충성고객확보
4P/7P	고객가치	네크워크

PART 2

제3절 창업 아이템 선정 원칙과 성공 요인

1 고객가치 창출

1) 제품과 서비스

제품, 서비스, 상품 등의 비슷한 용어를 서로 혼동해서 사용하지만, 의미의 차이가 있다. 제품이란 스마트폰, 자동차, 음료수 등과 같이 공장에서 만들어진 유형적인 상품을 의미하고, 서비스란 미용실에서 제공하는 헤어컷과 네이버 검색 서비스와 같은 무형의 상품이나 아이디어를 의미한다. 즉, 제품의 서비스화, 서비스의 제품화가 이루어지는 추세이다.

소유권에 따라서도 제품과 서비스는 구분된다. 노트북은 구매와 동시에 소유권이 넘어가지만, 미용실에서 받는 헤어컷은 소유권이 이전되지 않는다. 제품과 서비스는 유무형에 따라 소유권에 따라 구분될 수 있지만, 소비자의 욕구와 필요를 충족시켜줄 수 있다는 점에서 상품이라는 공통점이 있다.

일반적으로 경제가 발전함에 따라 생산, 고용, 소비 등 경제에서 서비스산업이 차지하는 비중이 증가한다. 과거에는 가치 창출을 위한 기업들의 혁신 활동은 주로 브랜드, 디자인에 의한 제품의 차별화가 많았다. 그러나, 최근의 비즈니스 패러다임은 제품과 서비스를 결합한 새로운 사업 모델이 주도하고 있다. 고객의 Needs를 만족시키기 위하여 제품과 서비스를 결합하는 방식의 제조기업의 서비스화 혁신을 추구하고 있는 것이다.

애플은 아이폰과 앱스토어를 결합시켜 수많은 휴대폰 제조업체들이 하지 못했던 제품-서비스 통합을 혁신을 성공시켰다. 가치를 만드는 지점이 유형의 제품에서 무형의 서비스로 옮겨가는 것으로 이를 제품의 서비스화 즉, Product Servitization라고 정의한다. 서비스에 최적화된 제품 공급(Service Productization)도 진행되고 있다. 온라인 서점인 아마존의 킨들(Kindle)이 대표적이다. 아마존을 킨들을 통해 아마존 서비스를 최적으로 이용할 수 있도록 하고 있다.

제품과 서비스의 결합 패러다임은 고객 요구사항의 변화에 있다. 과거에는 멋진 시계로 충분했지만 최근에는 시계가 통신 기능을 갖추고 건강을 측정해주기도 한다. 고객이 처한 상황에 따라 다양한 경험을 원하고 있는 것이다. 이런 것이 가능한 이유는 정보기술(IT)의 발전 때문이다. 따라서, 제품-서비스 통합에 관한 관심은 단지 제품을 많이 팔기 위한 마케팅 관점이 아니라 고객에게 경험을 통한 가치를 높이기 위한 전략적인 선택으로 다루어져야 한다. 또한, 제조기업의 서비스업에 대한 이해가 보다 정교해져야 한다. 단지 서비스가 제조보다 부가가치가 높다는 이유만으로 제품-서비스 통합을 끌어낼 수 없다. 고객의 요구사항을 이해하고, 고객 접점에 밀접하게 접근할 수 있다는 측면에서의 서비스업으로의 확장이 필요하다.

한편, 서비스 분야에서 서비스 특성상 소멸성, 이질성 등의 요소로 유형적 요소가 중요하다. 즉, 경쟁력 강화 방안으로서 서비스의 무형성과 생산과 소비의 동시성으로 인해 소비자들의 구매 결정단계에 도움이 될 수 있는 유형적 단서의 물리적 증거인 '서비스스케이프(Servicescape)'에 대한 고려가 필요하다. 서비스스케이프란 서비스가 제공되고 고객과 상호작용이 일어나는 서비스 환경으로써 서비스 제공 또는 전달을 촉진시키는 유형재이며, 서비스가 수행되고 제공되며 소비되는 곳의 물리적 시설을 포함하는 제반 환경을 말한다(김상완, 2005). 서비스스케이프는 고객과 서비스 제공자 간 서비스의 전달이 이루어지고 상호작용이 일어나는 환경으로(Baker J et al, 1994). 기업 내에서 고객의 태도에 영향을 미칠 수 있는 객관적인 환경(Bitner MJ, 1992; El Sayed et al., 2004)이라고 하였다. 이와 같이 서비스 산업에서 물리적인 요소인 서비스스케이프인 주변 환경, 디자인 환경, 사회적 환경 등의 요인이 중요하다.

2) 어떤 고객가치를 전달할 것인가?

고객에게 어떤 가치를 전달하는 것은 사업 성공을 결정한다. 최근 고객의 가치는 전통적인 경제적가치외에 고객가치를 다차원적 개념으로 간주하여 구매와 소비행태에서 느끼는 감정을 반영하는데 그 관심을 갖고 있다(김지영, 2017). 기본적인 고객가치인 기능가치, 사용가치외에 정서가치를 제공해야 한다. 이러한 가치 중 내가 고객에게 전달할 수 있는 가치는 1차적 가치인 기능가치외에 2차원적 가치인 사용가치와 최상위가치인 정서적가치를 전달할 수 있어야 시장에서 인기를 얻을 것이다.

예를 들어, 어떤 소비자가 핸드폰을 바꾸어야 한다면 애플, 삼성전자, LG전자 등의 상품 중에서 자신의 욕구와 필요를 가장 잘 충족시켜줄 수 있는 대안을 찾게 된다. 그 대안 중에서 소비자는 시간적, 금전적 비용의 혜택이 가장 큰 상품을 선택할 것이다. 만약 아이폰을 사용하던 사람이 갤럭시S로 바꾸게 된다면 그것이 가장 가치 있다고 생각했기 때문이다. 이처럼 가치(value)란 소비자가 지불하는 비용의 대가로 받는 혜택(benefits)을 의미한다.

일반적으로 고객이 추구하는 가치는 기능가치, 사용가치, 정서가치로 구분된다. 기능가치는 제품 또는 서비스가 고객에게 제공하는 물리적인 속성을 의미하며, 사용가치는 이러한 물리적 속성으로부터 고객이 얻는 구체적인 혜택을 의미한다. 그리고 정서가치는 다시 이러한 사용가치를 통해 개인의 가치관과 생활에 변화를 주는 심리적 가치를 의미한다.

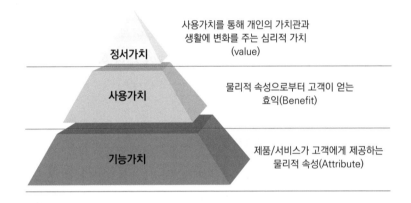

가치의 피라미드 구조

유기농 농산물을 예로 들어보자. 유기농 농산물의 경우 '유기농'이라는 물리적 속성은 기능가치에 해당한다. 고객은 유기농이라는 속성으로 건강한 음식을 먹을 수 있다는 사용가치를 제공받는다. 그리고 건강한 음식을 먹음으로써 몸이 건강해질 수 있다는 정서가치를 얻을 수 있다. 이처럼 고객이 추가하는 가치, 즉 고객 니즈는 상호 연계되는 피라미드 구조를 갖고 있다.

여기에서 주목할 점은, 상위의 가치는 하위 가치를 추구하는 원인이 된다는 점이다. 고객이 왜 유기농 농산물을 먹으려고 하는가? 이는 건강한 음식을 먹고 싶기 때문이다. 즉, 고객이 추구하는 사용가치가 기능가치의 원인이 되는 것이다. 고객은 왜 건강한 음식을 먹고 싶어할까? 이것도 마찬가지도. 음식을 통해 건강해지고자 하는 정서가치가 원인이 된다. 따라서 고객의 잠재 니즈를 분석하고자 할 때에는 이러한 니즈의 구조를 이해하고 상위 가치 관점에서 하위 가치에 더 추가할 가치는 없는지를 고민해야 한다. 아직까지 파악되지 않은 잠재 니즈라는 것이 우연히 찾아지는 것이 아니라 전체적인 구조에 대한 이해를 바탕으로 논리적으로 파악될 수 있다는 것이다.

제품이나 서비스가 상향평준화되면서 가치의 기준도 바뀌고 있다. 윤리적 소비주의가 소비자의식 속에 나타나는 소비문화가 변화하고 있다. 즉 과거에는 품질만 좋으면 가치 있는 것으로 생각했지만 최근에는 그렇지 않다. 예를 들어, 공정무역 커피로 유명한 런던의 몬머스 커피는 줄을 길게 서야 하는 불편함에도 모두 차례를 기다린다. 맛있는 커피뿐만 아니라 의식 있는 소비에 동참한다는 가치를 주기 때문이다. 기계가 아닌 사람이 일일이 핸드드립으로 내려주는 몬머스 커피의 제품력이 진심이 되고, 브랜드의 행동과 실천이 공감되고, 소비 경험이 가치가 되는 것이다.

2 창업 아이템 선정

1) 작고 실속 있는 아이템

창업 초기에는 고정비가 적게 드는 실속 있는 아이템을 선택하는 것이 중요하다. 사업 확장은 창업 초기 취급상품에 대한 수요가 확실하고 성공 전망이 밝다고 판단될 때 그 규모를 늘려도 늦지 않다. 창업 초기에 과다한 자본 투입이 요구되는 아이템은 사업이 초기에 정상 궤도에 올라가지 않으면 자금 부담으로 어려움을 겪을 수 있다.

2) 시류에 맞는 아이템

시장에서 수요가 있는 아이템을 선택하면 비교적 성공 가능성이 높다. 수요자의 욕구를 충족시켜 줄 수 있는 사업은 창업자가 조금만 노력해도 수요를 창출할 수 있고 그만큼 쉽게 창업에 성공할 수 있다.

시장수요에 맞는 아이템을 선정하려는 방법으로 첫째 정확한 시장 예측력, 둘째, 선진국의 산업 흐름과 국내 도입 가능성 포착을 해야 한다.

• 정확한 시장 예측력

정확한 시장 예측력을 위해 국가 경제성장 수준, 국민소득의 증가추세, 인구의 연령분포도, 산업의 흐름 등을 주시해 보면 몇 년 후에 유망한 아이템이 될 수 있는 사업을 발견할 수 있다.

• 선진국의 산업 흐름과 국내 도입 가능성 포착

국내 신기술의 경우 선진국에서 이미 기업화하여 시장에서 유통되고 있는 경우가 있다. 경우에 따라서는 이들 선진국의 신기술을 국내에 도입하여 응용한 제품으로 사업화함으로써 성공할 수 있다. 이러한 정보는 국제박람회, 국제학회, 해외 현지 방문, 인터넷 정보 탐색 등을 통해 포착할 수 있다.

3) 자본 규모에 적합한 아이템

아무리 좋은 아이템이라고 하더라고 자본이 뒷받침되지 않는다면 사업구상은 실패로 돌아갈 수밖에 없다. 아이템 선택 시에는 필요 자본의 조달이 가능한지 아닌지를 검토해 보아야 한다. 무엇보다도, 자본 규모에 맞는 아이템 선정 절차가 중요하다. 이에, 자본 규모에 맞는 아이템 선정 절차를 살펴보면 다음과 같다.

• 1단계 자금조달능력 추정

자기자본, 친척이나 친지 등 개인 투자자, 벤처캐피털, 금융기관 차입 등을 통해 어느 정도의 자금을 조달할 수 있는지 산정한다.

• 2단계 적정자금 투입규모 결정

투입자금 규모는 사업 실패 시 부담할 채무의 상환능력을 기준으로 포트폴리오를 구성해 본다. 예를 들어, 가계에 전혀 지장을 주지 않는 범위(저축 및 주거용 이외의 부동산 담보), 가계에 영향을 주는 범위(주거용 부동산 담보), 타인에게 영향을 주는 범위(제3자 부동산 담보) 등을 확인해 본다.

• 3단계 예비 아이템 검토

자본 규모에 적합한 아이템으로서 창업자의 경험과 적성에 맞는 아이템을 2~3개 선정한다.

• 4단계 아이템 최종 선정

예비로 선정된 아이템 별로 구체적인 정보수집과 사업타당성 검토를 거쳐 최종적으로 하나의 아이템을 선정한다.

4) 문제점 있는 아이템 회피

사업은 창업자 혼자 하는 것이 아니라 종업원을 비롯한 다양한 경영요소의 결합을 통해 실현된다. 좋은 아이템이라고 하더라도 문제점이 있으면 피해야 한다. 예를 들어, 기술개발의 한계, 사회적 분위기에 맞지 않거나 많은 종업원을 채용해야 하는 등의 문제점 등이다.

3 4차 산업혁명시대 10대 유망기술

한국과학기술정보 연구원은 4차 산업혁명과 관련하여 중소기업이 주목해야 할 사업화 아이템으로서 11개 분야 50개 아이템 중에서 미래 유망한 기술로서 10개를 선정하여 발표하였다. 10대 유망기술에 대해 간략히 살펴보면 아래와 같다.

순위	분야	미래유망기술명	내용
1	인공지능	웹기반 빅테이터 수집, 분석패키지	• 방대한 데이터를 웹기반시스템 내에서 수집하고 분석하여 비즈니스 인사이트를 도출하는 기술 • 필요기술 −데이터 전송제어 기술 및 데이터 오류 검출을 위한 연산 시퀀스 기술
2	사물 인터넷	스마트 의류	• 특수소재나 컴퓨터 칩을 사용해 전기신호나 데이터를 교환하거나 외부 스마트 기기와 연결된 의류 • 필요기술−입력기술: 인체정보 측정기술, 환경정보 측정기술−출력기술: 시 · 청각 기술, 촉각기술
3	무인운송 수단	지능형 자동차 레이더센서	• 전자기파를 송신하고 표적에 의한 반사신호를 수신하여 표적의 위치 및 이동속도를 측정하는 센서 기술 • 필요기술−주행상황 인지/대처기술 및 차량 궤적추적기술
4	3D 프린팅	3D 수리모델링 소프트웨어	• 3차원 모델을 효율적으로 표현하기 위한 물리적 환경이나 현실세계의 물체를 묘사하기 위해 사용하는 소프트웨어 • 필요기술−공간정보를 활용한 데이터 처리와 빌딩정보모델(BIM)을 이용한 건물시공 및 운영시스템 등의 기반기술
5	바이오 프린팅	바이오 잉크	• 약물 스크리닝플랫폼이나 바이오칩 또는 인공조직 프린팅에 필요한 탈세포화된 바이오소재 • 필요기술−혈관재생을 위한 바이오잉크기술 및 세포농도와 세포생존력등에 대한 정보
6	바이오 프린팅	바이오프린팅으로 제작된 인공장기와 조직	• 바이오프린팅 소재를 이용하여 원하는 형상을 쌓아 만든 인공조직이나 장기 등 필요기술 • 이종 장기생산 기술과 면역조절기술, 및 생체조직 공학기술

순위	분야	미래유망기술명	내용
7	첨단로봇 공학	착용형 보조로봇	• 기계화된 로봇 팔이나 다리를 인체운동과 일치시켜 기동성과 힘을 증폭시키면서도 착용이 가능한 보조로봇 • 필요기술-동작예측 기술과 형상가변형장치 기술 및 구동장치에 대한 제어시스
8	첨단 로봇 공학	고령자 돌보미로봇	• 고령자나 초고령자를 대상으로 대화를 하거나 인지보조, 또는 낙상방지 및 간병 서비스를 제공하는 로봇 • 필요기술-동작과 자세인식 기술 및 생체신호에 대한 상황판단 기술
9	유전학	휴먼 마이크 로바이옴 분석	• 개인의 몸속에 살고 있는 미생물군의 정보 및 이들의 유전정보를 분석하는 기술 • 필요기술-대사질환과 장내 미생물군의 상관관계 및 염증성 피부질환 및 항암 면역성 등에 대한 미생물군의 상관관계 관련 다양한 정보
10	유전학	개인 유전자 분석 서비스	• 인체 염색체의 광범위한 유전체 부위를 스캔하고 분석하여 유전자의 이상 유무를 검사하는 분석 서비스 • 필요기술-유전정보 처리에 대한 분석기술과 보안기술 및 온라인 기반의 정보처리기술

4 스타트업(Start-up) 성공 요인

1) 성공 요인

스타트업 성공 요인으로 이현호, 황보윤, & 공창훈(2017)은 Chorev & Anderson(2006)에서 제시한 성공의 요소들을 바탕으로, 해외투자, 국내투자, 마케팅전략, 구매자의 피드백, 경영자의 능력, 아이디어, 개발전략, R&D 시설/기반 등의 8개 요소를 선정하였다.

구분	세부항목	주요 내용
자금	해외투자	해외의 벤처캐피털, 크라우드 펀딩, 엔젤투자, 국부펀드 등을 유치하여 창업
	국내투자	국내의 벤처캐피털, 크라우드 펀딩, 엔젤투자, 국가과제 등을 유치하여 창업
마케팅	마케팅 전략	온-오프라인을 이용하여 아이템을 홍보하거나 그 외의 다른 요소를 이용하여 판매를 위한 마케팅 전략을 세우는 것
	구매자 피드백	게시판 혹은 SNS 등을 이용하여 구매자들의 피드백을 받아서 적극적으로 수렴하고 추후의 아이템 개발에 이용
경영 관리	경영자 능력	경영자의 경영학적인 전문성, 창업의 경험, 조직을 이끄는 리더로서의 능력, 기업가로서의 소신 등
연구 개발	아이디어	사람들의 이목을 사로잡을 수 있는 획기적인 아이디어의 창출
	개발전략	기간별 기술개발의 전략을 체계적으로 구축하여 더 나은 물건을 양산
	R&D 시설/기반	연구개발을 위한 연구시설 및 최근 융합형태의 컨소시엄을 이룰 수 있는 지역적인 기반

자료: 이현호, 황보윤, & 공창훈(2017)

각각의 요소에 따른 전문가 의견을 보면, 해외투자의 경우 경제 규모의 차이, 성과에 대한 압박이 국내 투자 유치에 비해 적고 해외 마케팅까지 한 번에 가능하지만 해외투자 유치에 대한 정보가 부족하다.

국내투자의 경우 각 기관별 투자가 활성화되고 있음, 지원방법이 해외투자 유치에 비해 쉬우나, 그러나 투자 규모가 작고 불필요한 행정적 절차가 많으며, 투자 유치와 동시에 상환에 대한 압박이 시작된다.

자본이 부족하므로 온라인 마케팅이 중요, 해외로의(빅 마켓) 사업 진행이 성패를 결정한다. SNS 등을 통한 피드백은 제품의 개선 및 판매에 큰 역할을 하며, 직·간접적 마케팅의 대체 수단으로 유용하다.

경영자의 능력은 기업가정신을 바탕으로 창업 초기부터 안정화 시기까지의 조직을 구축하는 데 큰 역할을 하며, 중요한 의사결정 상황에서 리더십을 발휘한다.

연구개발요소로서 최근 주목을 받는 IT 혹은 바이오 의약 분야에서의 혁신적인 아이디어는 성공의 필수요인이다. Technology Readiness Level 등을 체계적으로 구성하여 단계별 개발전략을 구축함으로써 아이템의 개발 및 판매를 성공적으로 이룰 수 있다. 연구개발을 위한 연구시설, 컨소시엄, 클러스터 등을 이루어 아이템의 개발 효율을 극대화할 수 있다.

2) 제품의 성공 및 실패 요인

많은 신제품이 시장에서 성공을 거두지 못하고 있는데, The Conference Board에 의하면 출시된 신제품의 40%가, Booz Allen & Hamilton에 의하면 35% 정도가 실패한다고 한다. 특히 의약품의 경우 신제품의 61%가, 식품 부문의 경우 신제품 가운데서 86%가 실패한 것으로 보고되고 있다. 이와 같은 보고서들은 성공적인 신제품 개발이 얼마나 어려운가를 보여준다.

(1) 제품의 성공 요인

• 시장과 고객에 대한 철저한 이해

신제품은 많은 투자를 필요로 하고 제품실패의 위험이 크기 때문에 신제품 개발은 매우 어려우며 정화한 시장조사와 고객의 철저한 이해가 선행되어야 한다. 제품의 성공은 고객 욕구의 가치가 무엇인지 파악하는 것이 중요하다. 고객의 욕구와 가치에 대한 철저한 이해는 최적의 경쟁전략을 수립할 수 있다.

고객에 대한 집중(customer focus)은 성공률과 수익성을 향상하여 기업의 성과를 높이는 중요한 요인이다. 실질적으로 아마존 CEO 베조스는 고객에 대한 집착(customer obessesion)을 매우 강조하고 있다. 이러한 고객집중, 고객집착은 신제품

개발의 기반이다.

그러므로, 새로운 제품이 시장에서 성공을 거두기 위해서는 시장과 고객에 대한 철저한 이해를 바탕으로 고객인 소비자의 필요에 부응하면서 고객에게 가격에 비해 높은 가치를 제공할 수 있어야 한다. 그러기 위해서는 고객들이 중요하게 생각하는 편익을 충족시키는 제품을 개발해야 할 것이다.

• 성장 잠재력 있는 시장과 제품

신제품이 성공적일 수 있으려면 성장 잠재력이 커야 한다. 성장 잠재력이 큰 제품은 일반적으로 제품수명 주기상의 성장기에 있는 제품을 말하는데, 마케터는 신제품의 진부화 속도, 전체 잠재시장의 크기 등을 모두 고려하여 성장 잠재력을 판단하여야 한다. 그러나 성장이 빠른 시장이라고 해서 무조건 신제품이 성공할 수 있는 것은 아니다. 스타트업 기업은 성장잠재력과 함께 진출한 제품 시장에서의 경쟁자의 수, 경쟁자의 자원과 능력 등도 고려해야 한다.

• 정밀한 제품개발 준비 및 제품 컨셉 정의

성공적인 기업은 실패한 기업보다 시장과 고객조사, 아이디어 평가, 컨셉평가, 운영 및 기술평가, 제품가치평가, 사업과 재무분석 등에 시간과 비용을 대체로 많이 투자한다. 개발초기의 철저한 사전활동은 신제품 개발의 완성도를 높이는데 많은 기여를 한다. 따라서, 제품개발의 사전준비 활동이 제품품질에 매우 큰 영향을 준다(유순근, 2015).

제품개발에 있어서는 무엇보다 혁신적인 제품개발이 요구된다. 기업 외부의 불확실성에 의해 발생되는 복잡한 문제해결을 위해서 기업 내부의 조직은 지속적으로 창의적 활동을 통하여 혁신적인 제품을 개발해야 한다(김현진·설현도, 2016). 사업화로 연결되는 성공적인 제품혁신 방법은 창의성이 높은 제품을 창출하는 능력과 깊게 관련되어 있다. 기존과 전혀 다른 독립적이며 혁신적인 새로운 제품을 만들기 위해서는 신제품 개발과정에서 창의적인 아이디어의 창출활동은 반드시 필요하다.

신제품개발 지연의 원인 1위(71%)는 신제품 개발에 있어 초기의 제품 컨셉정의에서 비롯된다는 연구(Gupta & Wilemon, 1990)도 있었으며 신제품 개발의 많은 실패사례는 제품 컨셉을 개발 초기에 명확하고 간결하게 정의하지 못하기 때문이라는 주장도 있다(김근배, 2018). 따라서, 정확한 제품에 대한 컨셉정의가 이루어져야 한다. 성공적인 신제품 개발은 효율적인 아이디어 창출과정이 있어야 한다. 효율적인 아이디어 창출 과정을 위한 가이드로 컨셉정의가 필요하다.

• 제품속성과 표적시장 정의

① 명확하고 확고한 제품에 대한 정의

신제품 프로젝트에서 최악의 낭비요소는 프로젝트의 범위 변형과 불안정한 제품사양이다. 즉 프로젝트의 정의가 지속적으로 변하는 것은 표적고객이나 제공해야할 편익이 일과성이 없어서 제품개발 과정은 초점을 잃고 불안정하게 된다.

따라서, 프로젝트 범위, 제품사양과 표적시장, 제공할 편익, 포지셔닝 전략과 제품특징 등을 사전에 명확하게 정의할 필요가 있다.

② 독특하고 탁월한 속성과 편익

고객에게 독특한 편익과 가치가 있는 제품을 전달하는 것은 다른 어떤 요인보다도 중요하다. 독특하고 탁월한 제품은 차별화 특성이 거의 없는 모방제품이나 평범한 제품보다 고객들에게 매력적인 제품이기 때문에 시장점유율이나 수익률이 훨씬 크다. 매력적인 제품은 경쟁자의 제품에 비해 고객들에게 비용에 대한 합당한 우수한 가치, 경제적, 정서적, 기능적 가치를 제공하여 주는 제품이다.

③ 제품의 당연적 요구사항

제품의 당연적 품질요소는 제품이 충족하다고 하더라도 고객은 만족하지 않지만, 충족하지 못하면 불만족하는 품질요소이다. 이러한 당연직 품질요소를 충족하고, 그 위에 독특하고 탁월한 제품특징을 추가하여야 제품차별화가 이루어진다. 제품의 기능적 속성인 당연적 품질요소가 성취도지 않는다면 평범한 제품으로써의 가치도 없는 제품실패를 의미한다.

④ 매력적인 표적시장

매력적인 시장을 표적으로 하는 제품은 매우 성공적인 시장이 될 수 있다. 시장의 매력성을 판별하는 시장잠재력(market potential)과 경쟁 상황(competitive situation) 등이 있다. 시장의 규모가 크고 성장하고, 제품에 대한 강력한 소비자 욕구를 갖고, 제품 구매가 고객에게 중요하다면, 이것은 잠재력이 있는 시장으로 간주된다. 반면 치열한 경쟁, 가격, 고품질과 강력한 경쟁제품, 판매력, 유통시스템과 지원서비스가 관련이 있는 경쟁에 노출된 시장은 진입이나 확장에 부정적인 시장으로 간주된다.

• 마케팅 전략 계획 및 핵심역량 활용

새로운 기술을 채택하여 생산된 새로운 제품의 새로운 영역을 확보하기 위해서는 고객의 사업영역 및 주변 환경에 대한 깊은 통찰을 필요로 하고, 이에 기술개발과 마케팅이 연구개발 단계에서부터 유기적으로 결합하여 시너지 효과를 내야만 한다. 마케팅과 생산부문의 상호교류 관계를 살펴보면, 마케팅부문은 판매예측정보를 제공하여 주어 생산부문이 총괄생산계획과 주 생산 계획을 수립할 수 있도록 도와주며, 한편 생산부문은 적절한 재고수준 관리와 정확한 재고정보의 제공으로 마케팅부문의 수요관리를 도와주게 된다(문병준, 1999).

(2) 실패 요인

• 신제품 실패의 성격

제품실패는 시장이나 고객의 욕구를 충족하지 못하여 기대한 수준의 판매나 수익이 저조한 제품상태를 말한다. 시장에 출현한 다른 제품이 특별한 이유로 시장선도를 유지할 때 자사 제품이 다음과 같은 상황에 부닥쳐있다면 제품실패라고 간주한다.

① 어떠한 이유로 시장에서 제품 철수

② 시장에서 필요한 시장점유율을 실현하지 못하는 제품

③ 수익성을 달성하지 못한 제품

• 부적절한 시장조사

신제품이 실패하게 되는 요인 중에서 가장 빈번히 언급되는 것이 기존제품과 차별화된 독특한 편익을 소비자에게 제공하지 못하는 경우이다. 모방 신제품이 시장기반을 구축한 선도제품을 따라잡는 것은 거의 불가능하다. 독특한 편익의 신제품도 소비자들의 기호가 바뀌어 성공을 거두지 못할 수 있다. 1950년대에 Ford 사에서 3억 5천만 달러를 투자하여 제작 출시했던 모델인 Edsel이 실패한 이유 중의 하나도 대형차를 선호하던 소비자들이 중형차를 선호하는 쪽으로 돌아섰기 때문이었다. 따라서, 정확한 시장조사를 통해 소비자의 욕구가 무엇인지 철저히 파악해야 한다.

• 기술적 문제

기술적인 문제는 제품설계와 제품 생산의 문제를 포함하는 신제품 실패이다. 이러한 생산이나 품질문제는 기술조사, 제품설계나 공학과 같은 초기 단계, 실행의 부족이나 고객의 요구사항을 잘 이해하지 못해서 발생한다.

• 불충분한 마케팅 노력

신제품이 저절로 팔린다는 가정으로 제품출시를 적절한 마케팅 판매와 촉진 자원을 지원하지 않는다. 이것은 각 간계에서 사용하는 마케팅 도구와 기법을 완전하게 이해하지 못하는 경우이다.

• 부적절한 출시 시기

고객의 선호가 이동하거나 마케팅 기회를 포착하는 신제품으로 경쟁자가 나타나기 때문에 제한된 기회의 창을 잃어 많은 제품이 실패한다. 제품실패의 이러한 원인은 초기 단계에서 이루어지는 철저한 마케팅 조사로 예방할 수 있거나 적어도 확인할 수 있다. 제품개발이 진행되기 전에 고객의 소리로 제작하고 통찰력을 찾고 적절한 시장정보를 입수하는 것은 중요한 필요사항이다.

구분	실패 원인	예방수단
협소한 시장	제품의 불충분한 수요	설계와 조사할 때 시장 정의, 기회확인, 수요예측
차별성 부족	고객에게 새로운 것을 제공하지 못하는 형편없는 신기술이고 편익이 분명하지 않음	창조적이고 체계적인 아이디어 창출, 고객에게 집중하는 제품설계, 출시 전 제품과 포지션 조사
경쟁자 반응	제품이 시장에서 성공하기 전에 경쟁자가 빨리 반응한다. 가격과 촉진, 경쟁자가 설계를 모방하여 개선	전략적 포지셔닝, 설계, 가격과 마케팅 계획에서 경쟁자 반응 고려, 시장우위를 위한 공격적 추진
기술개발	기술의 혁신적 변화를 수용하지 못하고 구기술에 너무 오래 안주	추적관찰, R&D를 위한 교육투자, 이동을 위한 임시계획
부문간 협조	고객욕구를 충족하지 못하는 기술개발	고객자료를 생산개발과정 반영, 협조적 마케팅과 R&D

자료: Urban & Hauser(1993). Design and Marketing of New Products, Prentice Hall.

3) 신제품의 개발과정

신제품은 기업의 생존과 발전을 위해 독특하고, 경쟁제품과 다른 차별적인 편익과 탁월한 성능을 제공할 수 있는 제품이어야 한다.

신제품 개발(new product development)은 시장기회의 인식과 고객의 미충족 욕구의 탐색으로 시작하여 아이디어 창출, 제품컨셉 창출, 제품사양의 결정과 제품설계, 시제품 개발과 테스트, 경제성 분석, 마케팅 전략의 수립과 출시, 그리고 출시 후 관리로 끝을 맺는 활동이다. 따라서 신제품 개발은 전략, 조직, 컨셉창출, 제품, 시장계획과 신제품의 상업화에 관한 전반적인 과정이다. 신제품개발과정은 아이디어 탐색, 해결안 도출, 제품컨셉 창출, 제품개발, 마케팅 전략과 출시 과정으로 진행된다. 아래의 그림은 신제품 개발 모델 과정이다.

자료: 유순근(2015), 창적신제품 개발, 북넷, 서울.

---

9 TRIZ(theory of solving inventive problem)는 구 소련 겐리히 알츠슐러(Genrich Altshuller)에 의해 제창된 발명문제(혹은 창의문제)의 해결을 위한 체계적 방법론이다. 알츠슐러는 전 세계 특허 150만 건 중에서 창의적인 특허 4만건을 추출 분석한 결과, 다음과 같은 4가지 중요한 사실을 발견하게 되었다. TRIZ는 주어진 문제에 대하여 가장 이상적인 결과를 정의하고, 그 결과를 얻는 데 관건이 되는 모순을 찾아내어 그 모순을 극복할 수 있는 해결안을 얻을 수 있도록 생각하는 방법에 대한 이론으로 정의할 수 있다. 이 방법은 발명의 정도에 따라 5가지 수준으로 분류하였는데, 명백(개인적지식), 개선(기업내 지식), 혁신(산업내 지식), 발명(산업외 짓기), 발견(모든 지식)의 순으로 수준이 올라간다.

참고문헌

김근배. (2018). 끌리는 컨셉 만들기. Joongang Ilbo Plus.

김지영. (2017). 고객 서비스 네트워크에서의 고객가치창출에 관한 연구: 의료 커뮤니티를 중심으로. 고객만족경영연구, 19(2), 117-135.

김현진, & 설현도. (2016). 신뢰와 갈등, 그리고 지식공유가 개인창의성에 미치는 영향. 대한경영학회지, 29(5), 711-735.

문병준. (1999). 기업의 핵심역량과 신제품개발 특성간의 관계: 네스티드 모델들의 비교분석. 마케팅연구, 14(2), 95-111.

문수영, & 황보윤. (2011). 청년창업가의 창업기회원천 분석 및 기회탐색에 관한 탐색적 연구: 서울시· 청년창업 1000 프로젝트· 참가자를 중심으로. 벤처창업연구, 6(4), 39-57.

박지훈, 배종태, & 강신형. (2018). 사회적기업가의 사업기회 개발과정에 관한 연구. 사회적기업연구(Social Enterprise Studies), 11(3), 57-93.

유순근(2015). 창의적 신제품개발. 북넷: 서울.

윤남수(2020). 기업가정신과 창업, 한올: 서울.

이창섭 & 서승범(2023). 게이미피케이션을 이용한 사회적기업 사례: 트리플래닛, Journal of Korea Game Society 2023 Apr; 23(2): 45-54.

이현호, 황보윤, & 공창훈. (2017). 스타트업의 초기 성공을 결정하는 요인에 관한 연구. 벤처창업연구, 12(1), 1-13.

이현호, 황보윤, & 공창훈. (2017). 스타트업의 초기 성공을 결정하는 요인에 관한 연구. 벤처창업연구, 12(1), 1-13.

조선일보(2023). 오타니를 만든 64개의 실천과제… '만다라트 기법' 아시나요, 검색일: 2023. 5. 6.

중소벤처기업부(2023).

Bae, Z.-T., Park, S., & Bae, J.-W.(2016), Opportunity search to value creation:

Accelerating the sustainable venturing process. Paper presented at the the 2016 International Council for Small Business World Conference, NJ/NY, The United States.

Baker, J., Grewal, D., & Parasuraman, A. (1994). The influence of store environment on quality inferences and store image. Journal of the academy of marketing science, 22(4), 328–339.

Bitner, M. J. (1992). Servicescapes: The impact of physical surroundings on customers and employees. Journal of marketing, 56(2), 57–71.

Chorev, S., & Anderson, A. R. (2006). Success in Israeli high-tech start-ups: Critical factors and process. Technovation, 26(2), 162–174.

El Sayed, I. M., Farrag, D. A., & Belk, R. W. (2004). The effects of physical surroundings on Egyptian consumers' emotional states and buying intentions. Journal of International Consumer Marketing, 16(1), 5–27.

Gupta, A. K., & Wilemon, D. L. (1990). Accelerating the development of technology-based new products. California management review, 32(2), 24–44.

Hill, S. A., & Birkinshaw, J. M. (2010). Idea sets: Conceptualizing and measuring a new unit of analysis in entrepreneurship research. Organizational research methods, 13(1), 85–113.

https://www.chosun.com/economy/weeklybiz/2021/07/30/DNEIX25TP5FF7EX3XZZHSQLIXA/

Karmarkar, U. (2004). Will you survive the services revolution?. Harvard Business Review, 100–107.

Urban & Hauser(1993). Design and Marketing of New Products, Prentice Hall.

PART 2

자금조달 전략과 운영

Funding Strategy and Operations

제1절 창업자금 중요성 · 유형 및 조달 전략(Strategy)

제2절 자금조달 형태

제3절 자금조달 주체

Case-Study

대한민국 강소 스타트업 '우아한 형제들'

우아한형제들 2011년 3월 배달의 민족 전설의 시작이 되는 기업을 설립한다. 정보기술을 활용하여 배달산업을 발전시키자! 앱이 출시되자마자 앱스토어 1위에 등극했다.

㈜우아한형제들은 배달앱 서비스 '배달의민족'으로 국내 배달음식 문화에 혁신 바람을 몰고 왔다. 2010년 앱스토어에서 처음 서비스를 시작해 2011년 3월에 법인을 설립하고, 같은 해 7월 국내 초기 기업 투자 전문 벤처캐피털 '본엔젤스벤처파트너스'로부터 시드 단계에서 3억의 투자를 받았다.

본격적인 성장 단계에서 ㈜우아한형제들은 새로운 도전 과제에 직면한다. 이를 해결하려는 방법으로 객관적인 데이터로 승부를 걸었다.

사업전략에 대한 인식전환을 계기로 2012년 2월 실리콘밸리의 알토스벤처스, 스톤브릿지캐피탈, IMM 3사로부터 20억의 투자를 유치하며 해외 펀딩에 성공했다. ㈜우아한형제들은 이후 배달의민족 PC버전 '배민닷컴' 서비스를 시작하여 플랫폼을 다원화하고, 하나SK카드와의 제휴카드 출시, 문화상품권 결제 서비스, 카카오페이 서비스 등 다양한 결제 방식을 지원하며 폭발적인 시스템 확장을 시도했다. 그 결과 2012년 2월부터 2013년 3월까지 약 1년 남짓한 기간에 '배달의민족' 서비스의 국내 다운로드 수는 약 400만 건에서 1,000만 건으로 폭발적으로 증가했다.

㈜우아한형제들의 2014년 투자 유치는 괄목할 만한 성과였다. 2월 알토스벤처스, 스톤브릿지캐피탈, IMM 3사는 2012년부터 회사의 성장을 꾸준히 지원하다가 2014년에는 여섯 배(120억)의 자금을 2차로 투자했다. 11월에는 골드만삭스 컨소시엄에서 400억 원의 투자를 받는 데 성공하며 이목을 끌었다. ㈜우아한형제들의 성장은 적절한 시기에 적절한 투자자를 만나 이루어 낸 성공이라고 할 수 있다. 각 투자 시기마다 확실한 사업 계획에 따라 눈에 띄는 성장을 기록하며 회사의 신뢰도를 높인 점도 큰 요인으로 생각된다.

자료: 이현호, 황보윤, & 공창훈(2017)

PART 2

1 창업자금 조달의 중요성

창업의 3요소는 창업자, 창업 아이템 그리고 자본이다. 이와 같이 창업자금은 창업에 있어서 가장 중요한 요소 중의 하나이다. 창업을 꿈꾸는 많은 사람에게 가장 어려운 과제 중 하나는 자금조달이다. 창업을 위해서는 자기 자금만으로는 부족하고 외부에서 자금을 조달해야 할 경우가 생긴다. 적절한 필요 창업자금 조달은 창업의 성공에 있어서 핵심요인 중 하나이다.

대부분 창업자가 창업자금을 본인 자금으로만 하는 데는 한계가 있으며 외부에서 창업자금을 조달해야 한다. 어떤 기업이든 창업 초기에는 신용이나 담보력이 약하여 자금을 조달하기가 쉽지 않기 때문에, 창업자금 조달을 원활히 하기 위해서는 자금조달에 대한 기본적인 지식을 갖추고 있어야 한다. 즉, 벤처캐피털, 정책자금, 신용보증기관, 은행 등의 자금을 적절히 활용할 줄 알아야 한다. 창업자금을 어디서 어떠한 조건으로 조달하는가는 창업자의 소유지분에도 영향을 미치고, 향후 경영권 유지에도 중대한 영향을 미치므로 신중하게 결정해야 한다.

창업자금에는 전통적인 금융기관대출 이외에 정부의 창업정책자금, 크라우드 펀딩, 기업공개(venture capital), 비공식 리스크 자본(risk capital) 등은 주요 자금조달 방법의 일부분에 불과하다. 따라서 자금조달의 유형에 따라 장·단점과, 창업자에게 어떤 요구를 하는지에 대한 이해가 필요하다.

2 창업자금 조달 유형

1) 투자 유치를 통해 자금을 조달하는 경우

투자 유치를 통해 자금을 조달하는 경우는 다음과 같은 특징을 갖는다.

- 창업자의 지분비율이 빠르게 줄어들게 됨
- 증자과정에서 어떤 배율로 자금을 조달하는가에 따라 창업자에게 돌아올 수 있는 미래의 수익에 커다란 차이를 보임
- 불리한 조건으로 초기 투자 유치를 받을 경우 자신의 노력과 기여에 비해 보상이 감소

2) 차입에 의한 자금조달을 하는 경우

차입에 의한 자금조달을 하는 경우 다음과 같은 특징을 갖는다.
- 금융비용 부담이 커지게 됨·부채비율이 증가하면 이자 부담이 과중하여 기업이 도산될 위험성이 높아짐
- 창업 초기에는 기업의 신용도가 약하기 때문에 차입에 의한 자금조달이 매우 어려움

그러므로 창업 단계에서부터 성숙단계에 이르기까지 자금을 어떻게 조달하고 운용할 것인가를 체계적으로 계획하고 관리하여야 한다.

3 창업자금 조달 전략

1) Start-up 기업 성장 단계

(1) Start-up 기업 일반 성장 단계

기업은 하나의 시스템으로서 생명체와 같이 유기적으로 성장하며 일정한 수명주기(Life Cycle)를 가진다.

연구개발단계	신제품이나 신기술에 대한 아이디어를 구상 사업계획 작성
창업단계	실제 기업조직이 갖추어지고 신제품과 신기술을 사업화함
성장단계	제품을 시장에 공급, 점차 시장을 확대하여 매출 급성장함
확장단계	안정된 매출로 규모를 확대하거나 신제품을 추가하고자 함
성숙단계	안정적인 매출과 이익이 발생하고 일정한 성장세를 유지함
쇠퇴기	시장에서 도태됨

(2) J-Curve 성장 단계

스타트업 생태계에서 데스 밸리(Death Valley)를 넘어서는 소수의 기업만이 살아 남는 것은 널리 알려진 사실이다. 이제 막 창업한 스타트업은 시장을 탐색하며 초기의 인력 부족과 자금 부족을 이겨내야 하는 생존의 현장에 있다.

텍사스 대학의 스테플 메기 교수가 경제학에서 주장했던 J커브 이론(J-curve Effects)을 스타트업에 적용한 내용이다. J-커브는 기업의 현금 흐름을 나타내는 모습이라고도 할 수 있다. 이는 기업이 성장하는 데까지 필요한 자금 계획과도 일맥상통한 것이다. J-커브는 X축은 시간 즉 기업의 성장에 따른 Y축은 자금 을 나타낸다. 즉, 초기 데스벨리시점에서는 엔젤 투자와 같은 투자자의 도움으로 기반을 다지고, 손익분기점을 넘어 모델화 시기부터 성장, 수확 단계과정에서 자금을 수혈하고, 그다음 단계의 성장을 도모하면서 기업의 가치를 높여 나가는 것이 정석적인 스타트업의 성장 단계이다.

J-Curve 모델에 따르면 스타트업은 창업, 시제품 출시, 변화 및 전환, 비즈니스 최적화, 스케일업, 그리고 수익창출의 6단계를 겪는다. 특히 스타트업 기업은 죽음의 계곡(Valley of Death)인 창업 초기 2~4단계(시제품 출시 ~ 비즈니스 최적화) 사이에서 흔히 겪는 긴 슬럼프를 잘 극복해야 한다. 냉철한 마켓테스트가 중요한 시기로, 시장의 피드백을 겸허히 받아들인 빠른 방향 전환(Pivot, 피봇)이 돌파구가 될 수 있다. 죽음의 계곡을 무사히 넘겨도, 위기는 5단계인 스케일업 단계에서 한 번 더 찾아올 수 있다. 주로 혁신기술을 활용한 사업의 경우 대중이 신기술에 적응하기까지 시간이 걸리는 현상(Chasm, 캐즘)을 마주하곤 한다. 위와 같은 위기 상황에 유연하게 대처한 후, 최적화된 BM(Business Model)을 안착했을 때 스타트업은 EXIT에 다가설 수 있다.

아래 J-커브 그림을 보면 아래와 같다.

J-커브

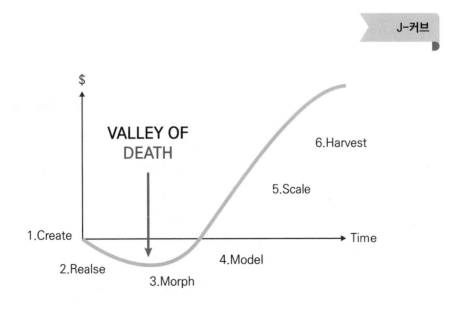

391

스타트업은 창업 시작(Create), 시제품 출시(Release), 변화와 전환(Morph), 비즈니스 모델 최적화(Model), 스케일업(Scale), 수익창출(Harvest)의 6단계를 지나며 폭발적으로 성장하는 것으로 설명하고 있다. J-커브를 통해 성장한 스타트업은 기업공개(IPO)나 인수합병(M&A)을 통해 엑싯(Exit)까지 이어지는 긴 여정을 이어 나가게 된다.

- 1단계: 창업 시작(Create)
- 2단계: 시제품 출시(Release)
- 3단계: 변화와 전환(Morph)
- 4단계: 비즈니스 모델 최적화(Model)
- 5단계: 스케일업(Scale Up)
- 6단계: 수익 창출(Harvest)

2) 성장단계별 자금조달 전략

기업은 자신이 위치하는 성장단계별로 다른 자금조달원을 통해 자금을 조달하여 위험을 최소화하는 동시에 수익은 극대화할 수 있도록 해야 한다. 일반적으로 기업의 성장 단계는 연구개발 및 창업단계, 성장단계, 확장단계, 안정단계로 구분할 수 있다. 기업의 성장단계별 자금조달 방법 보면 아래 표와 같다.

성장단계별 자금조달 방법

성장단계	자금조달방법
연구개발 및 창업단계	씨앗자금(Seed Money), 씨앗캐피털(Seed Capital), 정부정책자금, 공공 벤처캐피털
성장단계	벤처캐피털, 기관투자가, 일반금융기관
확장단계	벤처캐피털, 자본시장(IPO, 회사채 등), 일반금융기관, 기관투자가
성숙단계	자본시장, 일반금융기관

(1) 연구개발 및 창업 단계

기업에 재무적 부담과 위험을 주지 않으면서 기술개발과 성공적 창업을 뒷받침할 수 있는 자금이 필요하다. 기업의 부채를 증가시키지 않음으로써 재무적 위험부담을 줄일 수 있고 창업 초기 기술개발이나 기업의 안정성 확보에 중요한 역할을 한다. 씨앗자금(Seed Money), 씨앗캐피털(Seed Capital)에 의해 조달하는 자금은 그 규모가 한정되어 있다. 따라서 이 단계에서는 정부의 정책자금을 적극 활용하여 부족한 자금을 조달하는 방법을 찾는 것이 필요하다.

창업자들은 벤처캐피털(Venture Capital)을 통하여 투자를 유치하려고 노력하는 경우가 많으나, 초기 단계의 높은 위험으로 인하여 민간 벤처캐피털들이 투자를 꺼리는 경우가 많다. 따라서, 이 단계에서는 주로 공공 벤처캐피털을 알아보는 것이 유리하다. 어느 정도 기술정, 사업성이 있다면, 공공 벤처캐피털은 기술성과 사업성이 충분할 경우 투자를 적극적으로 검토한다. 투자 후에도 계속 기업이 성장 단계에 이를 수 있도록 다양한 지원을 하고 있다.

(2) 성장 단계

매출이 급격히 증가함에 따라 시설투자, 인력확보, 마케팅 등을 위한 시설자금과 운전자금이 많이 필요하다. 하지만, 매출실적과 담보력이 미약하여 금융기관에서 자금 지원을 받는 데는 많은 어려움이 있는 시기이다. 이 단계의 기업들은 미래예측이 어느 정도 가능해지고 투자가 유망하다는 점을 강조하여 벤처캐피털로부터 투자 유치를 받아 자금을 조달하는 것이 필요하다.

(3) 확장 단계

안정적 매출도 있고, 담보력도 있으므로 일반금융기관으로부터 자금조달이 용이하다. 이 시기에는 신규사업 진출자금, 운전자금 등이 소요되는데 기업의 실적이 가시적으로 나타나는 시기이다. 벤처캐피털들이 적극적으로 투자에 나서게 되므로 이를 통한 자금조달이 가능하다.

PART 2

(4) 연구개발 및 창업 단계

기업이 안정단계를 유지하여 자본시장과 일반금융기관에서 안정적으로 자금을 조달할 수 있다. 기업이 안정단계를 유지하여 자본시장과 일반금융기관에서 안정적으로 자금을 조달할 수 있다.

(5) 성장단계별 자금 활용 방법

결과적으로 사업 초기에는 창업자 개인 자금이나 정부 정책자금 등을 이용하는 것이 일반적이며, 사업이 어느 정도 성장해가고 확장 시기에는 사업에 대한 명확한 비전과 사업성, 성장성을 보여줌으로써 벤처캐피털을 통해 투자를 유치하는 전략을 적용하는 것이 바람직하다. 마지막으로 성숙단계에서는 기업 공개를 통한 자금을 조달하는 것이 일반적이다.

성장단계별 자금 활용 방법

단계	정책자금	벤처캐피털	신용보증기관	금융기관(은행)
연구개발단계	O	X	O	X
창업단계	O	X	O	X
성장단계	O	O	X	X
확장단계	X	O	X	X
성숙단계	X	O	O	O

제2절　자금조달 형태

1　기업의 자금조달 형태

1) 내부금융

기업이 어디로부터 자금을 조달하느냐, 즉 자금공급의 주체가 누구냐에 따라 크게 내부금융과 외부금융으로 영업활동 과정에서 발생하는 이익금의 사내유보, 감가상각 충당금 등으로 자금을 조달하는 형태이다. 내부금융은 자기금융이라고도 한다. 이익잉여금, 감가상각 충당금 등이 있다.

2) 외부금융

외부금융이란 자금을 기업의 외부에서 조달하는 형태로 직접금융, 간접금융, 해외금융으로 구분한다. 외부금융의 종류에 대해 살펴보면 다음과 같다.

(1) 직접금융

기업이 기관·기업·개인 등에게 주식 및 회사채 또는 기업어음과 같은 신용증권을 발행해주거나 계약을 체결하고 그들로부터 직접 자금을 공급받는 형태이다. 주로 벤처캐피털이나 엔젤로부터 자금을 조달할 때 이용한다.

(2) 간접금융

은행과 같은 금융기관이 가계 등 자금의 원천적 공급자로부터 조달한 자금(예금, 적금 등)을 기업 등 자금의 수요자에게 공급하여 주는 형태의 금융·금융기관을 통해 간접적으로 자금을 조달한다는 뜻에서 간접금융이라고 한다. 이를테면, 은행 등 금융기관으로부터 대출을 받는 경우와 정부의 정책자금대출 등이다.

PART 2

(3) 해외금융

외국의 금융기관, 국제금융기구 등으로부터 자금을 공급받는 상업차관, 무역 신용 등이다.

기업의 자금조달 형태를 전체적으로 보면 아래 그림과 같다.

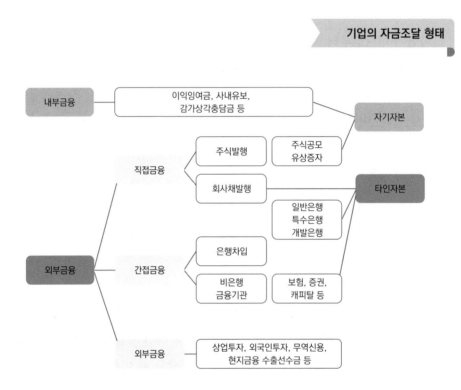

기업의 자금조달 형태

내부금융 — 이익잉여금, 사내유보, 감가상각충당금 등 — 자기자본

직접금융 — 주식발행 — 주식공모 유상증자

직접금융 — 회사채발행 — 타인자본

간접금융 — 은행차입 — 일반은행 특수은행 개발은행

간접금융 — 비은행 금융기관 — 보험, 증권, 캐피탈 등

외부금융 — 외부금융 — 상업투자, 외국인투자, 무역신용, 현지금융 수출선수금 등

제3절 자금조달 주체

1 벤처캐피털(Venture Capital)

1) 벤처캐피털 이해

고도의 기술력과 장래성은 있으나 자본과 경영능력이 취약한 벤처기업에 창업 초기 단계부터 자본과 경영능력을 지원하여 투자 기업을 육성한 후 투자자본을 회수하는 금융기관이다. 벤처캐피털은 융자를 위주로 하는 기존의 은행 등의 금융기관과는 현격한 차이가 있다. 이를테면, 자금의 지원방법, 담보, 자금의 회수방법, 리스크, 기대수익 등이 다르다.

기존금융기관이 일정한 담보를 조건으로 융자형태의 자금을 지원하는 것에 반해, 벤처캐피털은 담보를 요구하는 것이 아니며, 투자 기업의 기술력, 성장성, 수익성 등을 중심으로 평가하여 무담보 주식투자를 원칙으로 한다. 이를테면 소프트뱅크의 손정의 회장의 경우가 대표적인 벤처캐피털 투자회사이다.

2) 벤처캐피털 일반금융기관의 차이

첫째, 자본참여, 즉 주식에 대한 투자형식으로 이루어지며 투자대상 회사에 대한 경영지배를 목적으로 하지 않는다. 일반금융기관의 경우 주로 융자로 지원함·벤처캐피털은 주식인수, 전환사채인수, 프로젝트 투자 등의 방법으로 투자한다.

둘째, 고위험-고수익(High Risk-High Return)을 추구하며 투자의 대가로 담보를 요구하지 않는다. 일반금융기관의 융자는 고객 예치금을 재원으로 하므로 안정성을 위하여 대체로 담보를 요구한다.

셋째, 투자심사는 기업의 경영능력, 기술성, 성장성, 수익성 등을 중요시한다, 이에 반해, 일반금융기관은 기업의 안정성, 재무상태, 담보능력 등을 중요시한다.

넷째, 투자 기업의 사업 성공 여부가 투자수익과 직결된다. 투자 이후에도 기업의 성장에 필요한 추가 자금 지원, 경영지도, 재무관리나 마케팅 지원 등 다양한 사후지원이 이루어진다. 하지만, 일반금융기관은 융자에 대한 담보를 확보하기 때문에 기업에 대한 사후지원이 약하다.

다섯째, 투자 기업의 상장이나 코스닥 등록, 환매, M&A 등을 통해 투자자금을 회수한다. 한편, 일반금융기관은 이자 수입을 수익으로 하고 원리금 상환을 통해 자금을 회수한다.

3) 벤처캐피털의 기능

(1) 자금 지원 기능

벤처기업이 성장하도록 적극적으로 자금을 지원하고 기업이 성장한 후에 보유주식을 매각하여 자본이득을 실현하는 것이다. 일반금융기관의 한계를 보완하거나 확장하는 기능을 담당한다. 일반적으로 벤처기업의 초기 연구개발 단계에서는 주로 자기 자금 등 개인의 자금을 활용한다. 일반 금융기관을 활용하기 위해서는 벤처기업이 안정·성장 단계에 접어들고 물적·인적 담보가 확보되거나 신용이 축적되어야 가능하다. 창업 단계에서 안정·성장 단계를 거쳐 기업 공개까지 자금 수급상 벤처캐피털의 지원이 필요한 틈새 기간이 생긴다. 틈새 기간에 벤처기업에 자금을 공급하는 것이다. 틈새 기간에 벤처기업에 자금을 공급하는 것이다.

(2) 성장지원 기능

신생 기업에는 창업자를 도와줄 수 있는 인재가 상대적으로 부족한 경우가 많다. 투자한 벤처기업의 이사회에 참석하여 마케팅, 인사관리, 재무관리 등 기업의 경영 전반에 걸쳐 지도 또는 조언을 하거나 정보를 제공함으로써 투자 기업의 성장을 지원한다. 만일 경영상의 위기가 발생할 때는 추가적인 자금을 지원하거나 경영자의 변경, 기업의 합병 및 매각까지도 자문하는 경우가 많다. 벤처캐피털이 투자 기업을 육성 및 지원하는 것은 결과적으로 더욱 많은 자본이득을 얻는 데 필요하다. 이는 불확실성이 높은 기업에 대한 투자를 보다 안전하게 하기 위해서도 필요하다. 벤처캐피털과 투자 기업 간 데 협력관계가 유지되기 위해서는 첫째, 벤처캐피털과 투자 기업 간 데 상호 신뢰 관계가 확립되어야 한다. 둘째, 투자 기업은 벤처캐피털의 지도와 조언을 받아들여 활용하려는 자세를 가져야 한다. 셋째, 투자 기업에 더욱 좋은 지도와 조언을 하려는 벤처캐피털의 자세가 필요하다.

(3) 기업공개지원 기능

벤처캐피털이 투자한 투자자금을 회수하기 위해서는 투자 기업의 주식을 매각할 수 있어야 한다. 이를 위해서는 기업 공개가 이루어져야 하며, 주식을 상장하거나 장외시장에 등록할 때 규정에 따라 일정한 주식을 구주주가 매각할 필요가 있다. 하지만 대주주 간의 경영권 문제, 공개시기와 주가에 대한 예상 등과 같은 문제로 인하여 필요한 시기에 필요한 주식 수가 공개되지 못하는 경우가 있는데, 벤처캐피털은 기업의 요청에 따라 필요한 주식을 공개함으로써 원활한 기업 공개를 지원할 수 있다.

4) 벤처캐피털의 투자형태

(1) 자본투자(Equity Investment)

벤처캐피털이 사업 초기 또는 기업의 성장 과정에서 자본금으로 직접 투자 하는 방식이다. 벤처캐피털은 일반적으로 투자 후 5~7년이 지난 후 낸 자본을 장외시장이나 증권시장에서 현금화가 가능하다.

(2) 전환사채(Convertible Bond)

벤처캐피털과 기업 간의 계약 때문에 일정한 이자율로 발행된 사채를 인수하여 자금을 지원하는 형태임이다. 전환사채는 만기일 이전 사채 금액의 일부 또는 전부를 사전에 계약한 가격으로 주식으로 전환하는 것이 가능한 사채로 신규 사업의 착수 등에 있어 장기자금의 조달을 쉽게 한다.

(3) 신주인수권부사채(Bond Warranted)

벤처캐피털이 기업에서 발행한 사채를 인수하는데, 이때 기업은 별도로 신주인수권을 벤처캐피털에 부여한다. 회사에 정해진 가격에 신주를 발행해 달라고 요구할 수 있는 권리이다. 신주인수권부사채는 전환사채와 달리 사채의 주식으로의 전환이 아닌 별도의 신주인수권을 인정하는 것이다.

2 정책자금

1) 정책자금의 종류

정부 또는 공공 기관에서 정책적으로 지원이 필요한 사업, 또는 사업자를 선정하여 일반금융보다 차별화된 좋은 조건으로 지원해주는 자금이다. 일반적으로 금융기관의 대출자금에 비해 금리, 상환 기간, 담보 등에 있어서 유리하게 지원된다. 무담보, 무보증, 무이자로 신기술 연구개발사업에 대한 지원이 되는 자금이다.

개발 성공 후 지원금의 일부만 분할 상환하며, 정당한 사유로 개발 실패 시 상환의무 면제가 되고, 물적 담보(부동산 등), 인적 담보(연대보증인 등), 신용보증서 등 담보가 있어야 하며 저금리 융자이다. 창업, 시설, 구조개선 등 다양한 사업에 지원하며, 대출금 전액을 일정기간 동안 분할 상환한다.

2) 정책자금의 지원절차

정책자금 지원절차는 총 6단계로 이루어지는데 간략히 그림으로 그 절차를 살펴보면 아래와 같다.

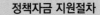

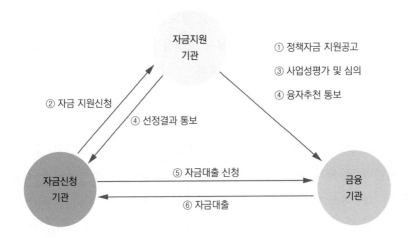

정책자금 지원절차

(1) 자금지원 공고

정책자금을 운용하는 기관에서는 소속 정부 부처로부터 자금운영의 기본방안이 결정되면 구체적인 운영계획을 수립하여 이를 신문이나 인터넷을 통해 일반에 공개한다. 공고 시 다음 사항을 적시해야 한다. 첫째, 해당 자금에 대한 사업의 유형, 둘째, 자금 지원대상의 범위, 셋째, 자금 지원 내용, 넷째, 신청방법과 신청서 교부 및 접수 일정 등이다.

(2) 자금 지원신청

공고가 이루어지면 해당하는 기업은 접수 일정에 맞춰 자금을 신청한다. 자금 신청 시 자금지원신청서와 사업계획서, 구비서류를 첨부해야 한다. 사업계획서는 보통 자금지원기관에서 미리 정해 놓은 소정 양식이 있어 이를 받아 작성해야 한다. 구비서류는 지원대상 자격 기준의 검토와 사업심사 시 평가자료로 활용되는 서류들이다.

(3) 사업성 평가 및 심의

자금 운용 기관에서는 신청 기업으로부터 서류를 접수 받아 지원업체를 선정하기 위해 사업심의 및 평가에 들어간다. 필요한 경우에는 해당 기관의 담당자가 신청 기업을 직접 방문하여 현장실사 과정을 거친다. 이를 토대로 신청 기업의 사업성을 종합적으로 평가하기도 한다.

(4) 사업성 선정 및 통보

지원기관에서는 평가담당자가 작성한 사업성 검토자료를 토대로 심사위원회를 개최한다. 심사기준표에 따라 일정 점수 이상을 얻은 적격업체를 최종적으로 선정한다. 대상기업이 선정되면 해당 기업 앞으로 선정결과를 통지하고 기업에서 대출받고자 하는 거래은행에도 해당 기업에 대한 융자추천을 통보한다.

(5) 자금대출 신청

정책자금 지원대상 기업으로 선정이 되면 결정된 자금에 대하여 일정 기간 이내에 거래은행으로부터 자금을 대출받아 가야 한다. 이때 부동산 등의 담보가 있을 경우에는 은행에서 직접 대출을 받으면 된다. 담보가 없거나 부족할 경우에는 신용보증기관을 통하여 신용보증서를 발급받는 절차를 추가로 밟아야 한다.

(6) 정책자금 대출

간혹 자금지원기관으로부터 정책자금을 배정받았지만, 담보가 없거나 부족하여 대출을 받지 못하는 경우가 있다. 정책자금을 신청하기 전에 담보(보증서 포함)가 필요한 자금인지, 얼마만큼의 담보가 필요한지를 미리 알아보아야 한다. 은행은 기업의 대출 신청자료를 검토하여 필요한 만큼의 담보 또는 보증서를 확보한 후 정책자금을 대출해 준다.

3) 정책자금 활용 포인트

(1) 기업 운영시스템을 체계적으로 갖춰놓고 정책자금지원사업 참여를 준비

중소기업들의 최대 고민은 인력 수급과 자금조달이다. 하지만 많은 경우 정부 정책지원 기관들의 지원금을 받고 싶어도 못 받는 경우가 많다. 문제는 기업의 경영관리가 체계적으로 이루어지는지에 달려 있다. 정부 정책지원기관들은 기업의 매출을 비롯한 부채비율, 유동자금의 흐름을 분석하고, 기업의 기술 사업성까지 판단하는데 여기에서 전자는 기술개발이나 매출 증가에만 매달리다 보면 간과하기 쉽다. 그 때문에 기업의 조직구성과 경영관리 시스템을 체계적으로 갖춰놓음으로써 기본적인 관리가 이루어지도록 해야 한다.

(2) 정부의 중소기업 지원 정책사업을 항상 주시

중소기업의 진흥 및 육성을 위한 정부의 중소기업 지원정책은 다양하다. 국가 경제가 위기에 처한 상황에 대해서도 이를 위한 정책이 마련될 수 있다. 이러한 정보를 제대로 활용하기 위해서는 항상 정부 발표와 언론 보도를 놓치지 않고 관심을 유지하는 것이 좋다. 굳이 많은 시간을 할애하거나 직접 발로 뛰지 않더라도 인터넷에 공개되는 정보만 모니터링 해도 충분하다. 중국의 사드(보호무역) 폭풍이 거세질 때도 對 중국 수출기업에 대한 지원정책이 있었다. 비록 조건이 맞지 않아 성사되지 못할 수도 있지만, 시도조차도 하지 않는 우를 범하지 말고, 가능성은 항상 열어두고 도전하는 지혜가 필요하다.

(3) 적시 적기에 필요한 자금을 중소기업진흥공단에 신청

부족한 자본금으로 시작한 창업 초기에 영업활동을 통해 투자한 자금을 회수하기까지 걸리는 자금 회전시간이 길어져 운영자금 조달에 큰 어려움을 겪었다. 창업자금이 바닥난 후 2015년 중진공의 창업기업지원자금 3백만 원을 지원받아 운전자금으로 활용할 수 있었고, 2017년엔 수출지원자금 200백만 원을 지원받아 창업 초기의 어려움을 견딜 수 있었다. 중진공의 정책자금지원사업은 비교적 홍보가 잘되어 있어 신청서 작성 등 접근하기가 수월하다는 장점이 있다.

소규모 수출 기업인 에스엔디인터내셔널이 정책자금을 신청하는 데 따르는 어려움은 거의 없었다. 중진공의 수출금융지원사업을 신청하려면 우선적으로 수출계약서나 수출실적이 있어야 했다. 이를 근거로 담당자를 통해 대출 가능한 조건에 해당하는지 확인하고 조건에 맞는 정책자금 성격과 자금 소진 여부, 그리고 신청 시기에 따른 지원액을 안내받아 이에 대해 구체적으로 협의할 수 있었다. 우리는 적시 적기에 필요한 자금을 중진공에 신청하여 도움을 받았다. 운전자금과 수출금융자금 조달로 제품 구매에 여유가 생겼고 운영자금회전도 원활해져 해외 거래처와의 신뢰를 구축함으로써 성장을 위한 토대를 갖추었다

(4) 관련 기관과의 인연을 소중히

2014년 중진공과의 첫 인연으로 여기까지 왔다. 정말 급할 때 가장 중요한 도움을 받을 수 있었다. 정책자금 정보 외에도 상담을 통해 시장 흐름에 대한 다양한 정보를 접할 수 있고 또 실질적으로 기업 운영에 필요한 많은 조언을 들을 수 있었다. 중소기업인에게 중진공은 없어서는 안 될 사업의 동반자이다.

(5) 상환계획을 확실하게 수립

정책자금지원사업을 통해 자금을 지원받아 활용하는 것보다 더 중요한 것은 어떻게 상환할 것인가의 대비책을 확보하는 것이다. 아무리 정부 지원사업이라도 대출이기 때문에 기한 내에 원리금을 상환하지 못한다면, 기업에는 악성 부채만 더 늘고 중소기업지원기관과의 신뢰가 깨어질 위험도 있다. 따라서 자금을 활용한 이후 원리금을 어떻게 상환할 것인지 철저한 대비책을 수립해두어야 한다.

(6) 매출에 대한 확실한 신용을 준비

㈜OOO는 예측할 수 없었던 주 매출처의 한시적 계약 연기로 인해 자금 부족 어려움을 겪었지만, 정책자금지원사업 지원을 통해 극복할 수 있었다. 평가 과정에서 주 매출처와의 계약이 재개되면 매출이 확실히 증가하고 그로 인한 상환 가능성이 충분하다는 평가를 받을 수 있었기 때문이다. 이처럼 기업의 비전

을 신용할 수 있는 확실한 근거가 제시된다면 정책자금지원사업을 활용하여 위기상황을 극복하는 데 도움을 받을 수 있다.

(7) 장기적인 전략을 수립하여 기술개발에 투자

기업에 있어 이미 확보된 매출실적의 현상 유지도 중요하지만 그럴 때일수록 장기적인 전략을 수립하여 기술개발 투자를 놓치지 말아야 한다. 신진텍스㈜는 미래성장 전략으로 글로벌 시장에 대항할 신기술 개발에 모든 역량을 쏟겠다는 계획을 수립하여 정책자금지원사업을 통해 기술연구소 설립에 필요한 자금을 조달하고, 투자하여 해외시장 선점이 가능한 기술을 개발할 수 있었다. 이렇듯이 기술개발에는 장기적이고 치밀한 계산이 필요하다.

PART 2

3 신용보증제도

1) 신용보증제도 의의

중소기업의 자금조달을 원활히 하기 위해 부동산 등 물적 담보 능력이 부족한 기업에 대해 신용보증서를 발급하여 금융기관의 채무를 보증함으로써 담보물 없이 자금 지원을 받을 수 있게 해 주는 제도이다. 기업이 채무를 상환하지 못할 경우 제3자인 신용보증기관이 채무이행을 보증해주는 제도이다. 신용보증기관은 기업의 신용도나 기술력을 평가하여 그 기업에 맞는 금액의 보증서를 발급해 주며, 담보문제를 해결하여 대출을 받을 수 있도록 해준다.

2) 우리나라 신용보증기관

(1) 신용보증기금

정부와 금융기관의 출연으로 조성된 기본재산을 토대로 한다. 담보능력이 미약한 중소기업을 대상으로 일반적인 신용보증 업무를 담당한다.

(2) 기술신용 보증기금

신용보증기금의 기능과 유사하다. 주로 벤처기업이나 신기술사업자의 신용보증을 중점적으로 취급한다. 지방자치단체 등의 출연으로 조성된 기금을 바탕으로 지방자치단체에 소재하는 중소기업, 특히 소상공인에 대해 중점을 두고 보증을 취급한다.

3) 신용보증제도 이용 절차

(1) 신용보증의 기본구조

신용보증의 기본구조는 기업, 신용보증기관, 금융기관으로 상호 관계는 아래와 같다.

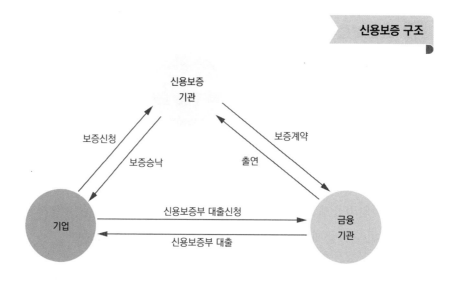

(2) 신용보증의 절차

신용보증절차는 신용보증 상담, 신용보증 신청, 신용조사, 보증심사, 보증서 발급 순으로 이루어진다. 신용보증의 절차는 아래와 같다.

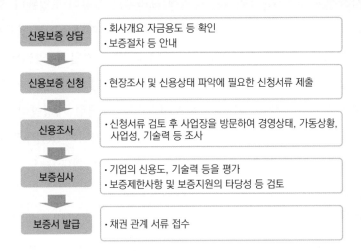

신용보증 절차

신용보증 상담	• 회사개요 자금용도 등 확인 • 보증절차 등 안내
신용보증 신청	• 현장조사 및 신용상태 파악에 필요한 신청서류 제출
신용조사	• 신청서류 검토 후 사업장을 방문하여 경영상태, 가동상황, 사업성, 기술력 등 조사
보증심사	• 기업의 신용도, 기술력 등을 평가 • 보증제한사항 및 보증지원의 타당성 등 검토
보증서 발급	• 채권 관계 서류 접수

PART 2

4 크라우드 펀딩(Crowd Funding)

1) 크라우드 펀딩 개념

대중을 뜻하는 크라우드(Crowd)와 자금조달을 뜻하는 기금 모집(Funding)을 조합한 용어로, 온라인 플랫폼을 이용해 다수의 대중으로부터 자금을 조달하는 방식을 말한다. 초기에는 트위터, 페이스북 같은 소셜네트워크서비스(SNS)를 적극적으로 활용해 '소셜 펀딩'이라고 불리기도 했다.

2) 크라우드 펀딩 역사

세계 최초의 크라우드 펀딩은 2005년 영국에서 시작된 대출형 크라우드 펀딩 업체인 ZOPA.COM(조파닷컴)이며, 증권형 크라우드 펀딩은 2007년 영국의 크라우드큐브(crowdcube.com)가 최초다. 그러다 2008년 미국에서 최초의 기부형(후원형) 크라우드 펀딩 플랫폼인 인디고고(Indiegogo)가 출현하면서, 크라우드 펀딩이란 용어가 일반화되기 시작했다.

우리나라에서는 크라우드 펀딩이 2011년 후원·기부·대출형을 시작으로 정착되기 시작했고, 2016년 1월에는 증권형 크라우드 펀딩이 도입됐다. 당시 도입된 증권형 크라우드 펀딩은 개인 투자자가 크라우드 펀딩 플랫폼 업체를 통해 중소·벤처기업에 연간 최대 500만 원(업체당 200만 원)을 투자할 수 있도록 한 것이다. 이후 2018년 4월에는 일반 투자자의 크라우드 펀딩 투자 한도가 2배로 확대되는 내용의 '자본시장과 금융투자업에 관한 법률 시행령' 개정안이 국무회의를 통과했으며, 이에 따라 그해 4월 10일부터 일반 투자자의 크라우드 펀딩 투자 한도가 종전 500만 원에서 1000만 원으로 확대된 바 있다.

3) 크라우드 펀딩 종류

크라우드 펀딩은 그 종류에 따라 후원형, 기부형, 대출형, 증권형 등 네 가지 형태로 나뉜다.

대출형은 인터넷 소액 대출을 통해 자금이 필요한 개인과 개인 사이에서 이루어지는 P2P 금융(개인 간 직거래 방식 금융서비스)의 일종이다. 자금 여유가 있는 개인은 돈을 빌려주고 나중에 이자와 함께 돌려받음으로써 수익을 올릴 수 있고, 돈을 빌리는 개인 또는 법인은 까다롭고 복잡한 절차를 거쳐야 하는 금융권을 통하지 않아도 쉽고 간단하게 돈을 조달할 수 있으므로 특히 금융기관으로부터 대출받기 어려운 이들이 주로 찾는다.

투자형은 신생 기업 및 소자본 창업자를 대상으로 엔젤 투자형식으로 자금을 지원하는 유형으로 투자금액에 비례한 지분 취득과 수익 창출이 목적이다. 신생 기업이나 벤처기업, 개발프로젝트 등에 투자하는 방식으로, 대출형과 마찬가지로 자금수요자는 은행을 통하지 않고도 쉽게 투자금을 조달할 수 있고, 투자자는 투자에 따른 지분 획득 등을 통해 수익을 낼 수 있다.

일례로, 미국의 VR(가상현실), HMD(Head Mount Display) 기기를 제조하는 오큘러스는 자사의 초기 제품을 보상형 크라우드 펀딩을 통해 대중에게 알리면서 제작비용을 조달한 바가 있다. 이 기업은 훗날 페이스북에 2.5조 원의 가치로 인수되면서 투자자들에게 큰 수익을 안겨준 바가 있다. 만약, 오큘러스의 크라우드펀딩이 보상형이 아닌 투자형이었다면, 크라우드펀딩에 참여한 소액투자들도 상당한 수익을 거둘 수 있었을 것이다.

한편 후원형, 기부형은 금전적 보상을 기대하지 않는 펀딩이다. 후원형은 주로 창작활동, 문화예술상품, 사회공익활동 등을 지원하는데, 영화·연극·음반 제작, 전시회, 콘서트 등의 공연, 스포츠 행사, 그리고 다양한 사회공익 프로젝트 등에 자금을 후원하고 공연티켓, 시제품, 기념품을 받거나 기여자 명단에 이름을 올리는 식의 작은 보답을 받게 된다.

기부형은 후원형식의 소셜 펀딩과 유사하지만, 후원자들에 대한 보상을 조건으로 하지 않고 순수 기부의 목적으로 지원하는 유형이다. 공익을 위한 목적으로 순수하게 기부하는 형태이다.

4) 크라우드 펀딩 대표적 사례

크라우드 펀딩은 주로 인터넷의 중개사이트를 통해 이루어진다. 모금자들이 모금 취지, 목표금액, 모금 기간, 투자보상내용 등을 게시하고 이를 홍보하는 동영상 등을 올리면 다수의 개인이 마음에 드는 프로젝트를 골라 중개사이트 계좌로 돈을 보내고, 모금이 성공하면 중개사이트는 일정액의 수수료를 뗀 다음 모금자에게 돈을 전달해주는 식으로 운영된다. 만약 모금 기간 내에 목표액이 채워지지 않으면 모금참여자의 돈은 모두 돌려준다.

대표적 성공 사례로 미국의 신생 기업 페블테크놀로지스(PebbleTech.)의 펀딩이 꼽힌다. 기존 금융권의 자금 유입이 어려웠던 페블테크놀로지스는 손목에 차는 스마트폰인 '페블스마트워치'의 생산자금 모금을 위해 킥스타터라에서 10만 달러를 목표로 모금을 진행했다. 모금 시작 후 단 2시간 만에 목표액을 넘겼고 최종모금액은 무려 1,000만 달러 이상을 달성하였는데, 회사는 이 투자금으로 제품개발에 착수할 수 있었다.

참고

융자제한기업

1. 휴·폐업 중인 기업

2. 세금을 체납 중인 기업

3. 한국신용정보원의 『일반신용정보관리규약』에 따라 연체, 대위변제·대지급, 부도, 관련인, 금융 질서문란, 회생·파산 등의 정보가 등록되어 있는 기업

4. 중소기업 정책자금 융자제외 대상 업종을 영위하는 기업

5. 소상공인 보호 및 지원에 관한 법률』에 따른 소상공인

   * 소상공인 기준: 광업·제조업·건설업·운수업은 상시근로자수 10명 미만, 그 밖의 업종은 상시근로자수 5명 미만

6. 아래에 해당하는 사유로 정책자금 융자 신청이 제한된 기업

   • 최근 3년 이내 정책자금 제3자 부당 개입 등 허위·부정한 방법으로 융자 신청

   • 최근 3년 이내 사업장 임대 등 정책자금 지원시설의 목적 외 사용

   • 최근 1년 이내 약속어음 감축 특약 미이행

7. 최근 3년 이내 중소벤처기업부 소관 정부 연구개발비의 위법 또는 부당한 사용으로 지원금 환수 등 제재 조치된 기업

8. 임직원의 자금 횡령 등 기업 경영과 관련하여 사회적 물의를 일으킨 기업

9. 업종별 융자제한 부채비율을 초과하는 기업

10. 중진공 지정 부실징후기업 또는 업력 5년 초과 기업 중 다음에 해당하는 한계기업

- 2년 연속 적자기업 중 자기자본 전액 잠식 기업
- 3년 연속 '이자보상배(비)율 1.0 미만'이고, 3년 연속 '영업활동 현금흐름이 (-)'인 기업(단, 최근 결산연도 유형자산과 R&D투자금액이 모두 전년도 대비 2.5% 이상 증가한 기업은 예외)
- 중진공 신용위험등급 최하위 등급(재창업자금은 신청가능)

11. 기업심사에서 탈락한 기업으로 6개월이 경과되지 아니한 기업

12. 아래에 해당하는 우량기업
- 유가증권시장 상장기업, 코스닥시장 상장기업, 「자본시장법」에 의한 신용평가회사의 BB등급 이상 기업
  * 단, 코스닥 기술특례상장기업은 상장 후 3년까지 예외
- 중진공 신용위험등급 최상위 등급(CR1)
  * 단, 업력 3년 미만 기업, 최근 결산연도 자산총계 10억 원 미만의 소자산기업, 「중소기업협동조합법」상의 협동조합은 예외
- 최근 재무제표 기준 자본총계 200억원 또는 자산총계 700억 원 초과 기업
  * 수출향상기업(최근 1년간 직수출실적 50만불 이상이며 20% 이상 증가) 또는 최근 1년간 10인 이상 고용창출 기업은 예외

13. 정부, 지자체 등의 정책자금 융자, 보증, R&D 보조금 등 지원실적이 최근 5년간 100억원(누적)을 초과하는 기업

14. 중진공 정책자금 누적지원 금액이 운전자금 기준으로 25억 원을 초과하는 기업

15. 최근 5년 이내 정책자금을 3회 이상 지원받은 기업

PART 2

색인

색인

저자소개

방원석(方元錫): bangws@gnu.ac.kr

경상국립대학교 기업가정신 연구소 연구교수(현)

공군사관학교(학사)
서강대학교 대학원[경영학과(석사)]
경상국립대학교 대학원 경영학과(박사)

K-기업가정신 확산위원(현)
국내 및 국외 저널지 심사위원(현)
- 인터넷전자상거래학회, 리더십학회, J-Institute 등

주요 저서 및 논문(50여 편의 유명 국제 및 국내저널지 논문게재)
- ESG 안전보건경영시스템, 진영사, 2023
- 안전보건관리론, 동문사, 2021 등
- Modeling the Nonlinearities Between Coaching Leadership and Turnover
  Intention by Artificial Neural Networks(2022, SSCI)
- Modeling the Teacher Job Satisfaction by Artificial Neural Networks(2021,
  SCI)
- LG 그룹 기업가정신과 지속가능성에 관한 연구-창업주 구인회 회장과 구자경 회장
  을 중심으로(2023, KCI)
- 사회적 기업가정신이 마케팅혁신과 지속가능성에 미치는 영향-구조방정식과 인공신
  경망 분석방법 비교(2022, KCI) 등

정대율(鄭大律): dyjeong@gnu.ac.kr

경상국립대학교 경영대학 경영정보학과 교수(현)
경상국립대학교 기업가정신센터장(현)
경상국립대학교 인재개발원장(전)

한국창업학회 회장(전)
한국정보시스템학회 회장(전)
한국인터넷전자상거래학회 회장(전)
한국경영학회 부회장, 기업가정신위원장(전)
한국경영학회 울산경남지회장(현)

부산대학교 상과대학 경영학과(학사)
부산대학교 대학원 경영학과(석사)
부산대학교 대학원 경영학과(박사)

진주시 기업가정신수도 구축 총괄
진주시 정책자문교수, 투자유치위원
경상남도 지방보조금 심의위원장
경상남도 투자유치위원
조달청, LH, 중소벤처기업진흥공단 등 주요 기관 평가위원 역임

※ 주요 저서
• 인공지능으로 구현되는 세상, 도서출판청람, 2022
• 대한민국 기업가정신수도 진주, 경상국립대출판부, 2021
• 디지털 경영과 경영정보론, 두양사, 2011
• 경영정보시스템, 법문사, 2011
• e-비즈니스를 위한 시스템 분석 및 설계, 컴원미디어, 2006

기업의 지속가능성을 위한 기업가정신 그리고 비전 창업

초판발행	2023년 8월 31일
지은이	방원석·정대율
펴낸이	안종만·안상준
편 집	탁종민
기획/마케팅	김민규
표지디자인	권아린
제 작	고철민·조영환
펴낸곳	㈜ **박영사**
	서울특별시 금천구 가산디지털2로 53, 210호(가산동, 한라시그마밸리)
	등록 1959.3.11. 제300-1959-1호(倫)
전 화	02)733-6771
f a x	02)736-4818
e-mail	pys@pybook.co.kr
homepage	www.pybook.co.kr
ISBN	979-11-303-1861-5 93320

정 가   28,000원